"十一五"国家重点图书出版规划项目

·经／济／科／学／译／丛·

Economics of Social Issues

(Twentieth Edition)

社会问题经济学

（第二十版）

安塞尔·M·夏普（Ansel M. Sharp）

查尔斯·A·雷吉斯特（Charles A. Register）　　著

保罗·W·格兰姆斯（Paul W. Grimes）

郭庆旺　译

中国人民大学出版社

·北京·

《经济科学译丛》总序

中国是一个文明古国，有着几千年的辉煌历史。近百年来，中国由盛而衰，一度成为世界上最贫穷、落后的国家之一。1949 年中国共产党领导的革命，把中国从饥饿、贫困、被欺侮、被奴役的境地中解放出来。1978 年以来的改革开放，使中国真正走上了通向繁荣富强的道路。

中国改革开放的目标是建立一个有效的社会主义市场经济体制，加速发展经济，提高人民生活水平。但是，要完成这一历史使命绝非易事，我们不仅需要从自己的实践中总结教训，也要从别人的实践中获取经验，还要用理论来指导我们的改革。市场经济虽然对我们这个共和国来说是全新的，但市场经济的运行在发达国家已有几百年的历史，市场经济的理论亦在不断发展完善，并形成了一个现代经济学理论体系。虽然许多经济学名著出自西方学者之手，研究的是西方国家的经济问题，但他们归纳出来的许多经济学理论反映的是人类社会的普遍行为，这些理论是全人类的共同财富。要想迅速稳定地改革和发展我国的经济，我们必须学习和借鉴世界各国包括西方国家在内的先进经济学的理论与知识。

本着这一目的，我们组织翻译了这套经济学教科书系列。这套译丛的特点是：第一，全面系统。除了经济学、宏观经济学、微观经济学等基本原理之外，这套译丛还包括了产业组织理论、国际经济学、发展经济学、货币金融学、公共财政、劳动经济学、计量经济学等重要领域。第二，简明通俗。与经济学的经典名著不同，这套丛书都是国外大学通用的经济学教科书，大部分都已发行了几版或十几版。作者尽可能地用简明通俗的语言来阐述深奥的经济学原理，并附有案例与习题，对于初学者来说，更容易理解与掌握。

1

经济学是一门社会科学，许多基本原理的应用受各种不同的社会、政治或经济体制的影响，许多经济学理论是建立在一定的假设条件上的，假设条件不同，结论也就不一定成立。因此，正确理解掌握经济分析的方法而不是生搬硬套某些不同条件下产生的结论，才是我们学习当代经济学的正确方法。

本套译丛于1995年春由中国人民大学出版社发起筹备并成立了由许多经济学专家学者组织的编辑委员会。中国留美经济学会的许多学者参与了原著的推荐工作。中国人民大学出版社向所有原著的出版社购买了翻译版权。北京大学、中国人民大学、复旦大学以及中国社会科学院的许多专家教授参与了翻译工作。前任策划编辑梁晶女士为本套译丛的出版做出了重要贡献，在此表示衷心的感谢。在中国经济体制转轨的历史时期，我们把这套译丛献给读者，希望为中国经济的深入改革与发展作出贡献。

《经济科学译丛》编辑委员会

前 言

欢迎阅读《社会问题经济学》（第二十版）。本书是第一部从社会问题视角讲授经济学原理的教科书，内容涵盖微观和宏观话题，最适用于非经济学专业和以社会问题为主的一学期课程，也可以作为经济学原理或概论课程的辅助教材。多年来，我们对《社会问题经济学》每一版的修订都试图反映重要的社会趋势和当前公众争论的问题。以前使用过本书的读者一看就知道，本版内容的主要变化体现了流行性和实用性。尽管我们选择的专题和材料的组织在不断变化，但至少有一点是保持不变的，那就是我们的基本教学目的是培养通晓经济的人才。其目标是：（1）激发学生对学习经济学的兴趣；（2）提供一个有助于理解社会问题的基本分析工具框架。为达到这些目标，我们首先介绍和讨论了当代一些重要的社会问题；其次，提出了一些与社会问题密切相关的经济学概念和原理；最后，把这些原理应用于这些问题的解决。我们对全书的章节作了精心安排，按逻辑顺序提出基本经济概念，通过对概念的反复使用与应用，加强读者对这些概念的理解。在本书中，我们还保留了足够的灵活性，让教师可以选取不同的章节和主题来讲授这门课程。与往常一样，我们仔细挑选了相关的社会问题，它们不仅可以引发课堂讨论，而且也能够使学生学到重要的经济学原理。

为便于学生学习，每章都有本章概要和主要概念目录。开头的小短文引出本章要讨论的相关经济问题，引发同学们展开深入讨论。章末材料包括全章总结、讨论题、课外阅读资料以及在线资源，所有这些材料都作了更新。最后，为了便于同学们消化吸收新词汇，编制了一个词汇表。

本版的新特点

业已证明，21 世纪初是经济巨变的时代。在修订第二十版时，我们在保持和改进我们讲授经济学基本概念的独特教学方法的同时，重点在于捕捉现如今对本书所探讨的社会问题所逐渐形成的基本看法的本质。

根据新老读者的反馈意见，我们仍然保持上一版的章节顺序和大致相同的问题和概念。本版的一些重大修改都是以新的视角来分析不断变化的经济情况，最突出的表现在本书后半部分有关宏观经济学的章节。"货币、银行与金融系统：老问题，新情况"一章（第12章）以及"失业和通货膨胀：我们能否找到一个平衡点？"一章（第13章）进行了彻底更新，以反映针对大衰退的持续影响所采取的政策措施。同学们现在将学到美联储在金融危机之后采取的"量化宽松"和其他非常规措施。增加了几小段内容，讨论《多德-弗兰克法案》推行的当代监管改革问题，以及如何把总需求—总供给模型运用于金融危机和大衰退的分析中。

在本书中，我们试图让读者的注意力集中到所探讨的那些社会问题之间的关联性。同学们要经常回看（偶尔也后看）其他章节较为深入探讨的那些思想和概念。这可使同学们更加全面地了解经济世界内在的复杂性。

全书还有很多其他变化，就不在此一一列举了。当然，每章都根据目前可获得的最新统计数据进行了修订和更新。列在每章末的在线资源可以用来寻找本书出版后公布的数据。

所有补充材料可在网站（www.mhhe.com/Sharp20e）上找到。该网站有《教师手册》和《题库》，但需要密码才能进入。课件、学习指导和自测题能够帮助同学们更好地学习。本网站还有"重要新闻"栏，包括与每章内容相关的受欢迎的新闻报道的链接，对有关报道和本章内容提出2～3个讨论题。这些材料在每学期都会更新。

智能课程

智能课程（CourseSmart）是教师找到和参阅电子教科书的一个新途径。对于想学习一门课的数字化课程材料的学生来说，智能课程也是一个很好的选择。智能课程提供了数百个课程的不同高等教育出版社出版的最常用的教科书。这是唯一能让教师评论和比较在线教科书全文的地方。同学们在智能课程网站上，一本书只需花费纸质版一半的价钱，不仅能减少其对环境的影响，还能获得学习所用的强大的网络工具，包括全文搜索、讲稿和要点以及同学之间共享讲稿的邮件工具。上述各环节都有技术支持。

找到你所需要的电子书很容易。访问 www.CourseSmart.com，按书名、作者或书号搜索。

社会问题的教学

对于那些试图采用社会问题方法讲授经济学原理的教师，我们建议你注意下列学术论文：《社会问题教学与传统经济学原理：实证性检验》（"The Social Issues Pedagogy vs. the Traditional Principles of Economics: An Empirical Examination," *The American Economist*, vol. 41, no. 1, Spring 1998）。这篇论文由本书作者之一的保罗·W·格兰姆

斯和路易斯安那大学门罗分校（University of Louisiana at Monroe）的保罗·S·纳尔逊（Paul S. Nelson）教授撰写。该文介绍了控制性实验的结果，这个实验把使用本书上一版学习社会问题课程的学生，与使用标准的百科全书式教科书学习传统经济学原理课程的学生进行了比较。结果是令人鼓舞的，因为在限定了学生们的人口统计特征、以往经验，以及学术能力等方面之后，作者发现学习社会问题课程和学习传统宏观经济学原理课程的学生没有显著差异。结果显示，相对于对照组的学生来说，学习社会问题课程的学生完成课程的可能性更大。在学生的实力培养越来越重要的时代，我们坚信，这一结果表明，设计经济学课程的教师，应该关注我们教学方法的非常重要的正的溢出效应。

查尔斯·A·雷吉斯特
保罗·W·格兰姆斯

目 录

第1章 减轻人类的苦难：经济推理的作用 ……………………………… 1
　世界贫困与经济学 ………………………………………………………… 2
　贫困的原因与经济增长的前提条件 ……………………………… 16
　政府能有所作为吗? ……………………………………………… 17
　小结 ………………………………………………………………… 19

第2章 经济体制、资源配置与社会福利：中国转型的经验教训 ……… 23
　经济体制 …………………………………………………………… 25
　市场经济中的资源配置 …………………………………………… 26
　集权经济中的资源配置 …………………………………………… 36
　中国经济新貌 ……………………………………………………… 39
　小结 ………………………………………………………………… 44

第3章 混合体制中的政府价格管制：谁受益谁受损? …………………… 48
　最高限价和最低限价 ……………………………………………… 51
　房租管制 …………………………………………………………… 52
　最低工资 …………………………………………………………… 56
　小结 ………………………………………………………………… 67

第4章 污染问题：我们非要弄脏自己的家园吗? ………………………… 70
　什么是污染? ……………………………………………………… 72
　市场、资源配置与社会福利：简要回顾与扩展 ………………… 73
　污染经济学 ………………………………………………………… 76

如何控制污染? ·· 82

小结 ·· 86

第5章 犯罪经济学与犯罪防范：多少算太多？ ·················· 89

什么是犯罪？ ·· 91

犯罪的成本 ·· 93

不同类型的物品和服务 ·· 94

犯罪防范活动经济学 ·· 96

小结 ·· 103

第6章 教育经济学：危机与改革 ································ 107

K-12 的危机 ·· 109

纯私人市场的 K-12 ·· 111

K-12 纯私人市场的潜在缺陷 ·· 114

现行 K-12 制度的改革建议 ·· 120

小结 ·· 127

第7章 贫困与歧视：穷人为何还如此之多？ ·················· 131

从绝对收入水平角度看贫困 ·· 132

从收入分配角度看贫困 ·· 136

贫困的经济原因 ·· 137

美国经济中的歧视性证据 ·· 140

政府缓解贫困的种种努力 ·· 142

利用税收政策与贫困作斗争 ·· 147

如何解决歧视问题？ ·· 151

小结 ·· 153

第8章 垄断力量经济学：能否控制市场？ ···················· 157

垄断力量经济学 ·· 159

我们应该害怕垄断力量吗？ ·· 170

自然垄断特例 ·· 174

小结 ·· 178

第9章 职业体育经济学：真正得多少分？ ···················· 182

职业体育经营 ·· 183

产品市场 ·· 185

资源市场 ·· 193

小结 ·· 202

第10章 全球市场中的竞争：在国际贸易中我们应当保护自己吗？ ····· 207

关于国际贸易的争论 ·· 208

全球市场经济学 ·· 210

对争论的分析 ·· 221

当今世界贸易环境 ·· 225

小结 ··· 229

第 11 章　经济增长：经济之路为何如此崎岖不平？ ··············· 233
　经济增长的概念 ·· 235
　经济增长的短期波动 ·· 240
　经济增长的决定因素 ·· 244
　近来经济增长的下滑 ·· 247
　小结 ··· 253

第 12 章　货币、银行与金融系统：老问题，新情况 ··············· 257
　什么是银行？ ·· 258
　什么是货币？ ·· 260
　货币创造过程 ·· 262
　控制问题 ·· 266
　货币供给、利率和价格水平 ·································· 269
　2008 年的金融危机 ··· 271
　小结 ··· 277

第 13 章　失业和通货膨胀：我们能否找到一个平衡点？ ··········· 281
　什么是失业？ ·· 283
　失业问题的分析 ·· 286
　什么是通货膨胀？ ·· 288
　通货膨胀的经济效应 ·· 291
　失业和通货膨胀的经济分析 ·································· 293
　可能存在的抵换关系与政策选择 ······························ 302
　大衰退 ·· 304
　小结 ··· 305

第 14 章　政府支出、税收和国债：谁得益谁受损？ ··············· 309
　人们担心什么？ ·· 310
　规模问题 ·· 311
　规模问题的经济分析 ·· 314
　税收原理与分析 ·· 317
　美国税制 ·· 322
　新世纪伊始 ·· 325
　小结 ··· 328

第 15 章　社会保障和医疗保险：如何保障老年安全网？ ··········· 331
　社会保险 ·· 333
　社会保障 ·· 334
　社会保障的经济效应 ·· 339
　社会保障的未来 ·· 342
　医疗卫生市场：简要回顾 ···································· 345

医疗保险计划 …………………………………………………… 348

医疗保险制度的经济效应 ……………………………………… 350

医疗保险的未来 ………………………………………………… 351

小结 ……………………………………………………………… 353

词汇表 …………………………………………………………… 357

社会问题经济学（第二十版）

减轻人类的苦难：经济推理的作用

☐ **本章概要**

世界贫困与经济学
  我们永不满足的需要
  我们有限的手段
  经济的生产能力
  用 GDP 评估福利
贫困的原因与经济增长的前提
  条件
政府能有所作为吗？
  欠发达国家的政府
  发达国家的政府
小结

☐ **主要概念**

劳动力资源（labor resources）
资本资源（capital resources）
技术（technology）
生产可能性曲线（production possibilities curve）
机会成本（opportunity costs）
机会成本原理（opportunity cost principle）
机会成本递增（increasing opportunity costs）
边际社会成本（marginal social cost）
边际社会收益（marginal social benefit）
成本—收益分析（cost-benefit analysis）
名义国内生产总值（gross domestic product，current dollar）
实际国内生产总值（gross domestic product，real）
人均实际国内生产总值（gross domestic product，real per capita）
人均国内生产总值（gross domestic product，per capita）

章首引语

在马塔贝莱兰的一条公路上，赤脚的孩子们把从一辆卡车上散落下来的玉米粒塞满口袋，这一粒粒平时只能喂牲口的褐色东西如同金币一般。

在奇通圭扎的土路上，靠沿街叫卖柴火为生的穆格维斯一家六口，一天唯一的一顿饭是一块切成 11 片的烤面包。所有人都狼吞虎咽地吞下两片面包，除了那个最小的两岁孩子，他只有一片。

而在马绍纳兰地区的那些曾为整个南部非洲供粮的小农场里，赤贫的村民把挣扎着的蟋蟀和甲虫剥壳去皮后扔到烧热的平底锅里。一个瘦骨嶙峋的农民斯坦福·希拉说，"如果你抓到这些，你就有饭吃。"他的胸腔清晰地凸显出来，袜子松垮地堆在枯瘦如柴的脚踝处。

津巴布韦那美丽如画的自然景观中到处是半饥饿的人群。联合国最近的调查发现，在津巴布韦，10 个人中就有 7 个人在调查的前一天没有吃饭或只吃了一顿饭。

至今为止，津巴布韦已被他们的独裁主义总统罗伯特·穆加贝（Robert Mugabe）统治 30 年，并正在经历连续的第 7 个饥荒之年。这种大规模人为危机的成因是糟糕的农业政策、彻底的经济崩溃和执政党冷酷地用耕地和食物作为武器垄断权力的做法。有时，干旱和无常的雨季也会加剧这种危机。

但今年十分特别，饥荒明显加剧。联合国世界粮食计划署在 10 月份进行了一项调查，并将该调查提供给了国际捐助者。调查发现，饥荒情况在过去的一年呈现出惊人的恶化。其中，被调查的前一天没有吃饭的人数比重从 0 升到 12%，而只吃了一顿饭的人数比重从上一年的仅为 13% 激增到 60%。

资料来源：Celia W. Dugger, "In Zimbabwe, Survival Lies in Scavenging," from the *New York Times*, December 22, 2008. © The *New York Times*. All rights reserved. Used by permission and protected by the Copyright Laws of the United States. The printing, copying, redistribution, or retransmission of the material without express written permission is prohibited. www.nytimes.com.

世界贫困与经济学

世界上大约有 2/3 的人在饥饿中入睡。世界银行估计，约有 1/5 的世界人口每天的生活费不足 1 美元。大规模饥荒经常在世界各地发生，最近的例子有：在 1984—1985 年埃塞俄比亚的旱灾中，估计有 100 万人因饥饿致死；1998—2003 年，刚果由于疾病和营养不良致死的人口估计有 300 万；正在朝鲜发生的大灾荒，使得很多人以草和树皮充饥；由于国家内战，600 万苏丹人逃往达尔福尔，联合国说这些人现在都面临着被饿死的危险；还有本章引语所描述的津巴布韦人的艰难困苦。大部分饥民夏日头顶骄阳，冬季寒风刺骨，无遮无掩。他们几乎得不到医疗保健，生活在物资匮乏的环境中。婴儿死亡率很高，平均寿命很低。在美国，每 1 000 个婴儿中有 7 个于 5 周岁前夭折，而在尼日利亚、坦桑尼亚等国家，这一比例激增到 1/10。就寿命而言，安哥拉人一般要比其同代美国人少活 30 年。同时，美国眼下的金融恶化引发的经济动荡表明，没有哪个经济体能摆脱贫困的困扰。面对贫困，我们不得不思考下列问题：为什么会是这样？其原因何在？贫困如何得到缓解？这些问题指引我们探索经济学的各领域。对贫困问题的评估和分析，需要我们清醒地认识经济活动的根基。在本节中，我们将简要描述经济活动的基本方面。

□ 我们永不满足的需要

经济活动源于人类的需要和欲望。人类既需要能使其生存下去的必需品：来自大自然的食物和遮护；也需要其他很多东西，而满足这些需要和欲望则是产生经济活动的根源。

一般说来，人类的总体需要是无限的，或者说是永不满足的。事实也是如此，因为一旦我们的基本需要得到了满足，我们的欲望就开始多样化——食物、房屋、服装，以及娱乐的多样化。另外，当我们环顾四周，看到别人正在享受我们没有的东西时，我们就想如果我们自己能拥有这些东西的话，我们的福利水平将会提高。最重要的也许是，满足需要的行为本身也会产生新的需要。一所新房子会使人们产生购买新家具的需要，因为旧的家具在新房子里看起来很不相称。高等教育打开了通向需要之门，这些需要是我们待在农场或机械加工车间里的时候从来没有过的。可以肯定，在享受一种物品或服务（如冰激凌或啤酒）的时候，我们中的任何人都可以使自己获得短暂的满足，但是，几乎所有人都希望拥有比现在更多的、质量更高的东西。

□ 我们有限的手段

基本的经济问题是，满足需要的手段相对于需要的程度来说是不足的或有限的。一个经济体系每年可以生产的商品数量和质量是有限的，这是因为：（1）生产它们的可用资源在任何一年都不可能大量增加；（2）生产所用的技术每年改进的程度都是有限的。

一个经济体的资源是生产商品（如汽车）、提供服务（如体检）的原料。生产近似于烹饪。把资源（原料）放在一起，以某种方式用技术加工这些资源（混合和烹制它们），就可以获得产品和服务（也许可以把它们比作一块蛋糕）。一些产出可以直接用来满足需要，一些产出则会变成别的生产过程的投入。经济中的可用资源通常被分成两大类，一是劳动，二是资本。

劳动力资源（labor resources）由所有可用于生产过程中的脑力和体力构成。不管是苦力，还是心脏外科医生或大学教授，都属于劳动力资源，只是其有很多种类和等级，但主要共性是人。

资本资源（capital resources）由所有可用于生产产品和服务的非人力要素组成，包括自然的和人造的。农业用地、生产设施占用的空间、河流、森林和矿藏等都是自然资本资源的例子。人造的资本资源包括厂房、工具、机械以及像钢板、企业库存等这类半成品。

相对于人类需求的总量来说，资源总是稀缺的。就拿美国来说，美国大约有 3.1 亿人口，大多数人都希望得到比他们现在所拥有的更多的东西。美国能否使明年的生产增加到足以满足人们的全部需要？答案显然是不能。现有人口中的可用劳动力不可能在数量和质量方面得到充分而快速的增长。随着时间的推移，通过人口总量增长，提高总人口的教育和培训质量，可用劳动力的数量才能增加，质量才能提高，但这同时又增加了总的需要。建筑物、机器、工具、原材料和半成品以及可用土地的存量也不容易快速增长，它们只能随着时间的推移而缓慢增加。

技术（technology）指那些可以把资源结合在一起生产产品和服务的已知手段和方法。在经济中的劳动力资源和资本资源数量一定的情况下，技术越先进，每年生产出来的产品和服务的数量就越多。经济体系中的技术进步通常源于两个因素：一是教育过程广度和深度的日益提高；二是充足的资本供给，提供实验设备用于实验、实践，并促进新思想的产生。

☐ 经济的生产能力

国内生产总值

任何社会面临的基本经济问题都是稀缺问题。也就是说，任何社会都不存在足够的资源和技术以生产满足所有需要和欲望的产品和服务。在世界上的大部分地方，稀缺会直接转化成某种极度的贫困，这在章首引语中已经描述过了。即使在相对富裕的国家，比如说在美国和加拿大，稀缺也会导致赤贫，只不过赤贫的人在总人口中所占比重很小。毫无疑问，甚至那些收入最高的人，也感觉到他们的总体福利水平可以通过现有产品和服务数量的增加、质量的提高，以及新产品的更新换代来提高。正是稀缺迫使每个社会必须作出如何使其资源得到最优利用的经济选择。作为一个指导性原则，大多数经济学家把资源的最优利用界定为最大限度地满足人类需要和欲望的利用。换个说法，在我们的分析中，我们假定经济体系的目标是把稀缺的影响减至最小，或反过来说，使社会福利最大化。从这个目标来看，判断经济运行得如何，首先是确定经济体系如何有效地把劳动力资源和资本资源转化成产品和服务。为此，我们要用美元量化经济体系的产品和服务生产。度量生产的基本指标是**国内生产总值**（gross domestic product，GDP），即一个经济体在某一特定时期内生产的所有最终产品和服务的市场价值。

与任何核算方法一样，用GDP来衡量一国的生产可能会产生很大的误解，除非我们对于GDP计算了什么、没有计算什么有清醒的认识。首先，我们需要知道，GDP是用市场价值或市场价格计算的。因此，GDP的增加可能是产品和服务的生产增加所致，也可能是平均价格提高的结果，这对社会福利的影响截然不同。其次，我们还应该知道，GDP衡量的是发生在一国之内的生产总值，不管这些用于生产的资源由谁所有。例如，尽管丰田凯美瑞（Toyota Camry）汽车是日本公司出资生产的，但是在肯塔基州生产汽车的事实使其产值被计入美国的GDP。相反，建在加拿大的雪佛兰英帕拉公司分部（Chevrolet Impalas），尽管是美国雪佛兰的一个分厂，但其产值不计入美国的GDP。最后，若把GDP作为大致衡量一国在实现福利最大化目标上表现如何的指标，就要注意到GDP只是衡量生产的货币价值，它不能表明是谁真正从生产中获得了好处。大众媒体有时把GDP称为"经济饼"。如果有人想评估一个经济体在满足人们的需要和欲望方面表现如何，就必须知道可用于消费的这块"饼"有多大。同样重要的是，必须知道这块"饼"由多少人来分，分配的公平程度又如何。我们将在本章中详细讨论这些问题。

生产可能性

在一个经济体的资源存量和技术水平既定的情况下，构成GDP的产品和服务组合有无数种。为简化起见，假设该经济体只生产食品和教育，所有资源都用于生产这两样东西。在图1—1中，曲线AE叫做**生产可能性曲线**（production possibilities curve），表示在一年中可能被生产出来的食物和教育的所有最大组合。因此，如果不生产教育，每年的GDP可能由1亿吨的食品构成，如A点所示；如果不生产食品，每年的GDP可能由1亿学生/年的教育构成，如E点所示。当然，没有理由把所有资源都用来生产其中一种东西，所以，如B点所示的9 000万吨食品和4 000万学生/年的教育，或者是沿着AE曲线的任何一种组合都是可能的。F点的组合同样可能出现，这点的GDP由5 000万吨食品和4 000万学生/年教育构成。然而，这一组合显然是无效率的，因为利用同样水平的技术和同样多的资源，该经济体可以生产出9 000万吨食品而不必使教育生产低于4 000万学生/年。经济在低于生产可能性曲线的地方运行，说明有的资源没有被利用（称作失业），或是没有被最大限度地利用（称作未充分就业），或该经济体没有利用最好的可用技术。如果不是因为稀缺这一基本经济问题，在这一曲线下运行本来并不会产生什么严重的后果。也就是说，经济在生产可能性曲线下方运行会使得业已存在的稀缺问题更加严重。当然最理想的是，在稀缺既定的情况下，经济最好在Z点或在生产可能性曲线之外的任何一点上运行。可是，倘若没有可利用资源的数量增加或质量提高，或者没有技术进步，不可能有这类组合。

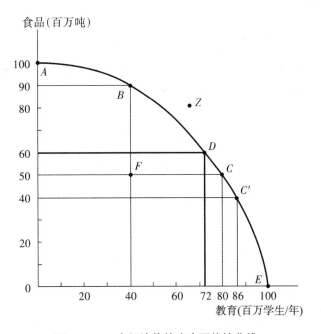

食品（百万吨）

教育（百万学生/年）

图1—1 一个经济体的生产可能性曲线

曲线AE表明经济中可利用的生产资源和现有技术在每年可以生产的所有食品和教育的组合。比如，F组合意味着失业或不充分就业，或此生产无效率。而Z组合则必须通过经济资源的数量增加或质量提高，或生产技术改进才能达到。

如果经济一开始生产组合D，然后移到组合C，新增的800万学生/年教育的机会成本是为了生产它而必须放弃的1 000万吨食品。

机会成本原理

你应听说过这样一句话："天下没有免费的午餐"。事实上，这是描述经济学中最重要的概念之一——**机会成本原理**（opportunity cost principle）的一种简单方法。假定经济正在生产组合 D，包括 6 000 万吨的食品和 7 200 万学生/年的教育。现在让教育的产出增加到 8 000 万学生/年。那么，社会为生产这额外的 800 万学生/年的教育所要付出的成本是什么？机会成本原理包含了经常被忽视而又显而易见的一点：如果社会资源一开始就得到充分且有效的利用，就像组合 D，那么，只有在一种产品或服务生产减少的情况下，另一种产品或服务的产量才会增加。从这个意义上说，社会为增加这 800 万学生/年的教育所付出的真实成本或机会成本是必须放弃 1 000 万吨的食品。由于经济资源及其技术水平是有限的，因而该经济的生产能力也是有限的，所以多生产一种产品必然意味着少生产其他产品。

生产可能性曲线向下倾斜说明了机会成本原理，或经济在效率最大化运行状态下生产中存在的置换或取舍。但我们很快发现，生产可能性曲线所表明的这种食品和教育的置换并不是固定不变的。这就是说，当从 D 点向 C 点运动时需要社会放弃 1 000 万吨食品，以得到增加的 800 万学生/年教育，而放弃下一个 1 000 万吨食品所释放出来的资源只能增产 600 万学生/年教育（如从 C 点移动到 C′点所示）。用机会成本解释，即经济从生产食品转到生产教育的成本变得越来越大。正是生产中这种**机会成本递增**（increasing opportunity cost）使得生产可能性曲线呈凸形或弓形。

当经济集中更多的资源生产教育时会出现机会成本递增，这是因为所有的资源并不能完全互相替代。假定经济最初只是位于生产可能性曲线的 A 点，只生产食品，但后来又决定生产一些教育。开始，以放弃的食品衡量的成本可能相当低，这是因为从食品生产中转移出来的资源很可能是没有得到有效利用的资源。也就是说，从食品生产中转移出来的人力资源可能是那些不太善于从事农业生产的农场主和农业工人；转化成学校用地和大学校园的土地很可能是那些最不适于农业生产的土地，诸如此类。随着教育生产的进一步发展，在生产食品方面有更大价值的资源逐渐地被转用于教育，因而必须放弃相对更多的食品。这一道理适用于所有资源，不仅仅是劳动力和土地。在现代相当复杂的经济中尤其如此，其中许多（即使不是大多数）生产性资源的专门化程度很高。经济资源越专门化，越不易替代，生产可能性曲线的弓形就表现得越突出。

产品和服务的最优组合

图 1—1 中生产可能性曲线 AE 上的食品和教育的所有组合，意味着在技术水平和稀缺资源既定的条件下，经济体在最大限度地生产着这两种产品。但是，在这些组合中哪一种是最好或最优的呢？为了回答这个问题，回想一下我们为经济体确立的首要目标，即使社会福利最大化。因此，最优组合就是尽可能使社会福利最大化的组合。为了弄清我们怎样能（至少是抽象地）实现这种最优组合，假定该经济最初位于生产可能性曲线上的组合 A，只生产食品。随着经济沿着生产可能性曲线开始向下朝 B 点运动，开始生产一些教育，这对社会福利会产生什么影响？为了使这一移动和社会福利最大化目标相一致，在移动之后公众的境况必须得到改善。为作出判断，我们首先考虑这一移动的负面影响。随着一个又一个学生/年教育被生产出来，人们必须放弃一定量的食品。我们称

这是每增加 1 个单位教育所要付出的机会成本，或者称其为教育的**边际社会成本**（marginal social cost，MSC）。然而，从正面影响来看，生产的这种变化可以使社会获得新生产的教育，而每一后续学生/年教育所增加的社会福利被称为新的学校教育的**边际社会收益**（marginal social benefit，MSB）。

为了确定位于 A 点和 B 点之间的每一后续学生/年教育是否应生产，我们可以使用**成本—收益分析**（cost-benefit analysis）。在一般情况下，成本—收益分析表明，当一种活动的收益超过成本时，这种活动的扩大就会提高社会福利。这里运用成本—收益分析可以这样说：每一新增的学生/年教育都应该被生产出来，直到其边际社会收益等于边际社会成本时为止。

因此，我们可以根据边际社会收益和边际社会成本的比较来评价生产可能性曲线上的移动。当 MSB＞MSC 时，只要移动就会提高社会福利，反之则会降低社会福利。使用这种分析工具，我们可以更好地解决产品和服务的最优组合问题。假定对于每一后续学生/年教育从 A 点移动到 B 点，因为 MSB＞MSC，所以社会福利实际上提高了。如果沿着曲线继续向下移动，情况会怎样？如果增加的教育生产得到的收益大于成本，那么，即使经济中更多的资源用于教育，也应继续增加教育生产。但遗憾的是，情况并非总是如此，因为随着教育生产的增加和食品生产的相应减少，来自教育增加的收益会逐渐减少而成本会逐渐增加。从社会的角度来看，教育的最大边际收益无疑是来自于公众从文盲转变成有基本文化素质的人。尤其是在现代社会，不能阅读或做简单算术的人，难以对 GDP 作出重要贡献。具有基本的识字能力之后，尽管增加教育年限数明显地会提高社会福利，但总的来说教育增加所带来的收益呈下降趋势。因此，当生产从食品转变到教育时，最初增加的教育的边际收益最大。换言之，当更多的教育被生产出来并被消费时，教育增量的 MSB 会减少。

在成本方面，我们已知道，因为生产的机会成本递增，生产可能性曲线呈弓形。因此，当教育生产扩大时，我们必须放弃的食品的价值增加了；也就是说，教育的 MSC 增加了。当沿生产可能性曲线向下移动时，起初存在的 MSB 和 MSC 的差额会变得越来越小。一旦我们到达 MSB＝MSC 这一组合的位置，生产的转换不可能再增加福利。超出这一点就意味着，我们生产以及消费的教育增量的价值抵不上它的生产成本。因此，产品和服务的最优组合可定义为生产的边际社会收益和边际社会成本恰好相等时的组合。复杂的现代经济如何实现产品和服务的最优组合？资源如何配置？这是本书第 2 章将讨论的基本问题。

经济增长

至此，我们考察的组合要么位于生产可能性曲线上，要么位于生产可能性曲线内部，而像图 1—1 中 Z 点的组合，或者处于生产可能性曲线 AE 之外的任何其他组合，如何解释？如前所述，在经济体的当期资源存量和技术水平既定的情况下，这些组合是达不到的。不过，随着时间的推移，位于 AE 之外的组合可以实现，条件是该经济体要么能增加其资源的数量或质量，要么能提高其技术水平。图 1—2 以最初曲线 AE 作为参照，说明了三种可能性。在图 1—2（a）中，随着生产可能性曲线从原来的 AE 向外移动到更高的 A′E′，该经济体能增加食品和教育的产出。注意，现在 Z 组合是可以达到的。生产可能性曲线向外移动这种情况，表明能生产和消费更多的每种产品，称为一般经济增长。当资源的质量或数量的普遍提高或者技术进步大致均等地适用于食品和教育的生产时，就会产生一般经济增长。

虽然一般经济增长很普遍，但也常出现下列情况，即资源的质量或数量的提高或者技术进步只对该经济体的生产可能性曲线所描述的两种产品当中的一种产品的生产有用。在这种情况下，该经济体出现特定经济增长。在图1—2（b）中，生产可能性曲线从 AE 向外转动至 AE''，这表明食品的最大生产量不受影响，而教育的生产增加了。这种情况的发生可能是由于适用于教育的技术进步，比如在线学习可以使更多的社会成员获得教育机会。相反，在图1—2（c）中，生产可能性曲线从 AE 向外转动至 $A''E$，这表明只是食品的生产能力提高了。比如改进肥料、防治病虫害、种子储备、灌溉技术和设备等资本资源和技术的增加和提高，都会导致这种特定增长。我们将在第13章更加全面地讨论经济增长概念。

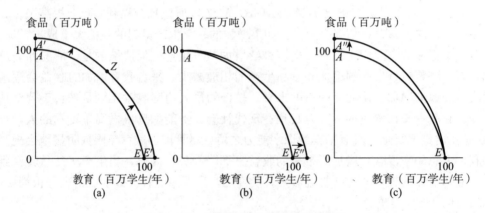

图1—2　一般经济增长和特定经济增长

图（a）中，生产可能性曲线从 AE 向外移至 $A'E'$ 表明，要么由于资源的数量或质量的提高，要么由于技术进步，该经济体能生产更多的食品和教育，称为一般经济增长。若资源的数量或质量的提高，或者技术进步，仅适用于教育的生产〔如图（b）所示〕，或仅适用于食品的生产〔如图（c）所示〕，就说该经济体出现了特定经济增长。

☐ 用 GDP 评估福利

按通货膨胀调整 GDP

GDP 不是用来衡量总体福利水平的工具，其主要用途是度量一个经济体的生产价值。若用它大致评估一国居民的总体福利，必须对它进行许多调整。首先，我们在评估一段时间内的经济业绩时，必须考虑到 GDP 的增加绝非代表福利水平的总体改善，而可能仅仅是由于平均价格水平的提高——通货膨胀所致。在只生产食品和教育的经济中，GDP 的计算要求用生产出的食品数量乘以食品的平均价格，对教育也作同样的计算，然后把总值加在一起。因此，如果我们观察一系列年度数据时会发现，用货币价值表示的GDP 在逐年增长，但是我们不能肯定是该经济体的生产增加了，还是平均价格上涨了。如果 GDP 增长是由于生产增加，那么总体福利水平就有可能提高；如果 GDP 增长完全或主要源于通货膨胀，则总体福利水平也许会下降。

为了弄清通货膨胀对 GDP 的影响，考察一个非常简单的经济，即该经济只生产一种产品——面包。假定 2010 年，该经济生产了 1 000 块面包，每块售价 1 美元。该经济 2010 年的 GDP 是 1 000 美元（1 000 块面包乘以 1 美元）。现在假定 2011 年该经济继续生产 1 000 块面包，但因通货膨胀每块售价 2 美元，2011 年的 GDP 则是 2 000 美元。因此，从 2010 年到 2011 年，尽管面包的产量没有任何变化，GDP 却翻了一番。GDP 的增加全部是通货膨胀所致。

为了矫正通货膨胀造成的偏差，所有根据每年价格水平计算的 GDP 数字必须转换成根据一个"基准"年度价格水平计算的数字。假定以 2010 年为基年，把 2011 年的 GDP 转换为以 2010 年价格计算的 GDP。2010 年和 2011 年之间的价格关系可用价格指数来描述。用百分数来表示，每年的价格指数是用每年的价格水平（如果生产出来的产品不止一种，则为平均价格水平）除以基年价格水平，然后乘以 100，如表 1—1 所示。这样，2010 年的价格指数是 100（1 美元的 2010 年价格除以基年也就是 2010 年的价格 1 美元，然后乘以 100）。用这种方法得到的 2011 年价格指数则是 200，说明 2011 年的平均价格是 2010 年平均价格的 200％。一旦每年的价格指数都算出来了，在把指数转化成十进制的形式之后，GDP 数据就可以通过用每年的 GDP 现值除以当年价格指数来修正通货膨胀的影响。也就是说，2010 年经通货膨胀修正后的 GDP 等于它的 1 000 美元现值 GDP 除以 2010 年价格指数，使用十进制形式为 1，或者简单表示为 1 000 美元。使用同样的方法可以计算出经通货膨胀修正后的 2011 年的 GDP。由于 2011 年的名义 GDP 为 2 000 美元，而该年的价格指数为 2，所以 2011 年经通货膨胀修正后的 GDP 同样是 1 000 美元。名义 GDP 经过通货膨胀修正之后，就会得到**实际 GDP**（real GDP）。在这个例子中，尽管从 2010 年到 2011 年名义 GDP 翻了一番，但实际 GDP 未变，这说明生产没有变化。通过这种方法，实际 GDP 可以告诉我们在过去的一段时间里，该经济的实际商品和服务生产发生了什么变化。

表 1—1 利用价格指数计算实际 GDP

年度	(1) 面包产量（块）	(2) 面包价格	(3) 名义 GDP (1)×(2)	(4) 价格指数百分比和十进制形式	(5) 实际 GDP（2010 年美元）(3)/(4)（十进制）
2010	1 000	1.00 美元	1 000 美元	1 美元/1 美元×100＝100 或 1.00	1 000 美元
2011	1 000	2.00 美元	2 000 美元	2 美元/1 美元×100＝200 或 2.00	1 000 美元

按人口调整 GDP

在观察一系列 GDP 数据时，我们必须修正这些数据以消除因通货膨胀产生的误导。不论是考察一系列 GDP 数据，还是一年的 GDP 数据，我们还必须进行第二项调整，即要考虑到分摊 GDP 的人口数量。例如，中国的 GDP 是瑞士的若干倍，但由于中国分摊 GDP 的人口众多，所以瑞士的人均福利水平是中国人均福利水平的若干倍。

根据人口差异调整 GDP 数据，是用 GDP 除以所讨论国家的总人口。但我们在计算时究竟应该用现价 GDP，还是实际 GDP？这取决于我们正在分析的数据。如果我们观察某个经济体过去的表现，正确的计量方法应该是用调整通货膨胀影响后的 GDP 即实际 GDP 除以人口，因为价格不太可能随时间推移而保持不变。这称为**人均实际 GDP**（per capita real GDP）。另一方面，如果我们分析的仅是一国某一年的 GDP 数据，正确的计量方法应该是现价 GDP 除以人口，简称**人均 GDP**（per capita GDP）。对任何一个国家来说，连续一些年的人均实际 GDP，表明的是以该国居民平均福利水平衡量的经济表现是否得到改善。

在表 1—2 中，我们以 1980—2010 年间美国经济的表现为例，解释如何计算人均实际 GDP 以及如何用它来进一步了解潜在福利的变化。表中第（2）列是现价 GDP 的数值，第（3）列是以百分比表示的价格指数，并以 2005 年为基年。第（4）列是实际 GDP，它是先把价格指数转换成十进制，再用第（2）列除以第（3）列得到。

表 1—2　　　　　　　　　　美国现价 GDP 和实际 GDP，1980—2010 年

（1）年度	（2）现价 GDP（10 亿美元）	（3）价格指数	（4）实际 GDP（以 2005 年为基准，10 亿美元）	（5）人口（百万）	（6）人均实际 GDP（以 2005 年为基准，美元）
1980	2 788.1	47.8	5 834.0	227.7	25 621.43
1981	3 126.8	52.3	5 982.1	230.0	26 009.13
1982	3 253.2	55.5	5 865.9	232.2	25 262.27
1983	3 534.6	57.7	6 130.9	234.3	26 166.88
1984	3 930.9	59.8	6 571.5	236.3	27 809.99
1985	4 217.5	61.6	6 843.4	285.5	23 969.88
1986	4 460.1	63.0	7 080.5	240.7	29 416.29
1987	4 736.4	64.8	7 307.0	242.8	30 094.73
1988	5 100.4	67.0	7 607.4	245.0	31 050.61
1989	5 482.1	69.6	7 879.2	247.3	31 860.90
1990	5 800.5	72.3	8 027.1	250.1	32 095.56
1991	5 992.1	74.8	8 008.3	253.5	31 590.93
1992	6 342.3	76.6	8 280.0	256.9	32 230.44
1993	6 667.4	78.3	8 516.2	260.3	32 716.87
1994	7 085.2	79.9	8 863.1	263.4	33 648.82
1995	7 414.7	81.6	9 086.0	266.6	34 081.02
1996	7 838.5	83.2	9 425.8	269.7	34 949.20
1997	8 332.4	84.6	9 845.9	272.9	36 078.78
1998	8 793.5	85.6	10 274.7	276.1	37 213.69

(1) 年度	(2) 现价 GDP (10 亿美元)	(3) 价格指数	(4) 实际 GDP（以 2005 年为基准，10 亿美元）	(5) 人口（百万）	(6) 人均实际 GDP（以 2005 年为基准，美元）
1999	9 353.5	86.8	10 770.7	279.3	38 563.19
2000	9 951.5	88.7	11 216.4	282.4	39 718.13
2001	10 286.2	90.7	11 337.5	285.3	39 738.87
2002	10 642.3	92.2	11 543.1	288.1	40 066.30
2003	11 142.2	94.1	11 836.4	290.8	40 702.89
2004	11 853.3	96.8	12 246.9	293.4	41 741.31
2005	12 623.0	100.0	12 623.0	296.2	42 616.48
2006	13 377.2	103.2	12 958.5	299.9	43 209.40
2007	14 028.7	106.2	13 206.4	302.0	43 729.80
2008	14 291.5	108.6	13 161.9	304.8	43 182.09
2009	13 939.0	109.7	12 703.1	307.4	41 324.33
2010	14 526.5	111.0	13 088.0	308.7	42 397.15

资料来源：http://bea.gov/newsreleases/national/gdp/gdpnewsrelease.htm.

在表 1—2 中，最让人感兴趣的是 1982 年和 1991 年，虽然这两年的现价 GDP 都在上升，而实际 GDP 却在下降。这表明，尽管这些年的实际生产是下降的，但生产的下降已被价格上涨所抵消，这更说明调整现价 GDP 以消除通货膨胀影响十分重要。在这些年中，可供消费的产品和服务比上一年要少。当一国的产品和服务产出如此下滑时，我们说经济陷入衰退。不过，在观察 GDP 的年度数据时，经济衰退有时可能不那么明显，2008 年正是这样一年。虽然 2008 年全年的现价 GDP 和实际 GDP 都增加了，但严重的经济衰退也从此开始。为何如此？道理很简单：2008 年早期的现价 GDP 和实际 GDP 增加抵消了年底的生产下滑，更为重要的是这种生产下滑持续到 2009 年，2010 年才缓慢回升。第 11 章再详细分析美国经济现状。

用图形来说，在 1982 年、1991 年、2001 年、2008 年和 2009 年，美国经济在生产可能性曲线下方运行，表明人们的平均福利水平低于其潜在水平。利用实际 GDP 除以人口，可以得到对平均福利水平的粗略估计，即位于第（6）列中的人均实际 GDP。我们再次发现，在衰退的 1982 年和 1991 年，人均实际 GDP 呈下降趋势。更有意思的是，虽然 2001 年的现价 GDP 和实际 GDP 都增加了，但人均实际 GDP 却有所下降[①]，再次证明该年是衰退的一年。

表 1—3 给出了 2009 年部分国家的人口和实际 GDP 的数据（暂不考虑表中其他数据）。为了保持一致性，所有国家的 GDP 都转换成美元值，意味着所有国家货币在这些国家与美元在美国的购买力相同。如果一国每年人均实际 GDP 不足 15 000 美元，我们

第 1 章

减轻人类的苦难：经济推理的作用

① 原文如此，疑有误。——译者注

则主观地将其归类为欠发达国家（LDC）；如果一国每年人均 GDP 超出这一水平，则归类为发达国家。这类数据可以使我们对平均福利水平进行大致的国际比较，可直观地看到稀缺这种经济问题。

2009 年美国的实际 GDP 大约为 12.7 万亿美元（数据来自美国经济分析局，见表 1—2）。这就是说，2009 年有 12.7 万亿美元的产品和服务被生产出来供美国 3.07 亿居民消费。GDP 除以总人口得出人均实际 GDP 是 34 332 美元。[①] 因此，如果美国的国民生产在 2009 年被平均分配，那么每一个美国人应该得到一份由他自己支配的大约 35 000 美元的产品和服务。把这个数据与欠发达国家的人均水平相比较。例如，在赞比亚，每年人均实际 GDP 不到 1 300 美元；而且，这种性质的贫困绝不是一个孤立的问题，而是在世界很多地方都普遍存在。虽然在发达国家稀缺主要是一个没能满足所有需要或欲望的问题，但在世界的许多甚至是大多数地方，稀缺变成了本章开头所说的极度贫困问题。这种折磨世界上大多数人的贫困问题并不只是一个抽象的学术概念。正如表 1—3 所示，它会直接转化成过早的死亡。假如一个人于 2009 年有幸出生在一个平均寿命为 84 岁的发达国家，则同年出生在一个欠发达国家的人可能要比他少活 16 年。

表 1—3　　　　部分国家的人均实际 GDP、人口数量、年度人口增长率、人口密度、年度实际 GDP 增长率和预期寿命

国家	估计人口 （2009 年，百万）	年度人口 增长率 （％）	每平方公里 人口密度 （2009 年）	人均实际 GDP* （2009 年）	年实际 GDP 增长率 （2009 年,％）	预期寿命 最新数据
欠发达国家						
智利	17	1.3	23	13 420	4.1	82
中国	1 332	0.8	143	6 890	10.9	75
哥伦比亚	46	1.7	41	8 600	4.5	77
埃及	83	1.9	83	5 680	4.9	72
萨尔瓦多	6	0.8	297	6 420	2.6	76
埃塞俄比亚	83	2.8	83	930	8.5	57
印度	1 155	1.6	389	3 280	7.9	66
印度尼西亚	230	1.4	127	3 720	5.3	73
肯尼亚	40	2.8	70	1 570	4.4	55
墨西哥	107	1.3	55	14 020	2.2	78
尼日利亚	155	2.4	170	2 070	6.6	49
秘鲁	29	0.5	23	8 120	6	76
菲律宾	92	2	308	3 640	4.9	74
南非	49	1.8	41	10 050	4.1	53
泰国	68	1	133	7 640	4.6	72

[①] 该数据与表 1—2 及表 1—3 中的美国 2009 年人均实际 GDP 均不符，原文如此，疑有误。——译者注

国家	估计人口 （2009 年，百万）	年度人口 增长率 （%）	每平方公里 人口密度 （2009 年）	人均实际 GDP* （2009 年）	年实际 GDP 增长率 （2009 年，%）	预期寿命 最新数据
赞比亚	13	2.6	<u>17</u>	1 280	<u>−7.5</u>	47
平均			1.66		4.6	
发达国家						
加拿大	34	1	4	37 280	2.1	84
法国	63	0.5	114	33 950	1.5	85
德国	82	0.2	235	36 850	1	83
意大利	60	0.3	205	31 870	0.5	84
日本	128	0.2	350	7 230	1.1	86
新加坡	5	2.6	7 125	49 780	6.5	84
瑞典	9	0.4	23	38 050	2.4	83
瑞士	8	0.8	193	47 100	1.9	84
英国	62	0.4	256	35 860	2	82
美国	307	1.1	<u>34</u>	45 640	<u>2</u>	81
平均			0.75		2.1	

* 以 2009 年美元不变价计算。

资料来源：World Bank, *World Development Indicators Online*, available at https://publications.worldbank.org/ commerce.

按分配状况调整 GDP

表 1—3 的数据表明，占世界人口大多数的人正过着某种程度的穷困生活，这可能是生活在发达国家的人所无法了解的。然而，即使是这些数据反映的可怕情况，也低估了折磨众生的贫困的真实程度。因为人均 GDP 这种指标只是测度福利水平的平均指标，并没有把一国 GDP 的不公平分配状况考虑进来。我们还以人均 GDP 为 1 300 美元的赞比亚为例。显然，对于一个赞比亚人来说，每年只要挣 1 300 美元，生存就不成问题。可是，大多数赞比亚人都渴望能挣到这一"平均"收入。在赞比亚，GDP 规模非常有限，GDP 的分配又极不公平，贫困问题变得非常麻烦。虽然有少数幸运儿每年的收入数倍于1 300 美元，但大多数赞比亚人的年收入远远低于这一平均数额。

GDP 的分配，或者众所周知的收入分配意味着什么？我们用一个简单的例子来说明。假定有两个国家，分别为阿尔法国（Alpha）和欧米伽国（Omega），每个国家都由从 A 到 E 的 5 个家庭组成。又假定在阿尔法国，每个家庭的年收入为 2 000 美元，而在欧米伽国，从 A 到 D 的家庭没有收入，E 家庭每年收入 10 000 美元，如表 1—4 所示。那么，在每个国家中，所有家庭的年收入或 GDP 是 10 000 美元，平均收入是 2 000 美元。这是否表明每个国家的家庭福利都相同呢？显然不是。在这种情况下，只看平均数得到的结论肯定是错误的。因为虽然这两个国家的 GDP 水平相同，但 GDP 的分配差异很大。

表 1—4 一国的收入分配 单位：美元

	家庭 年收入 A	家庭 年收入 B	家庭 年收入 C	家庭 年收入 D	家庭 年收入 E	所有家庭 年收入	家庭年均 收入
阿尔法国	2 000	2 000	2 000	2 000	2 000	10 000	2 000
欧米伽国	0	0	0	0	10 000	10 000	2 000

在现实生活中，当然不太可能出现像阿尔法国那样绝对的公平分配或者是像欧米伽国那样绝对的不公平分配。通过对表 1—4 的情况所作的分析表明，需要有一种方法来评估 GDP 的现实分配状况。也就是说，为什么阿尔法国的收入分配被认为是绝对公平的？答案非常简单，这 5 个家庭中的每一个家庭都掌握了阿尔法国收入的相同份额（2 000 美元）。换言之，这 5 个家庭中的每一个家庭都代表了阿尔法国人口的 1/5 或者 20％，同时每个家庭都掌握了阿尔法国 GDP 的 1/5 或者 20％（2 000 美元/10 000 美元）。因此，在一国，每 20％的家庭都拥有 20％的收入，就是绝对公平。

各国如何大致实现绝对公平？欠发达国家与发达国家之间收入分配的差异有无规律？对这些问题的回答可以见表 1—5，该表报告了部分欠发达国家与发达国家在收入分配方面的数据。（按照惯例，我们在表 1—5 中把每个国家的家庭按照从最穷到最富的顺序排列，而不是随意挑选 20％的群体。）

表 1—5 部分国家的收入分配 （％）

国家 （研究年度）	每组家庭掌握的总收入或 GDP				
	最穷的 20％家庭	次穷的 20％家庭	第三穷的 20％家庭	第四穷的 20％家庭	最富的 20％家庭
欠发达国家					
智利（2009）	8.6	15.5	20.2	24.7	30.9
中国（2005）	5.7	9.8	14.7	22.0	47.8
哥伦比亚（2006）	2.5	6.0	10.7	18.7	62.1
埃及（2004）	8.9	12.7	16.0	20.8	41.5
萨尔瓦多（2007）	4.3	9.0	13.0	20.9	51.9
埃塞俄比亚（2005）	9.3	13.2	16.8	21.4	39.4
印度（2005）	8.1	11.3	14.9	20.4	45.3
印度尼西亚（2009）	7.6	11.3	15.1	21.1	44.9
肯尼亚（2005）	4.7	8.8	13.3	20.3	53.0
墨西哥（2004）	4.3	8.3	12.6	19.7	55.1
尼日利亚（2003）	5.0	9.6	14.5	21.7	49.2

国家 （研究年度）	每组家庭掌握的总收入或 GDP				
	最穷的 20％家庭	次穷的 20％家庭	第三穷的 20％家庭	第四穷的 20％家庭	最富的 20％家庭
秘鲁（2003）	3.7	7.7	12.2	19.7	56.7
菲律宾（2003）	5.4	9.1	13.6	21.3	50.6
南非（2000）	3.5	6.3	10.0	18.0	62.2
泰国（2002）	6.3	9.7	14.0	20.8	49.0
赞比亚（2004）	3.6	7.9	12.6	20.8	55.1
平均	5.8	9.8	14.1	20.8	50.0
发达国家					
加拿大（2000）	7.2	12.7	17.2	23.0	39.9
法国（1995）	7.2	12.6	17.2	22.8	40.2
德国（2000）	8.5	13.7	17.9	23.0	36.8
意大利（2000）	6.5	12.0	16.7	22.8	42.0
日本（1993）	10.6	14.2	17.6	22.0	35.7
新加坡（1998）	5.0	9.4	14.6	22.0	49.0
瑞典（2000）	9.2	14.0	17.6	22.7	36.6
瑞士（2000）	7.6	12.2	16.3	22.6	41.3
英国（1999）	6.1	11.4	16.0	22.5	44.0
美国（2000）	5.4	10.7	15.7	22.4	45.8
平均	7.3	12.3	16.7	22.6	41.1

资料来源：World Bank，*World Development Indicators Online*，available at https://publications.worldbank.org/commerce.

　　为了考察 GDP 的分配对个人福利的影响，我们还以赞比亚为例。已知赞比亚的人均 GDP 为 1 300 美元，但这低估了赞比亚人的贫困程度。如果平均分配 GDP，也就是说，如果所有赞比亚人每年都挣 1 300 美元，那么每 20％ 的赞比亚家庭应该掌握大约 20％ 的赞比亚 GDP。然而，如表 1—5 所示，事实并非如此。相对于绝对公平的收入分配，"最穷"的家庭处于可怜的境地，这些家庭实际上只拥有赞比亚 GDP 的 3.6％！因此，如果赞比亚的 GDP 被平均分配的话，即人均 GDP 为 1 300 美元，最穷的 20％ 家庭将会发现他们的收入将增加 5 倍多（从 3.6％ 上升到 20％）。

　　但是，这并不意味着所有赞比亚人挣的钱都不到 1 300 美元这一平均数。如果这个平均数的计算是正确的话，情况不可能是这样。表 1—5 表明，虽然大多数赞比亚家庭确实穷困，但有些家庭相对富裕，我们可以看看赞比亚最富裕的 20％ 家庭所掌握的 GDP 份额。该群体掌握国民收入的 55.1％，这说明赞比亚极为有限的 GDP 所导致的贫困程度，又被非常不公平的收入分配进一步恶化了。

这种情况仅仅发生在赞比亚吗？不幸的是并非如此。从不同国家 GDP 被各家庭群体所掌握的平均份额来看，欠发达国家的收入不公程度比发达国家要严重得多。这并不意味着发达国家的收入分配接近绝对公平。实际上，有些人也许会认为发达国家的收入不公平程度高得令人无法接受。像"占领华尔街（Occupy Wall Street）"、"99％俱乐部（99％ Club）"和"2010 年阿拉伯之春（Arab Spring of 2010）"等各类群体的骚乱充分表明，很多发达国家不断恶化的收入不平等程度，对许多人来说简直是不可接受的。尽管这不一定是这些群体存在的唯一原因，但在很多发达国家，富人与穷人之间的差距的确在扩大。倘若欠发达国家的收入不平等程度也普遍存在于发达国家，我们应该能想到会发生什么。除了明显的经济问题外，这会不会同样导致普遍存在于欠发达国家的社会问题和民事问题？表 1—5 的重要之处就在于，这些数据说明了欠发达国家的不公平程度显然要比发达国家高得多。因此，我们可以得到如下结论：用平均福利水平（如人均GDP）反映贫困程度，不能精确地描述世界上大多数人口的悲惨境遇。

最后，你可能会很奇怪，我们为什么这么关注一国的收入分配状况？一个显而易见的答案是，倘若只考虑平均收入或 GDP 水平，很可能得出错误的结论。更有甚者，经验表明，社会动荡与收入不平等正相关，本章后面将作详细分析。你看一下表 1—5，分析这两个因素之间的关系，自己也可以证明这一点。你经常从媒体上看到发生骚乱、罢工的国家（通常伴随着高犯罪率和其他形式的社会动荡），是否也是收入分配相对不平等的国家？

贫困的原因与经济增长的前提条件

通过对经济分析的基本概念的考察，世界贫困的经济根源就会变得相当清楚。在有些情况下，一个国家的经济运行状态有可能接近其潜能，即在其生产可能性曲线上运行，但无处不在的贫困依然是一个规律。在这方面，来自一国人口规模和增长的压力经常成为被关注的问题。如果人口压力是首要问题，当一国经济的生产可能性甚至在实现了最大产出之后结果依然存在过度贫困，补救措施肯定是促进经济增长。把生产可能性曲线向外移动需要对一个国家的劳动力和资本资源在质量和数量方面进行改进，或是提高总体技术水平，有时候是二者兼而有之。在另一些情况下，贫困是因相对无效率的生产方法所致。这时，补救措施应该是使经济返回到其生产可能性曲线上去。这些都是本书将要集中讨论的话题，我们在此先作简单介绍。

劳动力质量。几乎无一例外，欠发达国家的劳动力几乎没有受过良好的教育，因此，相对于发达国家的劳动力来说他们的生产率很低。例如，在美国，成年人文盲率只有1％左右，而在像海地和埃塞俄比亚这样的国家该比率高达 50％以上。教育是一国劳动力质量提高的关键。识字率提高，劳动力的技能才有可能提高。普遍的初等教育制度是识字的先决条件，而识字率的提高又是经济增长的基础。在初等教育基础之上，中等教育和高等教育是提高劳动力素质的重要条件，因为这些教育能够使工人增强解决问题和创新的能力。显然，建立综合全面的教育体系是不断提高生活水平的必要条件。同样很明显，在一个人们的生活接近或处于维持生存水平的国家里，建立这样的教育体系何等困难。

资本存量与资本积累。少量的可利用资本资源以及低资本—劳动比率会造成很低的劳动生产率和贫困。那些矿产资源有限，缺乏工具和机械，运输和通信网络也不发达的国家，其人均 GDP 通常很低。如果一国要摆脱贫困的束缚，就必须有资本积累。但资本积累要求一国把每年生产的部分消费品和服务用于资本产品的生产和资源开发。正如要建立教育体系一样，在一国的许多居民受到营养不良甚至饥饿的威胁时要做到这一点尤其困难。

技术。在一个贫困国家的乡村旅行，或到工业生产区参观，我们看到的是非常原始的生产技术。没有或者不能采用现代生产技术会导致低劳动生产率和贫困。不幸的是，对于欠发达国家来说，技术开发、资本积累和教育体系的建立在某种程度上是紧紧连在一起的。几乎没有什么高水平的技术是由贫困国家开发出来的。

效率。在许多贫困国家，可以利用的资源往往没有被充分或有效地使用。传统的做事方法常常阻碍人们接受新的和有效的生产技术。例如，在贫困国家，我们很容易发现具有潜在生产率的农用土地，但由于传统的土地占有制度把土地分割得支离破碎，不可能达到最大的生产效率。还有一些国家，刚性工资制度使得潜在雇主不经济地雇佣劳动力，导致失业。

人口。人口压力是否严重到了威胁生活水平的程度？我们可以在表 1—3 中找到这个问题的答案。首先看人口规模和人口密度问题。是一国的人口绝对水平或人口密度阻碍了福利水平的提高吗？问题并不在这两个方面。印度和中国都是人口非常多的欠发达国家，美国和日本都是有着高水平福利和相对较多人口的发达国家，而列在表 1—3 中的其他一些欠发达国家人口并不很多。从人口集中度亦即人口密度而言，我们看一下埃塞俄比亚和新加坡。埃塞俄比亚无疑是这个地球上最贫困的国家之一，平均每平方公里人口密度不到 83 人，而在新加坡，人均 GDP 是埃塞俄比亚人均 GDP 的很多倍，人口密度为每平方公里 7 125 人。在相对富裕且人口密度相对大的美国和日本，与相对贫困、人口密度相对小的赞比亚、智利以及阿根廷之间也存在着类似的结果。最后，人口增长的压力是什么？答案也是复杂的。委内瑞拉和尼日利亚最近的 GDP 和人口增长率都比较高，而有些欠发达国家的人口增长率和经济增长率曾经都比较高，但最近又都停滞不前了。

人口压力对贫困的影响是什么？也许一个无可争辩的结论就是，虽然人口压力不是世界贫困的根源，但过度的人口增长的确会使稀缺问题变得更为严重。至少我们知道，如果要提高总体福利，实际 GDP 一定要比人口增长得更快。

■ 政府能有所作为吗？

如果政府能有助于解决世界贫困问题的话，政府能做些什么呢？在过去几十年里，公众越来越期待政府能帮助他们解决问题，政府也担负起了为其公众解决经济问题的更多责任。遗憾的是，人们对政府的期望往往高于政府的能力，政府许诺的往往比能做到的要多。

□ 欠发达国家的政府

从经济发展的角度看，政府必须作出的一个最重要的决定就是，政府在多大程度上影响经济决策。选择范围可以从政府介入很少或没有政府介入，到决策完全依据政府指令。正如第 2 章将讨论的，东欧、中国和越南从对经济决策的绝对干预逐步变化到减少干预程度，表明了通过削弱政府的经济作用可以促进经济发展，比如中国的实际 GDP 年均增长率高达 10.9%（见表 1—3）。一个看似反常的现象是，很多欠发达国家的政府，不仅没有推动经济发展，反而成为经济发展的累赘。通常，让私人部门而不是政府拥有经济资源，并决定这些资源的使用，即经济学家所说的私人产权，经济发展可能会达到其最大潜能。同样重要的是，资源所有者必须能够获得在资源使用上作出明智决策的利益，同时他们也必须对错误决策负责并受到惩罚。欠发达国家的政府完全可以为其人民的利益做些事情，但必须保证政府对经济活动的介入仅限于那些任凭经济自行发展显然不能实现预期发展目标的经济领域。在这一点上，欠发达国家的政府应当实施下列政策：提高劳动力质量、促进资本积累、提高科技水平、提高效率，以及降低人口增长速度。这说起来容易，做起来难。

在大多数识字率较高的国家，政府承担了初等教育的责任。在很多国家，这一责任已经延伸到了中等教育甚至是高等教育。在力所能及的范围内，欠发达国家的政府应该很好地仿效这些国家。但是普及教育并非轻易或不花代价就能做到。教育体系的建立是一项缓慢而又昂贵的工作。为此必须建造物质设施，培训大量师资。欠发达国家发现，把资源从生活用品的提供转移到教育的提供是非常困难的。对一个贫穷饥饿的国度来说，增加教育的直接机会成本实在太高了。

大多数政府在资本积累过程中的作为，与其说是直接的不如说是间接的。政府虽然不能直接创造新的资本资源，但可以建立适合资本积累的经济环境。它们可以实行有益于经济稳定的货币政策和财政政策，可以制定税法为资本积累提供特殊的激励措施，确保那些进行储蓄和从事新资本设备投资的人获得收益。在许多情况下，资本积累会受到抑制，因为收入不足的政府用税收的形式掠走了来自资本积累的收益。

欠发达国家的政府官员对于提高技术水平和经济运转效率这类事情，也经常高谈阔论。在这方面他们能做的最实际的事情就是在本国资源允许的最大限度内开发社会基础设施。例如，交通网和通信网对经济效率的贡献极大，能源和电力系统也是如此。

当然，基础设施建设的质量并非整齐划一，有的质量好些，有的质量差些。公共工程质量差的一个普遍原因是腐败。这并非说只有贫穷落后国家的公共部门腐败成性，但国际数据清楚地表明，GDP 下降，腐败上升。许多有限的资源被滥用于水和卫生设施、公路和桥梁建造等工程，而当这些豆腐渣工程半途而废时，深受其害的往往是最贫困的人群。认识到腐败的负面影响是一回事，而消除腐败又是另一回事，因为腐败的受益者往往正是工程立项的决策者。

目前在有些国家，政府正在采取积极措施控制人口。例如，在印度、泰国和中国，政府已经在计划生育方面做了大量教育工作。总之，在过去的几十年里，世界人口的增长有下降趋势。

□ 发达国家的政府

第二次世界大战以来，经济发达国家向欠发达国家提供了一些经济援助，部分原因是出于人道主义，部分原因是希望欠发达国家保持资本主义意识形态。由于社会主义国家和西方国家之间曾经很敌对，有些给予欠发达国家的援助是通过像世界银行这样的国际机构实现的。同时，各国也制定一些自己的援助计划。援助基本上采用两种方式：(1) 贷款和补贴；(2) 技术援助。

贷款和补贴通常用于帮助受援国提高劳动力素质、加强资本积累、改进技术能力以及提高生产效率，通常用于建设教育设施和卫生工程。例如帮助建造电厂、水泥厂、通信和交通设施、农业设施，诸如此类。贷款也被用来进口产品，如肥料、原料、半成品、工业设备、农业设备和一些零部件。

技术援助有助于提高接受国的劳动力技能，推动技术进步。很多技术援助有助于提高农业资源的生产率，改善教育体系，提高公共卫生水平。另外，来自发达国家的顾问使得工业项目得以顺利进行。

发达国家借助世界银行帮助欠发达国家。世界银行不仅利用发达国家出资建立的基金向欠发达国家提供低息贷款，还向低收入国家提供技术援助。贷款的项目种类繁多，项目有大有小，既有公共项目，也有私人项目。世界银行要求，每一项贷款都要作出还本付息的承诺。世界银行在这方面做得相当成功，但也常常因在贷款方面太小气而遭受批评。同时，世界银行越来越重视在与受援助方签订的合同中加入反腐败条款，而这种努力是否能成功、执行效力如何，还有待观察。

■ 小结

毫无疑问，当今世界的主要经济问题是赤贫。这个问题虽然由来已久，但近年来已成为各国和越来越众多的人关注的焦点。要理解赤贫的原因以及尽可能地解决这个问题，我们必须了解经济学和经济活动的性质。

经济活动产生于人类的需要，这种需要总体看来是永不满足的。在任何国家，用于满足其人口需要的手段都是稀缺的。它们由该国的经济资源（劳动力和资本）以及可利用的技术构成。资源的供给和可利用的技术水平决定了这个国家可以生产出来用以满足需要的最大 GDP。用一国的 GDP 除以该国人口便得出了人均 GDP，这是一个衡量国民平均福利水平的粗略方法。要进一步了解实际福利水平，还需要考虑到 GDP 的分配。

经济活动的基本要素和经济分析使我们能够认识贫困的形成原因。贫困源于劳动力质量低下、劳动力所用资本的短缺、技术水平低下、资源利用的无效率，以及在一些情况下过高的人口增长率。为了摆脱贫困陷阱，一国必须在处理部分或所有这些原因方面取得进展。但是，如果一国没有实现明显的政治经济稳定性，要取得很大的进步是不太可能的。

发达国家在努力发展经济的同时，能够且的确在向欠发达国家提供援助。援助的两种基本形式是：(1) 贷款和补贴；(2) 技术援助。各发达国家有自己的援助计划，也通过世界银行这类组织实施联合援助计划。

讨论题

1. GDP 衡量的是一国特定时期内的生产总值。GDP 作为衡量社会福利的大致指标，必须进行哪些调整？

2. 解释 GDP 与实际 GDP 的不同。

3. 利用生产可能性曲线，解释机会成本原理。

4. 利用生产可能性曲线，解释机会成本递增概念。

5. 线性（直线）生产可能性曲线意味着什么？

6. 经常听到的一句话是"一国要靠自己的努力改善自己的境况"。从向外移动生产可能性曲线的角度来看，改善教育体系就是其中一例。参阅表 1—3 欠发达国家的数据，讨论该建议在极度贫困国家的实践问题。

7. 一般假定生产可能性曲线呈凸形或弓形，解释这一形状的经济含义。

8. 成本—收益分析是经济分析中最常用的工具之一。假定期末就要到了，你即将开始准备期末考试。试解释你如何使用成本—收益分析来使你的学分绩（GPA）最大化。

9. 试举例说明，一国在两年之间，实际生产下降的情况下 GDP 还可以增长。

10. 如果公共支出的目标是将一国的生产可能性曲线向外移动，那么以下哪一个建议看起来最有可能成功：采购核动力航空母舰；向老年人提供"热餐"计划；失业工人的就业培训计划。

11. 假定一国只生产食品和住房。画出并解释该国的生产可能性曲线特征。说明并解释以下因素对此曲线的影响：（a）一项只改进食品生产的新技术；（b）一项同时改进食品和住房生产的新发明。

12. 利用边际社会收益和边际社会成本概念，解释在仅生产两种商品的经济中如何决定最优商品组合。

13. 从估计一国的长期经济表现角度看，选择哪一年作为计算价格指数的基年重要吗？

14. 利用表 1—3 的数据，计算美国和中国的实际 GDP（不是人均实际 GDP）。倘若两国按目前的速度（见表 1—3）持续增长，从 GDP 上说，中国经济何时能够赶上美国经济？

15. 利用生产可能性曲线解释一般经济增长与特定经济增长的区别。

16. 根据表 1—5 的数据，一国的收入分配与社会稳定是否存在着某种关系？

17. 根据表 1—3 的数据，能认为人口规模或人口增长是一国贫穷的基本原因吗？

18. 用图形来界定一般经济增长与特定经济增长，并对二者举例说明。

19. 列举导致公共部门腐败的非经济方式对社会的不良影响。

20. 贫穷国家的公共部门腐败现象为何比富裕国家更为普遍？

课外读物

1. Collier, Paul, and David Dollar. *Globalization, Growth, and Poverty: Building an Inclusive World Economy.* Policy Research Report. Washington, DC: World Bank; New York: Oxford University Press, 2002.

这篇世界银行报告包括了按国家、GDP 和人口密度等绘制的世界贫困、全球家庭不平等，以及工资增长等的图示。

2. Fernandez Jilberto, A. E., and Andre Mommen, eds. *Regionalization and Globalization in the Modern World Economy.* New York: Routledge, 2002.

一系列讨论全球化和区域化的论文。各章包括俄罗斯的经济改革、撒哈拉沙漠以南非洲国家的区域经济一体化、土耳其在欧亚中的地位以及拉丁美洲的区域一体化。

3. Gregoriou, Greg N., ed. *Emerging Markets: Performance, Analysis, and Innovation.* Boca Raton, FL: CRC Press, 2010.

作者讨论了从埃及到乌克兰、越南、墨西哥等所有新兴市场的各种问题。

4. Malhotra, Kamal, and Palathingal, Anita. *Making Globalization Work for the Least Developed Countries.* United Nations Ministerial Conference on "Making Globalization Work for the Least Developed Countries." Istanbul, Turkey: United Nations Development Programme, 2007.

本书提出了欠发达国家所面临的问题和挑战，对决策者、执行者和学者具有重要的参考价值。

5. Meier, Gerald M., and James E. Rauch, eds. *Leading Issues in Economic Development.* 8th ed. Oxford, England: Oxford University Press, 2005.

详细论述了经济发展的主要问题。

6. Shapiro, Robert J. *Futurecast: Superpowers, Populations, and Globalization Will Change the Way You Live and Work.* New York: St. Martin's, 2008.

美国前商务部副部长罗伯特·夏皮罗（Robert Shapiro）展望，到 2020 年世界发生巨变的原因有三大因素，即全球化、人口老龄化和美国作为唯一超级大国的崛起。

7. Weibe, Keith, Nicole Ballenger, and Per Pinstrup-Andersen, eds. *Who Will Be Fed in the 21st Century? Challenges for Science and Policy.* Baltimore: The Johns Hopkins University Press, 2001.

作者讨论了技术进步如何影响食品的供给，而贫困又如何影响食品的需求。

8. *World Development Report.* New York: Oxford University Press, annual.

有关发展问题的重要数据来源，包括 100 多个国家的收入、人口、预期寿命、健康状况、教育程度，以及其他方面的数据。

在线资源

1. 联合国粮农组织（Food and Agriculture Organization of the United Nations，FAO）：

www.fao.org

联合国粮农组织受命提高国际营养水平，改善世界贫困人口的生活条件。该网站提供营养、可持续发展、经济和其他问题的链接。

2. 全球贫困—布鲁金斯学会（Global Poverty—Brookings Institution）：

www.brookings.edu/topics/global-poverty.aspx

布鲁金斯学会是一家研究公共政策的非营利组织，致力于许多问题的研究，包括"确保一个更加开放、安全、繁荣和合作的国际体系"。其"全球贫困"网站提供了该领域专家的分析以及相关的议题和行动计划。

3. 饥饿记事（Hunger Notes）：

www.worldhunger.org

"饥饿记事"是一个对世界饥饿教育服务协会出版物作概要性介绍的网站，提供了理解全球饥饿程度、原因和影响的丰富资源。

4. 反饥饿计划（The Hunger Project）：

www. thp. org/home

反饥饿计划是力图消灭饥饿现象的战略组织。包括该组织的计划、发生的事件、报告，以及时事通讯等的链接。

5. 饥饿网站（The Hunger Site）：

www. thehungersite. com

饥饿网站是"世界第一个'点击捐赠'网站"。使用者点击一下，由捐赠人付费的食品捐赠就可以被分发到世界各地。

6. 美国志愿国际行动理事会（InterAction: American Council for Voluntary International Action）：

www. interaction. org

美国志愿国际行动理事会是 190 多个非营利性组织的联合体。该组织设在美国，其宗旨为帮助全世界的穷人。该网站包括一个任务说明、一个搜索引擎、一个图书馆、有关事件的时间表，以及其他专题。

7. 联合国资本开发基金会（United Nations Capital Development Fund，UNCDF）：

www. uncdf. org

联合国资本开发基金会集投资资本、能力建设、技术咨询服务为一体，促进欠发达国家的微观金融和地方发展。该网站包括地方发展、微观金融、各国和地区的 UNCDF 服务、出版物和报告、新闻和事件的链接。

8. 联合国儿童基金会（United Nations Children's Fund，UNICEF）：

www. unicef. org

联合国儿童基金会在 191 个国家开展工作，通过其很多项目、各种努力以及与其他团体合作，帮助保护世界儿童的健康和福利。该网站的主要领域包括新闻中心、紧急状态下的 UNICEF、千年发展目标、UNICEF 特别报告、联合起来保护儿童、团结一致与艾滋病作斗争。

9. 世界银行（The World Bank）：

www. worldbank. org

世界银行为发展中国家提供至关重要的资金和技术援助。该网站包括为兴趣不同群体提供的资源、很多问题的博客、即将到来的事件和多媒体的链接。

第 2 章　经济体制、资源配置与社会福利：中国转型的经验教训

□ 本章概要

经济体制
　完全市场经济
　完全集权经济
　混合体制
市场经济中的资源配置
　市场结构
　市场力量
　竞争市场均衡与社会福利
集权经济中的资源配置
　集权计划
　集权计划的问题
中国经济新貌
　中国向市场经济的转型
　中国向市场经济的转型：事实
　中国经济转型的问题
小结

□ 主要概念

经济体制（economic systems）

混合经济体制（economic systems，mixed）

完全市场经济（economy，pure market）

完全集权经济（economy，pure command）

转型经济（economy，transitional）

市场（market）

竞争市场（market，competitive）

垄断市场（market，monopolistic）

不完全竞争市场（market，imperfectly competitive）

需求（demand）

需求规律（demand，law of）

需求量的变动（quantity demanded，changes in）

需求变动（demand，changes in）

供给（supply）

供给规律（supply，law of）

供给量的变动（quantity supplied，changes in）

供给变化（supply，changes in）

均衡价格（price，equilibrium）

均衡购买数量（equilibrium quantity purchased）

短缺（shortage）

剩余（surplus）

章首引语

　　1978 年，中国开始了现代史上最伟大的经济实验。邓小平以他大无畏的胆识和全新的观念，改革和开放中国经济，把市场经济引入僵化的计划经济体制，创建经济特区，鼓励与西方国家的贸易往来。同时，伴随着西方国家的企业在华大量投资，这些政策产生了一种"现代淘金热"。尽管有些波折，但中国南部地区的面貌和文化还是发生了根本性的和不可逆转的改变。

　　在引进外资和出口贸易的双重驱动下，中国近年来的增长率举世瞩目。自 1990 年以来，中国一直以两位数的速度增长。中国在实现贸易顺差，吸引巨额外资及控制通货膨胀方面，取得了伟大的成就。还没有哪个国家能同时取得这些经济业绩。

　　在保持高速增长的同时，中国的发展水平也日益提高。尽管人均收入还很低，但中国工业发展迅速。在不到 20 年的时间里，中国从几乎是石器时代的经济转变为一个成熟的工业大国。中国从几乎没有国际贸易到成为世界十大出口国之一，出口商品越来越高级化。像电子产品这类高科技出口产品大量涌现，且令人惊讶的是，中国 80％的出口商品都是制造品，这一点美国都无法比拟。

　　显而易见，如果中国能够继续保持高额外资和出口，经济增长强劲，必将在下世纪初变成世界最大的经济强国。毋庸置疑，中国经济将与美国、日本和欧盟这世界三大经济体相媲美。在今后几十年，中国将面临区域发展不平衡和世界三大经济体曾经克服的其他发展问题。而且，中国必将在世界经济舞台上扮演更加重要的角色。

　　资料来源：Greg Mastel, *The Rise of the Chinese Economy：The Middle Kingdom Emerges*（Armonk, NY：M. E. Sharpe, 1997）：3—4. Copyright © 1997 by M. E. Sharpe, Inc. Reprinted with permission. All Rights Reserved. Not for Reproduction.

　　正如第 1 章中指出的，与政府组织本国经济这种方式相比，几乎没有其他决策能更直接和更有力地影响社会福利。尽管经济学是一门社会科学，但毕竟还是一门科学。因此，实验是理解经济学原理的一个重要手段。在社会科学中，我们要进行的很多重要实验不能满足真正实验室的条件，比如随机安排控制群等，但这些实验能提供理论上的见解。最明显和最重要的一项实验，也许是 20 世纪有关政府在经济中的作用逐渐减弱的实验。具体地说，在这一时期，全世界都在两种截然不同的经济组织中间选择。20 世纪初始，各国经济处在不同的工业化阶段，市场导向的益处在全球逐渐得到认可。可是，随着第一次世界大战的结束，因发生在苏联的变化，很快对此提出了质疑。1917—1918 年间的布尔什维克革命废除了沙皇专制制度，成立了新的苏维埃社会主义共和国联盟。到 1930 年，苏联铁腕人物斯大林完全改变了市场导向，基本上取消了所有以市场为基础的资源配置形式，采用严格的中央集权化计划，所有资源使用决策都由政府决定。

这种经济组织形式在世界很多地方都很流行。最突出的是，世界人口最多的中国于1949年采用了这种制度。中国文化可追溯到公元前。统治者几经更替，尽管该国的经济不怎么发达，但一直有市场导向因素。1949年，毛泽东领导的中国共产党推翻了蒋介石领导的国民党政府，改变了这种导向。在大部分时间里，毛泽东都在效仿苏联的中央集权计划体制，本章后面将详细讨论。当然，不仅中国走了这条路。继中国之后不久，可以说又有两个实验的例子——朝鲜、越南也开始采用中央集权计划体制。截至20世纪末，全球经济中，只有古巴和朝鲜依然固守严格的中央集权计划。显然，这种实验已在接近尾声。

我们能从20世纪的中央集权经济计划的实验中得到什么教训？我们以中国为例回答这个问题。我们首先要探询，在不同类型的经济体中资源是如何配置的。然后，探讨不同类型的配置机制如何造福一国国民这一最重要的问题。

经济体制

在任何国家，组织安排就是经济决策的架构。一般地说，这些组织安排可以确定由谁决定用国家的稀缺资源生产什么，以及谁能够从好的决策中受益和谁从不好的决策中受损。需要强调的是，组织安排的选择并不决定决策和计划是否发生，而是决定谁将负责决策和计划。从历史的角度看，从私人部门到私人部门与政府的混合体，乃至整个国家，都需要回答这个问题。国家在多大程度上干预经济是由经济体制的选择决定的，而经济体制可以被认为是完全市场经济和完全集权经济两种极端情况不同程度的混合。

☐ 完全市场经济

完全市场经济（pure market economy）有两个基本要素：（1）经济资源的私人所有制，称为私人产权；（2）通过市场对分散的决策进行协调。在完全市场经济或资本主义经济中，个人、企业和两者的组合在少量干预的情况下，从事他们认为可以使其福利最大化的任何自愿的交易。当有一份每小时10美元的工作时，个人可以根据一些因素，如他工作的时间价值和其他收入来源的情况等决定是否接受这份工作。同样，一个企业的所有者可以决定雇用多少工人，筹集多少资金，增加或减少生产。关键是在一个完全市场经济中，资源使用的选择留给了私人资源所有者，他们会作出最适合其目标和志向的决策。一旦千千万万这样的决策被作出，市场就要协调这些决策。（注意，在这个过程中没有讨论政府，并隐含地排除了产权的法律强制。）

☐ 完全集权经济

与完全市场经济相反的就是**完全集权经济**（pure command economy）。这种经济制度与市场经济完全不同。也就是说，完全集权经济的特点是经济资源由国家所有和（或）控制以及集中计划。有关生产什么和怎样生产的决策，由中央管理当局作出并通过有约束力的指令传达给生产者（安排得太好了，以致难以拒绝！）。在中央集权化决策的情况下，其他决策协调办法例如依赖市场的决策协调是不必要的。而由此导致的政府极端膨胀的作用是显而易见的：有谁还能发挥中央计划者的作用？

25

□ 混合体制

尽管存在接近两种极端情况即完全市场经济和完全集权经济的例子，如19世纪上半叶的美国和历史上的苏联，但当今绝大多数经济都处在这两种极端情况之间，我们称之为**混合体制**（mixed systems），因为它们具有这两种极端经济类型的成分。决定某一混合经济处于完全市场经济和完全集权经济之间的关键是，私人部门所有和（或）控制一国资源的程度，以及这些部门在没有政府干预情况下作出资源配置决策的自由度。接近完全市场经济一端的国家如美国、日本、加拿大，政府所有权、控制资源和决策的程度相对有限。而像瑞典、法国等国，政府干预经济的程度就比较大，但它们并不是集权经济，因为大部分资源和资源配置决策仍掌握在私人部门手里。

中国于1978年开始进行改革，1992年宣布建立"社会主义市场经济"，从此诞生了一种新的混合经济——**转型经济**（transitional economy）。说它是混合经济，是因为存在市场经济和集权经济的成分，是官方承诺走向市场经济的体制。当然，中国不是转型经济的唯一例子，还有越南以及苏联1991年解体之后在东欧和中欧出现的15个独立共和国。只是每个国家都有自身的转型问题，处在转型过程中的不同阶段。而且，变化的程度和成功情况在不同的国家各不相同，还没有比中国更成功的国家。转型任重道远，不可能一蹴而就。转型的特殊问题将在本章后面进行讨论。

尽管目前绝大多数的经济并不完全满足完全市场经济或完全集权经济的标准，但这些极端情况在分析现有混合经济的资源配置方式以及这些不同配置机制对社会福利的影响时非常有用。对于任何特定的混合体制，分析的结果是偏向完全市场经济还是完全集权经济，取决于该国在多大程度上满足完全市场经济或完全集权经济的条件。也就是说，如果一个国家的个人拥有和控制了绝大多数资源，而且绝大多数经济决策都是分散作出的，那么就可以认为它接近于完全市场模式；如果一个国家的绝大多数资源为公共所有或控制，且绝大多数决策都是集权作出的，那么它就非常接近于完全集权经济。

市场经济中的资源配置

当一种产品或服务的买主和卖主相互接洽并达成交易时，我们就说存在一个市场。市场的地理区域是，双方能够交换被交易物品所有权和信息的地区。一些市场是地方性的，一些是全国性的，一些是国际性的。资本主义经济中市场所起的作用是，协调资源所有者作出的有关资源配置的无数决策。例如，在近几十年里，数字技术的开发和应用使得CD和DVD播放机低成本地替代了留声机和盒式磁带收录机（VCR）。毫无疑问，消费者对数字技术的喜爱是狂热的——留声机和盒式磁带收录机等已经被大多数人认为落伍了。显然，留声机和盒式磁带收录机的现有生产者以及许多新的CD和DVD的生产者，都很清楚他们必须重新配置资源于数字产品而放弃留声机和盒式磁带收录机的生产。这种情况是怎样发生的呢？正如你将看到的，关于资源配置和再配置的所有决策都是通过市场进行的。

□ 市场结构

基于市场的资源配置决策的质量在很大程度上取决于市场经济中存在的竞争程度。

一种极端情况是完全竞争，另一种极端情况是完全垄断。任何市场经济国家的市场都存在或接近于两种极端情况，但绝大多数市场介于两种极端情况之间。

完全竞争市场

完全竞争（purely competitive）市场必须具备五个重要特征。第一，产品的买主和卖主众多，谁都不能单独影响价格。你设想一下单个消费者在超市购买一块面包，或者单个农民在粮仓前出售小麦的情况便知。第二，每个卖主必须提供标准化的产品。消费者乐意从任何一个卖主那里购买产品的前提是，不同卖主提供的东西实质上没有差别。第三，产品价格必须在没有政府或任何其他方面干预的情况下自由涨落。第四，买主和卖主必须不是固定的。这意味着任何买主可以自由地与可供选择的卖主联系，并向他认为要价最低的人购买。同样，卖主必须能自由地与任何潜在的买主联系，并向愿意出价最高的人出售。第五，卖主想离开就能自由离开这个行业，而且如果潜在卖主认为比现有卖主能更有效率地生产这种产品就能自由进入。

美国几乎没有能完全符合以上五个特征的完全竞争市场，但有些市场比较接近。美国最接近完全竞争的也许就是农业。农业产品市场满足完全竞争市场的第一、第二和第四个特征，但不能满足第三和第五个特征。自1933年后，政府经常违背完全竞争市场的第三个特征，在农业市场中积极参与价格的制定和稳定价格。而要真正进入这个市场，需要数量庞大的资金，这对进入造成显著障碍，从而违背第五个特征。

完全垄断市场

在另一种极端情况下，当一种产品仅有一个卖主时，就存在**完全垄断**（purely monopolistic）的卖方市场。这个卖主出于自身利益操纵市场价格。一般情况下，垄断者也能阻止潜在的竞争者进入市场，但这经常要得到政府的帮助。当市场被唯一的卖主控制时，消费者遭受损失的形式通常是，接受产品或服务的更高价格和更低的质量或数量。你试想一下垄断负效应的例子。也许，如果你年纪比较大或来自一个小镇，你可以回忆起在你所在的社区仅有一家店出租录像带时的情形。最终，当无数竞争者开了同样的店，新的竞争是如何改变状况的呢？如果你家乡的小镇具有代表性，那么你可以看到有更多的录像带可供出租，租金也更低，而且可能出租给你长达数天，因为新的竞争者想挖走原来垄断者的老顾客。卖主之间的竞争一般有利于消费者。作为一个整体来看，消费者就是社会，因此垄断的存在容易使市场经济达不到社会福利的最优水平。同样地，垄断造成的问题使第8章中讨论的详细对策有了充分理由。尽管存在一些垄断，幸运的是美国的完全垄断非常少。

不完全竞争市场

美国绝大多数市场介于完全竞争市场和完全垄断市场之间，称为**不完全竞争市场**（imperfectly competitive），其运行情况取决于它偏离两种极端情况的程度。也就是说，不完全满足但又比较接近完全竞争条件的市场，其运行情况与完全竞争市场非常类似；而那些几乎是完全垄断的市场，其运行情况与完全垄断市场也差不多。

□ 市场力量

在资本主义经济中，市场会对各经济主体作出的所有决策进行集中或协调。你可能听说过，这就是所谓的供给和需求力量。为了充分理解市场经济，你必须对需求和供给如何相互作用有深刻的理解，以回答市场经济中稀缺资源如何配置的问题。不过，在讨论这个问题之前，我们要记住，此后对市场的描述都假定它具有非常高的竞争性。正如前面所暗示的，市场作为稀缺资源配置者的优点与存在于单个市场中的竞争程度密不可分。在本章接下来的几节，我们将介绍理想的市场模式。市场的运行状况达不到最优状态是本书后面绝大多数章节的基本假设。

需求

对一种产品的**需求**（demand）是指在其他条件相同的情况下，消费者在不同价格下愿意购买这种产品的最大数量。看看百事可乐产品在你家乡、大学城和整个美国的需求为多少。假设在一周中，如果每箱（6瓶）可乐的价格是1.50美元，则大学城里的百事可乐消费者愿意购买1 500箱；如果每箱价格为2美元，则消费者愿意购买1 000箱；而如果每箱价格为2.50美元，则消费者愿意购买500箱。所有这些价格—数量组合都列在表2—1的需求表中，且在图2—1中表示为需求曲线。需求表和需求曲线有几个非常重要的特点。

表2—1　　　　　　　　　　　　大学城对百事可乐的需求表

价格（美元）	数量（箱/周）
1.50	1 500
2.00	1 000
2.50	500

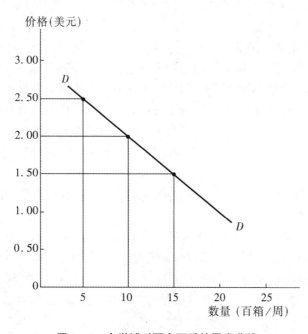

图2—1　大学城对百事可乐的需求曲线

将表2—1的价格—数量组合作图即为百事可乐的需求曲线DD。需求曲线显示了其他条件相同的情况下，消费者在不同价格下愿意购买的百事可乐数量。

社会问题经济学（第二十版）

第一，把上述任何单个价格—数量组合当做需求是不正确的。消费者在某个价格下愿意购买的产品数量，表现为需求曲线上的一个点，可以称为在那个价格下的需求数量。也就是说，需求不是指某一个价格—数量组合，而是指所有的价格—数量组合。因此，大学城对百事可乐的需求应该是整个需求曲线或需求表。

第二，需求是指在不同价格下消费者真正愿意购买的产品数量，而不是指消费者想要消费的数量。大家可能都想要一套豪华的、海边的住房，但是除非我们真正愿意在市场价格下购买这样一栋房子，否则并不能说是经济学意义上的需求。

第三，需求是指消费者在某一特定时期内愿意购买的产品数量。例如，列出的需求表和画出的需求曲线准确描述了一周内大学城对百事可乐的需求。除非购买行为发生的时期已经确定，否则讨论在某个价格下百事可乐的需求数量就没有意义。

第四，假设消费者在产品价格较低时愿意消费更多的产品。尽管这看起来不过是常识，但却是常被忽视的经济学原理。正规地说，价格和数量的这种反比关系被称为**需求规律**（law of demand）。这种关系说明，在其他条件不变的情况下，产品价格越低，需求量越大；而价格越高，则需求量越少。正是这种需求规律使得需求曲线的斜率为负值。

需要强调的是，需求规律并不仅仅表明需求量在价格低时比价格高时更多。这个规律还说明，只有在其他条件相同的情况下，价格和数量的这种反比关系才成立。尽管可以列出许多其他必须相同或保持不变的条件，但其中最重要的五个条件是：(1) 消费者的收入；(2) 相关消费品的价格；(3) 消费者的偏好；(4) 消费者的预期；(5) 消费者的数量。

需求量变动与需求变动

根据前面的分析可知，大学城的消费者在每箱百事可乐的价格为 2.00 美元时，每周愿意购买 1 000 箱。这个需求量即为图 2—2 中初始需求曲线 DD 中的 A 点。

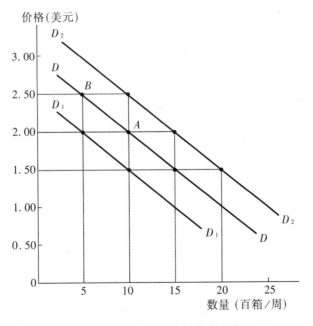

图 2—2 需求量变动与需求变动

沿 DD 线从 A 到 B 的移动是由百事可乐的价格变动导致的，称为需求量变动。而整个需求曲线向 $D_1 D_1$ 或 $D_2 D_2$ 的变动，称为需求变动，是由画需求曲线时假定不变的因素之一发生变动而导致的。

如果百事可乐的价格上涨到每箱 2.50 美元，消费者每周愿意购买的数量将减少到 500 箱。也就是说，当价格上涨到 2.50 美元时，消费者在其需求曲线上会向左移到 B 点，需求量则为每周 500 箱。沿一条需求曲线的这种移动，被称为**需求量变动**（change in quantity demanded），这是由该种产品的价格变动引起的。理解这种移动不是需求变动非常重要。因为消费者只是根据百事可乐价格的变动，从一种价格—数量组合或需求量移到另一种价格—数量组合或需求量。

当整个需求表和需求曲线发生变动时，即为**需求变动**（change in demand）。例如，图 2—2 包括了图 2—1 的初始需求曲线 DD 和两条新曲线 D_1D_1 及 D_2D_2。在需求曲线 D_1D_1 上，消费者在每个价位上对百事可乐的需求都小于在 DD 曲线上的需求。因此，从 DD 到 D_1D_1 的需求变化是需求的减少。需求曲线 D_2D_2 则正好说明相反的情况，所以从 DD 到 D_2D_2 的变化是需求的增加。这两种情况都是整个需求曲线发生了变动，这正是需求变动和需求量变动的区别所在。

当假定保持不变的五个因素中的一个或几个发生变化时，就会发生需求变动。不过，在讨论这些常量的变化如何导致需求变动之前，你必须充分理解需求量变动与需求变动之间的区别。如果产品价格上涨或下降，消费者就会调整单位时间的需求量。在图中，这种调整表现为沿一条需求曲线的移动并称之为需求量变动。相反，如果假定保持不变的五个因素中的一个或几个因素发生变化，那么消费者就会移到一条全新的需求曲线上，这被称为需求变动。千万不要将二者混淆。

消费者收入变化。消费者收入的变化可能会导致需求发生变化。假设图 2—2 中初始需求曲线为 DD，百事可乐的价格为每箱 2.00 美元，在这个价位上，需求量是每周 1 000 箱。现假设消费者的收入提高了。随着收入的提高，消费者可能愿意购买更多的百事可乐。即使价格保持在 2.00 美元，他们现在也许愿意购买 1 500 箱。同样，如果初始价格是 1.50 美元，收入的增加可能也会导致消费者每周愿意购买的数量从 1 500 箱增加到 2 000 箱。因此，当收入提高后，需求会从 DD 提高到如 D_2D_2 的更高水平。反过来，如果收入下降，则需求可能会降低到某种较低的水平如 D_1D_1 上。在这个例子中，暗含了一个重要的假定。具体地说，假定百事可乐是正常品。如果收入提高时，一种产品的需求增加，而收入下降时，需求减少，那么这种产品就被称为**正常品**（normal goods）。尽管绝大多数产品满足这个条件并被视为正常品，但仍有一些需求—收入关系恰好相反的产品。这些产品被称为**低档品**（inferior goods），其需求在收入提高时下降，在收入下降时增加。低档品的例子如热狗、各种基本物品、公共交通和旧汽车轮胎等。

相关消费品价格变化。考察某种产品的需求时，两类相关产品的价格是重要的。第一，必须考虑替代品的价格。简单地说，那些能够满足消费者的相同需求或欲望的商品，就是**替代品**（substitute goods）。比较正规的说法是，如果一种产品的价格上涨导致另一种产品的需求增加，那么这种产品就是替代品。假定百事可乐和可口可乐是相互替代的，图 2—2 的初始点为 A 点，那么如果可口可乐价格上涨 1 倍会对百事可乐的需求造成什么影响？之所以假定二者是相互替代的，因为消费者用百事可乐替代了现在价格更高的可口可乐，可口可乐的涨价将使百事可乐的需求提高到更高的水平如 D_2D_2 上。如果可口可乐价格下降则会出现相反的结果。

被假定价格不变的另一类相关产品是**互补品**（complementary goods）。互补品是在一起连带使用的，如热狗和热狗面包、汽车和汽油。互补品价格变化的影响和替代品价格变化的影响恰恰相反。在互补品的情况下，一种商品的价格上涨，另一种商品的需求将下降。我们再以大学城的情况为例，假设百事可乐和薯条是互补品。对百事可乐需求的下降可能是由于薯条价格上升所致，这是为什么？当薯条价格上升时，其需求量必定下降。因为顾客同时消费百事可乐和薯条，所以当他们少买薯条时，他们对百事可乐的需求同样也降低了。而当薯条价格下降时，则会出现相反的情况。

消费者偏好变化。在画一条需求曲线时，必须让消费者的偏好保持不变。这个因素的变化会导致需求的变化，这点几乎不需要讨论。简单地说，当偏好改变，消费者更加喜爱某种产品时，它的需求将增加；反之则需求减少。偏好可能因为多种原因而发生改变，如广告，以及对这种产品或其替代品信息了解的增加。百事可乐和可口可乐公司经常邀请著名影星和歌星来为其产品做广告。由于消费者会将产品和这些明星联系起来，所以广告能使需求增加。至少，百事可乐和可口可乐公司这么认为。

消费者预期变化。需求的第四类影响因素是消费者对未来的预期。如果你认为百事可乐的价格在下周会上涨 1 倍，你将有何反应？你可能会在本周购买更多的百事可乐，即在本周增加对百事可乐的需求，然后储存起来使得你不必在下周用更高的价格购买它。如果大学城的消费者和你的看法相同，那么，随着出现价格上涨的预期，百事可乐的需求就会增加，如从 DD 到 D_2D_2 的移动，而当消费者认为未来价格会下跌时就会导致需求减少。

消费者数量变化。被假定保持不变的最后一个因素是消费者的数量。举例来说，每当秋季一开学，仅仅由于大学城消费者规模的增加就可以导致该城对百事可乐需求的增加。同样，由于每年的夏天都有许多学生离校，所以这时对百事可乐的需求就会减少。

这个因素与上述四个因素一样，关键之处在于，如果它发生变化，则整个需求曲线就会移动，这种移动被称为需求变动。

供给

一种产品的**供给**（supply）是指在其他条件相同的情况下，卖主在不同价格下愿意出售的最大产品数量。假设美国生产和销售汽车的公司在每辆车价格为 5 000 美元时，每年愿意销售 250 000 辆；而每辆车价格为 10 000 美元时，每年愿意销售 500 000 辆；当每辆车价格为 15 000 美元时，每年愿意销售 750 000 辆。这种价格—数量组合在表 2—2 中表现为供给表，而在图 2—3 中则表现为供给曲线。与需求方面的情况一样，供给表和供给曲线也有几个重要特征。

表 2—2 　　　　　　　　　　　　　美国的汽车供给表

价格（美元）	数量（辆/年）
5 000	250 000
10 000	500 000
15 000	750 000

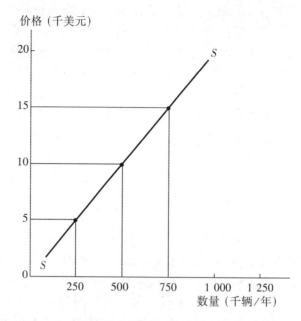

価格（千美元）

图2—3 美国的汽车供给曲线

　　将表2—2的价格—数量供给组合作图即得到汽车的供给曲线 SS。供给曲线显示了在其他条件相同时，不同价格水平下卖方愿意出售的汽车数量。

　　第一，列在供给表和供给曲线 SS 中的每个价格—数量组合是指在某个价格下的供给量。例如，当汽车价格为5 000美元时供给量为250 000辆。这些单个的价格—数量组合本身并不表示汽车的供给；更确切地说，汽车的供给由所有这些价格—数量组合的加总来表示。因此，汽车的供给由表2—2中的全部供给表或图2—3中的整个供给曲线来表示。

　　第二，供给是指卖主在不同价格下，在某一特定时期内愿意出售的产品数量。和需求的情况一样，如果没有确定发生销售的时间，讨论特定的供给量就没有意义。因此，这里的供给信息反映了卖主在一年中的意愿。

　　第三，供给曲线 SS 的正斜率表明，随着汽车价格的上涨，可供销售的汽车数量会增加。当价格上涨时，销售汽车变得更加有利可图，这会鼓励现有的卖主生产和销售更多的汽车。这是一个经济学基本原理，被称为**供给规律**（law of supply），它说明在其他条件相同的情况下，产品的价格越高，供给量越大；产品的价格越低，供给量越小。

　　同样，在这个规律中，"其他条件相同"也是关键的一部分。和需求的情况一样，只有在其他因素保持不变的条件下，上述供给表和供给曲线才能准确地描述汽车卖主的意愿。在供给方面，其他必须相同的最重要的因素包括：（1）生产成本；（2）生产中相关产品的价格；（3）卖主的预期；（4）该产品的卖主数量。

供给量变动与供给变动

　　图2—4中供给曲线 SS 上的 A 点说明，如果每辆汽车的价格为10 000美元，卖主每年愿意销售500 000辆汽车。如果价格提高到15 000美元，则卖主愿意移到供给曲线 SS 上的 B 点，即他们每年愿意销售的数量增加到750 000辆。由于产品价格变化导致的在一条供给曲线上的这种移动被称为**供给量变动**（change in the quantity supplied），而不是供给变动。

社会问题经济学（第二十版）

只有在上述四个因素中的一个或多个因素发生变化时，才会发生**供给变动**（change in supply）。例如，由于供给约束的变化，汽车的供给可能从 SS 上升到 S_2S_2 或从 SS 下降到 S_1S_1。关键是，如果产品价格变动，供给量就会发生变动，这种供给量的变动表现为沿着一条供给曲线的移动；而向一条全新供给曲线的移动是供给的变动，这种供给变动是由上述四个假定不变的因素中的一个或多个因素发生变动导致的。

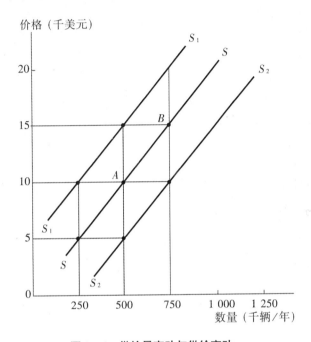

图 2—4　供给量变动与供给变动

由汽车价格变动引起的、沿着 SS 线从 A 到 B 的移动被称为供给量变动。而整个供给曲线从 SS 向 S_1S_1 或 S_2S_2 的移动被称为供给变动，它是由画供给曲线时假定不变的因素中的一个或多个发生变动所导致的。

生产成本变动。假设图 2—4 中的供给曲线 SS 准确反映了汽车卖主的意愿，而且汽车的初始价格是 10 000 美元。在这个价位上，卖主每年愿意出售 500 000 辆汽车。不论由于什么原因，如果制造汽车的成本变得更高了会产生什么结果？卖主可能会发现，在现有价格上继续生产不再有利可图，有的卖主甚至会停产。不过，我们可以肯定，当汽车的生产成本提高时，汽车供给将降低到某个更低的水平，如 S_1S_1。生产成本变动的原因多种多样，其中有两种原因需要特别注意。第一，生产成本常常因技术变化而变动。如果一种新的机器人被开发出来，并能提高生产过程的效率，那么这种效率提高的收益将使得生产成本下降。第二，导致生产成本变动的另一常见原因是投入品价格的变化。比如说，当钢铁、塑料或劳动力的价格上涨时，生产汽车的成本将上升，也会导致供给下降。

生产中相关产品价格变动。生产中相关产品价格的变化可能也会导致供给的变动。小货车可以认为和轿车的生产有关，因为只要稍加改造，生产轿车的设备就可用来生产小货车。同样，玉米和牛奶的生产也有关，因为用于种玉米的土地一般也能用于饲养奶牛。你应该注意到，只要两类产品的生产使用的投入相似，那它们就是相关产品，但消费者并不一定会将这两类产品看成是相关的。

小货车的价格变动如何影响汽车供给呢？当小货车价格上涨时，生产这种车的利润率就会上升，因此，轿车的生产者可能会将其部分生产能力转而生产小货车。换言之，一种相关产品价格的上涨将导致另一种相关产品的供给下降；同理，小货车价格的下降可能会导致轿车供给增加。

卖主预期变动。供给曲线 SS 反映了汽车卖主认为未来价格不变时的生产意愿。但是，如果卖主认为汽车价格不久将上涨，那么我们可能会发现今天汽车的供给减少了。如果在下个月每销售 1 辆汽车能多得 1 000 美元，你在今天还会出售像往常一样多的汽车吗？反过来，由于卖主都试图在降价前出售汽车，那么汽车价格下跌的预期一般会使得今天的供给增加。

卖主数量变动。在过去的 25 年中，我们已经看到许多厂家进入了美国的汽车市场。当然，其中绝大多数厂家是国外的，但它们的影响和国内厂家的影响几乎一样。特别是，卖主数量的增加大大促进了汽车供给的增加。这是一个典型情况。当卖主数量增加时，供给同样增加。如果在今后 25 年里，销售汽车的厂家数量减少了，汽车供给也必定下降。

这个因素的关键和前三个因素一样，即如果它发生变动，就会导致向一条全新的供给曲线移动，而这种移动被称为供给变动。

□ 竞争市场均衡与社会福利

均衡价格与购买数量

在一个竞争市场上，产品价格是由买主和卖主的相互作用决定的。为了弄清这个过程，我们再回到大学城看看一个学期中比萨饼市场的情况，如图 2—5 所示。

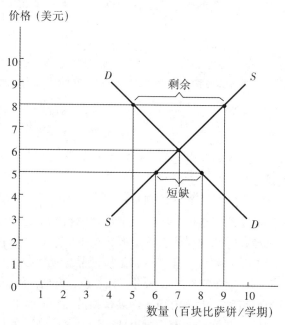

图 2—5　竞争市场的价格决定

需求曲线和供给曲线合在一起可以说明市场中产品的均衡价格是如何决定的。如果价格高于均衡价格，就会产生剩余，卖主就会竞相压低价格，直到恢复均衡价格为止；如果价格低于均衡价格，就会产生短缺，买主会为了得到供给而竞相抬高价格，促使价格抬高到均衡水平。在均衡状态下，既没有剩余也没有短缺。

价格为 6 美元时，卖主每学期愿意出售 700 块比萨饼。为什么正好是 700 块比萨饼呢？因为用来生产和出售比萨饼的资源可以有许多其他用途。比如说，比萨饼店及其设备可以用做面包店，而比萨饼店的雇员显然可以在其他地方工作。可以合理假定的是，这些资源的所有者将把他们的资源用于能得到最大收益的地方。于是，用于生产比萨饼的资源数量以及由此生产出来供销售的比萨饼数量，就反映了相对于其他可能的资源利用而言，资源所有者将其资源用于比萨饼生产的价值。当比萨饼的价格为 6 美元时，就要把需要用于生产和出售 700 块比萨饼的资源从其他生产过程中抽调过来，因为在生产比萨饼的过程中它们的所有者所得到的收益大于其他用途所带来的收益。正如供给曲线所说明的，如果比萨饼价格上涨，新资源将从其他生产过程中抽调过来用于比萨饼生产，因为比萨饼价格上涨后，这些资源用于生产比萨饼将增加所有者的收益。

图 2—5 还说明，在 6 美元的价格上，消费者每学期愿意购买 700 块比萨饼。消费者同样有无数的方式来花掉他们的收入。当每块比萨饼的价格为 6 美元时，他们认为，用于购买并消费 700 块比萨饼的 4 200 美元（6 美元乘以 700 块）不能买到任何其他比购买比萨饼所产生的满足程度更大的东西。否则，他们将不愿以这个价格来购买 700 块比萨饼。

因此，在 6 美元的价位上，卖主和消费者的意愿正好一致。也就是说，用于生产 700 块比萨饼的资源的所有者认为，其资源的其他用途所产生的收益不会大于生产比萨饼的收益。而消费者则认为，在这个价位上，花 4 200 美元用于购买比萨饼所产生的满足程度要大于将同样的开销用于任何其他产品所产生的满足程度。当卖主和买主的意愿以这种方式达成一致时，我们说 6 美元是比萨饼的**均衡价格**（equilibrium price），而 700 块则是**均衡购买数量**（equilibrium quantity purchased）。

均衡价格概念非常重要。在且仅在这个价格上，比萨饼的消费者愿意购买的数量正好等于卖主愿意出售的数量。换言之，只有在这个价格上消费者才认为生产者使用了经济中适当数量的稀缺资源来生产比萨饼。如果不是这样，我们就不能说消费者与生产者的利益一致。这个结果极为重要，因为一个国家公认的目标是使稀缺资源的消耗最小化，即使社会福利最大化。市场经济是通过确保稀缺资源被用于消费者认为价值最大的生产领域，来实现这个最优结果的。而又有谁能比消费者更适于确定用于每个生产过程的资源数量呢？因此，一般情况下，均衡价格表明消费者此时对某种资源配置感到满意，也表明这种资源配置是唯一能使社会福利最大化的资源配置。要清楚地理解这点，可以分析当价格不处于均衡位置时情况会怎么样。

价格高于均衡水平的效应

如果价格不是处于均衡水平上，那么市场力量将推动价格向均衡水平变动。比如，假设比萨饼的价格从 6 美元上涨到 8 美元，那么卖主将增加供给数量，因为生产比萨饼变得更有利可图了。也就是说，卖主将从别的生产过程抽调额外资源来生产比萨饼，因为这些资源在生产比萨饼中能带来更多的收益。这表现为沿着 SS 曲线向 900 块比萨饼的供给量运动。

但现在消费者对更高价格将作何反应呢？由于价格从 6 美元上涨到 8 美元，消费者将把他们的部分购买力从比萨饼转向其他产品，因为其他的选择现在变得相对便宜了。

如图 2—5 所示，在每块 8 美元的价位上，消费者每学期只愿意购买 500 块比萨饼。结果，当比萨饼的价格为每块 8 美元时，每学期将有 400 块比萨饼的剩余。

从资源配置的角度看，400 块比萨饼的剩余意味着什么呢？消费者会说，当比萨饼的价格为每块 8 美元时，将用于生产 400 块剩余比萨饼的资源用在生产其他产品或服务方面会更好（增加社会福利）。剩余意味着消费者感到经济中过多的稀缺资源被用在了某个生产过程中，因此，他们愿意让那些资源配置到其他生产过程中。那么这种再配置将如何发生呢？当任何产品存在剩余时，不能将其生产的产品全部售出的卖主都会有降价的动机，因为这种价格优势将使卖主更容易处理其剩余产品。只要存在剩余，比萨饼的生产者都会以降价的方式进行竞争。因此，如果比萨饼的价格高于其均衡价格，市场力量会使得价格下降，而且价格将一直下降到剩余产品完全消除为止。如图 2—5 所示，当价格再次回到其均衡水平时，剩余就消除了。换言之，当卖主愿意出售的比萨饼数量等于消费者愿意购买的数量时，比萨饼的价格就将停止下跌。通过这种方式，市场的运作确保了消费者的意愿，即让那些生产剩余比萨饼的资源转移到其他生产过程中。

价格低于均衡水平的效应

现在考察价格低于均衡水平的情况。当比萨饼的价格为 5 美元时，消费者每学期愿意购买 800 块比萨饼，而卖主只愿意出售 600 块，这说明存在 200 块比萨饼的供给缺口。任何产品或服务的短缺都说明消费者愿意将经济中更大比例的稀缺资源用来生产这种短缺产品。在这种情况下，每个消费者都有一种动机，即给卖主超过 5 美元的价格以增加自己买到比萨饼的可能性。比如，当你给当地的比萨饼店打电话预订比萨饼并得知价格仅为 5 美元，且不幸的是由于存在短缺，比萨饼要到明天才能送到时，你将如何反应？由于你请到家里来吃饭的朋友马上就要到，你不得不再次给比萨饼店打电话并说如果比萨饼能立即送到，你愿意出 7 美元的价格购买。让你高兴且在意料之中的是，在你的朋友抱怨没有比萨饼之前，比萨饼已经送到了。

任何时候只要存在短缺，市场力量将立即作出反应，使得短缺产品的价格升高。当价格上涨时，由于各个卖主面对价格上涨会不断增加这种产品的生产，所以短缺将逐渐缩减。这个过程将持续下去，直到短缺被消除为止；也就是说，直到市场再次达到其均衡价格时为止。

在其他条件相同的情况下，通过这种方式，市场运作实现了消费者预期的资源配置，因为短缺说明消费者认为经济中更多的稀缺资源应当用来生产比萨饼。换言之，如果让市场自由运作，供求的力量将保证使得社会福利达到最大化，亦即消费者的偏好得到最大满足。当然，这并不是说市场决定的结果总能使社会福利最大化。在某些情况下（本书后面的章节有详细讨论），市场不能使社会福利最大化。这些情况尽管很重要，但并不常见，所以正确的看法是，这些情况是这种规律的特例，而不是规律本身。

集权经济中的资源配置

正如本章前面提到的，经济体制的选择不是一种有没有决策和计划的选择，而是所选择的特定经济体制由谁作出资源使用决策和计划。在市场经济中，消费者是上帝，也就是说，在竞争性的生产过程中，消费者决定资源配置，以使其福利最大化。市场根据这些信息进行调整，并重新对资源进行必要的配置。而所有这些在集权经济中都不适用，研究1949—1978年间的中国就很容易明白这一点。

□ 集权计划

随着日本在第二次世界大战中战败，毛泽东及其领导的共产党人取得了政权，迫使蒋介石退居台湾。

毛泽东及其领导集体虽然具有杰出的政治才能，但对经济并不在行。他们学习了几近完全指令的苏联模式，几乎无视市场经济的特征。在这一过程中，首先成立国家计划委员会，负责成千上万的资源使用决策。

大体上说，国家计委是通过下列方式完成工作任务的。首先，由国家计委制定一个总体规划，决定各主要生产部门的产量，该产量是国家计委认为对国家发展最合理的水平。根据这一生产指令，国家计委对资源进行分配以正好满足生产需求的水平。然后，这一规划通过各部委、厅局、省和地方计委层层下达到各公社和工厂。之后，各企事业单位的管理者，将他们认为计划中的问题再逐层反馈给国家计委。国家计委在中央政府的全力支持下，制定各生产部门最终的硬性计划。这些计划往往是在未来的几年——通常是五年——之内实施的，并具有法律效力。

这种配置机制在多大程度上能够使社会福利最大化呢？这个问题可以通过一个更为简单的问题来回答，即对于个人的满足程度，谁是最好的裁判？是国家，还是个人？在市场经济中，一直假设个人是最好的裁判；但在中国集权计划的机制下，国家被认为是更好的裁判。幸运的是，我们有中国实施集权计划的经验，从中可以找到问题的答案。中国1949—1978年实施的可以说是指令性经济。我们通过考察中国在集权计划下遇到的问题以及在1978年后向市场导向转型后的经济表现，就可以得到比较有说服力的答案。

□ 集权计划的问题

信息要求

国家计委的职责包括：（1）决定所生产产品和服务的种类和数量；（2）决定每一生产过程中所需的生产技术；（3）明确每一生产过程中所需的必要资源及其数量；（4）决定各种生产过程的产出如何在人们之间分配。这听起来似乎已经很难完成了，何况我们在讨论一个拥有十几亿人口、生产成千上万甚至是上百万种产品和服务的经济体。更难的是，这些计划的制定是在现代化、高速计算机和网络的出现和发展之前的年代里完成的。由于缺乏必要的信息，一成不变的生产计划成为这个生产过程中的瓶颈。这会使得一些产品只能加工成半成品，供应上出现短缺；而同时又会有另外一些商品供应过剩。另外，由于农民和工厂的生产指标只规定了数量，使得产成品的质量得不到保证。对这一问题的解释我们或许可以总结为对下面问题的思考：计划者怎么会知道哪一块土地更适合种谷物而不是养牲畜，抑或是哪些人更适合做农民而不是做生产线上的工人？

高效生产的激励

即便我们假定，中国集权经济的计划者能够得到制定合理计划的所有必要信息，但他们可能会遇到更为棘手的问题，那就是如何激励人们进行高效生产。在农村公社中，我们可以清晰地看到这一点。假设一个公社有 1 000 名社员，每个社员都要在一年内完成分配给他的那一部分工作。等到作物成熟，再按照价格委员会制定的价格统一卖给政府。公社以这种方式收取的卖粮款并非最后的收入，其中有一部分要弥补在种粮过程中花费的成本，包括购买种子、化肥、燃油、农机具等，还有一部分要上缴政府。然后公社再将剩余的款项分配给每个社员，这就是社员每年的收入。剩余款项严格按照社员的出工天数进行分配。如果每个社员在一年中的每个工作日都出工了，那么他们每个人会在年底分得相同的钱款。就是说 1 000 个社员，每个社员会分到公社剩余款项的千分之一。

我们再来看对一个社员来说会出现什么情况。假定受市场激励的影响，他决定在未来的一年内要加倍努力工作，尽管与别人工作的天数是一样的。显然，产出会增加，这使得他所在的公社会在收成的时候获得一部分额外的收入。假设这部分额外收入为 2 000 美元，该如何处理这些钱呢？与去年收成时收入的分配一样，本年度的收入，包括那个加倍工作的社员带来的额外收入，同样是按照公社内社员出工的数量进行分配，也就是按照每个人的出工天数进行分配。既然每人都工作了相同的天数，那么每人会得到公社分配收入的千分之一。那加倍工作的社员又会得到什么呢？由于他的额外工作，公社增加了 2 000 美元的收入。同样地，他本人也得到了公社增加的收入的千分之一，也就是 2 美元。也就是说，虽然辛勤工作的农民依靠自己额外的努力给公社带来了额外的 2 000 美元的收入，但是其中的 1 998 美元却分配给了公社内的其他社员，而他们并没有付出比去年更多的努力。

在现实中，对工作热情的激励与前面例子中的具体情况相当，都很差。我们可以考虑一个更真实的情况，考虑一个拥有 10 000 名社员的公社。在这种情况下，一个社员如果选择加倍努力工作，那么他能得到的回报是所增加收入的万分之一。假如你加倍工作所带来的额外收入几乎全部分配给了那些没有加倍工作的人，当你知道这些之后，你还会加倍工作吗？这种分配制度显然不会使单个社员有足够的激励去提高工作效率。

类似的激励问题在中国集权经济下的工业部门也存在。首先看一下工人。他们是由当地劳动局安排到特定工作岗位的。当然，在这个过程中也会考虑哪些工人适合哪些工作，但通常，好工作会安排给有关系的人，而不考虑其工作能力以及是否受过相关培训。更重要的可能是，一旦安排好了工作，这份工作就会成为这个工人的终身工作，他们的收入也会长期保持不变。这样，他也面临一个跟农民一样的问题：努力工作的激励何在？

对于工业部门来说，更加突出的问题是对于管理者的激励。他们直接根据国家计委的计划进行生产和原料的采购。其中就存在四个问题。其一，从前面讲的生产目标的制定过程可知，管理者参与这一过程，他们会讨价还价，使得产量低于工厂高效生产时的产量。其二，既然管理层可以直接从国家计委分得生产原料，那他们怎么会有节约资源的激励？其三，由于生产计划只规定了生产的数量，只要产量达到了要求的水平，生产计划即告完成，管理者就不会考虑产品的质量问题。其四，管理者有权决定企业在厂房、设备和生产过程等方面的适当投资水平。如果投资成功了，管理者也不会有一分一厘的回报；如果投资失败了，管理者将受到处分。在这种情况下，管理者会选择何种投资呢？

理性的管理者肯定会选择那些没有失败风险但是获利少的项目。

重工业与消费品

与苏联的情况一样，中国共产党在毛主席的领导下，对经济部门中重工业产量的增长有一种挥之不去的热情。如果我们假设 1949 年的中国经济恰好处在生产可能性曲线上，那么向重工业部门产量的倾斜只能导致其他部门使用资源的减少。其他部门又包括什么？显然是消费品部门和轻工业部门。这样的选择使中国拥有了世界一流的国防工业，也促进了民用基础设施如交通运输和水利的发展。然而正如我们在第 1 章中讲到的，"天下没有免费的午餐"。持续增加的对重工业的关注，直接导致了生产水平的下降、产品质量的下降和可供选择的消费品减少所带来的机会成本。由此带来的结果已经被西方媒体报道过多次了，他们经常用下面的场景来描述中国消费品极度短缺的状况，那就是：在当时的中国，人们为了买到自己需要的东西往往要排很长的队。

总的来说，我们可以清楚地看到，依靠集权计划的指令经济很难使其生产潜能得以完全发挥。同样需要指出的是，上述一系列问题也同样出现在市场经济中。也就是说，任何一种经济体制都要面临诸如如何获得经济有效运行所需的足够信息，如何对高效生产提供激励，以及各种产品的生产应如何搭配等一系列问题。但要记住，一国经济体制的选择不在于是否应当有资源使用计划，而在于由谁来作出这样的选择。在市场经济中，个人、私人部门拥有和控制大多数资源，决定该用在哪里。如果他们想从中获得最大的好处，他们会找到能使其获得最大回报的领域。此外，努力工作也会使他们的收入最大化，最终使得大量必需的信息不必通过计委来获得，而是一点一滴地由每一个参与市场经济的个体在市场中相互接触汇总起来。在一个完善的市场经济体制下，集权经济的中央计划者所面临的问题就可以迎刃而解，这就是市场导向的魅力所在。

中国经济新貌

□ 中国向市场经济的转型

自从 1949 年中华人民共和国成立之后，中国共产党开始了一个经济实验期，试图实行几乎完全集权的经济制度。但随着 20 世纪六七十年代的"文化大革命"，这段尝试也走到了尽头。失败的主要表现是经济增长低于平均水平，其原因是多方面的：几乎缺乏高效生产的激励；产品质量低下；政府实施严格的专制政策以支持重工业的发展，使得中国人很难决定自己的经济命运，饱受生活消费品匮乏之苦，老百姓对此十分不满。此外，中国领导和广大人民群众也都发现，周边的新加坡、中国香港、中国台湾、日本和韩国等国家和地区实施市场经济取得了成功。很明显，到 20 世纪 70 年代中期，中国对集权经济的尝试宣告失败。但有一点还不明朗，那就是中国的集权结构会怎样演变。中国共产党的领袖毛泽东于 1976 年 9 月与世长辞后，中国的命运和未来将发生重大变化。毛泽东的逝世，是其他任何一种因素都无法比拟的，直接导致了中国集权经济道路的结束。

1978 年，经历了一段艰难斗争之后，邓小平和他的战友领导了中国从集权经济向新型经济体制的转型。1992 年，官方将这种新型经济体制称为"社会主义市场经济"。这一转变并不仅仅在于称谓方面，有证据表明，截至 2000 年，中国经济的 80% 是由市场主导的。当然，这种改变并非一蹴而就。事实上，可能正是由于在转型期采取了缓慢的、逐步的改革措施，才使得中国的改革取得了成功。邓小平用"摸着石头过河"来描述从计划向市场的有条不紊的转变。也就是说，邓小平认为市场不光有优点，也有缺点。所以，最明智的做法是在经济中以小范围试点方法启动改革，成功的继续发扬光大，不成功的则予以摒弃。这样既可以保证改革的成功，也可以避免不必要的混乱。要搞清楚邓小平的务实做法是如何实施的，看看中国在工农业领域进行的改革即可。

农业改革

"文化大革命"将农业集体化、公社化的不足充分表现出来，而中国向市场经济的转型正是从农业开始的。1978 年，允许一些公社尝试一种名为家庭联产承包责任制的制度。在这种制度下，每户农民分得一块土地，并要求将一定数量的产出上交给公社。多余的部分农民可以自留消费，也可以在当地市场上出售。试点的成效立刻显现出来，农民有了高效工作的激励，总产量也迅速增长。毫无疑问，这一措施之所以会取得成功，很大程度上是因为还有一部分年长的农民仍然记着当年农业由市场驱动时的情形，即 20 世纪 50 年代早期和"大跃进"结束之后的那几年。随着家庭联产承包责任制在小范围的成功，这一制度迅速在全国推广开来。到 1980 年，几乎所有的农村都在实行这一制度，也就是说，那时中国的农业重新回到了以市场为导向。需要明确的是，政府仍然享有土地的所有权，但这种差别变得没什么实际意义。改革初期，农民只能在一定时间内承包土地，随着改革的深入，农民对土地的承包成为长期的并可以进行转让，政府实际上只是保留了对土地形式上的所有。

中国农业向市场导向的改革程度有多大？我们可以用数据说明：现在只有不到 1% 的中国农产品是由计划指导的国有农场生产的。我们的确可以得到以下结论：中国的农业部门现在非常接近经济体制中的完全市场经济。

工业改革

与农业改革相比，工业改革更是一块难啃的骨头。这一方面是因为工业改革实际上需要对工业部门进行一次全面的革新，另一方面是因为很多企业管理者希望保住自己几十年来的职位和地位。与农业不同，当时的管理者都不知道该怎样管理一家市场化的企业，工人们也不知道将他们的工资与自身的努力程度结合起来会给自己带来什么好处。即便是这样，随着 1979 年国家给予少数国有企业在生产、销售和投资决策方面更多的自主权，改革开始迈出了第一步。与农业相同的是，这部分企业迅速发展起来，改革也在其他国有企业中迅速展开。到 1980 年，那些经过稳步改革拥有更多自主权的国有企业的产量已经占到总产量的 45%。在企业逐渐扩大的自主权中，最重要的有两点：一是企业可以在缴纳政府税收后保留利润，二是企业拥有用人的自主权。截至 1981 年底，中国有 80% 的国有企业不同程度地进行了这样的改革，取得了很大成功。

与农村实行的家庭联产承包责任制类似，国企改革实行了承包责任制。1987 年，这一措施允许所有国有企业除缴纳政府固定税款外，保留其余的利润。这部分保留利润可用来奖励业绩好的管理者和员工。进一步的改革始于 1997 年，中国政府决定对国有企业实行股份制改造。中小企业的股份可以出售给企业的管理层和职工，股份可以相互转让。

大型企业的股份既可以在企业内部出售，也可以在企业外部甚至国外进行出售，也有极少数财务健康的公司的股票在上海、香港以及纽约上市交易。在走向现代的、以市场为导向的股份公司模式进程中，少数特大型国有企业例外。对于这部分企业，中国政府认为其既是中国经济，也是中国国家安全的要害部门，因此保留了对它们的控制。与农业一样，中国今天的工业已经非常的市场化，就像在后面将讨论的，令人惊讶。

截至 2004 年，中国不论是农业还是工业，都已经基本完成了向市场经济的转型。转型的过程中还有一点没有明确涉及，那就是价格体制的改革。人们隐约发现，计划经济下严格的、由中央决定价格的体制已基本上由市场决定价格的体制所代替。在农业方面，家庭联产承包责任制允许农民将他们剩余的农产品在当地的市场上出售。与美国的农产品市场一样，这里的价格也是由供求关系决定的。同样，工业中的承包责任制使得新的股份制企业有权自主在市场上交易它们的产品。当然，它们也面临着国内和国外其他企业的竞争，因此在决定产品价格的时候供求力量的对比再次发挥了作用。

现在，我们将重点讨论最重要的问题：中国的经济转型是如何顺利进行的？

□ 中国向市场经济的转型：事实

1976 年毛泽东去世后，中国经济向目前的社会主义市场经济的转型，是中国共产党领导集体对于集权计划的缺陷作出的实事求是的回应。那它有用吗？也就是说，中国经济在改革开始之后的表现如何？我们知道，要不是没有考虑收入分配问题，人均实际GDP 本是度量社会福利的一个很好指标。尽管如此，该指标至少方便比较。我们看一下本世纪头十年后半期的"大衰退"时期。在此全球经济萎缩时期，像新加坡这样的亚洲"四小龙"出现了人均实际 GDP 的持续下滑；以前保持高速增长的越南，增长率也跌至4％。按世界银行的定义，低收入国家 2008—2009 年间的人均实际 GDP 增长 2.4％。中国的情况如何呢？中国的人均实际 GDP 增长率一直稳定在 8％左右，仅稍低于自 1978 年以来的年均增长率。同期，美国的人均实际 GDP 增长率下降至 3.5％。

毫无疑问，中国向市场经济的转型已取得巨大成功。伴随着中国企业重组而产生的市场以及市场激励的重建，再一次向世界表明了市场经济在促进一国经济增长和提高人民福利方面的巨大力量。尽管中国现在还是相对贫困的国家，但值得关注的是世界银行曾经预测，如果中美两国经济各自保持其自 1975 年以来的经济增长水平，到 2020 年中国将会在 GDP 总量上超过美国。当然，即便到那时，考虑到中国十几亿的人口，美国的平均福利水平仍将远远高于一般的中国居民。而且，对任一国家到 2020 年的经济增长能作出合理预测也是不切实际的。但中国务实的领导人给中国打下了坚实的基础，我们有理由相信中国经济的明天会更好。

在讨论中国向市场经济的转型过程中存在和可能存在的问题之前，有必要指出中国的成功并不意味着其他转型国家同样会取得成功。中国和越南显然进行了成功转型，但1991 年苏联解体后形成的 15 个加盟共和国中大多数国家的经济表现比中国或越南都要差。例如，俄罗斯联邦的人均 GDP 从 1990 年的 2 600 美元跌至 2009 年的 2 232 美元，年均下降 1％。然而这并不是说俄罗斯和其他前苏联的加盟共和国在长期内不会从经济转型中获得好处，而是指由于多年集权计划体制对经济的严重伤害，经济转型本身并非即刻见效的灵丹妙药。为什么像中国和越南这样的国家在经济转型中得以繁荣发展，而前苏联加盟共和国却整体表现得不尽如人意？答案似乎很简单：中国和越南的转型都是在一个稳定的政治环境下进行的，而发生在前苏联加盟共和国的转型却是苏联政治体制崩溃的产物。由此我们可得到如下结论：经济转型是一个艰难的过程，如果伴随着政治稳定，则很有可能取得成功。如果真是这样，那摆在前苏联加盟共和国面前的任务要比摆在中国和越南面前的艰巨得多。因为前者需要同时重建其政治体制和经济体制，这的确是一项更高的要求。

□ 中国经济转型的问题

以上的论述可能会使人认为中国的转型没有也不会给中国带来阵痛。事实并非如此，中国在转型的道路上不仅遇到了许多重要的问题，还面临着一些潜在的问题。我们下面讨论一下其中几个最明显、最紧迫的问题。

失业和通货膨胀

与其他向市场经济转型的经济体一样，中国很快就遇到了失业和通货膨胀等严重问题。20世纪90年代中期，通货膨胀每年都保持在15%～20%的高位，且估计大约有1亿工人失业。同样的问题在前苏联加盟共和国转型初期也出现过。但也应当认识到，当一国从多年无效率的计划经济转向市场经济时，这类问题的出现在很大程度上是可想而知的。就拿中国来说，关闭了大量的国有企业，这些企业既无法与那些有效率的私营企业竞争，也无法与那些已适应新的竞争环境的国有企业竞争，其结果必然是工人失业。同样，国家计划者出于好意，将人们的生活必需品——食品和住房——的价格控制在一个极低的水平上，但随着市场的价格由供求关系决定之后，价格开始上涨。中国无疑是幸运的，从通货膨胀和不很严重的失业情况来说，最困难的时期似乎已经过去。通货膨胀已经从20世纪90年代中期的最高峰下降到2000年以来平均2.3%的水平。失业状况也得到了改善，但进展缓慢。这也在情理之中，因为再就业通常伴随着再培训和重新安置，而这两者都不是一蹴而就的。

腐败

与所有转型经济国家一样，中国在完成向市场经济转型的第一阶段后也出现了一些贪污腐败现象。由于中国的地方政府官员仍然掌管着大量国有资产，改革使得他们有向那些想做生意的人索贿的可能性。同样地，行贿也成了为开办新企业而获得经营许可所付出的成本。根据透明国际（Transparency International）最近对近200个国家腐败情况的年度调查，看看中国的腐败程度。该项调查给每个国家综合打分，进行排序，最腐败的分值为0，最廉洁的分值为10。2010年，中国的分值为3.5，排名第78位，而像芬兰、瑞典、荷兰和加拿大等国家都在7分以上，属于20个最廉洁国家之列。但愿这种腐败程度只不过是垂死的集权计划时期的最后挣扎。然而，利益集团依靠腐败谋利根深蒂固，很难根除。不过，最近一些备受关注的起诉案件表明，中国在这方面有所改进。

人口压力

中国有大约13亿人口，是世界上人口最多的国家。在过去一个世纪的大部分时间里，中国的人口增长极其迅猛，经常保持在年增长3%左右。1950年初，毛泽东曾提出要将中国人口的快速增长视为一项经济目标，他认为这既可以为经济发展提供劳动力，也提供了军事保障。然而到了经济转型期，中国的领导人开始意识到人民福利的增加只有在人口的增长速度小于产品和服务增长速度的情况下才能实现。也就是说，如果GDP每年增长3％而人口增长高于3％，人均GDP必然下降。正是基于这种认识，中国在20世纪80年代初开始了新的人口政策，口号是"一对夫妻只生一个孩子"。在这一政策下，政府鼓励晚婚，只生一个孩子的家庭可以得到定期的儿童保育津贴，而那些超生的家庭将被罚款。国际媒体还报道了中国采取的一些更为严厉的措施，以及实施计划生育政策所导致的人们的行为。我们对这一问题不作细致的分析，但重要的是这一政策取得了成功。也就是说，中国目前的人口增长率为0.6％，不到典型发展中国家的一半，甚至低于典型发达国家。

污染问题

在一国成为工业大国的过程中，环境遭到破坏是很典型的情况，中国也不例外。也许是因其史无前例的增长，中国的环境恶化也是史无前例的。我们可以看到一些新闻照片，中国大城市街道上骑车上下班的人就像我们熟悉的医护人员一样戴口罩，或听到生活在城市里的人说整天灰蒙蒙的。这不是在开玩笑，我们来看一个事实。根据世界银行报告，自2004年以来，世界空气污染最严重的20个城市，有12个城市在中国。就连中国政府也承认，有些类型的污染变得愈发严重。2009年，中国卫生部的报告说，42.7％的河流不宜使用，最近该比例上升至43.2％。当然，大多数污染都是因为中国使用了特别"肮脏"的煤撑着工业增长。在工农业大发展中，铅、汞、砷和其他污染物的有毒物质排放，导致中国的河流、湖泊不堪重负。

不过，先别急于对中国说三道四，这种环境恶化状况也困扰着美国、日本以及欧洲的大多数工业大国。起初，快速增长的收益大于其成本，但超过一定的经济增长水平之后，大多数国家就开始高度重视环境污染问题。有证据表明，中国已经觉醒。有人可能还记得，2009年2月，希拉里·克林顿（Hillary Clinton）作为国务卿首次访华时参观了北京最先进的天然气发电厂，这种使用先进涡轮机的发电厂的效率，几乎是煤炭发电厂的2倍，而煤炭发电厂在中国星罗棋布。同时，中国与印度、巴西等欠发达国家联合起来，要求国际社会达成协议，发达国家应当承担起更多的污染减排责任。这也正是国际协定（如《京都议定书》）迄今没有达成的一个主要原因。或许可以说，在经过了某一发展阶段后，最希望环境成为一种正常品。中国到了那个发展阶段时，天变蓝、河变清指日可待。

民主诉求

虽然中国转型的成功使得大多数普通老百姓对国家选择的发展道路基本上是满意的，但对于更多地直接参与政治过程的要求也与日俱增。随着中国人健康、教育水平的提高以及更多地与世界接触，可以想象他们越来越渴求更加民主的政治制度。当然，务实的中国当代领导人，已经表现出愿意实施适度的政治改革，让普通百姓参与政治决策程序。有两个例子充分说明了这一点。其一，我们来看中国最高立法机关——全国人民代表大会。我们需要一些背景来更好地理解人民代表大会制度正在发生的变化。自中国共产党1949年执政以来，乡村一级和城市社区一级的地方政府官员是由当地居民直接选举产生的，这些官员再选出上一级政府的人民代表，这样逐级直至最终选出全国人民代表大会的代表。与转型前的民主不同的是，全国人民代表大会不再是"橡皮图章"，而且共产党的领导开始更多地听从人民代表大会的决议。

中国增进民主的第二个例子发生在公社制度取消之后的农村。在人民公社时期，公社的领导人不仅组织生产，还掌管着当地的基础设施建设，包括道路建设、供水系统、教育等类似的项目。随着公社的取消，最初并没有人提供这些必要的民生设施。农民决定自己建设这些项目，他们直接选出一个行使村长职权的人，其余的人对这些项目进行监督。中央政府既没有阻止这些选举也没有进行中央调控，因为它们意识到这对社会是有益的，进而保护甚至是鼓励这种地方民主形式的发展。

我们认为，中国离我们所说的民主还有一段距离，但如果看不到中国共产党在放松对人民日常生活管制方面采取的措施，同样也是不对的。随着经济的不断发展以及人民更加富裕、受教育水平不断提高、与国外接触不断增多，毫无疑问，他们会渴望政治上更加自由，与他们新获得的经济自由相适应。共产党是否会像进行经济改革一样在处理政治改革问题上采取同样的务实态度，目前还不得而知。如果他们不打算这样做，中国在未来将会爆发严重的社会冲突。中国国务院总理温家宝最近的一次讲话对此有所表态。他在 2007 年初对外国记者说，"我们要推动政治改革，减少权力过度集中，加强人民对政府的监督。"

小结

一国在处理资源配置这类最基本的问题时，所要作出的最重要的经济决策之一（也许不是最重要的）就是选择经济体制。经济体制的范围很广泛，可以涵盖从完全市场经济体制到完全指令性经济体制之间的各种体制。其中，这两种极端经济体制的主要区别在于资源的所有权、控制权以及资源配置的决定机制。

在市场经济下，稀缺资源由私人部门所有和控制，也就是所谓的私人产权制度。在市场经济中同样重要的是，私人部门作出资源配置决策，然后这些决策在市场中得到协调。在自由市场中，供求力量的作用会确保市场的均衡价格和均衡产量的出现，这时市场上既不存在短缺也不存在过剩。换言之，假定市场的均衡状态是消费者的意愿与生产者的意愿恰恰一致时的状态，则市场会根据自身的规律运作以保证达到使得社会福利最大化的产量。要是消费者的意愿改变了，也就是说消费者对给定产品和服务的需求既可能增加也可能减少，市场就会据此作出反应。市场不能使社会福利最大化的情况（详见后面各章）并不常见，所以我们将其作为规律的一种例外而不能当做规律来看待。

在集权经济中，资源由国家拥有，或者至少是由国家直接控制。其次，资源配置的决策直接由国家作出，并受国家法律约束。简单地说，在集权经济下，资源配置依据的是计划制定者的偏好而非人民的偏好。既然如此，只有在计划制定者比人民更了解哪种产品和服务的组合更能带来最大的满足的情况下，才能使社会福利最大化。

中国经历了计划和市场两种经济体制，并且中国的经验表明了市场导向的极大优越性。从 1949 年中华人民共和国的诞生到 20 世纪 70 年代末，由于缺少经验，中国共产党直接采纳了苏联式的集权经济模式，实施普遍的公有制，以及对绝大多数经济资源实行国家控制，实施全面的集权计划体制。毛泽东1976年逝世以后，中国共产党的第二代领导人开始意识到集权经济的缺陷。后来的估计表明，这一时期实施集权经济使中国人民付出了沉重代价，如果这一时期采取的是市场经济的话，那么到1992年中国的人均GDP就会翻一番。当中国经济20世纪70年代末回归市场经济之后呈现出爆炸性的、领先于世界的超高速增长时，集权经济的低效率展现无遗。这并不是说中国经济的转型，或者其他国家类似的转型，在现在和将来都可以进行得很轻松。中国要面对很多很严重的问题，包括通货膨胀、失业、腐败、人口压力、污染问题，以及人民对民主不断增长的渴求。如果中国政府能顺利地解决这些问题，中国的未来将无限光明。

讨论题

1. 比较和对照完全市场经济体制和完全集权经济体制。美国在这种分类中属于哪类？

2. 完全竞争市场的一个重要特征是必须能自由进入和退出市场，这个条件为什么是必要的？

3. 假定某一地区的新车市场最初接近于完全竞争，如果该市场变得比较具有垄断性，消费者会察觉到什么变化？

4. 如果一个市场是完全竞争的而不是完全垄断的，对消费者来说结果会有非常大的区别。列出你能想到的一些区别并解释你的选择。

5. 不用图表，解释需求变动和需求量变动的区别。

6. 讨论以下说法："近来汽油价格上涨，同时汽油购买量增加。这是对需求规律的一个明显违背。"

7. 列出并解释当我们画需求曲线时一般假定不变的因素。你认为有哪些其他因素还需要考虑？

8. 列出并解释当我们画供给曲线时一般假定不变的因素。你认为有哪些其他因素还需要考虑？

9. 利用供给和需求曲线，解释为什么市场实现的均衡一般反映了福利最大化的产品或服务生产水平。

10. 假设今年个人所得税将大幅降低，说明并解释你所预期的对新车市场的影响。

11. 解释低档品与正常品之间的区别。

12. 请问消费者收入增加时低档品与正常品的需求相同吗？试解释原因。

13. 请解释热狗和热狗面包这一典型例子是互补品还是替代品。

14. 假设热狗市场最初处于均衡状态。热狗面包价格上升和软饮料价格上升所引起的热狗市场变化相同吗？请分别予以解释。

15. 解释为什么从集权经济向以市场为导向的经济转型经常会出现一段困难的时期。

16. 以中国经验为例，讨论完全市场经济体制优于完全指令经济体制都表现在哪些方面。

17. 讨论中国1949—1978年间接近完全指令经济体制的内在三大问题。

18. 1991年苏联解体后大多数原加盟共和国不同程度地走上了市场经济的道路。这些经济体不同程度地取得了成功，但谁都比不上中国。为什么会是这种情况？

19. 在中国领导人当中，邓小平是把中国推向市场化改革之路的舵手。他的改革思路可以总结成一句话："摸着石头过河。"邓小平的这句话是什么意思？你认为中国的成功改革有多大成分取决于这种思路？

课外读物

1. Chow, Gregory C. *China's Economic Transformation*. 2nd ed. Malden, MA: Blackwell, 2007.

本书对中国经济历史作了详细而通俗易懂的论述，重点分析了集权经济时期及目前向市场导向转型的种种问题。

2. *Finance and Development*, September 2000.

非常详尽地讨论了转型经济体面临的问题并对各个国家转型以来的表现作出实时总结。

3. Friedman, Thomas L. *The World Is Flat: A Brief History of the Twenty-first Century*. New York: Farrar, Straus and Giroux, 2005.

《纽约时报》（*New York Times*）记者托马斯·弗里德曼在他的这本国际畅销书中指出，技术进步把全世界的人联系在一起，从而产生了印度、中国这样的世界级市场，使得那些发达国家"在原地快跑"。

4. Guo, Rongxing. *How the Chinese Economy Works*. 2nd ed. New York: Palgrave Macmillan, 2007.

本书第2版比较分析了中国改革前后从全国到各省的经济运行机制。

5. *The Journal of Economic Perspectives*, Winter 2002.

针对转型经济体面临的、转变为混合市场经济后仍然面临的问题进行了深入讨论的专题论文集。

6. Klein, Lawrence, and Marshall Pomer, eds. *The New Russia: Transition Gone Awry*. Stanford, CA: Stanford University Press, 2001.

俄罗斯和美国的经济学家撰写的论文，讨论了俄罗斯自1991年以来的改革没能稳定经济的情况及其原因。

7. Kynge, James. *China Shakes the World: The Rise of a Hungry Nation*. London: Weidenfeld & Nicolson, 2008.

本书描述了这个人口最多的国家转型背后的人和事，阐述了这个超大经济体的出现是如何震惊世界的。

8. Logan, John R., ed. *Urban China in Transition*. Malden, MA: Blackwell Pub., 2008.

本书讨论中国转型的一系列问题，包括从农村向城市的劳动力转移、劳动力市场和经济改革等。

9. Maddison, Angus. *Chinese Economic Performance in the Long Run*. 2nd ed. Paris: OECD, 2007.

本项研究以OECD国家常用的定量方法，重新评估了过去半个世纪中国复兴的规模和范围。

10. Moore, Thomas G. *China in the World Market: Chinese Industry and International Sources of Reform in the Post-Mao Era*. Cambridge Modern China Series. New York: Cambridge University Press, 2002.

深入讨论了国际因素是如何影响中国转向市场经济的。

11. Putterman, Louis. "Effort, Productivity and Incentives in a 1970s Chinese People's Commune." *Journal of Comparative Economics* 14 (1990), pp. 88 – 104.

这篇论文清楚地展现了集权经济时期困扰中国农业的激励问题。

12. Redding, S. G., and Michael Witt, eds. *The Future of Chinese Capitalism*. New York: Oxford University Press, 2007.

描述了中国经济体制、少数民族地区在经济中的作用以及中国市场经济的未来。

13. Rosenthal, Jean-Laurent, and Roy B.

社会问题经济学（第二十版）

Wong. *Before and Beyond Divergence*：*The Politic of Economic Change in China and Europe*. Cambridge，MA：Harvard University Press，2011.

作者讨论了中国和欧洲的经济增长、市场发展、信用市场、税收以及公共物品。

14. Weber，Maria，ed. *Reforming Economic Systems in Asia*：*A Comparative Analysis of China*，*Japan*，*South Korea*，*Malaysia*，*and Thailand*. Istituto per gli Studi di Solitica Internazionale. Northampton，MA：Edward Elgar，2002.

讨论了亚洲各国（包括中国、日本、韩国、马来西亚和泰国）的经济体制改革如何使这些国家成为全球市场化的领跑者。

15. World Bank. *China*：*2020*. New York：Oxford University Press，1997.

分析了中国的改革正引领中国走向富强，其中包括现在的一个著名观点，那就是如果中美两国经济继续保持其现有的增长速度，那么到 2020 年中国的 GDP 将超过美国。

在线资源

1. 中国经济网（China Economic Net，CEN）：

http：//en. ce. cn

中国经济网是一个"在一个平台上及时提供有关中国快速经济发展的经济新闻报道、深层经济分析和独一无二的数据组合的重要新闻网站"。新闻栏目包括生活新闻、世界新闻、国内新闻、商业新闻和体育新闻。

2. 中国网（ChinaSite. com）：

http：//chinasite. com

中国网提供了互联网上与中国有关的资源的网站名录，是有关中国商务和经济信息的最佳门户网站之一。

3.《中央情报局世界实情手册》（CIA World Factbook）：

http：//www. cia. gov/library/publications/the-world-factbook

《中央情报局世界实情手册》全文有印刷版和网络版，提供 250 多个国家和地区的人口统计、环境、地理和政府信息，包括中国大陆、香港特别行政区、澳门特别行政区和中国台湾。

第3章 | 混合体制中的政府价格管制：谁受益谁受损？

☐ **本章概要**

最高限价和最低限价
房租管制
　需求
　供给
　价格
　房租管制的效果
最低工资
　劳动力的市场需求
　一个雇主的劳动力需求
　劳动力的市场供给
　劳动力市场
　最低工资的效应
小结

☐ **主要概念**

最高限价（price ceilings）
最低限价（price floors）
房租管制（rent control）
最低工资（minimum wages）
派生需求（derived demand）
边际劳动力产量收入（marginal revenue product of labor）
边际劳动力产量（marginal product of labor）
边际收入（marginal revenue）
收益递减规律（law of diminishing returns）
替代效应（substitution effect）
收入效应（income effect）

章首引语

从 1941 年珍珠港事件到 1943 年美国全面进入战时经济的这段残酷而恐慌的时期，美国实行了众多的价格管制，住房市场管制就是其中之一。与橡胶、汽油、咖啡和鞋市场一样，住房市场被认为是又一需要定量配给，至少需要管制的行业。到 1947 年，除财产价格管制之外，其他所有这些价格管制逐步废止。此后，除纽约之外，大多数城市都消除了这些市场扭曲。

纽约有 200 万套出租房，其中仅有 1/3 的出租房不受价格管制。市政委员会规定每年的涨幅，管理愈加复杂的制度。在有些公寓大楼里，人们居住的单元房相似，但支付的租金差别甚大。在另一些公寓大楼里，一些寡居的老人住着宽敞的房子，他们知道，搬家意味着为了更小的住房支付更多的租金。

最早的价格管制覆盖 1947 年前的公寓大楼（包括所有在城市最繁华街道的好房子）：这些住房的月平均租金是 500 美元。第二层面是租金稳定的价格管制，月平均租金为 760 美元。非管制住房月平均租金为 850 美元，但此数不实，因为它包括城区外最差的住房。

严格来说，新建住房不存在这些管制。但事实上，复杂的税收刺激制度使得大多数聪明的建筑者"自愿"接受租金稳定限制措施。在这种情况下，建筑业萧条也就不足为奇了；就是在 20 世纪 60 年代以来建筑业发展的最快时期，前一年发放的建筑许可证使纽约的住房供给增加不到 1%。毫无疑问，在这种僵化的制度下，穷人遭受到的损失最大。

······

支持租金限制的经济学家很少。因为即使使出浑身解数，价格管制还是不可避免地产生无效率，引起供给下降，产生不利的副作用。黑市和贿赂行为滋长，大楼的维修常常被忽视。由于房主与租户是通过法律联系起来的，而不是通过自愿签订的、可续订的契约联系起来的，所以他们之间的关系似乎并不愉快。无道德的房主不惜驱赶租户，寻找另外的租户以获取更高的租金收入；于是保护租户的法律颁布，但这也使得房东无法赶走无赖的租户。

与此同时，由于志愿者和投诉者的支持，价格管制的管理行为愈发具有官僚作风。房东如果错过申请提高租金的日期或将申请递错部门，就不能提高房租。因此，大部分明智的纽约人宁愿坐吃山空也不愿靠收租生活。

但奇怪的是，善于钻制度空子的房东，只要房产购置时交过税，且知道将来能有多少收入，其收入可能不受最高限价的影响。一本研究纽约住房市场的书——《设计的缺失》（*Scarcity by Design*，Harvard University Press，1992）的作者之一、纽约州立大学教务长彼得·萨林斯（Peter Salins）指出：毫无疑问，这本书描述了房东与租户在价格限制上的争论，但更确切地说应该看做是那些支付低于市场租金的租户与那些实际上支付这种补助成本的租户之间的争论。

那么，谁是那些幸运的租户呢？根据波拉克夫斯基（Pollakowski）的研究，相对富裕的曼哈顿中部和南部的租户是主要受益者。而这个城市的穷人大多数住在城外，只能得到很少甚至得不到任何好处。或许，租金管制支持者最强有力的论点是认为它有助于稳定；但一般来说，长期租户在不受价格管制的市场上也能获得类似的特许，因为房东更希望将他们的房屋租给那些知根知底的租户。

萨林斯指出，州立法机构成员很清楚价格管制对房地产市场负面影响的基本论点，但他们更相信选民们不愿意因租金上涨而受损。该是纽约的政治家们稍做思考的时候了。

资料来源："The Great Manhattan Rip-Off，" *The Economist*，June 5，2003.

完全市场经济与混合体制之间的明显区别是：在混合体制下，政府常常积极介入单个市场。在混合体制下，政府介入的一般方式体现在价格决定方法上。

正如第 2 章中详述的那样，市场经济中的价格通常是由供求力量决定的。倘若一种东西的供给相对于其需求而言增加了，那么，它的价格就会下跌。反之，倘若相对于供给而言，需求增加了，价格就会上升。正是这种因供求情况变化而发生的价格自由波动，有助于资源的配置符合公众的愿望。

例如，假定有两种新型电视问世，一种是高清电视，一种是具有逐行扫描功能的电视。开始，它们的价格和质量大体相当。然而，不久人们就非常喜欢高清电视。市场会作出怎样的反应？也就是说，人们需要更多的高清电视（当然，对具有逐行扫描功能电视的需求就减少了），这种愿望能得到满足吗？如第 2 章所述，答案显然是，能！该过程很简单：高清电视的需求增加，会使得这种电视的价格上升；这种价格的不断上升开始会促使现有生产者增加其产量，而在比较长的时间里，就会预期有新的投资进入该行业，因为受到比较高的价格和利润的诱惑，其他生产者——或许就是以前生产过有关产品的生产者就会被吸引到高清电视的生产上来。总之，你应当把这种分析看做是供求规律的简单运用。更为重要的是，你应当明白，实际上是消费者获益——他们得到了他们想要的更多的高清电视。

具有逐行扫描功能的电视的市场情况如何呢？当然情况恰恰相反。这种电视的价格因需求不断下降而持续下跌。价格持续下跌就会使得现有生产者或者削减产量，或者干脆不再生产。消费者同样得益——他们本来就不太想要具有逐行扫描功能的电视，市场通过价格的自由变化，按人们的需要重新配置资源。

然而，在混合体制下，价格并不总是反映供求情况。实际上，无论是从历史上，还是从如今每一个市场经济导向的国家来看，某些产品和服务的价格过去是，现在还是处于政府的合法管制之下。有时政府会规定某种产品或服务的最低价格，谁要是低于此价格出售，谁就犯法。另一种情况就是，政府会规定具有法律约束力的最高价格。在很多情况下，政府的意图是要保护某些特定的生产者群或消费者群的利益。倘若没有这种保护，让市场按供求情况决定价格，他们就会受到不利影响。在大多数情况下，可以肯定地说，政府的这种想法是值得称道的。例如，当世界农产品市场出现乳品大量剩余，导致市场价格大幅度下跌，迫使大量国内乳品企业破产时，政府为了保护奶牛场会制定牛奶的最低可行价格。这种政策很可能会得到公众的支持，如果不是从经济角度，至少从人道主义角度来说会这样。同样，当房租超过贫困工人阶级的收入时，政府实行房租率封顶或最高房租制度，无疑表明了政府关心人民的生活。

我们必须强调的是，这些政策——不管是有意的还是无意的——是否有效，也就是说，政府管制价格能改善市场运作吗？政府的政策措施几乎在每一领域应用时都会出现两个重要问题，你应当关注这两个问题：(1) 当政府在市场中采取措施时，市场的反应。而在很多情况下，市场的反应会使政府措施所要实现的意图失之交臂。(2) 考虑到人们的所有行为，政府干预市场产生的结果是不可预测的，且往往是不良的。这并非说政府干预一无是处，而是说我们千万不要认为政府定价活动是避免我们讨厌的市场结果的万能之策。

为了思考这些问题，我们研究一下政府决定价格的两个最常见的例子，即房租管制和最低工资。在我们开始分析之前，我们要界定一下所用的政府措施。

最高限价和最低限价

政府时常实施**最高限价**（price ceilings）或最高价格是出于两个主要目的。第一，它们曾经全面实施以试图控制通货膨胀。第二，它们曾在有选择的基础上应用，以保持特定产品和服务的价格在最低收入阶层的人可以购买的限度内。后一个目的可能也有反通货膨胀的意图。本章用房租管制作为例子，分析选择性最高限价。

很多国家的大城市一直在利用房租管制，作为限制低收入群体住房成本的一种手段。仅在 20 世纪 70 年代，美国就有 200 多个城市实施了某种类型的房租管制。最著名的例子无疑是纽约市，它的房租管制自第二次世界大战以来就生效了。不过，从国际角度来看，法国的巴黎从某种程度上说是最早实施这种措施的城市，早在 18 世纪初就已经存在房租管制。从更小的范围来说，例如一所大学将学校公寓房租规定在相当低的水平，以帮助低收入学生解决住房问题是非常普遍的事情。

当对特定的商品设定**最低限价**（price floors）或最低价格时，政府的意图通常是增加那些出售这类商品的人的收入。最低工资法即是一个典型的例子。1938 年的《公平劳动标准法案》（Fair Labor Standards Act）建立了第一个在指定的行业中工人每小时最低工资为 25 美分的联邦最低工资标准。到了 1981 年，最低工资增加到了每小时 3.35 美元。在进入 20 世纪 90 年代之前，这一最低工资标准一直没有改变。随着 20 世纪八九十年代一般物价水平的持续上升，那些拿最低工资的人发现，虽然他们的工资保持不变，但他们的购买力却下降了。这种情况最终导致了最低工资上涨到 1997 年的每小时 5.15 美元。当国会和总统再次同意上涨工资的时候，又一个十年过去了：2007 年春达成了联邦政府分三阶段提高工资的协议，即到 2007 年夏最低工资涨到 5.85 美元，到 2008 年夏最低工资涨到 6.55 美元，最终到 2009 年夏最低工资涨到 7.25 美元。当然，各州可自行规定高于联邦水平的最低工资，如加利福尼亚州、康涅狄格州和俄勒冈州。目前最低工资最高的州是华盛顿州，小时最低工资为 9.04 美元。

最低工资法得到了公众的广泛支持。当然，这种法律适用于最低收入阶层的工人，而且颁布的目的是防止国会认定的"有害于维持工人的健康、效率和一般福利所必需的最低生活水平的劳动条件"的情况发生。

▨ 房租管制

几乎没有人喜欢贫民窟。在大多数城市的某些特定区域，人们可以看到让人感到极度沮丧的居住条件。一些家庭也许会使用同一个浴室或是厕所设施；一些家庭居住在照明和通风都不好的房屋里；两个或更多的家庭也许会居住在同一间公寓里。房屋或是公寓都年久失修。为什么人们还要居住在这样的房子里呢？通常是因为，这是低收入家庭所能支付得起的居住环境。如果你最近在曼哈顿找过公寓的话，你应该知道各种各样的房子都是有的。为什么这些问题会发生呢？在如纽约这样的城市实施房租管制，可以给低收入家庭带来最大的福利吗？对房屋需求、供给以及定价的考察，有助于我们评估穷人的住房问题。

☐ 需求

住房需求来自于生活在市场经济体制中的家庭单位——家庭和独立的个人。由于受到收入以及其他必须购买的各种产品和服务的价格限制，各家庭都会对自己购买的产品和服务以及购买多少作出选择。假定每个家庭都会以下列方式将其收入在不同的产品和服务间分配，即价值 1 美元的住房给消费者带来的福利，与家庭购买价值 1 美元的任何其他东西带来的福利相同。如果价值 1 美元的其他东西，比如说食品，超过了价值 1 美元的住房给家庭带来的价值，那么，这个家庭会把部分用于住房的支出转移到购买食品上以获得满足。另一方面，如果价值 1 美元的住房对家庭来说比价值 1 美元的食品满足程度更高，那么，该家庭就会减少食品购买而增加住房购买以提高福利。

这如何转换成住房的需求曲线呢？在图 3—1 中，假定市场决定的房租率是 500 美元/月。在该价格上且当家庭花费其收入时，价值 1 美元的住房与价值 1 美元的其他任何东西给家庭带来相同的满足感，则他们每年购买总计 10 000 单位的住房。如果房租上涨到 600 美元/月，而影响需求的其他因素不变，住房的需求量将会发生什么变化？房租水平上升后，价值 1 美元住房的数量比以前减少了。结果，价值 1 美元的住房给家庭带来的福利要低于房租上涨前的水平。因此，价值 1 美元的任何其他东西给家庭带来的福利要大于价值 1 美元的住房所带来的福利。理性的家庭将转而购买其他东西，从而住房的消费数量将减少，比如说减少到 8 000 单位。也许你会问这样一个问题，即这些人为何不搬到别的地方居住？也就是说，与上年相比，人们在本年度能否少租 2 000 套公寓？当然可以。有些人一旦拥有了自己的公寓，就可能接纳其他人同住；也有的情况是，比较年轻的人也许会搬回家里住，还有很多其他可能情况存在。所有这些都表明，住房需求与大多数产品和服务的需求变化相似。整个需求曲线 DD 由类似 A 和 B 这样的点组成，在这些点上，家庭认为，在住房的不同价格上，相对于其他产品和服务来说，他们正在购买正确的住房数量。

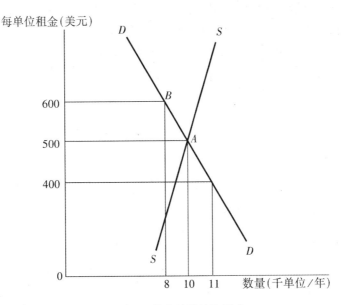

图 3—1 住房的供给和需求

住房的需求曲线 DD 表明了在不同的数量下 1 单位住房对家庭的价值。如果可用住房数量为每年 10 000 单位，1 单位住房对家庭的价值是 500 美元。如果可用住房数量为 11 000 单位，那么 1 单位住房的价值将变为 400 美元。

在我们结束讨论住房需求概念之前，应该再强调一点。需求曲线 DD 表明了当家庭获得 10 000 单位住房时，1 单位住房对他们来说价值 500 美元。也就是说，他们相信 1 单位住房给他们带来的福利等于他们消费价值 500 美元其他任何产品或服务所带来的福利。如果他们能获得的住房数量减至 8 000 单位，他们对 1 单位住房的评价就为 600 美元。总的说来，我们能得到的一种东西越少，我们对 1 个单位这种东西的评价就越高。

□ **供给**

在相对较短的时间内，可用的住房供给对价格和（或）房租水平变化不会很快作出反应。如图 3—1 中的 SS 曲线所示，供给曲线向上倾斜得比较陡直。理由相当明显。在任何一年当中，绝大多数住房供给由现有的住房存量组成。在任何一年当中，这种存量增加或减少的可能性相对较小。

然而，随着价格的变化，住房的供给量会发生一些改变。例如，考察一下纽约市住房的总体情况。由于商业原因它们占据的空间价值非常高。相对于转换成商业用途可能取得的房租收入而言，住房租金率下跌会引起一些住房转换成商业用房，减少可用的住房单位数量。相反，可用的住房单位数量就会增加：相对于房屋用于商业用途可能取得的收入而言，住房租金率的提高可能会导致商业用房转换成住房；也许还会导致建设新的住房。

□ **价格**

假定纽约市住房的需求曲线是 DD，供给曲线为 SS，如图 3—2 所示。均衡租金率为

500 美元，住房租用数量为 10 000 单位。经过一段时间，随着经济增长和家庭收入的不断提高，使得住房需求增加，达到 D_1D_1。在没有房租管制的情况下，需求增加的短期影响是，租金率上升到 600 美元，且可用的住房租用数量增加到 11 000 单位。鉴于不可能很快建造出新的住房，可用的大部分新住房将由现有建筑物转用做住房，而这些建筑物以前也许是商用的。

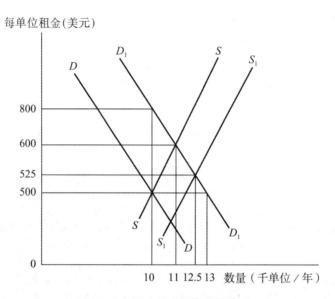

图 3—2　住房需求增加的影响

如果住房的需求曲线是 DD，而供给曲线是 SS，租金的均衡水平是 500 美元，均衡租用数量是 10 000 单位。如果需求增加到 D_1D_1，会使租金率提高到 600 美元，租用数量提高到 11 000 单位。随着时间的推移，提供住房的盈利性增加会使得供给增加到 S_1S_1，租用数量提高到 12 500 单位。然而，如果房租管制使得租金率固定在 500 美元的水平上，那么住房供给数量在长期就不会增加，导致 3 000 单位的短缺（本应从 10 000 单位提高到 13 000 单位）。

租金率的提高将使得住房投资更加有利可图，而且从长期来看，比如说 5 年或更长的时间，这种投资增加将使住房供给增加到 S_1S_1，因为新的住房得以建成且还会有其他用途的建筑物转用做住房。租金率将下跌到 525 美元左右，且出租的住房数量将上升至 12 500 单位。就整个城市而言，由于空间的限制，也因为可将住房改作商业用房，所以，住房的供给增加与需求增加保持同步是不太可能的。因此，最终租金率为 525 美元，超过了原始的租金率 500 美元。在其他地方，由于空间问题不太严重，对空间的商业竞争要小得多，所以，最终租金率可能会接近原始租金率。

□ 房租管制的效果

美国自第二次世界大战后，大量城市继续执行第二次世界大战中出台的房租管制政策。尽管随着时间的推移，房租一直在缓慢地上升，但租金率还是受到一定程度的管制。房租管制的目的是将住房价格控制在低收入者能支付得起的范围之内。那么，房租管制的实际效果如何？

第一，房租管制造成了住房的短缺。如图 3—2 所示，供给曲线为 SS，随着需求从

DD 上升到 D_1D_1，如果不允许房租超过 500 美元，就会产生 3 000 单位的短缺。并不是所有想寻找住房的家庭都能找到合适的住房。有些人甚至是家庭共享生活区域，很多家庭都搭伙住。很多年轻的成年人不得不推迟离开家庭自己找地方住，或者回到父母身边同住。并不是所有想要增加住房面积的家庭都能增加住房面积。人们将在寻找住房上无谓地耗费大量时间。那些在中心城市工作却又在市区找不到住房的人，被迫住在远郊并每天在上下班的路上花去大量时间和精力。这是最高限价不可避免的结果。只要最高限价低于市场均衡价，马上就会出现明显的短缺。例如，如今在纽约市，想找房租管制住房的人经常在广告栏上寻找闲房。

第二，房租管制并没有使每个人的住房成本降低。在住房的正常交易中，即有的家庭出租住房，有的家庭租用住房，为了优先租到住房而向房东暗中支付是常有的事。对于那些找房子的人来说，找房子所需要的时间是寻找者的一种成本。许多为上下班奔波于郊区和市区之间的人发现，他们的成本至少在三个方面增加了：（1）提高的房租；（2）通勤的直接费用；（3）通勤的时间价值损失。只有那些在房租管制实施之前就租到房子或房租管制之后没有搬家的人，他们的住房成本才不会增加。对于长期居住在房租管制的住房的人来说，这种管制措施的确使其不受房租上涨的影响。遗憾的是，许多得到这种好处的人并非因为支付不起。例如，有报道说纽约市住房法庭的一位法官（他的工作是负责执行纽约市的房租管制计划）以每月不到 100 美元的价格租了一套两居室的公寓，而如果没有房租管制的话，这套公寓的月租金应该超过 1 000 美元。这种例子不胜枚举。

第三，房租管制消除了可能使供给曲线移动到 S_1S_1 的长期利润诱惑力。家庭收入的提高，自然会使其增加对住房和其他不受价格管制约束的产品和服务的需求。因住房投资者不能从家庭那里获得较高的回报，故投资于其他行业比投资于住房行业更有利可图。因此，房地产业的投资者受到利润诱惑，就会增加商业用房而非居住用房的投资。例如，1914—1950 年间，虽然法国巴黎人口和家庭收入都增加了，但几乎没有建造新的用于出租的住房。此外，房租管制甚至可能会引起住房的供给曲线在长期下降，使得房租管制实施后可利用的住房更少。结果，毫无疑问会导致更多的无家可归者，因为住房的减少与无家可归的人增多有必然联系。的确，美国无家可归者比例最高的 10 个城市中，就有 6 个城市实行房租管制。

第四，面对房租管制，房东常常会听任其房产的质量恶化。对任何产品或服务而言，质量低而单价不变，等同于质量不变时价格上升。因此，听任房产质量恶化至少是房东对抗房租管制的一种隐蔽做法。市政府对住房的最低装修标准可能会堵住房东的这条退路，但在长期实施房租管制的城市里普遍存在贫民窟，说明这种措施没有完全奏效。

最后，就现有的住房供给而言，实行房租管制意味着房租水平低于家庭对住房价值的评价。如图 3—2 所示，需求增加到 D_1D_1 后，房租管制在 500 美元时的住房供给量是 10 000 单位，而家庭对这些住房每单位的评价为 800 美元。所以，住房价格未能反映家庭对住房的评价。换言之，由于住房价格没有反映公众对住房的评价，有限的资源被严重地错误配置。

如何评价政府通过房租管制以使低收入者支付得起住房费用这种努力？显然，受益的是那些有幸住上了房租管制住房的人。然而，即使是这些人，从比较长的时期来看，他们或许也不能受益，因为对房东来说，盈利潜能受到了限制，他们可能会减少住房数量。当然，就其他多数人来说，他们会直接受损，特别是那些由于房租管制必定导致住房短缺而连合适的住房都找不到的人而言，所受的打击最大。也有些人会受到不利影响，因为他们要花很多时间，不是寻找住房，就是要在他们的居住地与工作的中心城市之间长距离地通勤。还有的人为了得到住房，不得不私下给无原则的房东好处而深受其害。最后，还有一个问题，就像我们前面所举的住进房租管制公寓的法官的例子，得益的人不一定就是这项政策想帮助的人。总之，我们可以看到前面对于混合市场经济中的政府措施所说的两点结论：（1）市场对政府措施作出的反应抵消了这项措施的预期效果；（2）政府的措施可能会产生非预期的后果。

最低工资

在当今社会，大多数人都会支持通过法律确定最低小时工资率。绝大多数人将最低工资率看做是帮助最低收入阶层的人提高工资率，从而提高其收入的方法。在美国，显然存在一种观点，即愿意工作的人不应该生活在贫困之中。然而，就目前的水平来看，最低工资率甚至不能保证一个三口之家（至少一人工作）摆脱贫困。那么，最低工资率的经济效应是什么？它是工作的穷人改变命运的好办法吗？最低工资能改善收入分配状况吗？在回答这些问题之前，我们首先要理解劳动力这种特殊商品的市场是如何运作的。

□ 劳动力的市场需求

雇主对非熟练工人的需求如图 3—3 所示。应当指出的是，图中的横轴刻度用的是标准方法，而纵轴计量的是工资率，工资率是每小时的劳动价格。然而，雇主对劳动力的需求和消费者对产品和服务的需求之间存在很大差异。确切地说，消费者需要橙汁之类的产品，因为他们直接从消费这种产品中得到了满足。雇主不是因为同样的理由而需要劳动力。雇主对劳动力的需求不是因为他们直接从劳动力中得到了满足，而只是他们通过雇佣劳动力得到了间接的满足，即当他们销售劳动力生产的产品时，以收入增加的形式得到满足。出于这个原因，劳动力需求被称作是一种间接需求或**派生需求**（derived demand）。换句话说，劳动力需求是从对生产的产品的需求中派生出来的。

图 3—3 中的劳动力需求曲线是向下倾斜的，就像对如橙汁之类产品的需求一样。对橙汁来说，这种负斜率的需求曲线表示随着更多的橙汁被消费掉，消费者对每增加一个单位橙汁的评价呈下降趋势。劳动力需求曲线向下倾斜也是出于同样的原因。劳动力需求曲线斜率为负说明，用额外收入来说，雇主多雇佣一个工人的价值随着雇佣工人的增多而下降。

在一周中消费的第五夸脱橙汁比第四夸脱橙汁产生的满足程度要少看起来是有道理的，但是为什么这对于劳动力需求量来说也是有道理的呢？也就是说，为什么第四个单位的劳动力给雇主增加的满足（收入）要比第三个单位的劳动力少呢？为了回答这个问题，我们必须详尽考察以下问题，即随着企业雇佣水平的改变，该企业收入变化的方式。为此，我们暂时不考虑所有雇主对非熟练工人的需求，仅考察一个雇主对非熟练工人的需求，如图3—3所示。

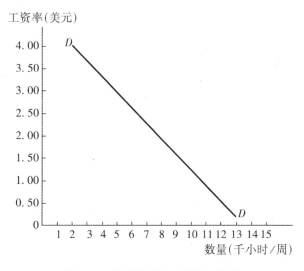

图3—3　非熟练劳动力的市场需求

非熟练劳动力的市场需求表明雇主在不同工资率之下愿意雇佣的劳动力数量。重要的是要记住需求法则适用于劳动力。也就是说，在其他条件相同的情况下，雇主的劳动力需求量随着工资的上升而下降。

□ 一个雇主的劳动力需求

当一个企业雇佣一个单位的劳动力时，生产出一定数量的额外产品，一旦该产品被销售出去，就可以转化为该企业的额外收入。多雇佣一个单位的劳动力而导致的收入增加，称为**边际劳动力产量收入**（marginal revenue product of labor），表示该企业对这一额外单位劳动力的评价。我们的目标是确定随着雇佣更多的劳动力，边际劳动力产量收入为什么会下降。边际劳动力产量收入分为两部分：（1）多雇佣一个单位的劳动力而增加的产量，称为**边际劳动力产量**（marginal product of labor）；（2）企业每多卖出一个单位产品而增加的收入，称为**边际收入**（marginal revenue）。如果边际劳动力产量收入随着劳动力的雇佣增加而下降，那么，在这两个因素当中，至少有一个因素肯定是下降了。

我们首先考察边际收入。边际收入表示企业在出售每一额外单位产品时，所得到的收入数量。如果该企业是完全竞争的，那么，边际收入就是这种产品的市场价格。完全竞争市场结构的一个特征是，没有任何一个企业能够控制市场价格。因此，完全竞争企业在出售其额外一单位产品时，其边际收入不变。因此，如果边际劳动力产量收入下降，必定是由于边际劳动力产量在下降。我们现在已经找到这个答案。经济学家们确信，随着劳动力的雇佣量增加，边际劳动力产量会下降，这种现象被称为**收益递减规律**（law of diminishing returns）。这一规律表明，在诸如资本之类的固定投入物数量既定的情况下，如果增加诸如劳动之类的可变投入物的数量，结果是产量增加（边际劳动力产量）最终会下降。当然，说这个规律是事实，并不表明它就是事实。不过，下面的例子可能会使持怀疑态度的读者都信服。

表 3—1 详细说明了在每小时雇佣不同数量的劳动力时，汉堡店的典型情况。对这个企业来说，劳动力是可变投入，它的资本包括建筑、工具及设备。当该企业没有雇佣工人时，总产量当然是零个汉堡包，如第（2）列所示。当第一个工人被雇佣时，总产量上升至每小时 5 个汉堡包。因此，第一个工人贡献了 5 个单位的产量，即该工人的边际产量，如第（3）列所示。该企业在完全竞争市场中经营，所以边际收入或价格在每个汉堡包 50 美分上保持不变，如第（4）列所示。最后，第（5）列报告了每一单位边际劳动力产量收入。第一个工人增加了 5 个单位的产量，每一个产品售价为 50 美分。因此，第一个工人的边际产量收入是 2.50 美元。

表 3—1　　　　　　　汉堡店的总产量、边际产量、边际收入和边际产量收入

（1） 劳动力单位	（2） 总产量	（3） 边际产量	（4） 边际收入 （美元）	（5） 边际产量收入 $MRP=(3)\times(4)$ （美元）
0	0			
		5	0.50	2.50
1	5			
		20	0.50	10.00
2	25			
		25	0.50	12.50
3	50			
		20	0.50	10.00
4	70			
		10	0.50	5.00
5	80			
		5	0.50	2.50
6	85			
		1	0.50	0.50
7	86			

现假定又雇佣了第二个工人。总产量增加到 25 个汉堡包，表明第二个工人的边际产量是 20 个单位。为什么第二个工人比第一个工人增加了更多的产量呢？想一想该企业只有一个雇工时是怎样经营的。这个工人不得不是一个多面手，首先拿到一个顾客的订单，然后急急忙忙跑到供应区取其所需原料，继而又匆忙跑到准备区和烤架处。牛肉小馅饼一做好，这个工人就必须把汉堡包做好，最后上气不接下气地跑到柜台前拿给顾客。简单地说，对于该企业所拥有的资本数而言，只有一个工人（或者仅有很少的几个工人）实在是太少了。换句话说，这个企业的资本没有充分利用。当第二个工人被雇佣时，通过劳动力的专门化，可以使得资本的使用效率大大提高。比如说，一个工人集中精力接受顾客的订单并准备所有的原料，另一个工人做汉堡包。劳动力的这种专门化最初常常会产生递增的收益，并为现代生产线工艺提供了理由。

再看表3—1，发现雇佣第三个工人也会发生同样的情况。然而，到了最后，与此相反的情况发生了。经验告诉我们，正像资本没有得到充分利用会导致劳动力的边际收益递增一样，当资本最终被过度利用时，劳动力的边际收益会递减。就这个汉堡店而言，这种情况发生在雇佣第四个工人的时候。当第四个工人被雇佣时，总产量会从每小时50个汉堡包上升到70个汉堡包。第四个工人的边际产量是20个单位，这比第三个工人的边际产量减少了5个。这种性质的收益递减有不同的原因，最明显的原因是，该汉堡店的设备只够提供一定数量工人恰到好处地工作。当雇佣更多的工人时，他们也许不得不和其他工人共用或等待轮到他们用资本设备。常识告诉我们，如果不考虑企业的规模，不断地增加雇佣工人，最终，一个新工人不但不能做什么，还可能会碍事。正像你妈妈常对你说的那样："人多瞎捣乱。"

劳动力的收益递减也许是由于劳动力的过度专门化。要求每一个工人都成为多面手显然是无效率的，但也不应过分专门化。倘若专门化到了这种程度，一个特定工人的工作就是整天把番茄酱喷在小圆面包上，那么这个工人很可能会厌烦，很容易分心，甚至还会产生抱怨。其结果很清楚：效率降低，或者说，劳动力的收益递减。

不管效率降低的确切原因是什么，我们可以肯定它最终是要发生的。收益递减的结果也很明显：额外单位的劳动力对企业的价值会降低。让我们看一下这个汉堡店。第三个工人的边际产量收入是12.50美元，因此，这个工人对该企业来说值12.50美元。当雇佣到第四个工人时，他的边际产量收入即其价值会下降到10美元。只要超过第三个工人，每雇佣一单位劳动力都会如此：在收益递减规律的作用下，每一个增新工人对企业的价值是下降的。

我们回答了企业对额外一单位劳动力的评价为什么比对之前雇佣的劳动力评价降低了这个问题，现在我们要从所有雇主的劳动力需求（见图3—3）角度讨论企业层面的劳动力的需求。这需要两个步骤。首先，你也许想到，边际劳动力产量收入就是企业对劳动力的需求。需求曲线表明了购买者对每一单位产品或服务的评价。边际产量收入是企业对劳动力的评价，因此也是企业的劳动力需求曲线。把表3—1中边际劳动力产量收入数据画出来，就可以得到汉堡店对非熟练劳动力的需求（如图3—4所示）。请注意，图中描绘的只是从第三个工人到第七个工人的数据。这样做的理由是，倘若汉堡店的经营管理是理性的，它雇佣的工人决不会少于3个。为什么呢？因为第三个工人比前面的任意一个工人都更有价值，也就是说，他的 MRP 更大。因此，倘若雇佣第一个和第二个工人是理性的，那么雇佣至少三个工人也必定是理性的。

第二个步骤是，要把一个企业对劳动力的需求与所有企业对劳动力的需求联系在一起。这就是说，也许有100个甚至1 000个企业类似于这个汉堡店。在这种情况下，一个企业对劳动力的需求是如何与所有企业对劳动力的需求联系在一起的呢？倘若你的常识告诉你，你所要做的就是把单个企业的需求加总在一起，那么你就做对了。这种方法非常简单：在每一种工资情况下，每一单个企业的需求量与其他所有企业的需求量相加，就形成了所有企业的劳动力需求量。按照这种方法，所有雇主对劳动力的需求（如图3—3所示）可以被认为是单个雇主对劳动力的单个需求的总和。

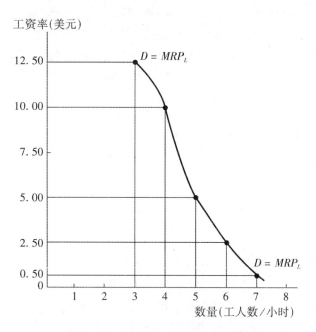

图 3—4　一个企业对非熟练劳动力的需求

某一单个企业对劳动力的需求由边际劳动力产量收入决定。边际劳动力产量收入是指企业增加雇佣劳动力而导致的收入增加。

□ 劳动力的市场供给

劳动力的供给是指在其他条件都相同的情况下，工人在各种工资率下愿意提供的劳动数量（以小时数计算）。这样，劳动力供给曲线表明了在工资率发生变化时，工人提供的工作小时数会发生什么变化。比如，假定工资率普遍上涨。在这种情况下，工人们愿意工作的小时数会发生什么变化？人们试图得到如下结论，即随着工资率的上升，工作小时数会增加，但是这一结论并不一定成立。实际上，当工资上升时，工人提供的工作小时数有可能上升、下降或保持不变。这种不确定性的理由是，工资率的变化产生了两种相互抵消的效应。

第一种效应即**替代效应**（substitution effect），是指在其他条件不变的情况下，当工资率变化时，工作小时数发生的变化。替代效应考虑了如下事实，即人们有多种方式来消磨时光而不是去工作。简单起见，假定我们把时间的所有其他利用方式都归结为闲暇。因此，人们可以利用他的时间去工作或是消费闲暇。理解替代效应还需要再知道一点，那就是工资率只不过是闲暇时间的价格。例如，假定工资率是每小时 5 美元，一个工人选择比平常少工作一个小时，这就是说，如果这个工人选择多消费一个小时的闲暇，那么，这个工人就必须放弃或付出 5 美元。现在考察一下工资增加的替代效应。工资增加相当于闲暇价格的上涨，且会导致个人的闲暇需求数量减少。由于消费的闲暇减少了，这个人肯定选择了工作更多。结果是，随着工资的增加，替代效应会引起工作小时数增加，并会使得劳动力供给曲线向上倾斜。

在得出劳动力供给曲线向上倾斜的结论之前，我们先回顾一下当工资改变时所产生的第二种效应，且是一种抵消效应，即**收入效应**（income effect）。它指在其他条件不变的情况下，当收入改变时，工作小时数发生的变化。收入效应把闲暇当做一种正常品。回想一下当收入增长时，一种正常品的需求会增加。假定工资增长而且伴随着收入增长，那么闲暇的需求预期也会增长。在闲暇需求增加的情况下，由于工资增加的收入效应，所提供的工作小时数可能会下降。因此，工资增加的收入效应会使得劳动力供给曲线向下倾斜。

这两种效应哪种占主导地位呢？如果替代效应占主导地位，则劳动力供给曲线是向上倾斜的；如果收入效应占主导地位，则劳动力供给曲线向下倾斜。显然，这不是一个理论可以回答的问题。幸运的是，人们在这个问题上已经进行了大量研究，得出一个一般结论，即劳动力供给曲线是稍微向上倾斜的。当工资普遍增加时，提供的工作小时数将增加，但只是轻微的增加。这种劳动力供给曲线如图 3—5 所示。

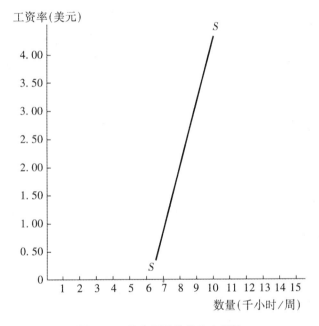

图 3—5　整个经济的劳动力供给

劳动力供给说明的是人们在各种工资率下愿意提供的劳动小时数。该供给曲线越向右上方倾斜，越说明工资增加会诱使工作小时数有所增加，但增加的幅度不大。

☐ 劳动力市场

图 3—6 把经济中非熟练工人的供给和需求放在了一起。一旦这样做了，显而易见，劳动力市场表现得很像其他市场。例如，如果 DD 和 SS 是初始市场需求曲线和供给曲线，那么，均衡工资率就是 5 美元，均衡数量就是每周 9 000 小时。注意在此工资率下，既不存在劳动力过剩（失业），也不存在劳动力短缺。就像其他任何市场一样，这种均衡状态表明，买方（企业）的意愿和卖方（工人）的意愿相同。换句话说，在此工资率下，企业愿意雇佣的劳动小时数恰好等于工人想要提供的劳动小时数。

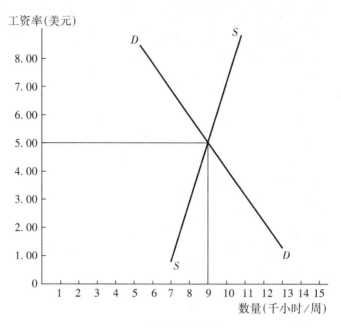

工资率(美元)

图 3—6　竞争性劳动力市场

不存在歧视的竞争性劳动力市场会使市场工资率等于工人的边际产量收入。在这种情况下，边际产量收入是每小时 5 美元，将雇佣 9 000 个劳动小时。

在我们继续分析之前，重要的是理解雇主为什么在 5 美元均衡工资率下期望得到 9 000 个劳动小时数。一个理性的雇主只有在工人创造的收入大于成本时才会雇佣一个工人。这种收入的增加由边际产量收入或劳动力需求曲线给定；相反，增加的成本由工资率给定。因此，理性的企业在工资率等于劳动力需求之前会一直增加雇佣，如图 3—6 所示，这发生在雇佣时数为 9 000 小时的水平。对于每单位劳动力在达到 9 000 小时这个水平之前，边际产量收入比工资率高，说明雇佣这些工人有利可图。然而，只要雇佣的小时数超过了 9 000 小时，企业多雇佣工人就会遭受损失，因为多雇佣的工人使得成本的增加多于收入的增加。

□ 最低工资的效应

图 3—7 阐释的是最低工资效应的标准分析或传统分析。从 5 美元均衡工资开始，假定用心良苦的国会很重视无技能工人的低收入，制定了最低工资为每小时 6 美元。这项计划的影响如何？我们分别考察该项计划对劳动力需求和劳动力供给的影响。雇主现在必须向所雇佣的每单位劳动力支付 6 美元的工资。假设一个理性的雇主只会雇佣其边际产量收入大于工资的工人，我们可以确信，劳动力的需求量会随着工资的增加而减少。回想一下，劳动力的需求代表边际劳动力产量收入，图 3—7 显示出当工资上涨到 6 美元时，劳动力的需求量将会降至 8 500 小时。理由是相当清楚的：就雇佣 9 000 小时和 8 500 小时之间每一单位的劳动来看，工资率大于边际劳动力产量收入。

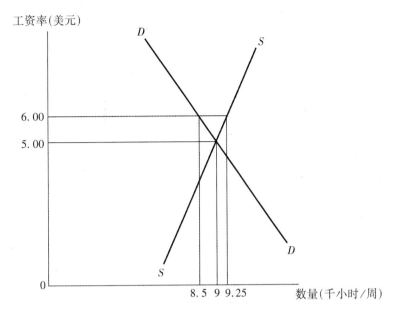

工资率(美元)

6.00

5.00

8.5 9 9.25   数量(千小时/周)

图 3—7　最低工资的影响：标准分析

按照标准分析，高于均衡工资的最低工资，其影响是导致劳动力过剩。在这种情况下，最低工资确定在 6 美元会导致每周 750 小时的劳动力过剩。这种劳动力过剩被称为失业。

劳动力的供给对最低工资率的反应使得这种情况进一步复杂化了。具体来说，最低工资率的影响结果是，将劳动力的供给量从 9 000 小时增加到 9 250 小时。于是，在最低工资率为 6 美元的情况下，每周有了 750 小时的劳动力过剩。这就是说，在这一工资水平上，工人希望多提供 750 小时劳动力但又提供不出去。这是在标准分析中政府确定最低限价时不可避免的结果。一旦这样的最低价格被规定在市场均衡水平之上，它们就会导致过剩，这种情况称为失业。

从传统的理论视角来说，最低工资的建立的确会导致一定程度的失业，但现行最低工资的增加会导致什么结果呢？只要作一下深入考察，我们就会发现，刚才的分析也适用于初始最低工资确立之后最低工资的增加。例如，假定 6 美元的现行最低工资增加到 7 美元。这种政策的结果是什么？劳动力的需求量将进一步减少，劳动力的供给量将进一步增加，这两种情况加到一起将导致更严重的失业。

为获得最低工资而在寻找工作的人当中，很多都是青少年，这很可能会使这种失业效应复杂化。如果青少年因为这种最低工资而失去就业机会，他们也失去了他们进入工作领域所需要的两个最有价值的资本，即工作经验和在职训练。此时，我们可以明确地运用机会成本原理：因最低工资而失业的青少年，将永远失去早期的工作经验和相应的培训，而这些经验和培训可能与他们作为成年人进入劳动力市场时所需要的完全不同。

在最低工资的失业效应既定的情况下，我们能认为最低工资没有任何经济意义吗？要具体分析该计划的成本和收益。成本是很清楚的，但什么是收益？我们再看看图 3—7 就可知道最低工资产生了大量失业，但并不是所有的工人都失去了他们的工作。实际上，还雇佣着 8 500 小时的劳动力。如果这些工人挣得了更多的工资，那么，他们显然从最低工资规定中得到了好处。更进一步地说，如果这些工人是来自于收入分配的底层，他们挣得更多这一事实表明，最低工资会改善整体经济的收入分配状况。

　　既然最低工资涉及成本和收益两个方面，为了正确评价最低工资或最低工资的任何增加，我们必须回答三个问题：最低工资是反贫困的有效工具吗？当最低工资增加时，失业率将会上升多少？最低工资在多大程度上改善了经济中的收入分配状况？人们对这三个问题中第一个问题的研究相对较少。分析该问题的一种方法是，考察最低工资与表3—2中一般工人的收入与贫困线有何关系。第二列表示的是1980年以来的最低工资及其周期性变化。第三列表示的是最低工资与生产工人平均小时收入的比率。第四列表示的是最低工资与贫困线之间的关系。

表3—2　　　　　　　　　　　　最低工资占平均收入和贫困线的比例

年份	最低工资（美元）	最低工资占平均收入的百分比（%）	最低工资占贫困水平的百分比（%）
1980	3.10	47	98
1981	3.35	46	96
1982	3.35	43	91
1983	3.35	42	88
1984	3.35	40	84
1985	3.35	39	81
1986	3.35	38	80
1987	3.35	37	77
1988	3.35	36	74
1989	3.35	35	70
1990	3.80	38	76
1991	4.20	41	80
1992	4.25	40	79
1993	4.25	39	77
1994	4.25	38	75
1995	4.25	37	73
1996	4.75	40	79
1997	5.15	42	84
1998	5.15	40	82
1999	5.15	39	81
2000	5.15	37	79
2001	5.15	35	76

年份	最低工资（美元）	最低工资占平均收入的百分比（%）	最低工资占贫困水平的百分比（%）
2002	5.15	34	75
2003	5.15	34	73
2004	5.15	33	71
2005	5.15	32	69
2006	5.15	31	67
2007	5.85	34	74
2008	6.55	37	80
2009	7.25	42	85

资料来源：ftp://ftp.bls.gov/pub/suppl/empsit.ceseeb2.txt；and http://www.census.gov/hhes/www/poverty/thresh-ld/thresh05.html(and … thresh06.html, …thresh07.html, …thresh08.html).

我们首先看一下最低工资与平均收入的比例关系。1980 年，一个一年到头挣最低工资的工人所得到的净最低工资是一般生产工人收入的 47%。显然，该比例每年都不一样，因为最低工资只是定期变化，而平均工资则有上涨趋势。特别有意思的是，2008 年最低工资上涨到每小时 6.55 美元，但占平均收入的比例却回到了 2000 年的水平。

同样，我们考察一下最低工资及其使低收入者摆脱贫困的能力。1980 年，一个三口之家（其中有一个人一年到头挣最低工资）所挣的收入是贫困线的 98%。也就是说，1980 年最低工资几乎能使三口之家摆脱贫困。到 2009 年，即使最低工资增加了，同样家庭的最低工资下降到仅是政府界定的"不贫困"收入的 85%。可见，最低工资作为反贫困的工具，似乎不是特别有效。

与此相反，大量研究主要是考察最低工资增加对失业率的影响。尽管这些研究结果在某些方面不同，但都得出了两个结果。第一，从失业增加的角度来看，青少年受最低工资的伤害比其他任何工人群体都大，因为他们很大一部分人都是挣最低工资。实际上，最低工资的提高对成年工人的就业率没有影响或者影响很小。第二，研究发现最低工资增长 10%，青少年的失业率增长大概接近 1%。例如，如果青少年的失业率最初是 12%，最低工资增长了 10% 后，青少年的失业率将会上升到 12.5%。但一些新的研究成果表明，最低工资的这种失业效应可能被高估了。具体来说，最近的一些研究成果（我们称之为非传统分析）表明，最低工资相对适度提高，对失业没有负效应。例如，假定在图 3—8 中，初始均衡工资是 5 美元，国会规定的最低工资是 6 美元。这对就业会产生怎样的影响？显然没有影响。也就是说，实施最低工资的前后，雇佣的都是 9 000 工时。

显然，图 3—8 这种以独特方式画出来的供求曲线是人为的。首先看一下需求曲线。垂直部分表明，只要工资在 5～6 美元之间下降，劳动力的需求量就不会改变。为何如此？赞同这种观点的人提出了若干可能的原因。例如，有人认为，企业通过改善经营效率，或通过提高它们出售给消费者价格敏感性较低的东西的价格，就可以抵消支付给劳动力的较高的工资。此外，理性企业至少在短期宁可承受额外的工资成本并保持雇佣数量不变，以避免日后雇佣新工人所发生的雇佣和培训成本。

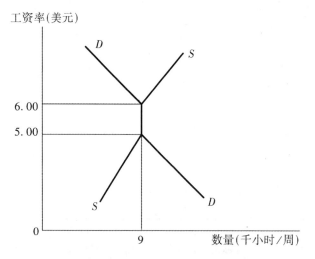

图 3—8　最低工资的影响：非传统分析

按照非传统分析，只要工资保持在某一范围内（此时是小时工资 5～6 美元），最低工资对失业就几乎没有或根本没有影响。

图 3—8 中的供给曲线比较容易理解。垂直部分表明，工资在 5～6 美元之间任意改变，对劳动力的供给量没有影响。为什么会如此？一种可能是，很多低收入工人是非全日制雇员，对他们来说，由于其他时间限制，特定的小时数比工资更重要，至少在很窄的工资范围内是如此。或者利用上述分析，对于某一工资范围，收入效应和替代效应恰好或至少几乎相互抵消，以致所提供的工作时数对工资变化不敏感。

如何理解图 3—8 对最低工资所作的非传统分析？可以看到，只要工资保持在供求曲线的垂直部分内，最低工资对就业就几乎或根本没有影响。可是，对这一问题的研究发展很快，还不能抛弃标准的分析方法，尽管非传统分析方法好像的确能解释一些研究成果的结论，即最低工资对就业没有显著的不利影响。一个谨慎的结论应该是：最低工资很可能会对就业特别是对青少年的就业产生不利影响，但这种影响很可能相当微弱。

对第三个问题的研究也相当具有启发性。具体来说，在美国有证据表明，最低工资对收入分配几乎没有多大影响。这一结果的主要理由是，许多受益于最低工资的个人都是来自中等或中上等收入家庭的青少年。例如，当最低工资为每小时 3.35 美元时，据估计，在挣最低工资的人当中，大约只有 10% 是生活在贫困中的家庭的户主。因此，作为一个用来帮助有工作的穷人的政策，最低工资的目标恐怕是很难达到的。

我们对于最低工资现在能总结出什么呢？首先，显然有些人从最低工资中得到了好处。主要受益人是那些仍然被雇佣并因最低工资使自己的工资得到相应增加的人。其次，同样清楚的是，当最低工资实施或增加时，其他人的利益受损了。因最低工资而失去工作和相应的经验与培训的青少年受到的打击最大，尽管非传统分析方法认为这种影响不像以前想象得那么大。再次，最低工资似乎不是改善经济中收入分配的良好工具，因为与平均收入

社会问题经济学（第二十版）

和贫困线相比，最低工资的水平一般都比较低，而且最低工资的许多受益人并非穷人。此时此刻，我们每个人都可以对最低工资的可取性作出最后的定夺。然而，国会在制定最低工资法时，显然并非确切知道这些结果。

小结

在混合经济中，政府经常会用合法的制度化价格取代市场决定的价格。在有些情况下，政府会规定产品和服务不能高出某一特定价格出售——最高限价；在有些情况下，政府会规定最低可接受的价格——最低限价。在大多数情况下，政府的目的是要"保护"这种商品或服务的生产者或消费者，减轻他们的负担或避免不公平的市场价格。在很多情况下，政府的这种措施得到广泛支持。

但当政府规定价格时，必须记住两个重要的原则：第一，市场会对政府定价作出反应，在一定程度上抵消这种措施的实效，甚至会使得这种措施产生不良影响；第二，政府的定价行为常常会产生非预期的后果。

这两个原则通过分析房租管制和最低工资可以看得很清楚。为了让人们支付得起住房费用，政府常常在制度上规定房租的最高限价。有些人明显受益——受益的是那些能够找到并得到维护得很好的房租管制公寓的人。但是，房租管制产生的其他后果是什么？首先，也是最重要的，由于所有最高限价都低于市场均衡水平，就会出现住房短缺。其次，保有房地产的动力被削弱了，因为房主的投资资金不能收回，而且更为糟糕的是，建新住房的动力也被削弱或干脆就没有了。最后，该计划要保护的人与现实中能得到维护得很好的房租管制公寓而受益的人可能不一致。

最低工资——针对劳动力的最低限价——经常被政府作为帮助有工作的穷人的一种手段。现实结果如何呢？有些人获益——获益的是那些在新的较高工资率上有工作的人。遗憾的是，其他人就没那么幸运了。与任何最低限价高于市场价格的情形一样，最低工资必然会导致劳动力剩余，即失业。尤其是青少年遭受的打击最严重，他们多数从事着最低工资的工作，且一旦失业，他们将失去获得工作经验和培训的机会。最后我们应当指出，最低工资似乎难以实现政府的目标，因为为获取最低工资而工作的人，实际上很少是家庭户主。无论是房租管制还是最低工资，都存在这样一个问题："有没有更好的办法帮助那些收入不高的人？"

讨论题

1. 界定并给出最低限价和最高限价的例子。

2. 界定边际劳动力产量收入。它的两个组成部分是什么？为什么说它反映了企业对劳动力的需求？

3. 解释为什么说劳动力需求是一种派生需求。

4. 解释收入效应和替代效应两个概念。这两种效应与劳动力供给有何关系？

5. 当政府为了帮助某些特定的生产者群或消费者群而规定价格时，常常会产生非预期的后果。利用房租管制来阐明这一点。

6. 从什么意义上说最低工资实际上可能会伤害政府想要帮助的人？

7. 你认为最低工资对年轻人的工作经验和培训的获得会产生什么影响？

8. 最低工资的非传统分析方法得到结论说，最低工资几乎没有或根本没有失业效应。请解释这一结论。

9. 当最低工资增加时，理性企业为何也许不减少雇佣人数？

10. 你认为房租管制对下列情况会产生何种影响：（1）在短期内住房的可获得性；（2）在长期内住房的可获得性；（3）可获得的住房数量。

11. 如果最低工资和房租管制会造成明显的市场无效率，为何仍然得到公众的普遍支持？

12. 最低工资和房租管制的实施是为了帮助收入不高的人。是否还有其他更好的办法？

13. 假定国会实施大规模的个人所得税减税，使得全国工人的工资有实质性增加。根据收入效应和替代效应，你认为工人们会因此而向其雇主提供更多的劳动工时吗？

14. 界定并给出收益递减规律的例子。

15. 在没有歧视的竞争性劳动力市场，工人的工资率等于其边际产量收入。界定边际产量收入并解释为何它决定了工人的工资。

16. 最低工资制度作为反贫困手段的成效如何？

课外读物

1. Adler, Moshe. *Economics for the Rest of Us: Debunking the Science that Makes Life Dismal.* New York: New Press, 2010.

认为当代经济理论，尤其是有关效率和工资的理论有利于富人，并认为有更好的、更公平的其他办法。

2. Barrett, Christopher B., ed. *The Social Economies of Poverty: On Identities, Communities, Groups, and Networks.* Priorities in Development Economics. New York: Routledge, 2005.

从国际视角讨论了扶贫、不公平和福利问题。

3. Burkhauser, Richard V., Kenneth A. Couch, and David C. Wittenburg. "Who Minimum Wages Bite: An Analysis Using Monthly Data from the SIPP and CPS." *Southern Economic Journal*, July 2000, pp. 16 – 40.

对最低工资的失业效应的标准或传统观点的现代分析，并批评了非传统方法。

4. Figart, Deborah M., and Ellen Mutari. *Living Wages, Equal Wages: Gender and Labor Market Policies in the United States.* Routledge IAFFE Advances in Feminist Economics. New York: Routledge, 2002.

回顾了上世纪支付工资的工作，工资作为一种生活需要、作为一种价格、作为一种社会实践的种种问题；谈了谈21世纪的基本生活工资情况。

5. Grimes, Paul W., and George A. Chressanthis. "Assessing the Effect of Rent Control on Homelessness." *Journal of Urban Economics*, January 1997, pp. 23 – 37.

这是一篇论证房租管制与无家可归者之间存在统计相关性的很有见地的论文。

6. Jackson, Raymond. "Rent Control and the Supply of Housing Services: The Brookline Massachusetts Experience." *American Journal of Economics and Sociology*, October 1993, pp. 467 – 475.

作者基于某一城市的房租管制计划，证明了房租管制会在短期导致住房供给总量减少，在长期会导致住房存量下降。

7. Levin-Waldman，Oren M. *The Case of the Minimum Wage*：*Competing Policy Models*. Albany：State University of New York Press，2001.

探讨了美国最低工资制的历史，研究了政治家如何运用经济模型来讨论这一问题。

8. Pollin，Robert. *A Measure of Fairness*：*The Economics of Living Wages and Minimum Wages in the United States*. Ithaca，NY：ILR Press，2008.

提出了这样一个问题："什么是基本生活工资？"并介绍了美国各城市的最低工资问题。

9. Schoumacher，David. *Economics U＄A*：*Lesson 18*，*Economic Efficiency*. 1 videocassette（60 minutes）. Annenberg/CPB Project. Santa Barbara，CA：Annenberg/ CPB Project，Intellimation，2003.

该视频讲了"纽约市的房租管制以及自由市场经济下工资和价格管制的影响"。

在线资源

1. 美国企业研究所的公共政策研究（American Enterprise Institute for Public Policy Research，AEI）：

www. aei. org

美国企业研究所是一个从事经济政策研究的思想库。在其快速查询栏中输上"政府的价格管制"，就可找到其研究人员的著述。

2. 卡托研究所（Cato Institute）：

www. cato. org/pubs/pas/pa-274es. html

卡托研究所的政策分析提供了一篇文章，是关于房租管制如何影响住房购买能力的。

3. 《简明经济学百科全书》："价格管制"（The Concise Encyclopedia of Economics："Price Controls"）：

www. econlib. org/library/Enc/Pricecontrols. html

由休·罗克夫（Hugh Rockoff）撰写的这篇文章，是"经济学与自由图书馆"在线资源库中在线《简明经济学百科全书》的一部分。

4. 就业政策研究所（Employment Policies Institute）：

www. epionline. org/index_mw. cfm

就业政策研究所是一个专门研究初级就业问题的研究组织。讨论最低工资和基本生活工资之间的差别以及最低工资的历史等问题。提供出版物和其他网站的链接。

5. 美国最低工资法（Minimum Wage Laws in the United States）：

www. dol. gov/esa/minwage/america. htm

由美国劳工部主办。包括50个州、美属萨摩亚岛、波多黎各岛、关岛和维尔京群岛的最低工资情况。

6. 美国劳工部：就业标准管理局（United States Department of Labor：Employment Standards Administration）：

www. opm. gov/fedcdp/agencies/esa. asp

就业标准管理局下设很多部门，其中之一是工资和工作时间处（Wage and Hour Division，WHD），其主要职责是"促进和实现劳动标准的贯彻落实，保护和提高全国劳工的福利"。就业标准管理局网站提供《公平劳动标准法》和其他劳工问题的信息。

第4章

污染问题：我们非要弄脏自己的家园吗？

□ **本章概要**

什么是污染？
　　环境及其服务
　　废物的再利用与污染的概念
市场、资源配置与社会福利：简要回顾
　　与扩展
　　需求、边际私人收益和边际社会收益
　　供给、边际私人成本和边际社会成本
　　市场与社会福利
污染经济学
　　污染者为什么要污染
　　污染与资源配置
　　污染控制的适当水平
如何控制污染？
　　直接控制
　　间接控制
　　建立污染权市场
小结

□ **主要概念**

需求（demand）
供给（supply）
机会成本（opportunity costs）
成本—收益分析（cost-benefit analysis）
边际私人成本（marginal private costs）
边际社会成本（marginal social costs）
边际社会收益（marginal social benefits）
消费外部性（externalities in consumption）
生产外部性（externalities in production）
市场失灵（market failure）
隐性成本（implicit costs）
显性成本（explicit costs）
污染权市场（pollution rights markets）
总量控制与交易政策（cap and trade policies）

社会问题经济学（第二十版）

新奥尔良。城市和中西部地区农田的径流致使墨西哥湾形成一片 8 000 平方英里的死亡区，科学家们正在敦促政府立即采取行动对此加以遏制。

缺氧的水源已经蔓延到密西西比河的河口。国家研究理事会（National Research Council）在本周四的一份报告中劝告联邦政府，应立即采取行动，避免污染达到临界点，防止生态系统崩溃，以免重蹈切萨皮克湾和丹麦沿海水域的覆辙。

该报告称，"行动和进展……已经停滞很多年了"，需要"果断、立即的行动"以减轻中西部几个州径流的污染，这些径流流入密西西比河并导致死亡区扩大。

该报告还呼吁国家环保局和美国农业部组建一个密西西比河流域水质中心来协调治理。试验计划应致力于清理污染元凶的氮和磷的径流。

大量藻类植物繁殖

科学家称，在路易斯安那州、密西西比州和得克萨斯州的水域中，大量藻类植物繁殖消耗氧气产生了低氧区，这种低氧环境被科学家称为缺氧。这剥夺了生物存活所需的再生能源，使生物的生存更加困难。

有报告警告说："海湾缺氧的状况已成为持续的且愈发严重的国家层面上的水质问题，需要果断的治理措施。"

最近，由美国国家海洋大气总署（National Oceanic and Atmospheric Administration）等资助的研究发现，死亡区正在改变墨西哥湾地区的食物链。科学家用缺氧水域的"生态系统结构变化"来描述这种食物链变化。

首次研究死亡区是在 20 世纪 70 年代。此后，死亡区不断扩大，科学家警告这会威胁到墨西哥湾地区的渔场，而南部 48 州最大的捕鱼船队就位于此。

研究表明，在死亡区，桡脚类物种、大型甲壳物种所吃的小型甲壳物种以及虾的健康都受到了影响。

得克萨斯农工大学柯柏斯·克里斯蒂分校的生物学家保罗·蒙塔尼亚（Paul Montagna）说："我们发现，这些生态系统结构变化有时并没有产生正常的食物链，最后剩下的只是水母。"他称这是一个"非常复杂"并且"非常现实"的问题。

近些年，死亡区越来越大，已经从得克萨斯海岸延伸至密西西比。低氧区域在冬季的几个月里会消失，而在春天和夏天又会出现。

大多数人都关心环境问题，但对于我们能为环境做些什么则不太清楚。作为个人，看起来我们似乎无所作为。但实际上，如果我们认为自己的一点点污染只是九牛一毛的话，则可能会带来许多问题。

公众对污染的反应总是千差万别。最极端的是，有些人反对做任何影响空气或水的纯净度或是破坏风景的自然美的事情。另一个极端是，有些人根本不考虑空气、水和自然美的价值。大多数人介于这两者之间。

明智地处理污染问题需要利用经济分析，同时也要借助其他学科，尤其是自然科学。特别是，经济分析可以帮助我们：（1）理解经济单位为什么以及在什么环境下会产生污染；（2）确定污染对资源配置和社会福利的影响；（3）确定污染应该得到控制的程度；（4）评估政府的各种反污染措施。在我们能全用经济分析解决污染问题之前，我们还需要做两件事：第一，我们必须清醒地认识到是什么成分构成了污染；第二，由于我们的首要目标之一就是确定污染对资源配置和社会福利的影响，我们必须对迄今关于这一主题所知道的东西加以整理并予以发展。

什么是污染？

如果不知道我们生存的自然环境的性质和由什么成分构成了自然环境的污染，我们就不会在污染的经济分析方面取得多大进展。让我们依次考察一下这两个概念。

□ 环境及其服务

环境的概念很容易定义。它由空气、水和我们周围的土地组成。这些东西给我们提供了多种重要的服务，包括生存环境以及生产产品和服务的资源。

生产单位和家庭单位在从事各类活动时，都要使用环境服务。生产单位不仅严重依赖环境资源，也离不开环境状况。

生产单位在把原材料和半成品转变成产品和服务以满足人们需要的过程中，至少有三种方式影响环境：第一，一些不可再生资源有可能被用光，具体包括煤、石油和一些矿藏等；第二，环境要提供一些可替代资源，如木材、草地、氧气以及氮气等；第三，环境被作为处理生产和消费废弃物的场所——一个巨大的垃圾场。

□ 废物的再利用与污染的概念

污染问题首先是由于生产者和消费者把环境作为倾倒垃圾的场所而引起的。我们在乡村乱扔罐头盒、废纸，以及其他生产过程和消费过程中产生的废弃物；把汽车和工厂产生的废气排放到大气中；把生产中产生的废水和残余物质直接或间接地排放到小溪、河流以及湖泊中去。

随着生产和消费中的废物被排放到环境中，自然界便开始循环利用的过程。动物吸进氧气，排出二氧化碳；植物吸进二氧化碳，释放出氧气；死去的动植物腐烂，在土壤中变成活性有机物；铁和钢材会渐渐生锈或风化，木材和一些其他物质也是这样。能够在空气、水和土壤中被分解的废物被称为可生物降解的废物。但是，一些废物不可生物降解，如啤酒罐之类的铝制容器。

循环利用——废物转换成可以利用的原材料的时间长短不同，取决于循环的东西是什么。一根钢管锈蚀需要很多年，各种木材被完全降解所需的时间差异很大，但是，一些动植物产品只要很短的时间就会被降解。

污染包括那些丢弃在环境中的不能完全循环利用的、循环利用不够快或根本不能循环利用的废物。它削弱了环境产生环境服务的能力。当循环利用过程不能阻止废物在环境中的累积时，污染问题就产生了。

市场、资源配置与社会福利：简要回顾与扩展

要充分理解污染的经济影响，必须总结和扩展我们所学过的有关市场、资源配置和社会福利方面的知识。到目前为止，我们已经从两个不同的角度考察了社会福利。第 2 章依据供给和需求的市场模型考察了社会福利，从中得到的结论是：当消费者感到生产者在某一特定的生产过程中准确地使用了适当比例的社会稀缺资源时，市场均衡就产生了。既然我们相信消费者是社会福利的最佳裁判，那么，他们对市场结果满意可使我们得到如下结论：市场决定的均衡反映出使社会福利最大化的资源配置。如果不是这样，消费者对这种结果就不会满意。

有关社会福利最大化问题的第二个观点，第 1 章就已介绍，并自此经常被运用。根据这一观点并利用成本—收益分析，我们说当产品和服务的生产创造出的收益大于其成本时，社会福利就提高了。因此，当所有产品和服务的生产达到边际社会收益等于边际社会成本这一点时，社会福利达到最大值。

现在，我们必须在这两种分析资源配置和社会福利的方法之间架起一座桥梁。为此，我们必须把比较边际社会收益和边际社会成本的成本—收益分析纳入市场模型的需求—供给分析中。

□ 需求、边际私人收益和边际社会收益

首先考察市场的需求面。作为消费者，我们为消费所能带来的满足和利益而购买。如果这些购买的目标是使我们自身的福利最大化，那么在一定的收入约束下，成本—收益分析可以建议我们不要进行某项购买，除非我们从购买中获得的收益与我们付出的至少一样多。

这一逻辑是在需求曲线中发现的吗？一般来说，需求曲线说明的是，在其他条件相同的情况下，消费者在不同的价格下购买的最大数量。另一个分析需求的同样可行办法是，在其他条件相同的情况下，消费者购买每一个后续产品和服务所愿意付出的最高价格。简单地说，我们考察一个人对例如比萨饼这种产品的个人需求。假定吉姆对比萨饼的需求曲线说明他在一个既定的星期内愿意购买一个比萨饼的最高价格是 10 美元。为什么是 10 美元呢？吉姆可以把这 10 美元花在一个比萨饼上，也可以花在任何其他东西上。如果他选择了花 10 美元购买比萨饼，根据成本—收益分析的逻辑，我们可以总结出，吉姆从比萨饼中所得到的预期满足或收益至少与吉姆购买其他东西所得到的满足相等。如果不是这样的话，吉姆就会花这 10 美元去购买其他东西。那么，这第一个比萨饼给吉姆带来的收益价值 10 美元。我们把 10 美元称为吃第一个比萨饼给吉姆带来的边际收益。

消费完了第一个比萨饼，第二个比萨饼对吉姆价值多少？顺着他的需求曲线向下，我们可以看到，吉姆为了第二个比萨饼所愿意付出的最高价格是少于10美元的，也许只有8美元。这就是说，在这周内吃完第一个比萨饼之后，吉姆对吃第二个比萨饼的边际收益的预期下降了。你现在明白了吗？早餐的第一杯橙汁，还是第二杯橙汁给你带来的满足程度更大？经过一天辛苦的考试之后的第一大杯冰啤酒，还是第二大杯冰啤酒给你带来的满足程度更大？诸如此类。经验告诉我们，并且吉姆的需求曲线也表明，以支付意愿衡量的边际收益，一般随着消费数量的增加而降低。

这种原则在应用于个人需求曲线的同时当然可以用于市场需求曲线。对于产品和服务的每一个后续单位，市场需求曲线表明了消费者愿意支付的最高价格。必需品的最高价格受收益支配，而这种收益由消费者预期从消费每一单位产品和服务所获得的额外满足或者边际收益表示。因此，市场需求曲线可以理解为消费者消费某种产品和服务的边际收益曲线。更准确地说，由于市场需求是以该产品的直接消费者所预期的收益为基础的，故它反映的是消费的**边际私人收益**（marginal private benefit，*MPB*）。

回想一下，我们试图把供给和需求的市场模型与边际社会收益和边际社会成本概念联系起来，至此几乎已经完成了一半。就是说，我们现在知道市场需求是边际私人收益曲线。但是，它是边际社会收益曲线吗？也就是说，需求曲线所反映的某种物品或服务的直接消费者收益与其社会收益一样吗？在大多数情况下，它们是一样的。通常，除了增加直接消费者的收益之外，消费某种特定产品和服务不会产生其他的收益。在这些典型的情况下，市场需求曲线既是边际私人收益曲线又是边际社会收益曲线。遗憾的是，情况并不总是这样。例如，假定发现一种疫苗，能有效地消除人感染上一种可怕的传染病［如艾滋病病毒（HIV）］的风险。显然，接种疫苗的主要受益者是直接消费者，即接种了疫苗的人。这种消费的直接收益称为该疫苗的边际私人收益，由这种产品的需求曲线反映出来。这种边际私人收益必定是接种疫苗的边际社会收益的一部分，因为接种疫苗的个人是社会的一部分。但是，同样很清楚，社会中的其他人也能够受益，即使他们没有接种疫苗，因为有一个人接种了疫苗，至少就少了一个传染这种疾病的人。这样，疫苗的收益外溢到第三方，也就是说，外溢到社会中除该疫苗的直接消费者以外的其他人。这种对没有直接消费该产品的人的收益外溢，称为**消费外部性**（externality in consumption）。

消费外部性的其他例子有很多。比如，假定很有钱的邻居雇佣了一支管弦乐队，在她花园里举办的舞会上演奏，我没有受到邀请。她付钱，她的客人们高兴，直接受益于此。这是该管弦乐队工作的边际私人收益。但是，谁能阻止我——一个优雅音乐的爱好者——在我的家中聆听该管弦乐队的萦绕耳畔的旋律？同样，也有这样的情况，我的邻居花钱营造新的美丽的景观。我的邻居是主要的且是直接的受益者，但我也从中受益了——无论是从我邻居的美化质量角度来看，还是从我邻居的财产升值角度来说。在上述这些情况下，消费外部性对没有直接消费这种产品或服务的人具有正效应。也就是说，在上述情况下，该产品的边际社会收益将大于边际私人收益，体现出消费外部性的价值。在这种情况下，市场需求曲线不是边际社会收益曲线，因为它仅反映出消费的边际私人收益，没有反映对非消费者的收益外溢。

当然，当某些人消费一种产品时，第三方也可能受到不利影响。一个很好的例子就是吸烟。在吸烟者获得吸烟的直接收益的同时，通过吸入二手烟而咳嗽的人显然会降低其满足程度。在这种情况以及其他类似情况下，边际社会收益将小于边际私人收益，反映出忍受二手烟的人失掉满足的价值。

总之，当存在消费外部性时：

边际社会收益＝边际私人收益±外部性

有必要指出，只要存在消费外部性，市场需求曲线就只是边际私人收益曲线。当不存在消费外部性时，这种需求曲线才反映边际社会收益。也就是说，只有不存在消费外部性，市场需求曲线才既是边际私人收益曲线，又是边际社会收益曲线。

□ 供给、边际私人成本和边际社会成本

现在让我们考察一条标准的供给曲线。就像在第 2 章中介绍的一样，一条供给曲线可以告诉我们在其他条件相同的情况下，卖方愿意在不同的价格上提供用于销售的产品和服务的最大数量。反过来，我们可以说，供给说明了在其他条件相同的情况下，促使卖方提供用于销售的每一单位产品和服务的最低价格。例如，假定为了促使销售者供应第一个用于销售的比萨饼，一个消费者必须付出至少 5 美元。为什么 5 美元是这个销售者接受的最低价格呢？让我们再次运用成本—收益分析。如果交易成功的话，销售者在收益方面会得到 5 美元的收入，在成本方面正是生产该比萨饼所需付出的成本。如果销售者想获取尽可能多的利润，只有在能够得到至少相当于生产成本的收入时他才愿意生产和销售第一个比萨饼。如果该销售者为售出第一个比萨饼所愿意接受的价格不低于 5 美元，我们可以得出结论：生产这一比萨饼的成本是 5 美元。这就是说，我们可以推出结论：5 美元是生产第一个比萨饼的边际成本。由此可见，通过证明促使销售者提供每一个可供销售的后续产品和服务单位所需的最低价格，供给曲线就可以认为是生产者的边际成本曲线，或干脆说是**边际私人成本**（marginal private cost，MPC）曲线。

我们考察第二个比萨饼。供给曲线向右上方倾斜。因此，为了促使销售者提供第二个用于销售的比萨饼，必须有高于 5 美元的价格。换句话说，生产的边际成本肯定是上升的。为什么呢？回想一下第 1 章的机会成本递增概念。也就是说，某一个行业的企业要增加产出，它们最终要对额外资源付出更多，这是因为必须把这些资源从价值越来越大的其他用途上吸引过来。或许在大学城里的比萨饼制造商最初能非常便宜地雇佣到劳动力，因为有一大群刚刚毕业的学生加入到工人队伍中来，他们的赚钱能力非常有限。随着生产的扩张，最终比萨饼制造商会用完能够雇佣到的相对便宜的劳动力资源，生产的边际成本就会上升。同样的情况也会发生在其他资源的使用上。

所以，不管你是观察一个销售者的供给曲线，还是观察一群销售者的联合供给曲线，供给可以被恰当地认为是边际私人成本曲线。但是，生产者的边际私人成本与边际社会成本肯定相同吗？也就是说，市场供给曲线能被认为是边际社会成本曲线吗？在大多数生产过程中，一种产品的现实生产者实际上承担了这种产品的全部生产成本。在这种典型情况下，边际私人成本与边际社会成本完全相同，它们都反映在该产品的市场供给曲

线中。可是，也有不同的情况。例如，我们看一下作为一种食品来源而饲养的牛的情况。虽然牛的大部分都可以食用，但是牛皮通常不能吃。然而，牛皮可以用于制造各种皮革制品。如此多的牛皮供应导致了皮革制品的生产成本大幅度下降，当然，这是相对于不饲养牛或很少饲养食用牛时的情况而言的。因此，食用牛市场的存在，会降低皮革制品的生产成本。生产皮革制品的这种成本降低就是食用牛的正的生产外部性。此时，生产食用牛的边际私人成本将大于边际社会成本，通过生产皮革制品成本下降的价值而体现出来。

或许更为普遍的是，一种产品的生产外部性会对其他产品的生产产生不利的成本效应。例如，露天采矿也许会使得一块土地用做其他用途更加困难或者是更加昂贵。在这种情况下，露天采矿的边际私人成本低于其真实的边际社会成本。

总之，当存在生产外部性时：

边际社会成本＝边际私人成本±外部性

有必要指出，只要存在生产外部性，市场供给曲线就只是边际私人成本曲线。在不存在生产外部性的典型情况下，市场供给曲线才是边际社会成本曲线。

□ 市场与社会福利

在供求曲线被重新定义为边际私人收益曲线和边际私人成本曲线的情况下，我们如何分析市场均衡？通过使供求相等，当消费者的边际私人收益正好等于生产者的边际私人成本时，市场达到均衡状态。如果既不存在生产外部性，也不存在消费外部性，市场结果也会出现一种均衡状态，在这种均衡状态下，边际社会收益等于边际社会成本，这正是社会福利最大化的必要条件。因此，如第2章所述，当我们得到必需品的市场均衡导致使社会福利最大化的资源配置这一结论时，我们暗含的假定是，不存在生产外部性和消费外部性。幸运的是，这种外部性或者很少出现，或者至少规模非常小以至于不太重要。然而，当它们的规模比较大时，市场的均衡结果将不会导致使社会福利最大化的资源配置。我们把这种情形称为市场失灵。牢记这一点，让我们回到污染的情况，看看这是一个怎样由生产外部性引起的**市场失灵**（market failure）的例子。

污染经济学

没有人喜欢污染。几乎每个人都愿意看到防治污染的措施。朝着这一目的，本节考察污染问题经济学。首先我们应该调查一下污染发生的原因，分析污染对资源配置的影响，看一看污染控制的成本和收益。其次我们要为确定适当的控制水平建立一个标准。

□ 污染者为什么要污染

污染为什么会发生？什么使得消费者和生产者把环境作为倾倒垃圾的场所？通常说来，污染问题源于两个基本因素中的一个或者两个：（1）被污染的环境或是没有产权，或是该产权没有得到有效保护；（2）多数环境服务是由全体人口共享的。

如果没有人拥有环境的一部分，或者一个拥有者不能对环境进行监督管理，或是不能使环境得到监督管理，那么，人们可能就会把河流、湖泊、空气或者土地作为垃圾场而不必为此受罚。因为没有人拥有城市街道和高速公路上空的空气，汽车的拥有者就可以排放汽车废气而不必为此交罚款。同样，一家造纸厂也可以把废水倒入河中而不必为此交罚款，因为没人拥有这条河流。但是，即使环境有了所有权，也不足以防止污染的发生。你肯定经常看见垃圾堆积在一块闲置的土地上，或是倾倒在一个牧场的沟渠里，仅仅是因为所有者没有阻止倾倒的发生。

另外，很多环境服务是由全体人口使用的。在这种情况下，很难区分和确定一个人或一辆汽车使用空气的价值。同样，当成千上万家工厂把废水倾倒进河里的时候，要估价一家工厂造成的水质变坏通常也是困难的。有谁愿意替那些破坏美丽风光而没有任何补救措施的人付费呢？当不能确定任何一个人所使用的环境服务的价值时，很难通过收费来使人们不去污染环境。

□ 污染与资源配置

供给曲线表示的是生产产品和服务的边际私人成本。不过，在作进一步分析之前，需要很好地理解生产成本实际指的是什么。特别重要的是要注意到，生产成本的经济测度不一定与会计测度一致。例如，一个家庭开了一个很小的杂货店，劳动力是由该家庭提供的。该店铺所用的大部分资源成本——店里的存货、设备等——的确是会计成本，但某些资源成本则在会计记录中被遗漏了。比如店主的劳动力成本好像就没有出现在会计记录中；同样，土地、建筑物、家具和附属装置等的摊销和折旧也被遗漏了。该家庭也许只看到支付了实付费用之后所剩余的，这被称为剩余利润。

生产经营活动所购买的或租用的资源的成本称为生产的**显性成本**（explicit costs）。这些是企业最可能考虑到的经济成本，因为它们通常要实际支出。自有自用的资源的成本（像杂货店例子中的家庭劳动力）被称为生产的**隐性成本**（implicit costs）。这些经济成本常常被隐蔽起来或被忽略，而不作为成本，因为没有真的成本开销。因此，如果我们把生产某种商品或服务的显性成本和隐性成本都考虑进来，该活动给社会带来的真实成本（称为机会成本或经济成本）才能得到准确的测度。

会计成本通常很容易得到，若没有隐性成本，它就可以测度机会成本。

因此，边际私人成本曲线或供给曲线既包括企业用来生产其产品的资源的显性成本，也包括企业拥有的在生产过程中使用的任何资源的隐性成本。不包括在边际私人成本中的，是那些企业使用了但又不需要付款的资源，不管它们是显性的还是隐性的。例如，如果企业用当地的一条小溪或者小河作为处理垃圾的场所，而且也不用为此付费，那么这个企业就不会为此发生费用。

尽管这条被用做处置垃圾的河流不会出现在企业的成本分类账上，但是从整个社会来看就不那么幸运了。河流作为垃圾处理地而被使用，会产生生产的负外部性。于是，生产的边际社会成本大于边际私人成本。为了更清楚地理解这一点和充分估价其影响，假定这条河的沿岸有两家工厂。一家造纸厂位于河的上游，一家发电厂位于河的下游。我们进一步假定造纸厂把大量废物排放到河流中，由于发电厂需要大量的清水用于冷却，这就给发电厂造成了很大麻烦。那么，造纸厂的污染会对资源配置和社会福利产生什么影响呢？

首先考察一下造纸市场的情况，见图4—1。鉴于以上讨论的原因，需求曲线 $D_r D_r$，也被标为 MPB_r。进一步假定，不存在消费外部性，因此，$MPB_r = MSB_r$；就是说，需求曲线既是 MPB 曲线，也是 MSB 曲线。供给曲线 $S_r S_r$ 反映造纸厂的边际私人成本，所以把它标为 MPC_r。该曲线表示该企业用于纸张生产的资源成本，这些成本是造纸的边际社会成本的一部分。但是，社会也承担了该企业以这条河流作为排污设施所造成的负外部性的负担，因为如此使用该河流会降低河流对于其他使用者的价值。所以，$MSC_r > MPC_r$，差额是生产外部性的价值。假定随着造纸产量扩大，其对河流的损害扩大，从而对社会的损害是加速上升的。

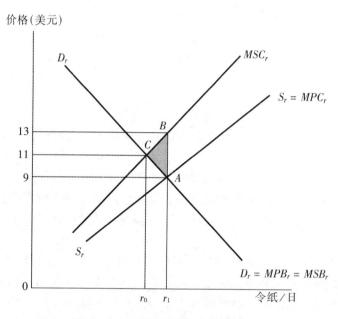

价格(美元)

D_r　　　　　　　　　MSC_r

$S_r = MPC_r$

13　　　　　　B

11　　　C

9　　　　　　　　A

S_r

$D_r = MPB_r = MSB_r$

0

r_0　r_1　　　　令纸/日

图4—1　水污染对污染者的影响

当每天生产出 r_1 令纸并以每令纸9美元出售时，纸张市场处于均衡状态。在这一生产水平上，$MSC > MSB$。因此，如果把生产降低到 r_0 水平，就能提高社会福利水平。纸张过度生产导致的福利损失价值等于三角形 ABC 的面积。

市场把生产者和消费者集中在一起，形成了一种均衡状态，此时每令纸的价格为9美元，而且使用了生产 r_1 令纸所需的资源。但是，这个市场结果从社会角度来看是最优的吗？回想一下，当边际社会成本等于边际社会收益时，社会福利得到最大化。这个市场的情形如何呢？在均衡状态下，$MSB_r = MPC_r$，但是，由于存在生产外部性，则 MSB_r 不等于 MSC_r。实际上，在均衡状态下，虽然边际社会收益是1令纸9美元，但从社会角度来看，生产成本却是13美元。这些数字告诉我们什么呢？边际社会收益是很明显的：生产 r_1 令纸所需的资源如果用于造纸就会给社会带来每令纸9美元的收益。边际社会成本要复杂一些。生产 r_1 令纸所需的资源如果用于造纸的话，社会将付出每令纸13美元的代价。回想一下，因为我们用机会成本来度量成本，因此，当我们说生产 r_1 令纸的边际社会成本是每令纸13美元时，我们实际上是说如果资源用于其他最佳用途，而不是用于造纸时，生产出来的产品或服务给社会带来的收益是13美元。换言之，造纸厂使用机会成本为 13 美元的资源生产 r_1 令纸只给社会带来了 9 美元的满足。当 r_1 令纸被生产出来后，社会福利从它本来可能达到的水平降低了 4 美元。用图表示，就是在图 4—1 中 A 和 B 之间的垂直距离。

同理表明，从 r_0 到 r_1，每生产 1 个单位的纸张，社会福利都会下降。纸张的过度生产所造成的社会福利损失的总价值等于三角形 ABC 的面积。如果要使社会福利最大化，纸张的生产应该在生产水平为 r_0 和价格为每令纸 11 美元（可以补偿所用的所有资源的全部成本）时保持不变。

这时会发生什么情况？也就是说，市场结果为什么没有使社会福利最大化？这个问题产生的原因是，私人造纸厂无须承担生产的所有成本，可以把一些成本转嫁给整个社会。这种纸张生产成本的人为减少会导致纸张的过度生产，这可视为供给规律的应用。出于这个原因，我们说污染者有过度生产的动机，亦即使用了相对过多的社会稀缺资源。这种过度生产使社会福利达不到其最大的潜在水平。

尽管如此糟糕，但问题还没完。考察一下电力市场，如图 4—2 所示。供给曲线 $S_e S_e$（或 MPC_e 曲线）反映了发电厂承担的显性成本和隐性成本总额。然而请注意，对于每一单位产出，MSC_e 都小于 MPC_e。其差异在于，从社会角度来看，在河水可以用来冷却发电机组之前，河水的清洁成本应被认为是造纸厂的成本，而不是发电厂的成本。因此，对社会来说，发电的真正成本最好用河流没有被造纸厂污染时的成本来度量。整个社会难得从这样的角度看待成本，但对发电厂来说是另一回事。它们在使用河水之前，不得不先清洁河水，所以这种成本成为 MPC_e 的一部分。

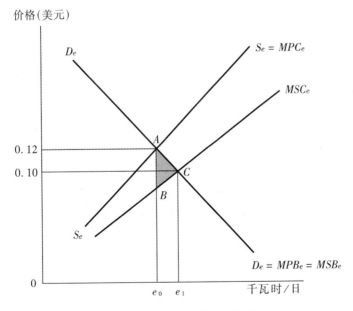

图 4—2 水污染对用水者的影响

当每天以每千瓦时 12 美分的价格生产和销售 e_0 千瓦时的电力时，电力市场就达到了均衡状态。在这个生产水平上，$MSB > MSC$。因此，如果生产提高到 e_1 水平，社会福利就会提高。电力生产不足导致的福利损失价值等于三角形 ABC 的面积。

市场均衡出现在价格等于12美分/千瓦时、每天生产e_0千瓦时。但是，从社会角度看，e_0和e_1之间的每一单位电力都应被生产出来，因为此时边际社会收益MSB_e大于边际社会成本MSC_e。福利再次受到市场结果的限制。在这个例子中，三角形ABC面积表示如果电力生产达到社会最优水平e_1，社会可能增加的福利。在这一生产水平，用电者只需付出10美分/千瓦时，就可弥补所有合理的发电成本。

为什么市场会发生失误？因为发电厂必须额外承担负外部性成本，人为地增加了其生产成本，所以它们自然就会减产。这又是对供给规律的运用。只要生产成本上升，不管是否是人为的，理性企业的反应就是减少供给。

总之，当存在生产的负外部性时（在此是由处在上游的造纸厂用河流处理废水而引起的），纸张和电力市场的结果都不是使社会福利最大化的资源配置。无论是对于造成污染的造纸厂，还是对于承担污染负担的发电厂，市场激励都导致了次优的生产水平。对于污染者来说，生产成本被人为地降低了，因此存在着过度生产的动机。也就是说，不付费而使用河流的能力使得污染者吸纳了太多的社会稀缺资源。对于发电厂来说，生产成本被人为地抬高，因此有降低生产规模的动机。由于它们承担了一部分本由造纸厂承担的成本，因此它们吸纳的社会稀缺资源往往过少。于是，在每一市场中，都存在着资源的错误配置。而当资源配置不合理时，遭受福利损失的是大众。

□ 污染控制的适当水平

污染对我们的影响常常促使我们简单地说："让我们彻底消除它。"我们认为自己有权享受清洁的空气、清洁的水和清洁的土地。但是，怎样才算清洁？清洁，就像"好"一样，是一个相对概念。为了确定可容许的污染量，我们必须比较让环境清洁的成本和收益。

污染控制不是没有成本。一个工厂在将其燃烧后的气体排放到大气中之前要进行净化或清洁，就必须在生产过程中使用资源。一旦劳动力和资本投入到反污染装置的制造和操作中，这些资源就不能再用于其他产品和服务的生产。必须放弃的产品和服务的价值就是这个工厂控制污染的成本。

污染控制的收益包括社会成员在有机会享受更清洁的环境时的福利增加。为了测量污染控制措施的收益，我们必须准确地估计由此产生的福利增加价值。假定烟雾弥漫在某一大都市地区，污染控制可以减少甚至可以清除它。为了确定烟雾减少（比如说50％）的收益，我们可以询问每个生活在这一地区的人，这种减少对于他们个人来说价值多少。通过对这些回答进行统计，我们可以得出预期收益的货币价值。

一旦确定了污染控制的成本和收益，确立一个适当的控制水平就变得可能了。例如，如果加强控制的边际社会收益（例如，更清洁的空气对该社会居民的价值）超过了加强控制的边际社会成本，那么，污染控制就应该继续加大力度。因此，污染控制应加强到边际社会收益正好等于边际社会成本的点。我们在此又用到成本—收益分析。

举例来说，有一个10 000人的社区，这个社区弥漫着一种臭气，这是从焚化社区垃圾的焚化炉中散发出来的。假定这种臭气可以通过另一种垃圾处理方法（把垃圾运到城外并使用垃圾填埋法进行处理）完全清除，这种方法每年花费100 000美元，并假定可

社会问题经济学（第二十版）

以通过使用不同的焚烧和填埋的组合来部分地控制这种臭气。

假定不同水平的部分控制成本列于表 4—1 的第（1）列、第（2）列和第（3）列。为了简化起见，假定每单位污染控制要花费 10 000 美元。通过花费 10 000 美元运送和填埋垃圾，这个社区可以清除 10% 的臭气；每增加 10 000 美元的额外花费可以清除相当于原来总臭气数量的 10%，最终以 100 000 美元的支出完全清除臭气。

表 4—1 的第（3）列表明了污染控制的边际社会成本。由于污染控制每增加 1 单位（一个增量为清除臭气所需控制量的 10%）会使污染控制的总社会成本增加 10 000 美元，因此，在每一控制水平上，污染控制的边际社会成本为 10 000 美元。污染控制的边际社会成本不变这种假设仅仅是为了便于分析。更典型的情况是，当增加污染控制时，边际社会成本也上升。这种情况将在本章后面讨论。

表 4—1 污染控制的年度成本和收益

（1） 污染控制或 清除臭气	（2） 控制的总 社会成本 （千美元）	（3） 控制的边际 社会成本 （千美元）	（4） 控制的 人均边际 收益（美元）	（5） 控制的边际 社会收益 （千美元）	（6） 控制的总 社会收益 （千美元）	（7） 控制的净 社会收益 （千美元）
第一个 10%	10	10	10.00	100	100	90
第二个 10%	20	10	8.00	80	180	160
第三个 10%	30	10	6.00	60	240	210
第四个 10%	40	10	4.00	40	280	240
第五个 10%	50	10	2.00	20	300	250
第六个 10%	60	10	1.60	16	316	256
第七个 10%	70	10	1.20	12	328	258
第八个 10%	80	10	0.80	8	336	256
第九个 10%	90	10	0.40	4	340	250
第十个 10%	100	10	0.20	2	342	242

社区通过污染控制得到的收益列在表 4—1 中的第（4）列、第（5）列和第（6）列。在采取任何控制措施之前，社区的每个人都要表达意见：减少 10% 的臭气有多大价值。假定每个人愿意支付 10 美元来表达这一意愿。我们推断，减少第一个 10% 的臭气所产生的社会收益总额是 100 000 美元。由于这种收益比成本多 90 000 美元，显然第一个 10% 的减少是有道理的。

现在的问题是，减少第二个 10% 的臭气是否值得。由于污染已得到一定控制，已没有那么严重了，所以减少第二个 10% 的价值要小于第一个 10% 的价值。假定每个人对从 10% 的控制到 20% 的控制的估价为 8 美元，所以该社区对额外控制的估价或它的边际社会收益是 80 000 美元。由于额外控制的边际社会成本只有 10 000 美元，这使得控制的净社会收益增加了 70 000 美元，从而对该社区来说，这是一项好投资。

第（5）列说明了不同控制水平的边际社会收益。污染控制的边际社会收益可以定义为产生收益的活动变动 1 个单位所导致的社会收益总额的改变。注意任何既定控制水平的社会收益总额，都是通过把控制水平逐渐增加到该水平之前每单位所产生的边际社会收益的加总而得出的。

如表 4—1 所示，随着污染控制水平的提高（臭气程度降低），边际社会收益会下降。这是现在这个例子预期会发生的事情。控制的数量越大，或者臭气的程度越低，加强控制的紧迫性就越低。这是控制污染的通常情况。

产生最大净社会收益的污染控制水平，是边际社会收益正好等于边际社会成本的水平。在消除臭气所需的控制总量中，前两个 10% 的控制量增加的边际社会收益大于其边际社会成本。因此，至少在 20% 的水平内，净社会收益是增加的。第三、第四、第五、第六和第七个 10% 的控制增量也产生了超过边际社会成本的边际社会收益，增加了控制的净社会收益。现在考察一下第八个 10% 的增量。边际社会收益是 8 000 美元，边际社会成本是 10 000 美元。把污染控制从 70% 的水平扩展到 80% 的水平减少了净社会收益 2 000 美元。对该社区来说，第八个 10% 的控制增量不值得，因为该增量产生的边际社会收益低于边际社会成本。

道理很简单。如果加强污染控制的边际社会收益比其边际社会成本大的话，净社会收益或社会福利将会一直提高。而如果加强污染控制的边际社会收益低于其边际社会成本，净社会收益就会随着控制水平的增加而降低。控制的适当水平是，尽可能地接近边际社会收益等于边际社会成本时的水平。

如何控制污染？

人类通常用感情而不是用理智来处理问题。控制污染的政策建议反映了人类的这种特性。典型的建议要求政府直接控制污染。但是，这只是减少污染的一种可行方法。其他方法包括政府的间接控制，即通过激励制度鼓励潜在污染者不污染环境或者限制他们的污染，同时通过政府形成污染权市场。

☐ 直接控制

控制污染的一种很有吸引力且简便的方法是让政府禁止污染活动或取消污染单位。如果磷酸盐污染河水，那么就禁止磷酸盐在清洁剂中的使用；如果 DDT 污染水和土地，就禁止使用 DDT；如果燃料油和煤的使用增加了大气中二氧化硫的含量，就禁止使用燃料油和煤。要求工厂净化它们排放到大气和水中的污染物。这种方法简便易行，而且从表面来看，又似乎非常公平。

政府机构，特别是美国联邦政府设立的环保局，常常利用直接控制措施来减少很多类型的污染活动。比如制定排放标准；强迫诸如汽车、发电厂和钢铁厂这类污染源执行排放标准。美国对污染者的管制一般由环保局负责监管。

完全禁止污染不大合算。污染控制要使用本可以生产其他产品和服务的资源，而被放弃的产品和服务的价值是社会控制污染的机会成本。如果增加 1 个单位污染所造成的损害低于防止其发生的成本，那么，社会福利在允许有污染的情况下反而更大。因此，直接控制通常不应该追求完全没有污染的环境这一过于理想的目标。直接控制也可以采取下列形式来控制污染水平，比如对工厂、汽车和其他污染者制定排放标准或限制。

利用直接控制来限制污染量引发的一个问题是，它是以管制机构可以确定在经济上理想的污染水平为前提条件的。这不是一个难以克服的问题。可容忍的污染量限度能合理地确定。在这个限度之内，通过总成本与收益的不断对比权衡，确定近似理想的污染水平。

第二个问题是，管制机构如何把可允许的污染量在不同的污染者之间进行有效的分配。例如，一家钢铁厂从它的排放中清除 1 单位二氧化硫所花费的成本要比一家发电厂的清除成本高。从经济效率角度来说，谁的污染清除成本最低，就应该由谁来清除污染。因此，应该要求发电厂在钢铁厂之前减少二氧化硫的排放。对管制机构来说，这是一个很难作出的决定，因为它对一个政治实体负责，而经济效率并不是这个政治实体的首要目标。另外，假定管制机构知道每个污染者的成本状况是不切实际的。

第三个问题是，一旦确定了排放标准，强制执行这些排放标准便成了问题。直接控制不能为污染者提供不污染的经济激励。实际上，这会促使它们寻找一些方法和手段，以逃避为它们设定的污染标准。但是，我们不应该夸大这种强制执行存在的问题，因为几乎所有禁止个人和商业企业从事某些活动的管制都会产生执行问题。

□ 间接控制

政府通过对污染活动征税，很可能会控制很多类型的污染。只有当每个污染者排放污染物的数量可以度量之后，才能直接对每单位污染排放征税。这会促使污染者减少污染物的排放数量。在有些情况下，由于不可能进行这样的度量，所以污染者可能会被间接征税，例如，没有配备污染控制装置的汽车可能会根据其行驶里程而被征税。这会促使车主或配备污染装置，或减少开车。

图 4—3 阐明了利用税收控制排放到环境中的污染物数量。考察一家把废水排放到河流里的工厂。它采用了净化废水以控制污染程度的处理装置，但这不是免费的。为了简化起见，假定在采取污染控制过程中没有外部性，因而图 4—3 的边际成本曲线既是 MPC 曲线，又是 MSC 曲线。如图 4—3 所示，当我们禁止的污染增多，也就是说，当我们达到 100% 的控制水平时，额外控制的边际成本会提高。这只不过是理性企业对清除其污染排放问题的反应。例如，假定污染排放是许多化学废物的复合物，如果该企业独自净化其排放物，那么它会采取什么策略呢？如果涉及许多化学废物，那么该理性企业首先将选择它可以使用的最经济的方法来清除这些污染物，最后再清除需要付出昂贵的成本才能清除的污染物。在其他情况下，污染排放物也许只是一种令人生厌的物质。在此我们也可以预期，当污染得到将近 100% 的控制时，控制的边际成本会上升。例如，生产工艺只要略作调整，污染控制就会有所提高，而完全消除污染排放只能通过生产工艺的彻底革新才能实现。不用确切的推理便知，随着控制的程度增加，污染控制的边际成本是上升的，故图 4—3 中边际成本曲线的斜率是正的。从相反的角度来看，像我们业已讨论的那样，随着控制程度的提高，污染控制的边际社会收益很可能会下降，故图 4—3 中边际收益曲线的斜率是负的。

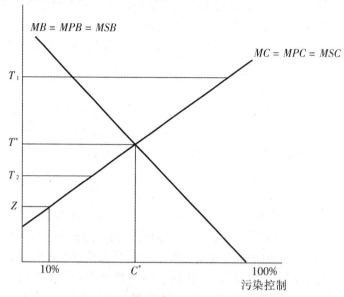

每单位美元

$MB = MPB = MSB$

$MC = MPC = MSC$

T_1

T^*

T_2

Z

10%　　　　　C^*　　　　　100%
　　　　　　　　　　　　　　污染控制

图 4—3　通过对污染排放征税来控制污染

当税收超过了控制污染的边际成本时，企业就会选择消除其污染排放以避税。如果可以精确地估计出污染控制的成本和收益，那么就可以开征一种税，使得企业自愿保持适度的污染控制水平。在这种情况下，对每单位污染排放征收 T^* 的税，将导致最优污染控制水平 C^*。

正如在本章的前面所讨论的，我们可以把这种情况下的适当污染控制水平看做是 C^*，也就是说，在这个水平上，增加控制的收益正好不再超过增加控制的成本。如果 C^* 是污染控制的预期水平，那么，通过税收如何能实现这一水平？就像你可能猜想到的一样，对每单位污染排放征税 T^*，就会带来污染控制的预期程度 C^*。其原因十分清楚：对污染控制低于 C^* 的单位来说，企业可以通过消除其污染排放且避免纳税而得益，因为控制的边际成本小于税收。例如，第一个 10% 污染控制单位的边际成本是 Z 美元。换言之，该企业如果付出 Z 美元的成本，则可以清除 10% 的排放废物。这样做的话，该企业可以避免付 T^* 的税。因此，该企业通过清除第一个单位的污染，可以节约 $T^* - Z$ 美元。该企业的污染水平在达到 C^* 之前，每单位污染控制的这种节约一直存在。超过这一水平，企业会选择付税，因为税收小于控制成本。

然而，这种税制产生不了最优结果，认识到这一点也很重要。例如，每单位课征 T_1 的税会导致过度的污染控制，因此经济中的稀缺资源过多地用于污染控制；每单位课征 T_2 的税会导致污染控制太少，因此经济中的资源过少地用于这一目的。你能解释这是为什么吗？

利用税收来控制污染有其优点。其中最重要的一条是，它可以给污染者提供激励，促使其寻求改进的方法和手段来避免或清除其排放物。另外一个优点是，它可以防止污染者把其生产成本（污染成本）转嫁给其他人，并降低了过度生产的激励。

利用税收来控制污染也有不足之处。第一，通常很难确定清理这些排放物的社会收益（总收益和边际收益）。但是，既然只要是为了控制污染，税收就可以作为一种工具，那么我们不应该对它有过多的批评。第二，这种税的实施并不容易，必须有政策来确定排放物确实被清理干净了。第三，由政治实体而不是由经济实体来征税，政治也许会妨碍恰当的税收水平的制定。

□ 建立污染权市场

正如本章前面所讨论的，使用环境服务的权利没有明确界定是产生污染问题的主要原因。回想一下上游造纸厂和下游发电厂的例子。既然河流不归任何人所有，也就是说，既然无人拥有使用这条河流的产权，造纸厂就可以把河流作为其污染物的排放渠道。清除这些废物的成本就落到了发电厂头上。

在很多这类情况中，通过建立**污染权市场**（pollution rights market），企业可以买卖政府颁发的污染权许可证，以节约成本的方式实现污染控制的最优水平。建立污染权市场的思想体现在所谓的**总量控制与交易政策**（cap and trade policies）中，即政府规定一个限定总量，然后允许对排放一定量污染的权利进行交易。要是公众希望进一步降低污染，政府只要降低限定总量即可。但正如在京都的两次国际努力所表明的，很难达成这种国际协议，尤其是当欠发达国家正确地认为发达国家没有履行这类协议时更是如此。

让我们看看它是如何运作的。假定这条河流的污染权市场运行了一段时间之后，一个均衡价格已经形成，一家企业可以花 1 000 美元购买倾倒 100 000 加仑的废水到河流中去的权利。任何花费少于 1 000 美元的成本而能减少 100 000 加仑废水排放的造纸厂，可以通过减少污染量然后出售倾倒 100 000 加仑废水的许可证给其他企业来增加利润。任何只能以超过 1 000 美元的成本减少 100 000 加仑废水排放的企业，都会很愿意购买这种许可证，因为执照价格 1 000 美元和排放减少的成本之间的差额会直接增加利润。如果决定污染排放总水平必须减少，政府只需要回购它以前在市场上出售的一些许可证即可。用这种方法，州政府可以达到一个它所预期的污染控制水平，也可以确信污染减少的任何要求都可以使用最便宜的方法来实现。换一种说法，通过建立污染权市场，州政府的任何预期的污染控制水平完全可以以对经济稀缺资源造成最小负担的方式实现。

有趣的是，污染权许可证的使用和因此而产生的污染权市场并不仅限于学术讨论。在《1990 年清洁空气法》（Clean Air Act of 1990）中，联邦政府允许电力公司买卖二氧化硫的许可证，在这方面迈出了第一步。具体来说，该法案允许差不多 100 家生产经营主要在中西部的公司每年排放一定数量的二氧化硫。最初规定的可接受污染排放水平刚好低于历史水平。能够以低代价减少其排放的企业，可以把它们的许可证出售给其他企业；那些不能以低代价减少排放的企业，可以购买继续排放的权利。到 2000 年，《1990 年清洁空气法》的实施进入第二阶段，进一步降低了许可的排放水平。那些能以低于许可证价格减少其污染性产量的企业，有降低污染性产量的积极性，尽可能以最省钱的方式实现预期污染量的减少。虽然该计划的实施刚过十年，但显然是以规范的方式运作的，并使得二氧化硫的排放量减少了一半以上，轻松地超过了该计划规定的目标。同样重要的是，这些排放的减少是以节约成本的方式实现的，据估计，其成本只是该计划开始预计的 1/4。

小结

环境可以提供服务，由经济体系中的家庭单位和生产单位使用。消费和生产过程会产生垃圾。如果生态系统不能和垃圾产生的速度相一致地循环利用这些垃圾，垃圾就会累积起来，从而构成了污染。

污染的经济分析在污染的成因、影响以及控制污染的成本和收益方面，提供了一个分析视角。污染的动机滋生于：（1）在环境中缺乏产权；（2）很多环境服务都是由所有人共享的。污染的制造者通过污染把一部分成本转嫁到他人头上。成本—收益分析在确定允许多少污染方面是有用的。它表明，全面禁止污染并非符合公众利益。

政府的污染控制政策可以采用三个主要方法：第一，有些污染活动可以通过禁止或限制而直接控制；第二，通过向污染制造者提供不污染的激励（比如说通过对污染活动征税）而间接控制；第三，在有些情况下，污染也可以通过下列方式得到有效控制，即建立污染权市场或更通俗地说总量控制与交易制度，企业买卖政府发放的污染权许可证。

讨论题

1. 最近的研究表明，被动吸烟会危及那些与吸烟者接触的人的健康。用图示说明并解释为什么市场运作本身会导致香烟的过度生产和过度消费。

2. 定义并举例说明消费外部性。列举出具有正效应和负效应的外部性。

3. 定义并举例说明生产外部性。列举出具有正效应和负效应的外部性。

4. 定义显性成本和隐性成本，并列举出你学习这门课程的显性成本和隐性成本。

5. 区分经济成本和会计成本。哪一指标能更好地测度生产某种商品或服务给社会带来的真实成本？

6. 从经济学的角度解释污染为什么会发生。

7. 用图示说明并解释为什么污染者有过度生产的动机。

8. 用图示说明并解释为什么那些承受污染负担的人有减产的动机。

9. 解释污染企业如何迫使其他企业承担其真实生产成本的一部分。

10. 一个市场达到均衡一般反映了使社会福利最大化的资源配置。解释为什么存在生产外部性时就不是这样。

11. 讨论："污染控制的目标应该是完全清除所有污染排放"。

12. 用图示说明并解释如何利用税收促使污染企业自愿减少其污染排放以达到社会最优水平。

13. 在什么情况下清除全部特殊类型的污染在经济上是合理的？

14. 解释污染权市场是如何发挥作用的。假定过了几年之后，发觉在这种制度之下污染过多，这时应该怎样做？

15. 与对污染排放课税作为控制污染的一个工具相比，建立污染权市场有何优点和缺点？

16. 环境是一种正常品吗？请结合世界贫穷地区热带雨林的破坏情况进行分析。

17. 谁应承担处理产品包装物的成本？是消费者还是生产者？

18. 根据《1990年清洁空气法》，联邦政府建立了"有权污染"的市场。从空气污染和成本的减少角度来说，这项制度成效如何？

19. 假定政府对污染排放征税，以实现污染控制的社会最优水平。倘若随着时间的推移，已实现的最优控制水平比最初想的大，政府应当增税还是减税？

20. 当一块地没有人对其拥有产权时，便常常被当作垃圾场。这是否意味着，只要让某人对此块地拥有产权，污染就会得到有效控制？

21. 一国的产权程度不同，自然灾害的严重程度会不同吗？

22. 建立污染权市场与总量控制与交易方法有何不同？

课外读物

1. Ashford, Nicholas A. , and Charles C. Caldart, eds. *Environmental Law, Policy, and Economics: Reclaiming the Environmental Agenda*. Cambridge, MA: MIT Press, 2008.

讨论了"环境污染的性质和来源"以及美国政府和法律体系在解决这些问题中的作用。

2. Brown, Stephen P. "Global Warming Policy: Some Economic Implications." *Economic Review*, Federal Reserve Bank of Dallas, 4th Quarter, 1998, p. 26.

本文对《京都议定书》进行了详细的成本—收益分析，认为从经济视角来看，该议定书会导致二氧化碳排放量过度减少。

3. Council on Environmental Quality. *Annual Report*. Washington DC: Government Printing Office.

关于当前重大污染问题、政策问题及各种污染数据的实时年度报告。

4. Crampton, Norman. *Green House: Eco-friendly Disposal and Recycling at Home*. Lanham, MD: M. Evans, 2008.

这是一本"处理家庭废物（包括家用电器、电子产品、电灯泡、涂料、院子里的废物等）的环保方法手册"。

5. Fireside, Daniel, ed. *The Environment in Crisis: Progressive Perspectives*. 3rd ed. Somerville, MA: Dollars and Sense, 2005.

各章作者讨论了美国汽车业、黄金开采业以及其他问题对环境破坏的影响。

6. Goodstein, Eban S. *Economics and the Environment*. 4th ed. New York: Wiley, 2004.

这是一本关于环境经济学和环境研究课程的教材，介绍了全球环保问题、全球变暖、环境管制和清洁技术等方面的内容。

7. Joskow, Paul, Richard Schmalensee, and Elizabeth Bailey. "The Market for Sulfur Dioxide Emissions." *American Economic Review*, September 1998, pp. 669–685.

详细讨论了根据《1990 年清洁空气法》建立的二氧化硫排放市场。

8. *The Journal of Economic Perspectives*, Summer 1998.

详细且通俗易懂地讨论了根据《1990 年清洁空气法》建立的二氧化硫污染权市场。

9. Mitchell, Ross E. , ed. *Thorstein Veblen's Contribution to Environmental Sociology: Essays in the Political Ecology of Wasteful Industrialism*. Lewiston, NY: Edwin Mellen Press, 2007.

美国 20 世纪初杰出的经济学家托尔斯坦·凡勃仑（Thorstein Veblen）提出了炫耀性消费和炫耀性浪费思想。本论文集透彻分析了凡勃仑在这些思想以及环境、社会问题等方面的论述。

10. Porter, Richard C. *The Economics of Waste*. Washington, DC: Resources for the Future, 2002.

本科生教材，主要分三部分：固体废物、废物回收利用、有害和放射性废物。

11. Sankar, Ulaganathan, ed. *Environmental Economics.* Oxford, England：Oxford University Press，2001.

由罗纳德·科斯（Ronald H. Coase）、哈罗德·霍特林（Harold Hotelling）、罗伯特·索洛（Robert Solow）和加勒特·哈丁（Garrett Hardin）等多位作者撰写的 14 篇有关环境经济学的论文。

12. Taylor, Jeffrey. "Smog Swapping：New Rules Harness Power of Free Markets to Curb Air Pollution." *Wall Street Journal*，April 14，1992，p. 1.

本文对很多公司根据《1990 年清洁空气法》开始购买和交易污染权的方式进行了描述。

13. Tietenberg, Thomas H. and Lewis Lynneman. *Environmental Economics and Policy.* 6th ed. Boston：Addison-Wesley Longman, 2010.

本论文集讨论了环境政策中经济激励的理论与应用。

14. Tietenberg，Thomas H. *Emissions Trading：Principles and Practice.* Washington, DC：Resources for the Future, 2006.

详细讨论了污染权市场的建立。

在线资源

1. 可持续系统中心（Center for Sustainable Systems）：

http://css. snre. umich. edu

可持续系统中心为大学在防治污染方面的教学汇编了教学材料。提供了研究、教学及其他方面的链接。

2. 清洁能源（Clean Energy）：

www. epa. gov/cleanenergy

"清洁能源"是美国环保局（EPA）的一系列规划、确认、设计、执行清洁能源政策和技术解决方案。人们通过该网站可知如何节约能源、如何查看其州和地方政府规划、如何度量其环境影响等。

3. 环境经济学（Environmental Economics）：

www. env-econ. net

该博客由两位经济学家创建和维护，讨论有关环境和自然资源的新闻、见解和分析。

4. 国家环境经济学中心（National Center for Environmental Economics，NCEE）：

http://yosemite. epa. gov/ee/epa/eed. nsf/webpages/homepage

"美国环保局所属的国家环境经济学中心（NCEE），集中了一批技术专家，分别来自环保局和其他联邦机构、国会、大学及其他组织。国家环境经济学中心的工作人员专门分析环境管制政策和措施对经济、卫生的影响，通过扎实的经济学和其他科学分析，向环保局建言献策。国家环境经济学中心还在环保局有关环境经济学研究、改善政策分析所用的方法和数据方面起到了推动作用。"该网站提供了有关出版物、资金、事件、链接以及搜索引擎等的信息。

5. 塞拉俱乐部（Sierra Club）：

www. sierraclub. org

塞拉俱乐部是美国最老、最大也是最有影响的群众性环保组织。该网站提供诸如政治与问题、行动措施、加入或捐赠以及该组织的出版物《塞拉杂志》（*Sierra Magazine*）等的链接。

6. 美国环境保护局（United States Environmental Protection Agency，EPA）：

www. epa. gov

环境保护局的使命是"保护人类健康与环境"。环境保护局成立于 1970 年，现有职工 18 000 多名，分布在全国各地的众多实验室和地区分局。它们的网站有许多板块，包括如何参与、如何节能以及其他资源。

第 5 章

犯罪经济学与犯罪防范：多少算太多？

□ **本章概要**

什么是犯罪？
　不道德？
　不合法？
　犯罪行为的划分
犯罪的成本
不同类型的物品和服务
　私人物品和服务
　半私人物品和服务
　公共物品和服务
　搭便车问题
　公共物品和服务的政府生产
犯罪防范活动经济学
　"最优"水平
　犯罪防范预算的分配
　改变物品和服务的法律地位
　犯罪活动产生的原因
小结

□ **主要概念**

机会成本（opportunity costs）
私人物品和服务（private goods and services）
半私人物品和服务（semiprivate goods and services）
消费外部性（externalities in consumption）
公共物品和服务（public goods and services）
搭便车问题（free-rider problem）
成本—收益分析（cost-benefit analysis）
边际社会收益（marginal social benefit）
边际社会成本（marginal social cost）
等边际原理（equimarginal principle）
精神收入（psychic income）
精神成本（psychic costs）

章首引语

1988 年 3 月 17 日，星期四，晚上 10：45，布朗克斯区，弗尼亚·布朗（Vernia Brown）在一场毒品交易混战中被流弹击中身亡。这位年仅 19 岁还有一个孩子的母亲，并没有参与这场交易，但她的死是这场"毒品战"的直接后果。现在，可以肯定地说，大多数"与毒品有关的凶杀案"都是禁毒带来的后果。1920 年禁酒令的《第十八修正案》（Eighteenth Amendment）也同样招致了暴力事件的发生。该禁令实施后，凶杀案比例开始攀升，在整个禁令实施期间一直居高不下，直到 11 年后禁令解除时，凶杀案比例才降下来。在禁令实施期间，枪击事件的比例也不断提高，而在禁令解除后，该比例连续 10 年有所下降。在禁令实施最后一年的 1933 年，发生了 12 124 起凶杀案和 7 863 起枪击案；1941 年这两个数字分别下降到 8 048 起和 4 525 起。

弗尼亚·布朗是因为禁毒政策而死的。然而，如果她的死是该政策的"成本"，那么，"购买"其生命的"支出"又是什么？社会从这项导致她死亡的禁毒政策中又获得了哪些好处？为了找到答案，我向专家和禁毒令支持者讨教。

1988 年，我写信给副总统乔治·布什（George Bush），而后给南佛罗里达州毒品纠察队队长、教育部部长威廉·贝内特（William Bennett），分管药品政策的助理国务卿安·弗罗布莱夫斯基（Ann Wrobleski），白宫毒品政策顾问唐纳德·麦克唐纳（Donald I. McDonald）博士，给联邦调查局（Federal Bureau of Investigation）公共信息部、禁毒管理处（Drug Enforcement Administration）、会计总署（General Accounting Office）、国家司法研究所（National Institute of Justice）和国家药物滥用研究所（National Institute on Drug Abuse）的官员都写过信。没有一个官员能引证任何研究来说明政府禁毒的努力价有所值。毒品战的领导者显然无法证明其奉行了 70 年的政策是建立在合理的成本和收益基础上的，该政策的代价是每年耗费 100 亿美元，监禁 75 000 名美国人，并让我们的城市充斥着暴力事件。弗尼亚·布朗和许多其他类似者的死似乎毫无价值。

资料来源：James Ostrowski, "Thinking about Drug Legalization," *Policy Analysis*, number 121, May 25, 1989, The Cato Institute.

犯罪行为在美国引起了一系列严重的社会问题。犯罪行为会造成我们的财产损失，危及我们的人身安全，从而影响到我们的一般福利。此外，很大一部分国民产出用于犯罪防范活动，而不能用于其他生产过程。多年来，由于犯罪率提高，公众对"与犯罪作坚决斗争"的支持也日益高涨。近年来，市级以上政府文职官员的候选人把犯罪及其防范作为其竞选的主要内容就说明了这一点。但更糟糕的是，此种严惩犯罪的做法，使很多州的预算状况每况愈下。

虽然大家几乎一致认为这个问题很重要，但我们也常常用情感而非理智去对待它。

当报告说犯罪率上升时，我们会立即要求增加警察部门的预算，以便能把罪犯缉拿归案，而不考虑把这些额外资源用于迅速审理和判刑监禁是否更有益。当我们觉得累犯作恶多端时，我们就要求对他们判以长期徒刑，而不管潜在的更加残暴的罪犯是否会得到释放以给这些被判长期徒刑的人腾出地方。当我们认为如果社会中没有某些商品或服务，我们的境况会更好时，我们就取缔它们的生产、销售和使用，而不管完全禁止可能带来的任何潜在的负面效应。

虽然我们对待犯罪及其防范的方法一般都是牢牢地建立在情感基础之上，但是，我们要成功地解决这一问题，需要我们用系统的分析方法来考察。为此，我们需要利用经济分析，并与其他学科特别是社会科学相结合。本章集中考察犯罪及其防范的经济问题，解决6个相互关联的问题：（1）什么是犯罪？（2）政府在犯罪防范中应当起什么作用？（3）什么是犯罪防范活动的最优水平？（4）用于犯罪防范的资源如何在警察、法院和刑罚制度之间配置？（5）禁止的总体效应是什么？（6）犯罪活动的原因是什么？

什么是犯罪？

什么是犯罪？提出这样的问题好像很愚蠢。但是，如果要想很好地研究犯罪，我们必须对其有一个最基本的了解。很多人对犯罪的概念是很模糊的，对犯罪的认识也因人而异。一些人认为，犯罪即不道德；一些人认为，犯罪即不合法。

□ 不道德？

不道德行为是不是犯罪行为？回答这个问题并非易事。首先，许多行为并不能严格地以道德或不道德来划分。在任何社会，有些行为通常被认为是不道德的，比如谋杀、大多数的偷盗行为等。然而，判断其他许多行为是否道德则取决于由谁来对其进行评价，比如吸大麻、酗酒、赌马、同性恋和通奸等行为。显然，从上面这些简单的例子中不难看出：把某一行为是否道德作为判断该行为是否为犯罪的标准是站不住脚的。

□ 不合法？

犯罪行为是社会（或该社会的某一部门）认定没有好处且违反法律、法规等的非法行为。这个定义含义深广，而且在分析上非常实用。犯罪行为也许是，也许不是不道德的。比如，在限速为20英里且空无一人的大街上以30英里的时速行驶是不道德的吗？或者，在取得捕钓许可之前在山涧小溪中钓鱼是否不道德？当你被捕时你会发现这些行为很可能就是犯罪。相反，尽管赌博、酗酒以及卖淫是不道德的，然而为何在许多地方这些行为不是非法行为因而不是犯罪行为？

行为是否构成犯罪或非法，是由立法者，比如市政府、州政府或国会来认定的。造成规定某些行为是非法的有多种原因。一些行为可能违背了大多数立法者和选民的道德标准，不能令人接受，如谋杀、强奸和偷窃这类行为；一些行为虽然使人觉得（至少在立法者看来）行为实施者是无辜的，但立法者唯恐使用者会上瘾，从而把对酒精、可卡因或海洛因的使用定为非法，以避免由此可能产生的危害性后果；一些行为被认为是非法，是为了防止社会混乱或促进社会稳定——比如违反交通法规的行为。另外，一些行为可能由于与社会公众的福利背道而驰而被视为犯罪——尽管这些行为与不道德毫无关联，比如污染环境行为、超过城市规定限度焚烧垃圾废弃物等。

□ 犯罪行为的划分

为了报告犯罪率，司法部（Department of Justice）将犯罪行为划分为：（1）暴力犯罪；（2）侵占财产罪；我们可以再加上（3）非法物品和服务交易；（4）其他类型犯罪。暴力犯罪是针对人身的犯罪，它包括谋杀、强奸、严重伤害和持械抢劫等。侵占财产罪包括诸如欺诈、入侵住宅、偷窃、贪污、伪造、纵火和故意毁坏他人（公共）财产等。非法物品和服务交易包括下列物品交易：赌博、麻醉剂、贷款欺诈、卖淫和酒精等。其他类型犯罪则包括拒付（离异或分居）赡养费、超速行驶的罚款等各种其他情况下的犯罪。

犯罪在美国一直是一个非常严重的问题。在每个大城市和许多小城市，夜间人们因怕遭抢劫、强奸、殴打甚至谋杀而恐于外出。表5—1显示了1980—2008年间暴力犯罪、侵占财产罪以及总犯罪率的情况。表中数据表明，总犯罪率以及暴力犯罪和侵占财产罪均呈现明显的周期性。尽管每一部分的转折点不完全一致，但可粗略总结出，20世纪80年代初期犯罪呈下降趋势，并一直持续到1985年。此后又开始上升，直到20世纪90年代初期又再次下降；2005年和2006年暴力犯罪有所回升，此后又有下降趋势。

表5—1　　　　　　　　　每十万人的犯罪率，1980—2008年

年份	合计	暴力犯罪	侵占财产罪
1980	5 950	597	5 353
1981	5 858	594	5 264
1982	5 604	571	5 033
1983	5 175	538	4 637
1984	5 031	539	4 492
1985	5 207	556	4 651
1986	5 480	617	4 863
1987	5 550	610	4 940
1988	5 664	637	5 027
1989	5 741	663	5 078
1990	5 820	732	5 089
1991	5 898	758	5 140
1992	5 660	758	4 903
1993	5 484	747	4 738
1994	5 374	714	4 660
1995	5 278	685	4 593
1996	5 087	637	4 450
1997	4 930	611	4 319
1998	4 619	568	4 052
1999	4 267	523	3 744
2000	4 125	507	3 618

年份	合计	暴力犯罪	侵占财产罪
2001	4 161	504	3 656
2002	4 125	494	3 631
2003	4 067	476	3 591
2004	3 983	466	3 517
2005	3 901	469	3 432
2006	3 809	474	3 335
2007	3 749	458	3 212
2008	3 488	429	3 056

资料来源：U. S. Department of Commerce, Bureau of the Census, *Statistical Abstract of the United States*, 2010, Table 306.

犯罪的成本

犯罪理所当然有经济成本。然而，目前对犯罪成本的衡量是很不准确的。首先，许多犯罪行为未得到充分的披露；其次，对于已披露的犯罪的成本不可能精确地计算出其货币值。尽管如此，若想对犯罪防范活动水平的决策进行任何程度的经济分析，都必须对犯罪成本进行估计。估计的准确程度越高，政策就制定得越好。

衡量犯罪成本的基础是机会成本原理。因此，犯罪给社会造成的净经济成本是：没有犯罪行为也没有犯罪防范活动情况下的国内生产总值（GDP）与有犯罪行为和犯罪防范活动情况下的 GDP 之差。

就目前而言，犯罪报告仅涉及犯罪数量，并没有对其成本进行货币估计。为准确估计暴力犯罪的成本，我们应从犯罪造成的受害者以及与受害者密切相关的收入（或受害者提供的产品服务价值）损失开始估计。侵占财产罪的明显成本，即遭到损害和毁坏的财物价值。而非法物品和服务交易是否具有相应的直接成本则难以确定——生产和提供这些物品和服务可能会增加消费者的福利，然而同时可能会对整个社会施加负的消费外部性。当生产和负的消费外部性超过消费者的福利增加时，非法物品和服务交易则存在直接的社会成本；反之，则表明这些交易直接增加了整个社会的福利。所有用于犯罪防范、拘捕以及教育的费用构成了犯罪行为整体的额外成本，因为用于上述目的的资源本可以用来生产其他对消费者有价值的产品和服务。事实上，许多被确认的犯罪成本是购买力从犯罪受害者到犯罪者的转移。比如说偷窃，在偷窃者获得物质利益的同时，被偷窃者则会丧失其物质财富。尽管偷窃理应受到谴责，但很难得出这种行为对社会有很大经济成本的结论。当然，偷窃对每个受害者来讲存在相当高的成本。

从总体上说，犯罪活动会使得 GDP 低于没有犯罪活动情况下的 GDP。犯罪防范活动如果得到有效实施的话，则会使 GDP 高于没有犯罪防范措施情况下的 GDP。正因为有犯罪防范活动情况下的 GDP 高于没有这种活动情况下的 GDP，所以犯罪防范活动可以被视为经济产品或服务。我们可以将犯罪防范活动视为利用生产性资源——劳动力和资本——的生产过程。这些防范活动的成本可以用机会成本原理来衡量：用于犯罪防范的资源成本等于这些资源用于其最佳用途上的价值。

总之，现在还没有设计出对犯罪成本的令人满意的衡量方式，即衡量由犯罪行为引起的 GDP 减少。虽然犯罪防范活动的成本可以相当准确地估计出来，但这些数字仍遗漏了犯罪成本中相当大的一部分。

不同类型的物品和服务

你居住城市的警力增加 5％对你个人而言有多少益处？城市街道上巡逻车的增减对你有直接影响吗？司法体系中法院和法官数目的增减对你有何影响？你的回答可能是"没有"、"我不知道"或者"可能有"。

上述问题自然而然地会把我们引到对经济学上物品和服务的分类上来，即私人物品和服务、半私人物品和服务以及公共物品和服务。这些物品和服务的分类是按两个特征来划分的。第一个特征是排他性。如果某种东西除了其直接消费者外别人不能使用，这种物品或服务就具有排他性，比如汉堡包或在某家美容院按摩。手里有汉堡包的人不管他（她）吃不吃，都排除了别人吃这个汉堡包。同样，享受按摩的人可以自由选择时间来排除其他人。

第二个特征是竞争性。如果一个人的消费降低了其他人对这种物品的消费，那么就说这种物品或服务在消费上具有竞争性。从这个意义上说，在拥堵路段上开车就具有竞争性，因为你用这条路限制了他人的使用。同样，在某个聚会上有一包烟，你多抽一根，别人就得少抽一根。

□ 私人物品和服务

私人物品和服务（private goods and services）的概念很简单，我们消费的大多数东西都属于此类。这些东西满足我们上述所说的排他性和竞争性特征。它们直接满足于消费这些东西的人，某种东西一旦被该消费者消费，他人就无法再消费。比萨是私人物品的一个好例子。一个人吃掉这块比萨，别人就吃不着了：该消费者吃掉这块比萨得到直接满足，他人也就不能再享用。我们接触到的大多数物品和服务都能满足排他性和竞争性，因此，我们要适当地考察私人物品和服务。最为重要的是，正如第 2 章和第 4 章所讨论的那样，当我们考察私人物品和服务时，竞争市场能很好地使资源接近于社会最优配置。

□ 半私人物品和服务

半私人物品和服务（semiprivate goods and services）是混合物。虽然它们给消费者提供同样的满足，但它们也对他人的满足程度产生正的或负的影响，因为它们不能满足排他性或竞争性条件。以一个青年人的驾驶培训课程为例。显然，该课程满足竞争性条件——该年轻司机占用了教练的时间，他人就不能同时接受指导。可是，该教学不是排他的。该年轻司机享受了该教学的主要好处，但因他（她）是一个比较可靠的司机，其他人也受益。同样，假定你的邻居为美化和修缮其宅院而花很多钱。宅院的美化和修缮具有排他性，因为你不能越界享用，比如你不能随便使用邻居家的新泳池。但与此同时，该美化工程不满足竞争性条件。无论从其自己享用来说还是从其房产价值增值来说，修缮宅院的这家人无疑会得到主要好处，但不可否认的是这项工程完工之后，不仅改善了邻居的周围环境，还很可能使其邻居的房产增值。修缮宅院的这家人无法阻止这种情况的发生。

我们消费的很多东西都属于半私人物品和服务。属于非直接消费者的那些人的益处（正的或负的）在第4章中被认为是消费外部性。上述两个例子说的是正外部性。半私人物品和服务同样也能产生负外部性，最常见的例子就是吸烟。一般来说，即使这种东西的市场是竞争性的，但也不能按社会福利最大化的方式配置资源。在这种情况下，政府干预可能会改善市场的运作。我们以吸烟作为例子来说明。例如，假定每包香烟按市场定价的5美元出售。然而，在抽烟时，吸烟会导致吸二手烟的人的满足感下降，假定下降的程度是每包1美元。此时，政府对每包香烟课税1美元，就会使这种外部性内部化。也就是说，这种税会迫使消费者支付香烟的全部成本，可能会使他们自愿减少吸烟，使之达到社会最优水平。这种税所产生的收入可以用于反吸烟广告活动、建立研究与吸烟有关疾病的基金，或者直接为治疗这些疾病提供资金。不过，我们必须指出，在半私人物品和服务的情况下，政府无须取代市场。政府所要做的就是帮助市场恰当地配置资源。政府的这种干预应当尽可能地限于实现社会福利最大化目标范围内。

□ 公共物品和服务

公共物品和服务（public goods and services）与私人物品和服务截然相反，因为它们既不具有排他性也不具有竞争性特征。也就是说，这种物品或服务一旦提供给任何一个人，所有人都能获得其全部好处，而且一个人的消费不会减少其他任何人对这种物品或服务的消费。我们以海啸预警系统为例。假如你住在俄勒冈沿海地带，且能听到海啸警报笛声。一旦警报器响了，不可能让所覆盖地带的人听不到和不作出反应（不具有排他性），而一个人听到了，其他任何人也同样听得到（不具有竞争性）。

公共物品和服务的其他例子包括国防、犯罪防范、空间探索、公共卫生的某些方面，以及绝大多数的反污染措施。在公共物品和服务的情况下，市场即使是竞争市场往往也不能实现使社会福利最大化的资源配置。因此，政府干预通常是必要的，而且一般也比半私人物品和服务的情况更加明显。

□ 搭便车问题

当我们讨论公共物品和服务时，可能会产生市场失灵，因为这些物品和服务的某些受益人不可避免地会成为**搭便车者**（free-riders）。这一问题可以从发生在美国西部地区的例子中反映出来。在俄克拉何马州、得克萨斯州、堪萨斯州以及其他养牛的州，偷牛是一个非常严重的问题。为了在某一地区（如道奇市郊区）有效地解决这一问题，将本地区的养牛户联合起来是非常有益的举措。农场主组织的相当规模的义警队使得偷牛在这一带成为一件非常危险的行为——一些盗牛贼当场被抓，并在查证属实后被拘押。当然，组织和维持义警队（实质上形成一个保障服务市场）的费用由这一地区所有的养牛户承担。

正当问题得到有效控制时，在维持义警队的开支上却遇到了困难。每个农场主都在想——若由其他农场主来维持义警队的开支，他们也不会被排除在受益范围之外。如果盗贼不敢到该地区偷盗，每个农场主包括那些不支付费用的农场主也会受益。因此，每个农场主都想放弃对义警队的资助而成为搭便车者，因为即使他不支付费用，也不会被排除在保护范围之外。

□ 公共物品和服务的政府生产

从历史上看，人们发现，联合在一起组成集体可以完成单凭其个人能力无法完成的事情。首先，与个人相比，群体能提供更好的利益保护；其次，群体在抵御外侵时能更好地保护其成员。

在自愿基础上的群体行为当然在技术上是可行的。比如西部农场的义警队就是一个很好的例子。但是，提供公共物品的自愿联合却有分裂的趋向，因为其中一部分想成为搭便车者的人也会享受到这种物品的好处。因此，从这一点来讲，自愿联合充其量是一种松散的机制。

以我们所称谓的政府之强制联合来代替松散的自愿联合就能够很好地解决搭便车问题。一个强有力的政府（拥有国家强制力是政府的一个重要特征）可以要求所有获得公共物品和服务好处的成员必须缴纳一定的税收。因此，国防、犯罪防范、环境污染的防治，以及其他公共物品和服务的提供成为政府的职能。

当今大多数政府并没有将其提供的物品和服务局限在公共物品上。任何物品或服务都有可能是某个政府生产的。正如第 2 章所指出的，市场经济体制和集权经济体制的巨大差异就在于，集权经济体制下的政府负责生产私人物品、半私人物品和公共物品。而在市场经济体制下，尽管政府在教育等半私人物品的提供上也起到了相当重要的作用，但是个人消费物品生产则留给了私人企业。

犯罪防范活动经济学

□ "最优" 水平

美国政府在犯罪防范活动上花费多少才能达到适当的或最优的水平呢？目前的投入是否基本上达到最优水平？当然，我们对政府行为和政府的任何花费都可以提出这个问题。当我们意识到这是任何物品和服务的生产——无论是私人物品、半私人物品还是公共物品——都必须面临的问题时，我们会得到更重要的启迪。回想第 1 章提到一国的根本目标就是社会福利的最大化。因此原则上，任何物品和服务的最优生产水平，就是实现社会福利最大化时的水平。可是，如何找到这种生产水平？第 1 章还讨论了**成本—收益分析**（cost-benefit analysis）。这个被广泛应用的经济学工具能帮助我们找到犯罪防范活动的最优支出水平，但这需要对这些犯罪防范活动的成本和收益进行非常准确的估计。一旦成本和收益得到准确估计，成本—收益分析即可表明，通过增加犯罪防范活动，社会福利将会提高，条件是：社会从犯罪防范活动增加中获得的利益至少与增加犯罪防范活动的成本相等。

如表5—2所示，我们建立了分析这类问题的框架。假设我们已经详细调查了不同程度的犯罪防范每年给社会带来的成本和收益，如表中第（1）列、第（2）列和第（4）列所示。犯罪防范的"单位"是一个非常模糊的概念，是警员、巡逻警车、法院建筑物、法官服务、监狱成本等诸如此类的复合。为避免界定有形（物质）单位的不便，我们假定每60 000美元的犯罪防范为1个单位，并且每单位的资源物尽其用。

从社会角度来看，犯罪防范的货币花费通过征税来弥补。社会的经济成本是那些用于犯罪防范的资源本来可以用于生产其他物品和服务的价值。犯罪防范的社会收益是指社会对从控制犯罪中所得收益的最佳估计，即在没有强奸、故意伤害或谋杀的情况下人们创造的价值以及没有遭到犯罪行为破坏的财产的价值，再加上人们因此获得的安全感等。显然，收益比成本更难估计。的确，最重要同时又最令人头疼的问题是对各种犯罪防范活动所带来的收益的估计。

表5—2　　　　　　　　　　典型的美国社会犯罪防范的收益和成本估计　　　　　　　　单位：千美元

(1) 每年犯罪防范单位	(2) 社会总收益（美元）	(3) 边际社会收益（美元）	(4) 社会总成本（美元）	(5) 边际社会成本（美元）	(6) 社会净收益（美元）
0	0		0		0
		200		60	
1	200		60		140
		180		60	
2	380		120		260
		160		60	
3	540		180		360
		140		60	
4	680		240		440
		120		60	
5	800		300		500
		100		60	
6	900		360		540
		80		60	
7	980		420		560
		60		60	
8	1 040		480		560
		40		60	
9	1 080		540		540
		20		60	
10	1 110		600		500

如果成本和收益已知，就像表5—2中所假定的，那么犯罪防范的最优水平相对容易

确定。首先考察是否根本不应该有犯罪防范，或者是否值得有1个单位的犯罪防范。1个单位的防范给社会带来的收益为200 000美元，即不让GDP因犯罪活动而遭受200 000美元的损失，而获得这些收益仅需要社会投入60 000美元。显然，这比没有防范要好，且社会净收益（总收益减去总成本）为140 000美元。

现在我们比较一下2个单位和1个单位的防范。社会的总收益是380 000美元。但是，必须指出，防范从1个单位增至2个单位所产生的总收益为180 000美元，比从零增至1个单位带来的总收益增加额要少。每增加1个单位的犯罪防范所带来的收益即为犯罪防范的边际社会收益。随着防范单位数量的增加，边际社会收益可能会下降，因为每单位犯罪防范的增加会用于打击现有最严重的犯罪行为。所用的犯罪防范的单位越多，被防范的犯罪的危害性越小，而每增加1个单位犯罪防范给社会带来的收益增加也越少。

对整个社会而言，犯罪防范从1个单位增加到2个单位是值得的，因为由第2个单位的犯罪防范产生的边际社会收益超过了其边际社会成本。犯罪防范的边际社会成本是指增加1个单位犯罪防范给社会带来的总成本增加。在本例中，犯罪防范的边际社会成本之所以保持不变，是因为我们规定每单位的犯罪防范成本为60 000美元。因此，如果犯罪防范由1个单位增至2个单位而使防范程度提高，那么，社会的净收益总额将增加120 000美元（=180 000美元－60 000美元）。所以，我们可以肯定，犯罪防范第2个单位的增加会导致社会福利增加。（在往下看之前一定要弄清楚这个道理。）

同理，我们可以肯定，对于社会来说，利用第3、第4、第5、第6、第7个单位犯罪防范是值得的。上述任何一次增加的边际社会收益均高于其边际社会成本，即每单位犯罪防范的增加均使总收益高于总成本。因此，每单位犯罪防范的增加都会使社会净收益增加。犯罪防范在第7个单位达到社会净收益最高水平即560 000美元。如果犯罪防范程度增至为8个单位也没什么坏处，此时边际社会收益等于边际社会成本，净收益总额没有发生任何变化。但是，倘若犯罪防范程度增加至9个单位，社会净收益总额反而会跌至540 000美元。

作为公民，我们必须明白在犯罪防范或其他问题上决定政府活动最优数量的基本道理。这虽然简单却非常重要，而且常常被忽视。倘若某种活动水平的小幅增加就能给社会带来收益，而且超过了提供这种活动给社会造成的额外成本，那么，这种活动就应该扩大；相反，如果其边际社会收益低于边际社会成本，那么，这种活动就应该受到限制。综上可知，当边际社会收益等于边际社会成本时，这时的活动水平就是最优水平。

上述经济分析为我们解决犯罪率上升提供了一些思路。倘若当犯罪防范活动增加时，犯罪防范活动增加的成本低于其所实现的收益，那么，我们应该从事更多的犯罪防范活动。否则，就是不理性的。然而，如果1个单位犯罪防范活动取得的收益都弥补不了它的成本，那么，进一步阻止犯罪同样是不理智的。单从经济学角度分析，完全阻止犯罪是毫无道理的。总会存在某种犯罪防范活动水平，在该水平上，增加1个单位犯罪防范活动的收益不能弥补其成本。（表5—2中10个单位的犯罪防范活动情况如何？）

□ 犯罪防范预算的分配

经济分析也有助于确定犯罪防范活动各方面的效率。任何健全的政府犯罪防范计划都由不同的方面组成。理想的情况是，这些计划应该能阻止人们从事犯罪活动。倘若做不到这一点，当然这是很难做到的，至少也应发现和逮捕那些从事犯罪活动的人。这主要是犯罪防范的治安功能。为确定被指控有犯罪行为的人是否有罪，法律体系将利用法庭、律师、法官和陪审团来完成。罪名成立者将会被处以罚金和（或）判处监禁以改造和（或）惩罚他们。人们把监狱制度作为管教制度，是希望囚犯能在其中悔过自新并杜绝犯罪行为的再次发生。在实践中，对那些罪犯的判决通常至少要有一定程度的惩罚。

政府用于犯罪防范的预算中应有多少分配给警察部门？多少分配给法院、法官和检察官？多少分配给管教、改造和惩罚？如果没有相匹配的法院设施，那么对犯罪的侦查和犯罪嫌疑人的拘捕近乎徒劳。对在押者的审讯和对罪犯判罚也要以有适当的改造或惩罚制度为前提条件。没有其他方面的支持，犯罪防范的任何一方都会举步维艰。

可见，经济学家所谓的**等边际原理**（equimarginal principle）决定了犯罪防范各个方面最有效率的组合。政府犯罪防范预算应该按照下列原则在警察部门、法院和管教机构中分配，即在犯罪防范的任何一方面支出的最后 1 美元所产生的收益，要与在其他方面支出最后 1 美元所产生的收益相同。换句话说就是，预算的分配应当是，价值 1 美元的警察工作的边际社会收益，等于价值 1 美元的司法工作和价值 1 美元的管教工作的边际社会收益。

举例来说，假设犯罪防范体系在侦查和逮捕方面超负荷。法院不能及时处理所有已被逮捕的人，因此许多在押者可能会不经审讯而获释，或者在认罪辩诉协议案件中给予犯罪人较轻的罪名和判罚。逮捕对犯罪具有一定程度的威慑作用，但这种威慑作用比有足够的法院机构进行审判的威慑作用小得多。从这一点上说，每增加价值 1 美元的警察活动，对犯罪防范的贡献是比较低的。相反，法院机构的扩大将提高对犯罪嫌疑人审讯和定罪的可能性。我们认为，在法院机构的扩大上每多花 1 美元的犯罪威慑作用比花在侦查、逮捕和后来释放在押者上 1 美元的犯罪威慑作用要大。假定削减警察部门 1 美元经费，就足以导致犯罪增加，致使 GDP 损失 75 美分。现在假定增加法院活动经费 1 美元，而这种增加的活动可以制止犯罪活动，从而使社会境况改善 3 美元。在这样的情况下，从警察活动向法院活动转移 1 美元，该社会将获得 2.25 美元 GDP 的净收益。因此，在警察活动、法院活动和管教活动三者当中，只要花费在其中任何一项活动上的 1 美元的边际社会收益，低于花费在其他两项当中任何一项活动上的 1 美元的边际社会收益，那么，在三者之间转移经费就有可能获得这种净收益。但是，如果犯罪防范预算的分配结果是，花费在任何一项活动上的 1 美元的边际社会收益恰好等于花费在其他两项当中任何一项活动上的 1 美元的边际社会收益，那么，经费的转移就不会产生这种净收益。

□ 改变物品和服务的法律地位

经济分析也可以用于评估物品和服务法律地位改变的影响。在某些情况下，物品和服务的提供以及销售的法律地位会改变，从合法到不合法，或者相反。这样的例子很多，比如一些药品、人工流产服务、某些类型的赌博和卖淫等。毋庸置疑，最典型的例子是酒精。20 世纪初，针对酒精类饮料的生产、销售和使用，人们争论不休。反对使用酒精者甚至通过美国宪法的《第十八修正案》来寻求帮助。但 1933 年有关酒精的法律发生了变化，宪法《第二十一修正案》（Twenty-First Amendment）的通过撤销了先前的禁酒法令。在这场争论中，主要焦点是道德问题。显然，经济学家无法解决关于物品和服务法律地位的道德问题。但对于物品和服务法律地位的变化对物品销售和使用的影响，经济分析还是大有用武之地的。

在过去的几十年中，麻醉剂比如大麻、可卡因的法律地位逐渐成为公众谈论的热点话题。并且在最近大选的公民投票中，加利福尼亚州、亚利桑那州和华盛顿州等的选民倾向于允许将一些先前不合法的药品用于医疗。而反对者认为，这种举措会误入歧途，并将不可避免地会导致那些在他们看来是危险药品的直接合法化。这些反对者通常认为，非法药品的生产、交易和使用会导致我们今天所见的许多犯罪行为，这些药品甚至会给使用者本身带来意想不到的严重后果。赞成以某种形式立法的支持者则辩称：与非法药品相关联的犯罪行为并不是药剂本身所带来的，而只是这些药品的非法地位所致。他们还认为，发生在使用者身上的任何意想不到的后果，仍是由药品的不合法引起的，因为正是其非法性限制了人们得到可以获得的药剂的可靠信息。显然，这个问题非常复杂。但通过对这一问题的经济分析仍能得到一些重要启示。为此，我们考察一下能否使不会使人上瘾的药品比如大麻合法化。

在图 5—1 中，假设 D_1D_1 和 S_1S_1 分别代表大麻在目前不合法状态下的需求曲线和供给曲线。在此情况下，消费者和生产者的相互作用使得均衡价格为每盎司 p_1，而均衡交易量为每年 M_1 百万盎司。在分析使这种东西合法化可能出现的后果之前，需要指出，当这种东西不合法时，其生产、分配和使用就都已存在了。也就是说，即使大麻是非法的，只要使用者愿意付足够的钱，就能得到一定数量——这是供求规律的简单运用。但

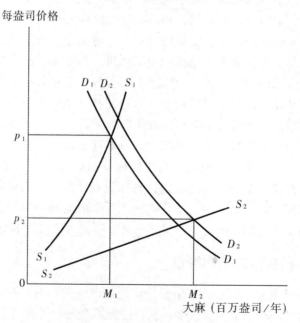

图 5—1　大麻合法化的经济影响

当大麻是非法的时候，需求曲线 D_1D_1 和供给曲线 S_1S_1 相互作用导致均衡价格为 p_1，均衡交易量为 M_1。大麻合法化将使需求有所增加，达到 D_2D_2，而供给将大量增加，达到 S_2S_2。结果，均衡价格大幅度下降，交易量大幅上升。

使用者是谁？在价格很高的情况下，境况比较好的人相比处于收入底层的人在购买和使用这种东西时处于有利地位，当然，除非收入低的人寻求非法手段筹钱以支付得起使该东西非法化后上涨了的价格。针对像大麻这种东西使其非法化因而会驱使其价格明显上升这种情况，社会上存在一个有些违背常理的论点，有点类似于"相信有钱人比穷人会更明智地用这种东西"。无论是经济学还是社会学，都很难想象会支持这一观点。

倘若在大麻市场上，大麻的生产、分配和使用全部合法化以后会发生什么情况？在需求方面，可以看到对大麻的需求将会有所上升，比如上升到 D_2D_2 的水平。如图所示，需求增加不大。对大麻的广泛使用（目前对 $7 \sim 12$ 年级学生的一项调查表明，40% 的人曾吸食过大麻）且随处可得（其中将近 60% 的大麻"容易获得"）似乎证实了如下猜测：这种东西的合法化仅会使其需求有所增加，也就是说，目前很少人是因为大麻不合法而不吸食。

在供给方面，对市场的实际影响可能巨大。如图所示，供给曲线会移到 S_2S_2。为什么供给会有如此巨大的增加呢？回想一下，在画供给曲线时，首先考虑的是让生产成本保持不变。试比较大麻在合法和非法情况下的生产和销售成本。当大麻不合法时，种植商必须在室内种植，难以保证户外种植的产量或者在户外种植要承担更大的风险。由于存在被查获的风险，户外种植商必须选择偏僻的地方来种植且经常可能会被切断水源等的供给。大麻收割以后，这些东西还必须要"安全"地运送到全国各地。并且在这一过程的每一步，生产商必须意识到他们一旦被发现所带来的法律上的麻烦、生产成本和应付诸项事宜的手段。而大麻被合法化后，上述情况都不会存在。显然，大麻的合法化会极大地降低生产成本并随即带来供给的大幅增加。

综合来看，大麻的新的供求会导致新的均衡价格每盎司 p_2 和新的均衡交易量 M_2。即我们可以看到，当大麻合法化后，价格会大幅度下跌，交易量和消费量显著增加。但是否存在其他结果呢？来自其他物品和服务的经验告诉我们，大麻合法化后，很可能会出现其他结果。这些结果可能包括：（1）由于生产商迫于商业竞争压力而明显提高大麻的质量；（2）由于暴力犯罪几乎不会与合法物品的生产和销售有什么联系，因而与这种物品有关的犯罪将减少；（3）政府的犯罪防范预算下降，释放出大量资源用于其他方面。

我们应该使诸如大麻这类毒品合法化吗？必须重申，经济分析本身并不能对这个问题作出明确的回答，尤其是如果所讨论的毒品极易使人上瘾，比如海洛因和纯可卡因。当然，就上述几类毒品所做的有关分析并不是无懈可击的，因为上述分析基于这样的假设：使用者对按照自己意愿选择购买的毒品并不上瘾。但是，当我们考察一种不使人上瘾的毒品比如大麻时，经济分析所提供的是在某种物品或服务具有合法地位的既定前提下，清楚地理解这种物品或服务市场的各种经济问题。总之，对于一种合法的物品或服务，我们期望它价格相对较低、质量高、供给充足，并且与该物品或服务的生产、销售和使用相关的非法活动有限。也就是说，我们期望（一般情况也是如此）市场服务于消费者的利益。上述分析是否存在着道德问题，对此仁者见仁，智者见智。

□ 犯罪活动产生的原因

至此，我们已从社会角度分析了犯罪和犯罪防范问题；同时，经济分析也有助于从犯罪或潜在犯罪前景考察犯罪活动。具体来说，为什么有些人会选择参与犯罪活动？显然，原因复杂多样，并且其中许多与经济学毫不相关或联系甚少。在很多情况下，暴力犯罪是由于情绪和感情失控所致，比如大多数谋杀源自谋杀者和受害者之间长期异常紧张的情感关系，受害者可能是妻子、丈夫、恋人和在高速公路上肆无忌惮地驾驶的司机。谋杀者的极度情绪早已将良心和法律的束缚抛到脑后。虽然这种情况比较平常，但大量的犯罪活动无疑有其经济根源，特别是诸如非法物品交易这类情况。对于这类犯罪活动，经济分析的确能让我们充分认识罪犯的犯罪动机。

要认识经济分析在理解人们为什么会犯罪这一问题上的价值，考察一下上面讲到的大麻市场的供给。什么动机诱使人们铤而走险地加入到种植大麻的这种生意中？这个问题的关键词是生意。也就是说，种植大麻是一种风险生意，种植大麻的动机和从事其他任何生意的动机是一致的——不管它合法与否。无疑，动机是多种多样的。有些人从事某种生意，是因为这项生意能给他们带来向往的生活方式。而在有些情况下，决定从事某种生意纯粹是因为要生活在国内或世界的某一个地方。尽管存在这样或那样的动机，但不可否认，在很多情况下，人们从事某种生意的根本原因是为了追求利润——收入与成本的差额。但是，追求利润作为从事某种生意的动机就必定会与其他动机诸如生活或工作在海边城市这种愿望相冲突吗？不一定。如果我们扩大对收入的理解，使之不仅包括货币收入，还包括所谓的**精神收入**（psychic income），那么，在这些动机之间就没有冲突。也就是说，有的人可能不愿在大城市做注册会计师赚取货币收入而希望在海边开一家自行车店，就是因为居住或工作在海边所获得的精神收入远远超过了失去的货币收入。现在把货币收入和精神收入放在一起考虑，我们假设赚取利润的欲望驱使某些人作出从事某种生意的决定。如果我们认为在海边开一家自行车店是合理的话，这与种植大麻又有什么区别呢？

以获取利润为目的的种植者，销售大麻的总收入或总所得必须超过其生产成本。倘若如此，我们可以推定"犯罪是值得的"。种植者的收入显而易见，它等于种植者批发其产品的价格乘以出售的数量，并加上种植者从其经营中获得的精神收入。而成本的计算则略显麻烦。现在你已经知道，经济学家用机会成本原理衡量成本。从事大麻生意的机会成本包括显性成本和隐性成本。显性成本一般包括为保护生产资料安全所支付的费用以及为保证产量而在光照（假定为室内种植）、肥料和杀虫剂上的投入。通常，大麻种植者还要发生隐性成本。其中最主要的是由照料大麻种植必须花费一定的时间而带来的成本，因为在照看大麻的同时，种植者不能同时以其他方式获得收入。也就是说，如果种植者在照看大麻上花费 20 个小时，那么在这 20 个小时里种植者可能创造的价值即为种植大麻的隐性成本。同样重要的是，种植者必须承担可能由被逮捕而带来的隐性成本——失去自由，尤其是在有强制性最低刑期的情况下。当然，被逮捕的成本是很难估计的。假设被捕后的惩罚后果非常严重或者说为终身监禁，那么这可能是种植大麻所带来的最为严重的隐性成本。但事实并非如此，因为严厉惩罚的存在是否会带来极大的隐性成本取决于种植者被捕的风险有多大。如果被捕的风险大，那么隐性成本因此也会增大。相反，如果被捕的风险很小或者根本就不存在，那么该隐性成本就会相应减少。最后，种植者的额外隐性成本是其社会地位的降低，种植者必须承受因其犯罪而带来的社会恶名。社会地位的降低必须计算在大麻种植者账簿的成本之中。从这一点来看，种植大麻背负的骂名可以视为负的精神收入或者可以简单地认为是这种生意的**精神成本**（psychic costs）。

一旦对潜在收入（包括货币收入和精神收入）和潜在成本（包括显性成本和隐性成本）进行了尽可能精确的估计，从事大麻种植生意的决定就变成了成本—收益分析的简单运用。如果有理由预期收入高于成本，那么人们可能就会通过种植大麻——按现行法律也成为罪犯——来增加其本身的福利水平。如果情况相反，人们肯定会寻找其他的工作来增加自己的福利水平。

尽管上面的分析顺理成章，但我们还必须讨论另外一对因素。具体来说，让我们从机会成本的角度更详尽地分析一下种植大麻的隐性成本。对种植者来讲，最大的隐性成本包括因种植大麻而牺牲的可能从事其他职业获得的收入，以及可能因被监禁而导致停止种植所带来的潜在成本。但是，假使个人在进入某一行业之前失业或是由于他的经济条件不可能得到收入较高的合法工作，情况又如何呢？对于这类人来说，其成本一般要比那些拥有高薪工作的人少得多。但这并不意味着所有或大部分穷人都会从事犯罪活动——比如种植大麻，但是，机会成本原理似乎解释了为什么大麻在经济不景气的阿巴拉契亚地区广为种植，该地区生产的大麻占美国国内种植量相当大的份额。当以合法方式来维持最低生活的希望破灭时，便滋生了犯罪活动。但反过来讲，这并不意味着机会成本原理仅适用于穷人的犯罪活动。尽管享有高薪的人比失业或从事低收入且没有前途的工作的人的机会成本大得多，甚至有些社会最高阶层的人也铤而走险——如果潜在的收益足够大的话——这无疑是目前职务犯罪的主要诱因。

从机会成本原理的角度对从事特定违法行为的隐性成本进行全面的考察和分析，从而对一些犯罪行为的诱因提出有见地的分析，这些见地至少在减少犯罪行为方面是对社会有益的。从某种程度上说，由于令人绝望的贫困降低了一些人犯罪的机会成本，使得那些经济上极为窘迫的人转而从事犯罪活动。通过增加教育机会从而提高合法的谋生能力，通过工作培训和咨询服务、社区经济发展，以及某些情况下通过移民等计划可以防止这些人犯罪。政府向贫困地区的青少年提供娱乐活动或许同样有效。如果上述计划的任何一种成功的话，都能够增加从事犯罪行为的机会成本，并且因此减少人们犯罪的可能。同样重要的还有因逮捕和惩罚而带来的隐性成本。正如上面所指出的那样，如果被逮捕的风险很低，那么这项隐性成本趋近于零。如此看来，运用等边际原理可以得到：如果更多的资源投入到准确、迅速地对罪犯的逮捕和定罪并减少在较长但不确定的刑期上的资源投入，一些人肯定不会从事某种非法活动。

■ 小结

犯罪活动被定义为非法行为，它们可能是，也可能不是不道德的。犯罪活动通常分为：（1）侵犯人身罪；（2）侵占财产罪；（3）非法物品和服务的交易；（4）其他犯罪。

由于许多犯罪活动未被披露或者对其中一些犯罪行为的后果难以评估，所以很难获得有关犯罪成本的信息。许多被披露的犯罪"成本"并不真正是从整个社会来看的经济成本，而是收入从受害者到犯罪者的转移。

在对犯罪的经济分析中，将物品和服务划分为三类是有用的：（1）私人的；（2）半私人的；（3）公共的。政府通过其强制力量，在有效提供像犯罪防范措施这类公共物品和服务方面处于一个非常特殊的地位。因此，此类公共物品和服务常常由政府提供。

成本—收益分析可以用来确定一个社会犯罪防范活动的最佳水平。犯罪防范的成本容易确定，但是收益（其中许多是无形的）却很难计算。从理论上讲，该收益是有犯罪防范活动和没有犯罪防范活动时的 GDP 之差。基于对此能作出的最佳估计，社会应该能找出使净收益总额最大的犯罪防范水平。在该水平下，犯罪防范的边际社会成本等于其边际社会收益。

政府的犯罪防范预算水平一经确定，就应在犯罪防范活动的各个方面有效地分配。犯罪防范包括对违法者的侦查和逮捕、判定犯罪嫌疑人有罪或无罪，以及对罪犯的教育改造。犯罪防范预算在这些方面的最有效分配是通过应用等边际原理来确定的。这种最有效的分配结果是：在侦查和逮捕方面 1 美元的投入所产生的边际社会收益等于在犯罪防范的其他两个方面任何一方面投入 1 美元所产生的边际社会收益。

经济分析还有助于确定物品或服务是否应该合法化。一般而言，当非法行为合法化以后，它的供给和需求都会增加，尽管在大多数情况下供给的增加会比需求的增加要大，从而导致这一活动的均衡价格降低而均衡交易量增加。另外，完全有理由认为物品或服务的质量也会提高。在任何一种情况下，如果目前的一项合法行为被定为非法，那么，将会出现完全相反的情形。

经济分析也有助于理解个人犯罪动机。如果从事犯罪活动的收益比其成本大得多，一个理性的人可能就会从事某种犯罪活动。同时考虑所有收入（从货币收入到精神收入）和总成本（显性成本和隐性成本）是很重要的。如果充分理解了成本和收益，社会就可以更有效地利用等边际原理来减少犯罪活动。

讨论题

1. 有人把不道德行为视为犯罪。试解释为什么道德对于判定某种特定行为是否构成犯罪几乎不起作用。

2. 物品和服务可以分为三类：私人物品和服务、半私人物品和服务以及公共物品和服务。谈谈三者区别，并举出每一类的例子。

3. 什么是搭便车者？他们如何影响市场有效配置资源的能力？

4. 市场在提供公共物品和服务方面存在困难，这是为什么？提示：运用搭便车概念。

5. 从搭便车问题角度，讨论集体做事的可能效果。基于搭便车问题的经济分析与你

的经验一致吗？

6. 解释如何实现政府在公共物品和服务上的最优支出水平。

7. 假设期末考试马上来临，你要参加经济学、微积分和历史的考试。进一步假设你的主要目标是使自己的平均学分绩最大化。谈谈你将如何运用等边际原理来统筹安排你的学习时间。

8. 以堕胎服务为例，你认为如果该服务不合法后会有什么后果？

9. 谈谈经济分析如何有助于理解人们为什么犯罪。这种分析在减少犯罪的种种努力

上说明了什么？

10. 对于某些类型的犯罪，强制性最低刑期的政治压力是很大的。根据本章的分析，谈谈这种刑期的可能后果。

11. 讨论："与毒品交易相关的犯罪是因为毒品的非法性，而不在于毒品本身。因此，如果想减少美国的犯罪，就应该使大麻和可卡因之类的毒品合法化。"

12. 佛罗里达州的博卡拉顿市最近用财政资金建造了一处滑板设施。利用本章的分析方法，解释该设施对本市的青少年犯罪可能会产生什么影响。

13. 根据边际社会收益和边际私人收益概念，用图形证明和解释市场独自发挥作用时为什么会引发香烟的大量生产和消费。

14. 政府生产半私人物品和服务对于实现

社会资源最优配置是必要的吗？

15. 政府生产公共物品和服务对于实现社会资源最优配置是必要的吗？

16. 讨论："当政府宣布像堕胎这类物品或服务为非法的时，对于谁会享有这样的服务要作出价值判断，因为比较有钱的人总是能够找到高质量的堕胎服务，即便这是非法的。"

17. 利用消费的竞争性和排他性概念，解释私人物品、半私人物品以及公共物品之间的区别。

18. 当社会把某种商品或服务定为非法的时，正在形成某种阶级社会观。

19. 定义并举出精神收入和精神成本的例子，解释它们如何影响决策。

20. 基于等边际原理，你认为重新配置政府的犯罪防范预算会导致犯罪率下降吗？

课外读物

1. Balkin, Karen, ed. *Drug Legalization*. Current Controversy Series. New York: Greenhaven Press, 2005.

表明反对毒品合法化意见的论文集，各章题目是："禁止是与毒品作斗争的有效策略吗？""美国毒品政策应当合法化吗？""大麻立法应当放宽吗？"

2. Belenko, Steven R., ed. *Drugs and Drug Policy in America: A Documentary History*. Primary Documents in American History and Contemporary Issues. Westport, CT: Greenwood, 2000.

通过报纸文章、信件以及其他主要文献，回顾了美国从 19 世纪到 20 世纪末毒品使用的历史，包括禁毒法律、联邦麻醉品管理局、20 世纪 60 年代麦角酸二乙基酰胺（属中枢神经致幻剂）的使用以及 1986 年的《反滥用毒品法》（Anti-Drug Abuse Act）等。

3. Boaz, David, ed. *The Crisis in Drug Prohibition*. Washington, DC: The Cato Institute, 1990.

总的来说，这些论文对于毒品合法化问题作了全面而深入的分析。

4. Cook, Philip J. *Assessing Urban Crime and Its Control: An Overview*. NBER working paper ser. 13781. Cambridge, MA: National Bureau of Economic Research, 2008.

这篇工作论文首先提出一个前提："美国 20 世纪 90 年代的城市犯罪率大大降低，是历史上的最低水平。"作者认为，城市警察部门不是犯罪率下降的唯一原因。像目击证人的合作（这常常是很难找到的）这类私人参与，对于降低暴力犯罪率至关重要。

5. Federal Bureau of Investigation. *Crime in the United States*. Washington, DC: U. S. Government Printing Office, annual.

对美国每年所有备案的犯罪进行了总结，并提供了有关各类犯罪行为和罪犯最完整的统计数据、主要犯罪统计类型的趋势数据，但对数据未作分析。

6. Naylor, R. T. *Wages of Crime：Black Markets，Illegal Finance，and the Under-* *world Economy*. Ithaca，NY：Cornell University Press，2002.

作者探讨了黑手党、游击组织、军火商、洗钱等对地下和黑市经济有什么影响。

在线资源

1. 司法统计局（Bureau of Justice Statistics，BJS）：

www. ojp. usdoj. gov/bjs

司法统计局隶属于美国司法部。提供美国司法系统信息和其他与司法相关的数据库的站点链接，提供全国犯罪和受害情况的统计。

2. 联邦调查局（Federal Bureau of Investigation）：

www. fbi. gov

美国联邦调查局调查恐怖主义、反情报活动、网络犯罪、公共腐败、公民权利、有组织犯罪、职务犯罪以及其他一些重大的盗窃和暴力犯罪。提供了如何成为反犯罪高手、了解联邦调查局的通缉犯及其出版物《统一犯罪报告》（Uniform Crime Reports）的渠道。

3. 全国犯罪审判数据（National Archive of Criminal Justice Data）：

www. icpsr. umich. edu/icpsrweb/NACJD

提供 550 多个统计数据、防范、专业化训练基地等的链接。

4. 国家政策分析中心：智库（National Center for Policy Analysis：Idea House）：

www. ncpa. org/pub/crime

国家政策分析中心是一个由两党人士组成的非营利性智囊团，对包括犯罪和劳动力市场、"仇恨犯罪"以及贫穷、教育与犯罪之间的联系等在内的各种问题进行经济分析。

5. 全国犯罪防范理事会（National Crime Prevention Council，NCPC）：

www. ncpc. org

全国犯罪防范理事会是一个非营利性教育组织，由动画片"McGruff crime dog"广告赞助。主办多次针对网络欺凌、高级诈骗、身份盗用以及恐吓等问题的活动，提供网络安全方面的信息。

6. 美国国土安全部（United States Department of Homeland Security，DHS）：

www. dhs. gov/index. shtm

《2002 年国土安全法》（Homeland Security Act of 2002）旨在"保障国土不受恐怖袭击"，将许多政府机构合并成一个部门——国土安全部。国土安全部网站主页向公民提供关于维护威胁等级系统和移民统计方面的信息。

第6章

教育经济学：危机与改革

□ **本章概要**

K-12 的危机

纯私人市场的 K-12

K-12 纯私人市场的潜在缺陷

　消费的正外部性

　种族隔离造成的社会与文化凝聚力的
　　缺失

　机会是否均等？

现行 K-12 制度的改革建议

　学校的选择与教育券

　缩小班级规模和其他学校资源问题

　改革建议：补充说明

小结

□ **主要概念**

需求（demand）

供给（supply）

边际私人收益（marginal private benefits）

边际社会收益（marginal social benefits）

边际私人成本（marginal private costs）

边际社会成本（marginal social costs）

消费外部性（externalities in consumption）

市场失灵（market failure）

学费补贴（tuition subsidy）

教育券计划（voucher programs）

特许学校（charter schools）

章首引语

华盛顿。如果你是一位正想上大学的高中生，你得想到这一点：一个拥有学士学位的人一生的收入会比一个高中生多出将近 100 万美元。

人口普查局（Census Bureau）最近公布的一项调查结果显示：大学毕业生如果在 25～64 岁全职工作，预期收入会达到 210 万美元。而这段时间正是统计学家所称的一生中典型的工作时段。

具有硕士学位的人能赚到 250 万美元，而像医生、律师等具有专业学位的人收入更多，高达 440 万美元。

相比之下，根据人口普查局的一项有关教育对一生收入影响的追踪调查报告，一名高中毕业生在其一生的工作中预期只能赚到 120 万美元。

并非所有的学生都将读大学视为一种投资，"但我想家长会这么认为"，美国教育协会"（American Council on Education）高等教育宣传组的政策分析师杰奎琳·金（Jacqueline King）说，"而富有挑战性的问题是，如何使这些面临抉择的高中生真正相信读大学是值得的。"

资料来源："Go To College, Make More Money," *The Associated Press*, July 18, 2002. Used with permission of *The Associated Press*. Copyright © 2009. All rights reserved.

无论是从学生及其家庭的角度，还是从整个经济的角度来看，对于现行的中小学教育（即从幼儿园至 12 年级，简称 K-12）的重要性，再怎么夸大也不为过。从个人的角度来说，仅仅依靠体力便能维持基本生活的日子已经或即将结束。在当今的信息饥渴社会，即便是最基本的工作也要求劳动者能读、能写，以及会一些简单的算术，而大多数工作的要求更高。如今，一个年轻的成年人如果缺少坚实的 K-12 教育，那么他很有可能生活在一种贫困或几近贫困的状态。正如上面的引语中提到的，可以肯定地说，大学毕业生在他整个的工作生涯中，预期会比那些没有读大学的高中生多赚整整 100 万美元。这种结果并非对我们市场经济的一种批判，正如第 3 章讨论过的，在竞争市场经济中，工人的报酬是由他们为其雇主创造的价值（即增加的收入）决定的。也就是说，工人为企业带来的收入越多，他得到的报酬也越多。这也清楚地表明了一个良好的 K-12 教育制度对整个经济的重要作用：受到的教育和培训越好，劳动力的生产能力就越强，单个企业的效率就越高，最终整个经济的增长也会越快。回想一下第 1 章的内容，一国生产可能性曲线外移（降低社会稀缺性的影响）的一个主要方法，就是提高这个经济体中生产性资源的质量，而其中最重要的就是劳动力的质量。

人们普遍认为，美国在广泛的基础教育方面长期以来都是比较成功的。但近年来，有人开始质疑 K-12 教育的有效性。虽然困扰现行 K-12 制度的一些问题实际上是社会或政治问题，但是这些问题中很多都包含很重要的经济成分。其中最主要的问题包括：应当提供多少 K-12 教育？谁应承担教育经费？应该用什么样的制度结构来提供？本章将关注这些问题。我们首先要对"K-12 的危机"意味着什么有一个清醒的认识，然后再对这些问题给予有根有据的回答。

K-12 的危机

在整个 20 世纪的大部分时间里，美国的 K-12 教育制度一直深得人心。然而，到了 20 世纪六七十年代，这种状况发生了改变。当时，人们开始看到在教育成果的国际评估中美国学生的得分相对较低，大学招生考试的分数不断下降，而且人们越来越意识到我们的 K-12 毕业生缺乏能胜任今后工作所必需的教育基础、技能和培训。越来越多的证据表明，最严重的问题可能是在科学和数学训练等极其重要的领域，美国高中毕业生的整体表现不如其他国家。美国高中毕业生与国际上其他同龄人的对比情况，如表 6—1 所示。表中的数据来自 2007 年完成的"国际数学和科学测评趋势"（Trends in International Mathematics and Science Study，TIMSS）。可以看到，从整体上看，美国的八年级学生无论在数学还是科学领域的表现都不是特别出色。实际上，他们不仅比不过那些发达的、相对富裕国家的同龄人，甚至连世界上那些不太发达国家的同龄人也比不过。表中所列的 10 个国家中，美国学生在数学和科学方面的表现都居中。

表 6—1　　　　　　　　　美国八年级学生的国际比较，2007 年

国家	数学	科学
美国	508	520
新加坡	593	567
日本	570	554
英国	513	542
俄罗斯	572	530
澳大利亚	496	515
瑞典	491	511
意大利	480	495
挪威	469	487
塞浦路斯	465	452

资料来源：Trends in International Mathematics and Science Study（TIMSS），2007，available at http://nces.ed.gov/timss/results07.asp.

表 6—1 中的数据是很有说服力的，但是使用 TIMSS 的数据进行国际比较也存在不足之处。其中很明显的一点就是，这些国家在一些关键因素，比如课程设置、教师备课情况、教学日和学年的长短等方面，都存在差异。为了表明这种国际比较的难度，我们以平均学年长度为例来说明。美国学生平均每年在校 180 天，相比之下，英国是

192 天，加拿大是 195 天，俄罗斯是 208 天，德国是 240 天，日本是 243 天。显然，如果有时间完全可能弥补种种不足，在学生成绩的国际比较中，美国学生的表现可能会稍微好一点。虽然这样说，但从世界上最富裕的国家角度来看，人们不想看到表 6—1 所示的美国教育成绩状况。或者说，世界上最富裕的国家难道不应该拥有首屈一指的教育成绩吗？

当然，成绩只是一个侧面，另一方面是教育支出情况反映出的国家对教育的支持程度。也就是说，如果我们看到美国在教育支出上也较为落后，可能表 6—1 所示的结果就可以理解甚至可以接受了。表 6—2 列出了部分国家的教育支出情况，其中包括 2003 年中学生的生均支出绝对额和所有 K-12 学生的总支出占 GDP 的比率。

表 6—2　　　　　　　　　　　　　　教育支出的国际比较

国家	生均支出（美元） （2003 年）	总支出占 GDP 的比率（％） （2000 年）
美国	8 855	3.9
挪威	8 476	4.6
意大利	7 218	3.5
澳大利亚	6 894	3.4
瑞典	6 339	4.5
日本	6 266	2.7
英国	7 090	4.0

资料来源：*Digest of Education Statistics*，2007，Tables 404 and 405，available at http://nces.ed.gov.

正如表 6—2 指出的那样，美国中学生的生均支出水平是世界最高的。美国花费在中学生身上的生均支出为 8 855 美元，相对而言，这已经是相当大的投入了，足以用来驳斥那种简单地认为上述成绩结果只是教育投入不足的一种后果的观点。如果完全从效率的角度来看，与列示的其他国家 K-12 制度相比，我们的教育投入似乎并非"物有所值"。通过对 K-12 制度总支出占 GDP 的比率的国际比较，可以看得更清楚。用这个比率来衡量，美国在这些国家中处于中等水平。总的来说，表 6—1 和表 6—2 的数据表明，相对于所取得的成效来说，美国的 K-12 制度实在是一个相对昂贵的制度。为什么会这样呢？

美国从幼儿园到 12 年级的教育是一个以公共提供为主的混合制度，但是，私立中小学也越来越重要。2003 年，美国 5 000 万学龄儿童中近 90％就读于通过各种税收融资的公立学校，其余的学生则选择了各种私立学校。区分这两种学校的最明显特征在于，相对于免学费的公立学校而言，私立学校学生的家庭直接承担着更重的财务负担。在这种制度背景下，我们必须找到以下三个关键问题的答案：教育服务应该提供多少？费用应由谁来负担？提供教育的最合理的制度架构是什么？要回答这些问题，首先要弄清楚 K-12 的纯私人市场会产生怎样的结果。

纯私人市场的 K-12

我们暂且不谈美国的现行 K-12，而是先作如下假设：（1）没有公立学校；（2）在教育上没有公共投入；（3）对任何年龄的儿童，没有强制入学要求。这样的教育制度会是什么样的？首先看家庭一方。通常是由家庭来决定子女是否要上学、去哪类学校、读多少年书。与其他支出决策一样，这一决策取决于家庭收入、教育与其他所有产品和服务的价格，以及家庭对教育的价值评估。是什么决定了家庭对其子女教育的估值呢？K-12 教育给子女及家庭带来的最主要收益在于他们从中获得的好处，这种好处来源于所获得的基础读写能力以及建立在此基础之上的知识和思考方法。这些收益大多是通过教育能提高个人获得额外收入的能力来衡量的。但是，我们也不应忽略教育带来的一些无形产物，例如可以使家庭在健康、医疗、财务等问题上作出更好的决策；可以使人们更好地理解人际关系以及学习能带来的纯粹满足感。在每一种情况下，随着教育消费的增多，人们对再多接受一年教育所能带来价值的期望值也会减少。也就是说，孩子从不识字到能读写阶段的早期教育，比起只是扩展和增加孩子知识的后期教育来说，在赚钱能力以及教育的无形性两方面，产生的边际收益更大。

你可能会意识到，我们只是用语言描述了家庭对教育的需求。这与家庭对住房、食品、交通，以及其他所有消费品的需求是一样的。在所有其他条件保持不变的情况下，随着子女所处的 K-12 阶段的变化，家庭对教育的需求反映了它获得的边际私人收益。早期的教育会产生最大的收益，也就是对家庭最有价值。但随着孩子所处的 K-12 阶段的变化，从边际角度看，再增加教育时间，其价值会越来越小。因此，图 6—1 中的需求曲线 D，真实反映了家庭对 K-12 的需求。由于曲线 D 是一条典型的需求曲线，在其他条件不变的情况下，表明上学的价格下降（即学费降低）会使得家庭选择让他们的子女接受更多的教育。最后，应该指出，D 也可以表示为 MPB，即 D 表示的对 K-12 的需求准确反映了孩子及家庭从每增加一年教育中获得的收益，即边际私人收益。

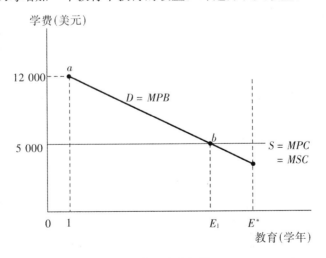

图 6—1 纯私人市场的 K-12

K-12 纯私人市场与其他市场相似，当 $D=S$ 或 $MPB=MPC$ 时达到均衡点，即图中的 b 点，入学水平为 E_1。

现在我们来考察一下纯私人市场 K-12 的供给。没有公立学校，政府在 K-12 教育上不投入，没有强制入学的规定，会有人提供 K-12 吗？通常来讲，我们认为似乎没有。当然，这只是我们对处于一个由政府主导的 K-12 环境中的下意识反应。倘若政府完全没有涉足 K-12，结果会怎样呢？还会有市场。也就是说，对于任何产品和服务来说，只要消费者至少愿意支付生产成本，追求利益的私人个人和团体就会逐渐开始提供这种产品和服务。那些能获利并满足消费者需求的个人和团体会不断壮大，而那些做不到的就会开始萎缩，不是转行，就是消失。实际上，这相当准确地描述了 19 世纪中叶美国的基础教育情况。或许初级经济学最重要的一课在此得以展现：只要存在有效需求（即至少愿意支付生产成本），就会有供给。

在这个问题上，你可能会问——谁会提供 K-12 教育？没有政府的参与，教育质量如何得到保证？在目前的情况下，政府确实既提供 K-12，又通过直接的监管来确保教育质量。但倘若拿掉政府的这种双重身份，是不是就没有有效地监督手段来保证 K-12 教育应有的质量呢？这里要说明两点。其一，如果认为政府不监督学校就不能有效地控制其质量，就等同于说市场通常没有保证质量的机制。事实当然不是这样的。如果供给方提供了质次的商品或服务，情况会怎样？需要政府来纠正这种情况吗？当然不需要。我们只需从别处购买，供给方要么改进产品质量，要么退出这一领域。因此，认为私人市场没有保证质量的机制是无稽之谈。事实上，私人市场可能拥有最有力的、最有效的、最迅速的质量控制机制，否则消费者只需选择从别处购买。同时，还要指出的很重要的一点是，现有的政府直接管制的质量控制机制显然已经失效了，从表 6—1 和表 6—2 的数据就可看出。如果不是这样，你也就不会阅读这一章了。

在用图示分析市场之前，我们先要做以下四个简单假设：

第一，假设市场是竞争市场。

第二，假设 K-12 的"生产活动"不存在外部性，因此，供给曲线既是提供教育的边际私人成本，也是边际社会成本。

第三，为了简化，假设多提供一年教育的成本不变，比如说每学年 5 000 美元，则供给曲线 S 就是在这个不变成本上的一条水平线。这 5 000 美元也是学生家长每年必须支付给学校的学费（价格）。

第四，必须考虑到万一所有孩子都完成了 K-12 教育，对这项服务就不再有需求了。当入学人数达到 E^* 点时，就会出现这种情况。

在这些假设条件下，我们得到了没有政府参与的 K-12 市场，如图 6—1 所示。图中的需求曲线表明了什么？它表明了家庭对子女的 K-12 教育的每年估值，其中既包括提高收入能力的有形收益，也包括更好的家庭决策和生活方式的无形收益。如图所示，需求曲线表明第 12 年的教育仍有正的边际私人收益，对于即将完成 12 年级的全部学生来说都是这样。当所有孩子都完成了 K-12 学业时，入学水平 E^* 点的 MPB 为正值，这反映出下列理念：如果不考虑其他方面，完成 12 年学业能使个人找到一份要求高中学历的工作，因而其价值仍然是正的。这也许是坚持上完 K-12 学业最后一年的无形收益吧。

看一下某一家庭的教育决策过程。举例来说，假设我们正在讨论这个家庭的第一个孩子接受第一年教育的问题。这个家庭为什么要为其女儿购买这一年的教育？原因很简单，这样做，家庭的福利会增加。为了看清这一点，想一下图6—1的需求曲线，它也是边际私人收益曲线。它表示消费者为每一单位的商品或服务所愿意支付的最高价格，也表示消费者预期从这种消费行为中获得的价值或收益。在这个例子中，a点表示家庭愿意为第一年的教育支付12 000美元，因此我们说第一年学业给该家庭带来的预期收益是12 000美元。第一年的教育带给家庭的收益是12 000美元，而家庭只需花费固定的5 000美元学费。是否值得购买？如果家庭的目标是利用其资源尽可能地增加家庭福利，那么当然要购买。通过对这一年教育的消费，家庭实际上是将5 000美元变成了12 000美元。这是一笔不错的交易。如果是私立学校，家庭的好运也不会变坏。如果供给方发生了损失，或者说5 000美元不足以弥补生产成本，自然不会成交。只有在买卖双方都没有受损的情况下，双方的交易才会自愿达成。

第一学年无论是从生产来看（站在学校的角度）还是从消费来看（站在学生和家庭的角度），都是有利可图的，同样，入学人数达到E_1之前这些年的教育都会被生产和交换，均衡点为b。从0到E_1之间的每一学年，家庭获得的收益（亦即其支付意愿）超过市场价格，这些学年也就会被生产和消费。同理，理性家庭不会为E_1点之后的学年花费一分钱。为什么？正如不能产生收益大于成本的任何其他支出一样，对于超出入学水平E_1的每一学年，增加一年学业的收益不足以弥补家庭要支付的学费，所以家庭不会再花钱。一年学业花费5 000美元，而收益低于5 000美元，家庭还不如把这笔钱花费在高档电脑、去斐济旅游或者其他5 000美元能买到的东西上。

市场会作出怎样的反应？比方说，如果K-12的总需求增加，即图6—2中的D位移到D_1，会发生什么情况？这种情况的发生也许是因为货币收益或无形收益增加，也许是因为家庭收入增加。不管怎样，这都表明家庭希望将更多的经济稀缺资源投入到K-12市场。市场会作何反应？更多的资源会投入到K-12，生产和消费增加，达到新的均衡点c，入学水平为E_2。当家庭想要更多的K-12时，他们得到了。当然，如果他们想减少K-12，随着总需求和由此导致的入学人数减少，也可以实现。最为重要的是，上述情况的发生并没有涉及政府。

显然，纯私人市场的K-12会对家庭期望的变化作出反应，但我们能否期望市场对K-12生产方的变化作出反应？假设原来的需求曲线D反映了对K-12的需求，均衡点为b。又假设开发了一种新的学习技术，能明显降低提供K-12的成本，比如下降到每学年4 000美元。用图来表示，我们看到图6—2中的成本曲线S移动到新的水平S_1。由于此时的均衡点是b^1，最大入学人数为E^*，结果有更多的教育服务产出，也就是说，有更多的学年被消费。换句话说，我们可以认为一个竞争性的、纯私人市场的K-12具有所有结构合理的市场应有的功能：能按消费者的要求配置资源。既能保持低成本又能超出家庭预期的学校会生存下来，甚至不断壮大。然而，如同所有市场一样，那些不能满足家庭预期，或能满足家庭预期但成本高昂的学校只能亏损，因为它们的学生会流失，而到表现更好的学校就读。

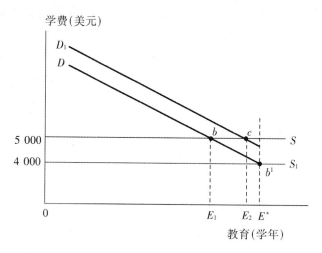

图 6—2　K-12 纯私人市场会如何反应？

K-12 纯私人市场对市场需求和供给的变化会作出反应。当需求增加（减少）时，入学人数就会增加（减少）；当生产成本下降（上升）时，入学人数就会上升（下降）。

K-12 纯私人市场的潜在缺陷

上述假想的纯私人市场模式存在着很多潜在缺陷。有的可以在市场范围内得到纠正，而有的不能。通过找到这些缺陷，我们更容易评价针对现行 K-12 制度所提出和实施的改革措施。

☐ 消费的正外部性

上文描述的 K-12 纯私人市场最明显的潜在缺陷，可能是我们在分析过程中所作的假设。具体来说，我们假设学校教育的全部收益都由学生及其家庭享有。这是大多数私人物品和服务所具有的特征，就像汉堡和家具。但正如第 4 章所述，在一些情况下，产品和服务的全部收益中会有一部分外溢到没有参与初始交易的第三方。这种外溢到他人的情形就称为**消费的正外部性**（positive externality in consumption）。由于除某种东西的直接消费者之外的人，发现他们的福利因直接消费者使用这种东西而增加了，这种物品就被称为半私人物品。比如，针对某种疾病（如麻疹）接种疫苗。当我的孩子接种了疫苗之后，她受益最大，从此不会患这种疾病，但她不是唯一的受益者。具体来说，她所接触到的所有孩子都将从中受益，患这种病的人数会减少。这种消费的收益外溢性或正外部性，导致疫苗接种的边际私人收益与边际社会收益不一致，$MSB > MPB$，其差额正是该外部性的价值。由于没有考虑外溢价值，外部性会使得私人市场低估疫苗接种的价值，市场就会对疫苗接种生产不足。

教育或具体来说 K-12，有没有类似的消费的收益外溢性或正外部性呢？那些认为存在正外部性的人认为，教育带给整个社会的收益超过其带给家庭和学生本人的收益。他们认为，随着平均教育年数的增加，会产生一系列的正外部性，包括更快的经济增长、更完善的民主程序、更健全的公共安全和公共卫生，以及更多的慈善捐赠。还有一点不明显但也很重要，那就是一个有良好教育的社会一般会改善经济决策，从而使市场更有效地运转。此外，通常被认为只属于学生及其家庭的收益，也会对整个社会带来正外部性。例如，这一观点的支持者指出，全社会平均受教育水平的提高将使人们作出更好的营养和保健选择。这会给个人带来收益，再扩大点说，也会通过避免对极其昂贵的卫生服务的需求而给整个社会带来收益。同理，父母受教育的年限与为子女选择的受教育年限正相关，或者说受教育年限与人们从事犯罪活动的可能性负相关。不管其来源如何，似乎很明显，K-12教育至少存在一种潜能，能给整个社会带来显著的收益外溢性。

虽然明显存在这种潜在的正外部性，但其外溢规模并不清楚。即便入学人数适中，人们对于K-12的这种正外部性大小也众说纷纭。也就是说，这种外部性观点的反对者认为，即使在所有孩子接受K-12教育的前几年社会能从中获益，但在孩子接受K-12教育的后几年只有学生及其家庭能从中直接受益，社会的收益微乎其微。争论的双方似乎互不相让，但新的研究对于现有的正外部性能够作出更准确的估计。不过，在一个问题上达成了共识，即来自整个K-12的正外部性的绝对规模，随着受教育年限的增加而减少。孩子进入K-12体系学习后，他们给社会带来最大的正外部性价值很可能是在K-12的前几年，这时学生从不识字变得能读写了。

图6—3从图6—1复制了原需求曲线D和原供给曲线S。同样，供给曲线既是边际私人成本曲线也是边际社会成本曲线，而需求曲线是边际私人收益曲线。在MPB曲线之上是三条新的曲线，即MSB_0、MSB_1和MSB_2。现在先只考虑MSB_0曲线，这条曲线表示的是不同学年教育的供给和消费给社会带来的价值。回想第4章的内容，我们知道，如果存在消费的正外部性，MSB就等于MPB与消费这种服务的正外部性之和，即

$$MSB = MPB + 正外部性$$

MSB是一种复合收益，一部分属于学生家长，超出部分则是学生教育给整个社会带来的收益。它与MPB的差额，正是消费外部性的价值。如果不存在外部性，则$MSB = MPB$。这里我们假设消费具有正外部性。因此，如图6—3所示，MPB与MSB_0的垂直距离，就相当于外部性的价值。请注意，MSB比MPB下降得快，因为外溢的边际价值随着教育消费年限的增加而减少。这一切的重要性在于，该框架能使我们有效地批评K-12完全由私人市场提供，并能回答我们的第一个关键问题，即应提供多少K-12。

问题是，应该提供多少这种服务？现在你应当能回答这个问题：K-12的提供应当扩大到能使社会福利最大化的那一点，即$MSB = MSC$时的点。为了弄清这个一般原则，再看一下家庭有关其子女应当接受多少教育年限的决策过程。我们说过，学生家长很愿意为子女第一年的学校教育进行花费。这是因为第一年的教育会给家庭带来12 000美元的直接收益，而花费只有5 000美元，家庭福利增加了7 000美元。由于家庭的收益多于成本，接受这一年的教育符合家庭的利益。从社会的角度看同样如此，第一年学校教育的MSB远大于MSC，因此第一年教育的提供和消费会提高家庭和社会的福利。同理，只要$MSB > MSC$，生产和消费都将增加；只要提供的学年为E_2，社会福利就可以达到最大值，因为在a点，$MSB = MSC$。显然，这一入学水平比纯私人市场提供的E_1（由b

点决定）要高。对这种市场结果的批评是，由于市场不考虑 K-12 给整个社会带来的收益外溢性，必然会低估 K-12 的价值，导致入学水平过低而不能使社会福利最大化。

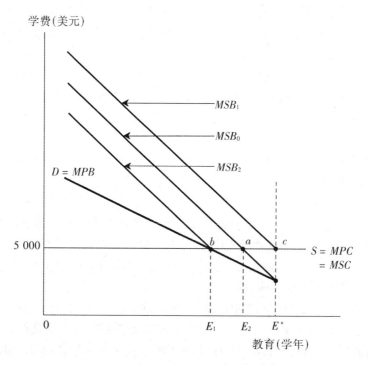

图 6—3　正外部性和 K-12 纯私人市场

消费的正外部性在 MPB 和 MSB 之间加进了一个楔子。如果两者的差额很大，如 MSB_0 和 MSB_1 的情况，市场本身不会生产出社会最优水平的 K-12。

这种批评的程度取决于社会外溢的假定规模。图 6—3 描绘了三种选择。一种我们已经说过了，是 MSB_0。它代表的是这种外部性的中间值，导致的社会福利最大化的入学水平为 E_2。在这种情况下，市场的问题在于对 K-12 的生产不足。同样，如果外溢性像 MSB_1 所示的那么大，对整个社会来说，12 年级的入学率为 100%（入学水平为 E^*）是合理的结果。也就是说，在 c 点，$MSB=MSC$。相反，如果外溢性如 MSB_2 所示的那么大，市场结果将使家庭福利和社会福利最大化，因为在市场决定的入学水平 E_1（由 b 点决定）上，这种外部性假定完全消失了。因此，这种批评的程度取决于人们对 K-12 给社会带来的外部性的评价。如果外部性比较大，单靠私人市场，K-12 的生产就会太少。不过，这并不是说私人市场不能用来生产 K-12，也不是说 K-12 应完全由政府来提供。所得到的比较合适的结论是，当存在显著的社会外部性时，私人教育市场很难生产出社会最优的教育服务水平。于是，政府干预也许会改善市场运作。然而，一般来说，在建议出台任何政府举措之前，必须确认这些举措既能达到目的，又能节约成本。

为了考察政府在矫正纯私人 K-12 市场所存在的正外部性时可能起的作用，假设初始均衡点为 b，由私人市场生产，入学水平为 E_1 学年（如图 6—4 所示）。此时，学费和生产成本都是每年 5 000 美元。又假设教育存在正外部性，产生的边际社会收益为 MSB。在这种情况下，最优入学水平即 $MSB=MSC$ 时的入学水平为 a 点决定的 E_2。为了使生产达到社会最优水平，政府该如何做？以学年 E_2 为例。生产和消费这一学年对社会有益，因为此时 MSB 正好与 MSC 相等，都是 5 000 美元。然而，市场不会生产它，因为这一学年对学生家长的价值（即 MPB）只有 4 000 美元。问题就在于，家庭对该学年的估价比提供它的市场成本（MSC）低 1 000 美元。因此，学生及其家庭不愿意为这一单位教育的生产支付 5 000 美元。或者说，某年教育对学生及其家庭的价值与其对社会的价值之间相差 1 000 美元，这就是问题所在。如果生产者获得的价格只是家庭愿意付出的 4 000 美元，生产者就不干了。

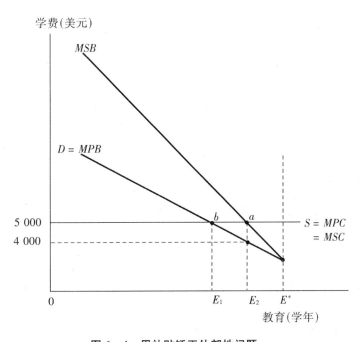

图 6—4　用补贴矫正外部性问题

补贴数额等于教育的外溢价值（MPB 与 MSB 的差额），会使私人市场生产社会最优的教育水平。这里，最优入学水平 E_2 所需要的补贴为 1 000 美元。

但是，如果学生交 4 000 美元，政府以**学费补贴**（tuition subsidy）的形式出资 1 000 美元，情况会怎样？由于成本得以弥补，私立学校现在会提供 E_2 个单位；同样，由于支付的价格正好等于接受这一学年教育所获得的收益，学生也会多上这一年学。只要教育的消费会带来显著的正外部性，而且这种情况可以通过政府补贴予以矫正，那么，同样的道理适用于每一单位的教育。但要注意，政府不必真的生产教育，也就是说，正如我们现在所知，公立学校不一定能矫正这种市场缺陷。只要有一定补助，像政府的学费补贴，私人提供仍会继续存在，就可以达到 K-12 生产的社会最优水平。这一结果使我们对第三个关键问题即 K-12 生产所用的最优制度架构有了深刻的认识。具体来说，虽然政府生产可能具有优势，但从经济角度看，政府涉足过多实属不必。同时还不能忘记，当市场经济确实需要政府干预时，在实现预期目标的前提下政府干预程度越小越好。

可是，这种方法对于必须为这种补贴埋单的纳税人来说"公平"吗？一旦回答了这个问题，我们就找到了第二个关键问题的答案，即谁该承担 K-12 的成本。具体来说，我

们再考察一下 a 点的情况：学生家长为一年的教育花费 4 000 美元，政府花费 1 000 美元，生产者提供这一年的教育。这 5 000 美元如何分配以使生产者提供额外一年的教育呢？我们认为，理性的学生家长最多只愿意支付他们预期从这一年的教育中获得的收益，在这个例子中即 4 000 美元的 MPB。在这样的入学水平下，MSB 是 5 000 美元，其中 4 000 美元是学生家长的私人收益，1 000 美元是外溢到社会的收益。当这一学年的账单分给学生 4 000 美元、分给社会 1 000 美元时，双方都要为该学年教育给他们带来的收益进行支付。的确，就这一学年来说，是纳税人承担了给学生提供这一年教育成本中的 1 000 美元。不过，这只是公众对从这一年教育获得的、超过了给学生和家庭带来的那部分收益的"公平支付"。这样，家庭和社会为他们各自获得的收益支付了成本。

当然，对于任何一学年的教育，只要它存在显著的消费正外部性，相同的结论也是成立的。在这种情况下，只要支持教育的政府补贴在价值上等于社会从教育中获得的外部收益，就会实现社会最优的教育水平。至于由谁来承担教育成本，这一问题的答案取决于从 K-12 消费中获得的外部性价值。当这一价值很大时，政府应该提供主要资金。而如果外部性很小，学生及其家长应承担大部分成本。就像其他任何产品和服务一样，该由谁来承担 K-12 的成本，结论是，所有获得收益的人都应该为他们在社会最优产出水平上获得的收益价值支付等量的成本。

□ 种族隔离造成的社会与文化凝聚力的缺失

人口的多样性是美国最大的优点之一。放眼世界各国我们会发现，这种多样性并非总是一个国家的优点。在这方面，世界历史并不缺少典型的例子。一国会由于种族、民族、文化或宗教信仰的问题而产生分裂，严重的甚至会致使国家解体。为了避免这类事情的发生，一国的人民应该有相同的经历或者说同一套经历。在这一点上，诸如纽约、波士顿之类的大港口城市，会给那些初来乍到的人提供社交经验，因为邻居可能都是来自世界各地的人。这些城市通过使人们融入这一"大熔炉"，使得不同背景的人能够互相理解、互相尊重。像经常被提及的美国 K-12 公共教育制度的优点一样，人们常说美国人口多样性的好处就是它是一个大熔炉。由于大部分生活在相同学区的孩子会进入同一所学校学习，通过 K-12 公共教育制度，学校会提供一些在理解、宽容和尊重他人方面的重要课程，而这会对学生从小就产生潜移默化的影响。这也是教育的正外溢性的另一事例。另外，由于人们至少认为公共教育体系的质量是公平统一的（例如相同的课程），因此，K-12 被认为是在所有学生之间促进机会均等的主要工具，而不论其种族、民族、文化与宗教信仰。

如果无知是社会按照种族、民族、文化与宗教信仰进行区分的根源，那么学校会通过交流在这些鸿沟上架设桥梁，在增加社会福利方面有其特殊地位。但纯私人市场的 K-12 又是什么情况呢？这种环境下的种族隔离是不可避免的吗？没有理由认为，全部或大部分家庭一定会为自己的子女选择那些实行种族隔离（如果允许的话）的学校。不过，遗憾的是，有的家庭确实这么想。如果家庭在 K-12 纯私人市场上选择学校，以满足他们对种族、民族、文化与宗教信仰方面的偏好，那么，这会对社会凝聚力造成极大危害，因为现在的社会凝聚力已经开始减弱，社会需要的是更多而非更少的交流。与所有的纯私人市场相同，如果出现了对特定产品和服务的有效需求，这些产品和服务就会被生产出来。也就是说，如果人们或一部分人，希望将他们的子女送到这种实行种族、民族、文化与宗教信仰区分的学校，那么这类学校就会建立起来，并且只要消费者满意这种服务，这类学校就会繁荣。

K-12 的纯私人市场会导致一定程度的种族隔离，这看起来似乎是不可避免的，至少也比公共 K-12 制度的种族隔离严重。只要有人希望自己的子女接受特定取向的教育，或者说是在一个学生情况相似的环境中接受教育，那么理性的教育提供者就会进入这个市场。这样，他们能够提供差异化的产品，不断提高他们寻找目标消费者和吸引消费者的能力。以下是一些证据。荷兰实行与美国完全不同的 K-12 制度。3/4 的学生根据家长的选择进入到那些公办私营的学校。自 1980 年以来，荷兰有超过 90% 的私立学校是有宗教背景的学校，或直接由该国的某一宗教组织出资兴建。我们再来看看美国早期的 K-12，以及在 20 世纪 50—70 年代为消除种族隔离而采取的各种措施。在此之前，主要基于种族的极端种族隔离现象普遍存在于很多地方，大部分白人都想让自己的子女与同种族的孩子一起接受教育。取消 K-12 中的种族隔离后发生了什么呢？提供 K-12 的私立学校纷纷建立，实际上并没有消除种族隔离。我们并不是说所有或大多数私立 K-12 提供者的运作方式都是这样，但的确很多都是针对不同客户提供教育机会。随着公共部门取消种族隔离的脚步迈向种族隔离比较严重的私人和郊区公共 K-12 项目，中高收入白人学生的抗争也不能忽视。

另一方面，也不能认为公立学校的社会种族隔离程度较低。显然，现在很多公立学校已不再在种族、社会群体和其他标准方面对学生的比例有所限制了。然而，从表面上看，基于种族、民族、文化与宗教信仰方面的种族隔离更容易存在于纯私人的 K-12 制度中，而仅以社区范围为限的学校招生不易出现种族隔离现象。

☐ 机会是否均等？

人们经常说，美国社会的一个优点是，你只要努力工作，只要锲而不舍，在经济上就会成功。大量移民涌入美国，就是想寻找他们在原所在国家找不到的机会。当然，在美国，要得到均等的机会，就必须获得高质量的教育和培训的均等机会。如果得不到高质量的教育和培训，机会均等理念就无法实现。这是支持在现行公共 K-12 制度中，学校应提供"人人有份"教育的一种基本观点。也就是说，虽然质量参差不齐在所难免，但公立学校体系应尽可能实现各学校之间学生教育的均等化。在纯私人市场的 K-12 制度中，机会均等目标如何实现？家庭的需要无限，包括衣、食、住，以及子女教育等基本需要，而收入有限。在现行的 K-12 制度中，有住家的地方一般都会配有学校。当然，基于私人市场的制度也会配有学校，但与公立体制不同，K-12 的纯私人市场会像其他市场一样，学校的配置是由价格—质量的权衡结果决定的。假定理性的家庭把自己的子女送到他们能承受得起的最好的教育环境中，那么与比较贫困家庭的孩子相比，比较富裕家庭的孩子能够选择更高质量的教育资源。可见，基于价格—质量权衡的学校配置，很可能会导致学生的种族隔离，只不过这是由于收入或经济阶层的差异产生的种族隔离。也许正是因为与富人的孩子相比，穷人的孩子只能在低质低价的学校接受教育，从而埋下了社会不平等的种子。

不过，需要注意的是，从某种程度上说，这也是对现行 K-12 制度中以社区为基础把学生分配给特定学校的一种批评。具体来说，既然在我们的社会中存在着以收入为基础的地区性种族隔离，很多公立 K-12 学校因收入或社会经济地位而发生的种族隔离也就不足为奇了。倘若如此，最好的结论可能是，现行 K-12 制度中虽然也有种族隔离问题，但纯私人市场的 K-12 制度很可能会更加严重。

■ 现行 K-12 制度的改革建议

□ 学校的选择与教育券

至此我们已经详细讨论了纯私人市场的 K-12 教育制度是如何运作的。从中可以找到我们提出的关于 K-12 的两个基本问题的答案：应当提供多少服务？应当由谁来为此服务付费？纯私人市场 K-12 制度虽然一般是通过市场竞争提供收益，但由于教育的消费外部性以及在种族、民族、文化、经济、宗教信仰方面存在隔离，而无法实现 K-12 的社会最优水平。这并不是说市场体制没有优点，现行体制完美无缺，它们都有缺点。我们现在通过对它们的深入分析，提出一些对现行 K-12 制度的改革建议，以期改善现有制度的功能。特别是，这些改革针对的是美国由纳税人出资、免费的公立中小学教育（在美国大约有 90％ 的孩子接受正规的 K-12 教育），进而解决最后一个关键问题，即提供 K-12 的合理制度架构。

人们对现行 K-12 制度的批评主要集中在其过分集权和官僚主义以及家长的有效投入不足。一州的教育部门是本州 K-12 的中央计划者，一般负责制定教材选择、课程设置、师资质量等各方面的方针政策，同时负责监管地方学校管委会和学校的质量。州教育部门还会对当地学校管委会和学校质量进行监管。这一框架听起来很熟悉，因为这很像第 2 章讲过的集权经济计划模式。回想一下这种集权计划的后果：有限的消费者选择、低劣的产品质量、较高的价格以及生产者几乎不会对消费者的需求和愿望作出任何反应。因此，很多批评现行体制的人指出，这种受传统束缚的、僵化的、迟钝的提供制度及其固有的缺乏竞争，导致了表 6—1 和表 6—2 列示的结果，即美国的 K-12 教育制度与他国相比，投入大产出小。

很多批评现行 K-12 制度的人，企图通过增加学校间的竞争作为提高学生成绩的一种手段。**教育券计划**（voucher programs）正是这种学校选择动议的一个例子。现在流行的教育券计划，是给那些子女在"失败"的公立学校或"失败"的公立学校制度接受教育的家长一张凭单，其价值大致与子女在当地社区公立学校学习的费用相当。家长可以用这张教育券在学校管委会安排的学校之外的任何其他学校购买子女的教育。这些"其他"学校既可以是其他公立学校、私立教会学校，也可以是私立非教会学校。哪些学校和制度是失败的将由州教育部门认定，主要标准是学生在全州统考中的成绩、毕业/升学率、辍学率，以及州政府选择的其他指标。简单地说，教育券计划意味着，如果你发现自己子女所在的学校被认定为是失败的，你就有机会将子女转到你认为能提供更好教育的学校。而且，当你给子女转学时，你可以把已拨给社区公立学校的钱拿出来转给所选学校，以帮助你支付更好教育的费用。

除教育券以外，至少还有一个特点相同的选择，那就是**特许学校**（charter schools）。在越来越多的州，大量家长和其他组织可以直接控制或选择他们当地社区的公立学校，创造了一种新型的、独立的公立学校。在这种情况下，家庭作为一个团体必然要进入特许学校的管委会，对学校的课程设置、教师任用、成绩监督等方面进行直接管理。因此，特许学校可以认为是教育券计划的一个特例。唯一不同的是，在标准的教育券计划中，那些在"失败"学校读书的学生可以得到经费去另一所现有的公立或私立学校就读，而在特许学校的情况下，教育券给了家庭，然后家庭组成一个团体为子女开办另一种他们所期望的学校。注意，在大多数情况下，家长们通过签署合同，将他们学校的实际运作权交给了私人供应方，这就创造了一种政府出资私人运作的、混合的特许学校。

现行教育券计划的种种差异，显然会影响到对教育券效果的评价，而且这些影响会越来越清晰。首先我们考虑普通的教育券计划，它对家庭所选学校没有限制，也不考虑学生的社会经济背景，是面向所有学生的。支持者认为，由于家庭控制着子女的教育选择，通过在学校间建立以市场为基础的竞争环境，这种教育券计划能改善 K-12 制度。据说，由于接受 K-12 教育的学生中 90% 选择了公立学校，而且他们中的大多数是完全按居住地分派学校的，所以公立学校处于最有利的位置，所面临的有效竞争很小。这是所有生产者梦寐以求的。在这种情况下，一个地区的小学没有必要为了争夺生源与其他地区的小学竞争，它只要招本地的学生就可以了。

如此缺乏竞争带来的后果是什么呢？假设我们讨论的不是 K-12 教育，而是更容易让我们流口水的东西，例如比萨饼。假设在一个小镇上，比萨饼店从一家发展到多家，在这一过程中，你认为价格、服务质量和产量会如何变化呢？首先，随着新竞争者为了尽可能多地扩大自己的市场而积极进取，你可能会发现价格的下降。这种状况会持续一段时间，直至价格降至最低点，此时产量的增加只会带来亏损。此后，竞争者之间的竞争不再是价格上的竞争，而是服务质量和产品质量的竞争，即提供更好的比萨饼、更快捷的送货等。这就是有效竞争市场的情况。教育券计划的支持者会问，既然比萨饼市场是这样，为什么相同的原理应用在 K-12 市场中却不理想？在教育券情况下，如果当地公立学校或制度被判定是失败的，很多学生就会在家长的选择下转学，他们或者转到家长认为会有所改观的其他公立学校，或者转到表现更优异的私立学校。这些失败的学校会有什么反应呢？它们要么提高成绩以阻止学生以及资金的外流，要么延续它们差劲的表现，学生就会越来越少，直到最后退出市场。这样，支持者认为，不管是否经过实践，教育券的存在会导致 K-12 教育水平整体提高。也就是说，如果家长可以择校，表现差的学校就只能提高质量了，只要它还想继续办学。

对现行教育券（或择校）计划的分析

大多数教育券（或择校）计划始于 20 世纪 90 年代初。威斯康星州 1990 年立法在密尔沃基市开展教育券计划，成为最早实施教育券计划的城市之一。其他城市紧随其后，像俄亥俄州的克利夫兰和代顿、纽约市、北卡罗来纳州的夏洛特、华盛顿特区以及整个佛罗里达州，都实施了该计划。可以想象得到，这些计划各有特点，不尽相同。比如，哪些学生以及多少学生可以进入该计划？是否限制学生及其家庭只能选择其他公立学校？教育券的资金是由政府提供还是由私人提供？不管怎样，所有这些计划的一条重要的基本假设，就是通过教育券引发对生源的竞争，学习成绩会得到提高。当然，这是一个经验问题。鉴于 K-12 教育的重要性，有大量研究试图回答这一问题。可是，虽然研究成果大大增加了，而结果莫衷一是。有人认为教育券计划是改善 K-12 教育成效的有力手段，有人则认为教育券的积极效果甚微甚至没有任何效果，或许还有些适得其反。

对教育券计划所有主要研究成果的最近且最全面的总结，也许是由兰德公司出版的一本书《雄辩与现实：有关教育券和特许学校我们知道什么，我们需要知道什么》（*Rhetoric versus Reality：What We Know and What We Need to Know about Vouchers and Charter Schools*）。[①] 作者得出的结论是，尽管有某种证据表明这些计划对提高学生成绩有作用，但效果参差不齐，集中表现在对非裔美国人和经济贫困儿童的影响很大，即便如此，但总体影响程度甚微。一个非常重要的问题是，在接收持教育券学生的学校中，为什么这种良好效果体现在非裔美国人和经济贫困儿童身上？作者作出了许多可能的解释，包括上了同学不是社会经济地位较高就是学术能力较强的学校，可能是学习成绩提高的原因，因为显然他们可以从同学和老师那里学到东西。同样，在大多数计划中，持教育券的学生转至平均班级人数少的学校，也会提高学生的学习成绩，尤其在低年级更是如此。

先不管这种改善的具体原因是什么，作者谨慎地指出，到目前为止，大多数证据都是来自小规模的教育券计划。因此，他们对等到能够有大规模计划可供分析时，是否还能得到类似的结果表示怀疑。例如，如果对非裔美国人和经济贫困儿童的良好影响，是因为他们进入大多数学生都是非非裔美国人和家境良好的班级里所致，那么，随着该计划扩大，这种效果可能会逐渐消失，因为随着表现较好学校里的穷学生数量增加，上述所说的积极的"同学效应"会降低。同样，倘若这种积极效果是因为所转至学校的班级规模比较小所致，那么，随着教育券计划的扩大，这些学校会被迫增大班级规模，这种效果自然会缩水。只有更新的大规模教育券计划运行时间足够长，可提供可靠的证据，这些问题才能得以解决。从目前来看，虽然看到了一丝希望，但不能太指望教育券计划成为治愈很多公立 K-12 学校表现不佳的灵丹妙药。

《雄辩与现实：有关教育券和特许学校我们知道什么，我们需要知道什么》的作者也非常仔细地总结了有关特许学校的研究成果。现有 40 个州和华盛顿特区的法律允许开办特许学校。这些学校被证明很受欢迎，毛入学率现已超过 100 万。虽然受欢迎，但特许学校相对于类似的传统公立学校到底好在哪，到目前为止的研究结论仍是模棱两可。比如，虽然在研究纽约市以及得克萨斯州和佛罗里达州比较成熟的特许学校时发现其对提高学习成绩有推动作用，但在北卡罗来纳州发现表现不如传统的公立学校，在得克萨斯

① Brian P. Gill, Michael Timpane, Karen E. Ross, Dominic J. Brewer, and Kevin Booker, *Rhetoric versus Reality：What We Know and What We Need to Know about Vouchers and Charter Schools* (Santa Monica, CA：Rand Corporation, 2007).

州和佛罗里达州发现表现不如比较新的特许学校。在密歇根州和加利福尼亚州，特许学校与传统公立学校没有发现明显差异。所以，就教育券计划而言，如果问题完全是一个学生成绩问题，那么，谈到特许学校前景时，不应抱太大希望。

教育券（或择校）计划开始走下坡路了吗？

有关教育券的一些可用证据给这些计划的支持者带来了希望。假设教育券计划在全国实施几年之后，人们普遍接受了这样一种假说，即参加教育券计划的学生要比那些没有参加这项计划的公立学校学生成绩好。这是否意味着教育券应该得到广泛的支持？未必，因为如果不考虑一项计划的收益和成本就无法对其作出有效的判断。在这个例子中，成绩的提高就是它的收益。那成本又是什么呢？教育券的反对者通常会指出两项明显的成本，而这两项成本也总出现在教育券计划或其他任何可以给学生和家庭有关孩子上学提供大量选择的计划中。

撇脂。 最有可能选择教育券计划的人是谁？教育券的反对者认为，最有可能参加教育券计划的学生，正是那些富裕的以及那些能方便地获得信息和除教育券资金以外资金的家庭的孩子。这些人有能力支付因参加这一计划而支出的成本，例如因此而增加的交通成本等。然而，使问题变得更复杂的是，反对者担心学校也会倾向于更喜欢甚至是选择那些相对富裕家庭的孩子，因为一般来说这些学生家教较好。这样，留给那些失败公立学校的学生只能是社区内相对贫困的学生，而他们一般缺乏良好的家教。

普通教育券计划可以通过限定条件——只是针对贫困家庭的孩子，来回应这一批评。然而，许多人会认为，只对贫困家庭进行公共补贴肯定是不公平的。反对将计划扩大到所有收入阶层的人指出，那些高收入者有能力为子女择校，并且在相当程度上他们已经这样做了，他们自己有相当丰富的资源可以择校。当在教育券计划中设定收入限制时，这一计划不再只是一项教育改革，而成为全社会安全网的一部分。论战的双方都有很充分的理由，我们每个人都能得到自己的最终结论。

社会种族隔离。 另一个类似的批评集中于社会、文化、种族、宗教等方面的潜在种族隔离问题日益严重。这与前面提到的对于纯私人 K-12 制度的批评是一样的。也就是说，在覆盖面广的教育券制度中，家长为其子女的择校余地很大。那些想扩大招生的私立学校会不断开发补缺市场，而最好的方法无疑是抓住家庭在政治、哲学、宗教、种族，以及文化之间的差异。通过这么做，学校希望能为自己的学校创出品牌特色与忠诚度。但根据地域对社区 K-12 学校的安排仍是现行公共 K-12 的主流，肩负着将不同种族融合起来从而使全社会受益的重任。而随着教育券（择校）计划的大范围实施，这种特色会越来越不清晰。

与潜在的撇脂问题相反，对于种族隔离问题似乎没有简单的解决办法。那些有特殊教育需要的人会慢慢发现自己陷入了公立学校的圈套中，因为只有很少的学校能为他们提供需要的这种特别的、高成本的服务。这个问题显然很难解决。倘若与学生相关的成本增加了，这些学生对私立学校来说可能没有吸引力，除非满足教育券计划条件的学生总数比普通学生多。这一论点对于很多职业计划和其他独特计划也适用，这些计划在私立学校比在公立学校的共性差得多。

私立学校比公立学校更有效率和成效吗？

人们一般会认为，私立学校比公立学校更具成本效率。同样，从学习成绩来看，很多人假设私立学校比公立学校更富有成效。从成本效率来看，学校体制的比较看起来可能很简单，但可用于比较的数据很难找到。用于衡量公立学校成本的标准是每个学生的花费。而在私立学校，唯一可以用来衡量成本的是学费率。经过比较可以发现，私立学校的学费率比公立学校的生均支出小得多。然而，这种比较忽略了很多重要的方面。首先，与公立学校相比，大多数私立学校更依赖募捐活动、私人捐款，以及特殊学生的学费。所有这些都使得私立学校的学费率低于其提供该服务的实际成本。其次，那些由教会兴办的私立学校经常雇佣一些牧师和志愿者，而支付给他们的报酬却低于这些资源的真实市场价值。再次，公立学校与私立学校直接进行成本比较十分复杂，因为它们包括的内容很不同。具体来说，如前所述，公立学校可能会提供一些昂贵的培训计划，如特殊教育和职业教育，而私立学校则没有。最后，反映在公立学校成本账上的交通、食品以及很多其他服务，在私立学校不是成本，而是要收附加费。

与成本效率不同的是，私立学校与公立学校的相对成效问题还是有一个比较明确的结论。具体来说，美国教育部委托教育考试服务中心（Educational Testing Service）对两类学校的成效进行直接比较，所用的数据来自 2003 年全国 7 500 多所学校。所形成的报告《利用分层线性模型比较私立学校和公立学校》（*Comparing Private Schools and Public Schools Using Hierarchical Linear Modeling*）是第一份全面、可靠的评估报告，重点是对四年级和八年级学生的阅读和数学进行评估。[①] 结果对某些人来说可能会感到惊讶：在阅读和数学方面，公立学校的学生普遍好于私立学校的学生或者没有区别。唯一的例外是在八年级阅读方面，私立学校表现稍好。该项研究还分析比较了教会学校和公立学校，发现公立学校与教会学校的总体表现一样好，而在八年级数学方面，公立学校明显好于保守的教会学校。因此，我们可以得到如下结论：如果把学生类型、背景以及班级大小等因素考虑进来，公立学校和私立学校的教学效果的确没什么差异。

公立学校和私立学校之间的成本效率和教学效果问题为什么很重要？现实中，这些问题是关键。也就是说，如果公立学校和私立学校在这两个关键问题上难分高下，我们凭什么期望两者的竞争会导致整个 K-12 制度的改善？

有关教育券（择校）计划的结论

一般择校计划，特别是教育券计划，其支持者所说的主要收益是，择校计划实施后学校间的竞争加剧所带来的正效应。普遍认为，这里的唯一"失败者"，就是那些不能纠正自己的问题，最终只能被淘汰的公立学校。到目前为止，支持教育券计划的唯一可靠的证据就是，那些参加教育券计划的学生成绩确实有一定程度的提高，特别是对于少数族裔和微薄收入家庭的子女确实如此。另一方面，反对者指出，教育券计划还有些潜在成本，包括撇脂和越来越严重的社会种族隔离问题。现在还很难说清楚是利大于弊还是弊大于利。情况通常是，随着教育券和择校计划的实施，这些计划虽然可能很有用，但并不像那些热情的支持者所说的能解决 K-12 的全部问题。同样，最坚定的反对者所预测的可怕结果也不太可能出现。因此，针对教育券和择校计划效果的最终结论，可能要求我们首先对严重的社会种族隔离问题以及家庭在子女教育上拥有最大选择余地等问题作

---

① http://nces.ed.gov/pubsearch/pubsinfo.asp? pubid=2006461.

出评价。不管怎样，教育券和择校计划的支持者强调竞争的正效应以及给家庭提供更大的择校机会所带来的收益效应，这很可能是讨论 K-12 改革的有用工具。

□ 缩小班级规模和其他学校资源问题

很多人认为，现行的公立学校 K-12 制度从学生成绩来看运行得并不太好，这主要是由于严重的资源约束所致。这些约束导致教师低工资，随之而来的是很多教师为了有一份更好的工作而离职，员工流动率较高，基础设施年久失修，物资供给过时，班级规模扩大。班级规模问题已变得特别重要，大量的改革建议明确要求重新设计班级规模。特别是对于公立学校，班级平均规模过大，学生无法取得最好成绩。在 2002 年的佛罗里达州选举计划中，包含了一个典型的提案，并得到选民的支持，即要求明显减少佛罗里达州公立学校 K-12 制度的班级平均规模。具体来说，佛罗里达州公立学校的班级规模要在 2010 年前严格控制在规定的范围内，其中幼儿园到三年级为 18 人，四年级至八年级为 22 人，高中为 25 人。包括州长杰布·布什（Jeb Bush）在内的反对者，对这一提案提出了批评，认为这既不能提高学生的成绩——对小规模班级与学生成绩提高之间的这种假定关系提出质疑；同时也不符合成本—收益原则，不应低估这一计划的成本。佛罗里达州这项计划估计要花费 100 亿～250 亿美元。如此高的代价，难怪会产生如此激烈的争论。

还有一个根本性的问题会引起争论，即平均来看，学生在小班真的比在大班学习更有效率吗？虽然这一问题很简单，但直到现在，研究结果还很不明朗。然而，最近有关这一问题的一些分析，开始倾向于接受缩小班级规模可以提高学生成绩的观点。例如，1996 年加利福尼亚州实施了一项非常强硬的措施，让全州 90% 的三年级学生在不超过 20 人的班级上课。早期的分析指出，这明显使加利福尼亚学生的成绩有所提高，而且，当这些学生升入没有包括在计划中的三年级以上大班之后学习成绩也不错。[1] 同样，田纳西州的班级规模与学生成绩关系的实验数据显示，在三年级学生中，小班（少于 18 人）学生的标准化考试成绩要比大班学生高出 5～10 分（百分制）。另外，那些从缩小班级规模中获利最大的似乎是那些相对低收入家庭的孩子。[2] 同样重要的，与加利福尼亚的情况一样，从规模较小的三年级班级中获利的那部分学生在升入高年级回到一般班级后，仍然表现得比那些没参加这一计划的学生要好。最近，基于对 58 个国家学生成绩的分析，又有报道指出，缩小班级规模会带来正效应。[3] 最后，基于全国教育进步评估组织（National Assessment of Educational Progress）对 1990—1996 年数学和阅读的测试数据所做的研究，也表明学生的成绩，特别是低年级学生的成绩，在缩小班级规模后提高了。[4]

① George W. Bohrnstedt and Brian Stecher, *Class Size Reductions in California*: *The 1998—1999 Evaluation Findings* (Santa Monica, CA: Rand Education, 2000).

② Alan B. Krueger, "Economic Considerations and Class Size," National Bureau of Economic Research, Working Paper 8875, April 2002.

③ Jong-Wha Lee and Robert J. Barro, "Schooling Quality in a Cross Section of Countries," *Economica* 68 (2001), pp. 465 – 488.

④ David W. Grissmer, Ann E. Flanagan, Jennifer H. Kawata, and Stephanie Williamson, *Improving Student Achievement*: *What State NAEP Test Scores Tell Us* (Santa Monica, CA: Rand Education, 2000).

虽然缩小班级规模能提高学生成绩的结论越来越明显，特别是对于那些贫困的学生来说更是这样，但这些成绩是否能以成本效率的方式取得仍然是一个重要的问题。依据得克萨斯州的数据，哈努谢克（Hanushek）等人发现，学生的成绩会随着班级规模的缩小而提高，即便这种提高很不稳定，范围也不大。[1] 具体来说，这种效果只出现在低收入的四五年级学生中，且效果很小，这不得不使作者得出这样的结论——缩小班级规模以提高学生成绩可能不划算。哈努谢克等人同时得出另一个几乎一样的结论，即在降低班级平均规模上的花费如果用在其他方面，可能会更有效地提高学生的成绩。[2]

因此，虽然有证据表明缩小班级规模与提高学生成绩有一定联系，评委会仍然无法精确确定影响的大小，这些影响在学生之间是否一样以及缩小班级规模计划是否划算。目前，班级规模问题只是由公立学校 K-12 的投入水平而引起的大范围论战的一个方面。老实说，仅仅通过"给学校投钱"就可以提高学生的成绩吗？在某种程度上，回答可能是"是"。有大量文献讨论了学校资金（包括教师工资、缩小班级规模计划涉及的资源等）与学生成绩之间的关系。至于班级规模方面，则有越来越多的研究指出，现有的对于大班的资源约束似乎限制了公立学校学生的成绩，至少在某种程度上是这样。同样重要的是，这里讨论的一些研究结果也显示了增加资金投入，例如增加教师收入，同样可能会提高学生的成绩。从全国范围来看，教师收入比那些需要经过类似培训的职业要少。这自然会导致很多人要么不做教师，要么从事教师行业而又因有更好的工作机会而辞职。旨在降低班级学生人数的措施与不应忽略的旨在增加教师收入的措施之间有着明显的联系。具体地说，当花费大量努力减小班级规模时，全新的小班将需要更多的教师。因此，如果在实施降低班级学生数计划的同时没有增加教师的工资，将会导致教师的短缺以及教师平均质量的下降（以学术背景和平均教学经验来衡量）。而这两点对于学生成绩的提高都不是什么好事。缩小班级规模计划与为新学校建设提供资金方面也有类似的联系。这是因为现有的很多学校都已经人满为患了，更小的班级规模必然要求学校数量增多。从这一角度考虑，为了提高学生的成绩，应该对 K-12 增加投入，但这些投入的目标要明确，管理要高效。而这种改进是否具有成本效率还不得而知。

□ 改革建议：补充说明

读完前面的改革建议后，你可能会得出这样的结论：在改善美国 K-12 制度方面，我们现在的情况如何、应该达到什么目标以及应当怎样做，社会上还没有达成一致。而现实中，人们已经达成了一些简单的共识。第一，从每一美元开支的学生成绩来看，我们的 K-12 制度还没有做到位。第二，教育分析家认为，如果美国要拥有保持其日后在世界的地位所必需的高水平人力资本，对 K-12 进行改革是必要的。第三，尽管对于教育券的全部效果还没有统一的认识，但越来越多的人开始赞同一种观点，即在 K-12 中增强竞争可能会使教育结果比现在更好。第四，基本上已经达成共识的一点是，至少在某些州或

---

① Eric A. Hanushek, John F. Kain, and Steven G. Rivkin, "Teachers, Schools, and Academic Achievement," National Bureau of Economic Research, Working Paper 6691, August 1998.

② Ronald G. Ehrenberg, Dominic J. Brewer, Adam Gamoran, and J. Douglas Wilms, "Class Size and Student Achievement," *Psychological Science in the Public Interest*, May 2001, pp. 1–30.

社会问题经济学（第二十版）

某些州的特定区域，对一些计划不断增加资金，包括缩小班级规模特别是低年级的班级规模计划以及增加教师工资等，已经成为 K-12 制度全面有效改革的必要组成部分。在那些高度贫困的州更是如此，因为对这一题目的研究一直认为，这些计划对学生成绩有很大的影响，特别是对于那些生活在贫困中的孩子影响更大。换句话说，如果人们主要关心的是由政府出资支持的计划的成本效率，那么这些计划的对象定位于穷孩子是很值得的。

小结

与个人和家庭一样，国家也可以自由掌控一部分资源，这部分资源可以用在很多地方。不论从个人和家庭的角度，还是从整个国家的角度看，把资源用于提供基础教育是极其重要的。一旦没有一个坚实的、广泛的、现代的基础教育，个人和整个国家都无法实现其全部的增长潜力。美国的 K-12 制度现在出现了危机，这是因为现行的 K-12 制度过于昂贵，而它的成就并不理想。我们还没有找到一条像其他国家那样的使 K-12 "小投入大产出"的途径。

美国的 K-12 制度主要由财政支持和运作，大约 90% 的孩子在自己的社区就学。但这并不是指 K-12 出现问题仅仅是由于它的公共定位。实际上，一个纯私人的、市场导向体制的 K-12 同样存在缺陷。其中最重要的莫过于，这样一种体制很可能使 K-12 的提供不足。这是因为对 K-12 的消费会产生正的外部性，从而难以评定 K-12 的产出，以及对其进行必要的调整。同时困扰纯私人市场体制的是，它可能会导致比我们现在更严重的社会种族隔离。

那我们现在的情况如何？我们处在一个以公立为主的 K-12 制度中，但它的运作不理想。而纯私人体制可能会带来昂贵的成本。综合考虑，我们需要的是对现有体制的改革，特别是要在不断深入了解学生如何学习的基础上，利用市场的积极因素进行改革。支持者认为，遵循这一思路进行的改革，克服了现行体制的基本问题，并通过一些实验为学生成绩的提高带来了希望。其中最常提到的是教育券计划，在这一计划下，那些在失败的当地公立学校就读的学生，可以选择到其他学校就读并带走政府分配给他们的公共资金，他们也可以选择私立学校。就像我们在日常生活的很多领域享受到竞争的好处一样，建立在竞争基础上的教育券计划无疑具有经济吸引力。麻烦的是，教育券的反对者认为，这一计划最终会成为对公立学校学生的"撇脂"，留给公立学校的是过多的低收入孩子和有特殊学习需求的孩子。此外，教育券的反对者还认为，如同在私人体制一样，越来越严重的社会分层也是教育券计划的一个副产品。

建议进行改革的另一个领域引起了更多关注，即现行公立学校 K-12 的筹资水平。这一领域的研究成果建议，要增加诸如缩小班级规模等计划的资金，要提高教师工资待遇，这些可能会产生看得见摸得着的成果，对于低年级学生和贫困的学生尤其如此。

我们的结论是什么？在美国，要打破 K-12，必须进行改革。这样才能提供高质量的人力资本，才能使我们在今后继续保持领先的国际地位。然而，在对我们的现状如何以及如何进行改革作出肯定的回答之前，我们要做大量的实验以及对这些实验进行分析。

讨论题

1. 利用本章提供的数据，讨论 K-12 面临的危机。

2. 画图并解释 K-12 纯私人市场的运作。这种体制会作出怎样的反应？

3. 根据边际私人收益和边际社会收益概念，解释纯私人市场 K-12 制度为什么不会导致使社会福利最大化的入学水平。

4. 列出并简要解释你认为 K-12 制度存在哪些消费外部性。

5. K-12 存在的消费外部性对谁应付学费这一问题会产生怎样的影响？

6. 如何利用学费补贴来使纯私人市场 K-12 制度产生社会最优的入学水平？

7. 解释赞同教育券计划的理由，再解释反对这一计划的理由。支持上述论点的证据有哪些？

8. 讨论："班级规模对学生成绩不重要"。

9. 讨论："鉴于 K-12 存在大量的外部性，故从经济角度看，政府应当提供 K-12"。

10. 你认为教师工资在 K-12 的有效改革中起什么作用？

11. 假定你所在州的立法机关决定对 K-12 追加投资 1 亿美元，以提高学生的成绩。你认为下列哪种花钱方式最有效？

   a. 在州内各学校平分这笔钱，用来增加教师工资。

   b. 在州内各学校平分这笔钱，用来缩小各年级的班级规模。

   c. 在州内各学校平分这笔钱，用来缩小低年级的班级规模。

   d. 用这笔钱缩小低年级的班级规模，并偏重于贫困地区的学校。

12. K-12 存在的消费正外部性会导致人们得出这样的结论，即对 K-12 的政府补贴在经济上是合理的。如果这是正确的，那么，私立学校是否也可以像公立学校一样得到这种补贴？

13. 讨论："只是向学校'投钱'不可能解决美国 K-12 的问题"。

14. 如果一个州决定大幅度缩小班级规模，同时想保持教师质量，为什么需要增加教师工资？

15. 根据全国教育进步评估组织的报告《利用分层线性模型比较私立学校和公立学校》，从学习成绩上说，你如何评价公立学校和私立学校的相对成效？

课外读物

1. Bohrnstedt, George W., and Brian Stecher. *Class Size Reductions in California: The 1998—1999 Evaluation Findings*. Santa Monica, CA: Rand Education, 2000.

这本书对加利福尼亚州缩小班级规模计划的总体影响作了很好的总结。

2. Card, David, and Alan B. Krueger. "School Resources and Student Outcomes: An Overview of the Literature and New Evidence from North and South Carolina." *Journal of Economic Perspectives*, Autumn 1996, pp. 31-50.

这两个州在 20 世纪初对待黑人学生和白人学生的极大反差给研究学校资源与学生成绩提供了很好的素材。

3. Ehrenberg, Ronald G., Dominic J. Brewer, Adam Gamoran, and J. Douglas Wilms. "Class Size and Student Achievement." *Psychological Science in the Public Interest*, May 2001, pp. 1-30.

全面系统地总结了班级规模对学生成绩影响的大量文献。

4. Gill, Brian R., Michael Timpane, Karen E. Ross, and Dominic J. Brewer. *Rhetoric versus Reality: What We Know and What We Need to Know about Vouchers and Charter Schools*. Santa Monica, CA: Rand Education, 2001.

可能是对现有择校计划最全面的论述。

5. Grissmer, David W., Ann E. Flanagan, Jennifer H. Kawata, and Stephanie Williamson. *Improving Student Achievement: What State NAEP Test Scores Tell Us*. Santa Monica, CA: Rand Education, 2000.

这本书以对全国教育进步评估组织的测试结果所做的三年研究为基础,对各种改革议案的成效以及政府资助水平等问题进行了深入研究。

6. Krueger, Alan B. "Economic Considerations and Class Size." National Bureau of Economic Research, Working Paper 8875, April 2002, available at http://nber.org.

全面评述了班级规模与学生成绩,并分析了田纳西州明星班级规模的实验。

7. Lee, Jong-Wha, and Robert J. Barro. "Schooling Quality in a Cross Section of Countries." *Economica* (2001), pp. 465–488.

作者分析了58个国家的数据,提供了有关家庭投入(比如家庭收入、父母教育)和学校资源(主要是班级规模和教师工资)在生产高质量教育成果中的作用的证据。

8. Levin, Henry M. "Educational Vouchers: Effectiveness, Choice, and Costs." *Journal of Policy Analysis and Management* 17, no. 3 (1998), pp. 373–392.

可能本文有些过时,但它对教育券计划的很多问题进行了颇有见地的论述。

9. Wishnietsky, San H. *American Education in the 21st Century*. Bloomington, IN: Phi Delta Kappa Educational Foundation, 2001.

讨论了技术、(种族、民族、宗教等的)多样性、公平、意识形态以及全球课程对美国教育的影响。

10. Wolfe, Barbara, and Robert Haveman. "Social and Nonmarket Benefits from Education in an Advanced Economy." Working paper, as presented at the Federal Reserve Bank of Boston's June 2002 conference, *Education in the 21st Century: Meeting the Challenges of a Changing World*, available at www.bos.frb.org/economic/conf/conf47/.

可能是目前对教育的外部性所作的最全面的论述。

在线资源

1. 经济教育委员会(Council for Economic Education, CEE):

www.ncee.net

经济教育委员会旨在全面提升经济学素养。链接包括经济教育委员会教育项目、教师资源、家长和学生及其州委员会和大学中心的附属网。

2. 《教育统计摘要》(Digest of Education Statistics, DES):

http://nces.ed.gov/programs/digest

《教育统计摘要》由国家教育统计中心(National Center for Education Statistics)出版,"涵盖美国从学龄前儿童教育到研究生教育的统计信息。"网站上有1990年至今的图表。

3. 经济教育网(Economic Education Web):

http://Ecedweb.unomaha.edu/

经济教育网是一个有关各种形式和层次

经济教育的门户网站。可以链接到 K-12、大学、数据和信息以及其他网站。

4. 有教无类 (No Child Left Behind)：www. ed. gov/nclb

乔治·W·布什总统 (George W. Bush) 于 2002 年 1 月 8 日签署《有教无类法》(No Child Left Behind Act，NCLB)。该法案基于以下四个原则：绩效责任、家长的选择更多、地方的管理和灵活性更大、强调做事要有科学依据。该网站包含该法案，有概述、家长的选择以及 A—Z 索引。

5. 美国教育部 (U. S. Department of Education)：

www. ed. gov

美国教育部成立于 1980 年，由若干不同机构的办公室重组而成。该网站为学生、家长、教师、管理者提供信息，还提供新闻中心、助学金与合同、政策等信息。

第7章　贫困与歧视：穷人为何还如此之多？

□ **本章概要**

从绝对收入水平角度看贫困
　什么是贫困？
　谁是穷人？
从收入分配角度看贫困
　收入不平等
贫困的经济原因
　资源价格和就业的决定因素
　个人收入或家庭收入的决定因素
　收入分配的决定因素
　歧视对收入的影响
美国经济中的歧视性证据
　工资歧视
　就业歧视
　职业歧视
政府缓解贫困的种种努力
　旧的联邦福利制度
　旧福利制度的问题
　福利改革与新制度
利用税收政策与贫困作斗争
　劳动所得税收抵免
　负所得税建议
如何解决歧视问题？
　减少歧视偏好
　减少市场缺陷
　减少人力资本开发中的歧视
　减少职业分隔
小结

□ **主要概念**

贫困（poverty）
收入分配的决定因素（determinants of income distribution）
收入不平等（income inequality）
边际劳动力产量收入（marginal revenue product of labor）
资源的所有权格局（ownership pattern of resources）
歧视（discrimination）
失业（unemployment）
税收政策（tax policy）
负所得税（negative income tax）

章首引语

华盛顿（美联社）。迫于生活成本的提升，现在几乎每两个美国人中就有一个已陷入贫困，或者按所得的多少被归为低收入人群，创历史新高。

最新的人口普查数据表明，由于失业率居高不下且政府安全网趋于崩溃，中产阶级正在萎缩。中产阶级的薪资停滞不前多年，伤害了几百万劳动者和家庭。

"像食品券和税收抵免等安全网计划使贫困没有在 2010 年加剧，但许多有工伤医疗费用的低收入家庭却被认为太'富有'而没资格享受。"密歇根大学专攻贫困问题的公共政策教授谢尔登·丹齐格（Sheldon Danziger）说，"现实是，穷人和几近贫穷的人前景黯淡。"他说，"如果国会和州政府进一步削减该计划，未来几年穷人和低收入家庭的数量还会增加。"

资料来源：*The Associated Press*，"Census Shows 1 in 2 People are Poor or Low-Income," December 2011.

美国存在着"富裕中的贫困"。在这个世界上最富裕的国家，也有数以百万计的人穷困潦倒，还有更多人虽然没有生活在贫困之中但生活相对贫困。这不是美国梦，而是美国悖论。

在我们的社会里，与那些不太富裕的社会相比，贫困是一个更严重的问题。贫困之中的贫困比较容易得到理解甚至是宽恕。但是，在一块富饶的土地上，为什么有些人会缺吃少穿，流浪街头，真是让人难以理解。

我们利用两种方法对美国的贫困问题进行了研究。首先，我们从绝对收入水平角度分析贫困问题。这种方法可以确认生活在指定的收入贫困线之下的那些人。其次，我们从收入分配角度进行研究，即人们获得的国民收入份额或百分比。

分析了美国的贫困之后，我们再看看歧视问题。我们首先界定和评估美国的歧视程度，并希望深入了解一下贫困与歧视的关联度。

从绝对收入水平角度看贫困

即使在始于 2008 年中期的大衰退时期，美国的贫困实质上还是一个收入分配问题。美国经济能产生足够的收入，不应该有人生活在贫困之中。但是，足够的收入并没有分配到每一个人手中，一些人的确生活在贫困之中。

图 7—1 显示了 1959 年（从该年开始联邦政府首次测度贫困）到 2009 年之间的贫困率。1959 年的首次官方贫困统计表明，美国有 22.4% 的人口生活在贫困中。这项统计意味着在这个世界上最富有的国家里，大约有 4 000 万人处于贫困状态。与此同时，这些

社会问题经济学（第二十版）

数字使很多人感到震惊，贫困也就成为 20 世纪 60 年代的一个主要社会问题。肯尼迪政府和约翰逊政府接受的挑战就是通过强有力的"向贫困宣战"来根除贫困。尽管最终目标并没有完全实现，但在整个 60 年代，联邦政府采用的一些新的社会计划和新的积极行动大大降低了贫困率。到 1969 年，贫困率下降到 12.1%，下降了 46%。这就是那个经常被称为"伟大社会"（Great Society）时期给我们留下的宝贵遗产。遗憾的是，贫困的这种下降趋势在此后的几十年里并没有持续下去。如图 7—1 所示，从 20 世纪 70 年代开始，贫困率变化的幅度很小。在 1973 年贫困率降低到 11.1% 的低水平之后，又呈现出普遍上升趋势，并分别在 1983 年和 1993 年达到最高水平——超过 15%。2008 年，美国经济出现了大衰退，到 2009 年贫困率又再次攀升到将近 15%。可以理解的是，这些高峰基本上是在经济衰退、失业率比较高的时期发生的。可是，即便在 20 世纪 90 年代，美国的经济出现前所未有的增长且失业率是过去 30 多年来最低的时期，贫困率也从未回落到 20 世纪 70 年代初的水平。2009 年，美国贫困率达到 14.3%。

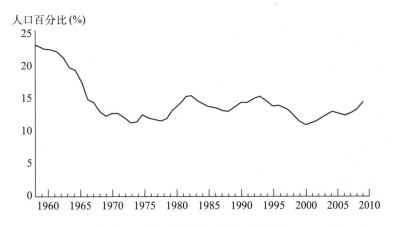

图 7—1　美国的贫困，1959—2009 年

资料来源：U. S. Department of Commerce，Bureau of the Census，*Statistical Abstract of the United States*，various issues.

什么是贫困？

贫困不容易定义。然而，说许多美国人是穷人就已包含了一个确切的定义。我们应当使用美国政府给出的贫困定义。

贫困涉及人们的最低需要与满足这些需要的能力之间的关系。任何有关贫困定义的难点在于"最低需要"的含义和满足这些需要所需的货币数量。联邦政府采用的方法分为两步。首先，确定一个营养合理的最低日常食物的货币成本。其次，将最低日常食物的成本乘以 3，以考虑到所有其他产品和服务的支出。选定的乘数值之所以是 3，是因为在 45 年前贫困定义形成时，食物成本占家庭平均税后货币收入的 1/3。最低日常食物的货币成本每年都针对价格变化按价格指数进行调整。（我们从第 1 章得知，价格指数可以说明通货膨胀的影响。）按照这一过程，就可以针对各种家庭规模和构成计算出一组贫困线，不同的贫困线是基于家庭成人和儿童的数目计算出来的，对于某些家庭则是基于家庭户主的年龄计算的。当某人家庭的年度税前收入低于按其家庭规模和构成计算出来的贫困线时，官方就认定此人生活在贫困中。表7—1列示了不同家庭规模的贫困线。

表7—1　　　　　　　　　　　　　　贫困线水平，2011年

家庭规模（人）	贫困线（美元）
1	10 890
2	14 710
3	18 530
4	22 350
5	26 170
6	29 990
7	33 810
8	37 630

资料来源：U. S. Department of Health and Human Services 2011 Poverty Thresholds, available at www. aspe. hhs. gov/poverty/11poverty. shtml.

20世纪60年代以来，政府计算贫困线的方法一直受到批评。例如，有批评意见认为，收入的定义应扩展，使之包括实物福利的价值，如家庭获得的健康保险和日托服务等。还有人认为，生活标准在变，而根据45年前平均家庭食品预算的相对大小界定贫困的合理性存在问题。研究表明，如今的家庭花费在日用品上的支出占其收入的比例不到1/3。况且，现在的贫困定义不能说明不同地区的不同生活费用。多年来，尽管有大量更为严谨的贫困定义纷纷提出，但无一被官方采纳。

□ 谁是穷人？

2009年，大约有790万个家庭，或者说约占所有家庭10%的家庭生活在贫困之中（如表7—2所示）。如果从人数上说，有超过3 500万人生活在贫困中。这个数字会使得很多从来没有受过贫困之苦的美国人大吃一惊。的确，有些人具有生活贫困者的特征，被称为"隐性穷人"。那么，谁是穷人？

在分析贫困人口的特征之前，我们首先必须认识到人们会遇到不可控的环境和事件，它们会使得任何人贫困潦倒。很多美国人每年都会在自然灾害（如飓风、龙卷风、水灾、火灾）或个人灾害（如配偶去世）面前无能为力。这类贫困通常是暂时的，但要恢复元气，对有些人是比较困难的。研究表明，贫困人口因生活中的一些重大事件，在几年当中，家庭和单身者不时会处于陷入贫困和摆脱贫困之中，反复几次。尽管对这种"赤贫"的人数没有可靠的估计值，但很容易看出，人口特征不同，贫困率也截然不同。

只有一个家长的家庭，贫困率较高。2009年，家长只是一个女性的家庭，贫困率为30%，将近是家长为父母双亲家庭贫困率的6倍。大多数单亲家庭显然比大多数双亲家庭的收入能力低，而且单亲家庭应对不可测事件和环境的灵活性和资源也都有限。这些约束提高了收入低的可能性，导致贫困。同样，家庭孩子的多少与贫困率正相关。表

7—1 所示的贫困线表明，人口多的家庭需要较高的收入以满足其基本生活需要。

贫困也与年龄有关——越年轻或越年老的人，贫困率越高。2009 年，大约有 1 540 多万 18 岁以下的未成年人生活在贫困家庭，占全国贫困人口的 40%。对于未成年人来说，贫困的根源在于其父母或监护人，而非他们自己。因此，很多公共和私人的反贫困计划主要针对的是 18 岁以下的未成年人。在老龄人口中，65 岁及以上人群的贫困率为 9.0%，明显高于中年人的贫困率。近几十年来，社会保障制度和雇主提供养老计划的出现，大大缓解了老年人的贫困。2009 年，年龄在 18～64 岁之间（平均工作生涯年限）的人，贫困率为 13.7%。

美国的贫困率在不同种族间差别很大。与白人相比，少数族裔特别是黑人和西班牙裔美国人的贫困率较高。2009 年，黑人和西班牙裔美国人的总体贫困率分别为 22.8% 和 26%，是白人贫困率的 2 倍多。自从政府首次跟踪贫困以来，族群间的这种贫困率显著差异一直存在，常常被看做是种族歧视的证据。不过，这种差异大部分是由于种族间的收入决定因素的差异所致，其中包括平均教育和培训水平、工作经验年限、职业状况、累积财富，以及地理位置等。需要指出的是，很多经济研究发现，这些因素都不能单独解释少数族裔与白人之间的总体收入差距。令人鼓舞的是，黑人与白人之间的贫困率差距近年来开始缩小。

表 7—2　　　　　　　　低于贫困线家庭的部分特征，2009 年

特征	数目（千）	百分比（%）
所有家庭		
全部	7 867	11.1
白人	5 994	9.3
黑人	2 193	22.7
西班牙裔美国人	2 369	22.3
已婚夫妇		
全部	3 409	5.8
白人	2 614	5.4
黑人	383	8.6
西班牙裔美国人	1 026	15.4
女性户主，无丈夫		
全部	4 441	29.9
白人	2 671	27.3
黑人	1 569	36.8
西班牙裔美国人	1 020	39.8
男性户主，无妻子		
全部	942	16.9
白人	629	15.0
黑人	241	24.9
西班牙裔美国人	191	19.2

资料来源：U. S. Department of Commerce，Bureau of the Census，*Historical Poverty Tables*，Table 4，available at www. census. gov/hhes/www/poverty/histpov/histpovtb. html.

第 7 章

贫困与歧视：穷人为何还如此之多？

从收入分配角度看贫困

分析贫困问题的第二种方法在第 1 章讨论过，当时提出了一国的收入分配概念。如果把 GDP 看做是可供全国人分享的经济蛋糕，那么，收入分配概念就是说如何让不同家庭获得的蛋糕大小差不多。要从这个角度讨论贫困问题，需要说明两点。首先，应当认识到，美国的贫困问题纯属是收入分配问题。也就是说，在人均 GDP 大致 40 000 美元的情况下，要使经济蛋糕更公平地分配，美国显然没有人接近表 7—1 的贫困线。同时，几乎没有什么人会主张追求完全相同的收入分配目标。经济学家（特别是主张适度市场导向的经济学家）一般认为，工作积极性、创造性、人力资本开发、发明创造等因素的差异，自然会导致一定程度的收入不平等。换言之，如果不考虑上述所列的因素，就是说不论他们对制造蛋糕有无贡献，所有人都应没有区别地得到等量蛋糕，你认为经济会繁荣吗？这正是第 2 章讨论的、业已证明是很糟糕的中国中央计划试验的问题所在。不过，话又说回来，我们也要看到中美洲和南美洲国家，因过度的收入不平等而社会分崩离析的例子。像最近在国内和国际上十分活跃的"占领华尔街"运动虽然有很多诱因，但即使是偶然事件也清楚地表明，美国中产阶级的不断萎缩至少是他们的主要抱怨之一。因此，当站在收入分配角度考察贫困时，应当牢记：虽然完全均等的收入分配不是明智的目标，但美国也好，其他国家也罢，都应留神其收入分配不平等急剧恶化。

□ 收入不平等

第 1 章曾把家庭按 20%一组分为 5 组或五分位数，从最富到最穷排序，测度收入不平等程度。然后，观察每一组掌控的国民收入份额，每组家庭恰好掌控 20%的国民收入虽然是完全平等的，但是不可能的事。表 7—3 把美国家庭的数量分成五等份和最高的 5%家庭，列示出 1960—2000 年收入分配数据。可以看出，美国的收入分配很不平等。最高的 20%家庭在 2000 年得到了 49.6%的收入，而最低的 20%家庭只得到了 3.6%的收入。最高的 5%家庭取得了 21.9%的收入。收入不平等在 20 世纪 30 年代和第二次世界大战期间得到了缓解。最高的 5%家庭和最高的 20%家庭的收入份额在 1929—1944 年间降低了，而最低的 20%家庭的收入份额上升了。通常认为，造成这种收入更加公平的趋势主要有两个原因：20 世纪 30 年代大萧条时期财产收入急剧下降；在第二次世界大战期间，达到充分就业时的低收入和高收入工人之间的收入差距也缩小了。

表 7—3　　　　　每 1/5 家庭和最高的 5%家庭获得收入百分比（%），1960—2000 年

家庭五分位数	1960	1970	1980	1990	2000
最低的 1/5 家庭	4.8	5.4	5.2	3.9	3.6
第二个 1/5 家庭	12.2	12.2	11.5	9.6	8.9
第三个 1/5 家庭	17.8	17.6	17.5	15.9	14.9
第四个 1/5 家庭	24.0	23.8	24.3	24.0	23.0
最高的 1/5 家庭	41.2	40.9	41.5	46.6	49.6
	100.0	100.0	100.0	100.0	100.0
最高的 5%家庭	15.9	15.6	15.3	18.6	21.9

说明：以上各列总计经四舍五入后近似等于 100%。

资料来源：U. S. Department of Commerce, Bureau of the Census, *Statistical Abstract of the United States*, various issues.

最近，收入不平等又加大了。在 1990—2000 年间，最高的 20％收入阶层的收入份额从 46.6％上升到 49.6％，上升了 6.5％。与 1990 年相比，2000 年所有按五分位数划分的收入阶层除最高的 20％阶层之外，获得的收入份额都减少了。虽然目前还没有官方数据，但似乎显而易见，2010 年收入分配数据公布后，我们会看到中产阶级会进一步萎缩。在过去的几十年里，美国收入不平等程度提高有若干原因。其中最重要的一个原因也许是在此期间高薪制造业工作减少了，这已得到广泛证实，因为很多大型企业把它们的经营地转移到了低薪经济体。失去了这些工作后，很多曾经拿高薪的美国人发现自己只能在工资较低的服务部门工作。无独有偶，我们看到该时期美国的工会化率下降了。加入工会的雇员所挣的工资一般明显高于未加入工会的同种熟练工人所挣的工资，这样一来，在有工会的部门就业的工人数量下降必定会对美国的收入分配产生不良影响。而且，我们从第 3 章得知，美国的最低工资占贫困线的百分比从 1980 年的 98％下降到 2009 年的 85％。显然，这一时期的这种最低工资状况压低了收入分配中最低五分位组掌控的国民收入份额。

通常被认为加剧收入不平等程度的最后一个因素是最近的联邦税收减税。特别是在 20 世纪 80 年代初罗纳德·里根（Ronald Reagan）的第一任期以及本世纪初乔治·W·布什的第一任期，所实施的减税使收入分配上层的人明显比下层的人少纳更多的税。虽然这是事实，但如表 7—3 所示，它对收入分配的影响只是间接的。具体来说，表 7—3 的数据反映的是税前收入分配，因此，任何节税（不管哪一五分位组节约的税）都不直接反映在该数据中。不过，比较富裕的人享受到的节税的确有间接影响。这些间接影响的例子不胜枚举，最明显的就是比较富裕的人把他们节省的税收部分投资于股票、债券、房产或生意上，这些投资的收益反映在表 7—3 的数据中，尽管初始减税没有反映在其中。因此，虽然收入不平等数据反映的是税前收入，但我们从美国发生的情况看到，有利于富人的减税还是间接地助长了收入不平等程度的加剧。

从美国的收入分配数据我们应得到怎样的结论？如前所述，目标不应是完全平等。而且，第 1 章给出的各国收入分配数据很有说服力地表明，高度收入不平等会导致社会和政治不稳定。令人欣慰的是，美国的收入不平等程度虽然在提高，但比起那些正在经历明显的社会和政治不稳定的国家，收入不平等程度还算适中。不过，话又说回来，收入不平等的趋势要是继续发展下去，一定要引起重视。

贫困的经济原因

□ 资源价格和就业的决定因素

家庭收入取决于家庭能够用于就业的资源数量以及这些资源的价格。因此，要理解贫困，重要的是要理解是什么因素决定了人力和资本资源的价格，是什么因素决定了就业的数量。

工资率的决定

第 3 章讨论过，在竞争市场中，工人根据他们给企业创造的价值（即增加的收入）

获得报酬。假定某个工人被雇用一天的劳动，企业的收入增加 80 美元。在第 3 章，把雇用该工人这一天增加的收入称为边际劳动力产量收入，表明该企业为雇用该工人而愿意支付每小时 10 美元或每天 80 美元。如果该企业支付给工人的工资少于这个数，工人就会转向受雇于愿意出该工人满意的工资数的其他企业。相反，如果工人要求的报酬高于其边际产量收入，他们就会失业。这样说来，只要市场是竞争的，我们就可以肯定，工人的报酬大致就是物有所值。当然，正如第 3 章所讨论的，边际产量收入由两部分组成：一部分是边际劳动力产量——因增加劳动力而导致的产量增加；另一部分是边际收入——增加的产量当中每卖出一单位而增加的收入。这两部分都要计算在特定工人的现实工资中，详见下文。

资本的价格

在竞争市场中，一单位资本（比如一台机器）的价格，是以类似于一单位劳动价格的方式决定的。任何资本的价格都取决于资本的供求数量，并且，在市场均衡状态下，资本的价格等于该资本对雇主的价值。

□ 个人收入或家庭收入的决定因素

个人的收入取决于他或她从其资源（包括劳动和资本）中获取的价格，还取决于他或她可以使用的资源数量。例如，来自劳动的月家庭收入等于被雇佣劳动的数量乘以工资率。来自资本的收入等于被使用的资本数量乘以每单位资本的价格。因此，家庭月收入总额是这两种月收入流量之和。

□ 收入分配的决定因素

家庭之间的收入分配主要取决于劳动力和资本资源的数量和类型，以及家庭使用它们的方式。收入相对高的家庭一般比收入相对低的家庭拥有能产生更多收入的劳动力和资本资源。有时，家庭使用资源的方式不同，也会导致两类家庭之间的收入差距扩大。首先看一下劳动力资源及其用途差异。

劳动力资源及其用途差异导致的收入差异

我们知道，边际产量收入——一个工人在竞争市场中得到的报酬，是由雇佣企业的边际劳动力产量和边际收入组成的。边际劳动力产量是企业新雇用一单位劳动力所增加的产量。假定在一组竞争性企业当中有一个企业提供草坪养护服务，雇用几百个工人割草、修剪等。这些工人每天都能修剪面积完全相同的草坪吗？如果完全一样，那么，他们的边际产量正好相同；而且，如果每码的边际收入不变，那么，每个工人得到的日工资正好相同。当然，这是一个不大可能的例子。有些工人可能干得更多，其原因有很多。比如，有些工人可能有良好的身体条件，高大、强壮，有些工人可能富有经验，找到了更有效率的方法。不管怎样，可以预期，这些工人会得到更多的报酬，因为他们增加了企业的收入。

在有些情况下，导致收入差异的劳动力资源差异可能不在于体力，更多地与脑力的差异有关。不管从事什么职业，有些工人为雇主贡献得更多，或是因为天赋或是因为通过教育和培训而开发了天赋。因此，我们有理由认为，神经外科大夫要比上述草坪养护工人挣得多，因为前者对其供职医院收入的贡献是后者边际产量收入的数倍。这种情况有很多，比如艺术界或体育界里的那些天赋非常出色的人。

工人之间的收入差异还有些是因为他们所用的工具不同造成的。比如，同样是铲土，有的使用铲土机，有的使用铁锹，在既定的时间里，前者肯定比后者铲得多（边际产量更大），那么，前者自然就比后者的报酬多。

在收入差异的决定中，还有两个因素起作用，那就是劳动力资源及其用途的差异。首先，我们必须认识到，人不是机器。第3章讨论过工资变化的收入效应概念。这种效应始于下列事实，即闲暇时间是一种商品，人们都愿意为其支付，而机器几乎不需要闲暇。如果你每小时收入10美元，而希望少工作1小时，那你就必须愿意为休息这1小时支付10美元。毫无疑问，工人们对他们的闲暇时间赋予的价值不同。一种极端情况是工作狂，他们赋予闲暇的价值很低；另一种极端情况是休闲狂。在其他条件相同的情况下，我们可以预期前一种人挣得比后者多。最后，我们需要认识到一名工人对一个竞争性企业的价值——边际产量收入，不仅包括边际劳动力产量，还包括企业的边际收入。至此，我们忽视了这一点，假定企业间的边际收入固定不变。当然，这是不对的。同样的熟练工人，其边际产量完全相同，但如果他们生产的产品以完全不同的市场价格出售，那么，他们获得的工资会相差悬殊。还是用上述草坪养护服务这个极端例子来说。假定一名修剪工在佐治亚州的奥古斯塔为居民庭院提供草坪养护服务，而另一名修剪工在奥古斯塔国家高尔夫球场从事草坪养护工作。虽然他们都在富有成效地做同样的工作，其边际产量也完全相同，但因为创造的边际收入大不相同，我们就可以预料，居民点的修剪工挣得就少得多。

资本资源所有权差异的原因

继承。一些个人和家庭继承了不动产和权证如股票和债券等。这些人比起那些没有继承资本资源的人来说要幸运。

运气。运气在人群中也不是平均分配的。有些家庭也许会因为运气较差而位于或靠近收入金字塔的底部。由萧条而造成的生意失败、一场大病、一次致命的事故，以及自然灾害，诸如此类，也许都会使得个人和家庭没有收入或者失去获得一定收入的能力。

积累倾向。人们在储蓄和积累资本资源方面的倾向和趋势也大为不同。那些被强烈动机驱动放弃今天的消费的人们，是为了在将来享受更多的收入。有些人则更关心他们目前的消费水平，他们不储蓄也不积累资本资源。

☐ 歧视对收入的影响

生活在贫困中的人，除了他们的人力资源和资本资源有限以外，有时还面临着其他取得足够收入的障碍——歧视。我们所说的**歧视**（discrimination）是指相同的人（事）得到不平等的对待或者不同的人（事）得到同等的对待。例如，当生产率相同的人得到不同的工资时，或者生产率不同的人得到相同的工资时，劳动力市场中就存在着歧视。

因此，当市场交易所依据的条件对大家不同时，市场歧视就存在。一个雇主对同样数量的劳动支付不同的工资就是一个例证。出于价格以外的原因，卖方在某一特定市场上不能出售，或者买方在某一特定市场上不能购买，则是完全市场歧视的例子。

市场歧视可以归于两个主要来源，即市场中存在着歧视力量和歧视欲望。

垄断力量

市场的买卖双方都可能拥有垄断力量。一个垄断的市场指的是卖方能够把市场价格操纵到对其有利的水平，而且可以把潜在的竞争者排除在市场之外。当一个企业或者企业集团作为一个卡特尔，雇佣某一特定地区或特定类型的全部或大部分可利用的劳动力时，市场的买方就出现了同样的问题。我们可以举出北卡罗来纳州磨坊小镇或肯塔基州采矿区的例子。就这种情况而言，企业或者企业集团被我们称为劳动力市场的垄断者或者称为买方独家垄断者。买方独家垄断者具有控制价格的能力，以这种价格雇佣劳动力。买方独家垄断问题的一个有趣例子见第 9 章对体育经济学的讨论。如果市场的买方和卖方存在着垄断力量，消费者和工人就有可能受到剥削。当产品的价格高于生产每一单位产品的成本时，消费者就受到了剥削，同样，当支付的工资水平低于工人创造的边际产量收入时，也就是说，低于他们对其雇主收入的贡献时，工人就受到了剥削。

剥削在没有歧视的情况下也会存在。比如说，生产率相同的黑人和白人也许会得到相同的工资，但是这种工资低于他们的生产率。然而，垄断力量是歧视的一个来源。在垄断力量的运用中，销售者也许会分隔市场，对相同产品向顾客收取不同的费用。一个独家垄断的买方也许会分隔就业市场，不按优秀程度或生产率来支付工人的工资，这也是在进行歧视。

歧视欲望

有些人有歧视偏好，而且努力去满足这种偏好或欲望。当雇员的肤色、宗教、年龄、性别等方面与有歧视意愿的雇主的主观想象产生差异时，该雇主就在实施非货币成本的歧视行为。

个人歧视欲望的主要根源是个人偏见。偏见是指人们对那些和自己有着不同特征或信仰的人持有的成见和反对态度。有偏见的人可能会也可能不会进行歧视活动。然而，当基于个人偏见而采取了反对他人的不利行动时，歧视就发生了。从经济学角度来看，由偏见驱使的歧视会导致资源不按生产率标准配置。因此，受到不利影响的群体的就业机会和收入都会减小，并可能导致贫困。

美国经济中的歧视性证据

在我们这个复杂的市场经济中，不同行业和不同企业之间工人的工资差异很大。甚至由同一个雇主雇佣的从事差不多相同工作的工人得到的工资也常常不同。我们已经学习了工资是如何决定的，很容易看到为什么会存在工资差异。记住，劳动力需求反映了一个工人的生产率以及为雇佣企业创造收入的能力。更高产的工人可以要求更高的工资，因为他们对雇主来说比那些低产的工人价值更大。技术和能力不同的工人不会被劳动力市场同等地对待。因此，今天大学毕业生差不多要比高中毕业生的平均收入水平高 75％就不足为奇。由于生产力差异造成的工人之间的工资差异不应该看做是歧视。

社会问题经济学（第二十版）

要回顾的另一个重要观点是，劳动力是一种派生需求。消费者对工人生产的产品或服务的需求会影响雇主对劳动力的需求。在其他条件相同的情况下，需求较强的产品市场的产品价格总比需求较弱的产品市场的价格高。而较高的产品价格又意味着生产产品的工人能得到更高的工资。这是由于较高的产品价格可以增加收入，使得每一个工人对雇主来说都更有价值。因此，由于对产品需求的差异，工资差异就可能存在于不同行业和不同企业之间。在工人对企业收入贡献不同的情况下，非歧视性工资差异也就产生了。

正如我们以前所说，黑人家庭和以妇女为户主家庭的贫困率较高，这也是歧视的两个受害群体。过去黑人和妇女的收入水平比较低，是各种形式的劳动力市场歧视的结果，还是仅由市场决定的工资差异？这是一个重要问题，是经济学家和决策者试图回答的问题。让我们看一下有关证据。

□ 工资歧视

平均来看，全日制工作的女性取得的工资大约是全日制工作的男性工资的80%。黑人的情况稍好一点，典型的全日制工作的黑人工人获得的收入大约是全日制工作的白人工人的85%。然而，这些统计数字不表示在性别上收入有着20%的歧视差距，或者说由于人种的缘故收入有着15%的歧视差距。为了确定歧视在收入上的重要性，我们需要对工资歧视的构成有一个更好的理解。

工资歧视的含义可以由口号"同工同酬"来阐述。假定一个男性和女性以相同的时间在相同的地点完成了他们的会计学位，有着同样的成绩和推荐，他们也作为初等会计师由同一个会计企业雇佣，只是在一个方面不同，即男性每年的收入为45 000美元，而女性每年的收入只为42 000美元。这就是歧视的一个案例。两个员工对他们的雇佣企业有着相同的贡献，但是得到的工资却不相同。

要确认工资歧视的存在常常是困难的，因为实施歧视的人通常否认这一点，而且劳动力的相对生产率衡量起来可能也是比较困难的。一个歧视者也许说找不到合格的黑人工人，也许说支付给女性的工资比男性少是因为女性的生产率低。在一些情况下，雇主也许是对的；在一些情况下，他们也许只是试图去掩盖他们的歧视行为。

工资歧视的含义已经很清楚，即相同的贡献得到的工资不同。但是，要证明歧视，就要按个人成就和生产率进行区分。一般说来，人力资源像任何其他资源一样，在一个竞争的经济社会中所得工资与其价值是差不多的。因此，在存在竞争的情况下，工资差异反映了劳动生产率的差异。经济中的确存在工资歧视，表明市场在不同用途之间没有正常地配置资源。

如果因人种和性别不同导致收入差距，那么，歧视在其中发挥了怎样的作用？这些差距中的一部分毫无疑问是由于"合法"的因素，如生产率和职业的差异等造成的。如果我们能够确定由这些因素造成的收入差距部分，那么，其余那部分收入差距就可以近似估计收入歧视的程度。研究人员在这个问题上花费了大量时间。这项研究的一个一般性结论是，合法的因素只能解释收入差距的一半左右。换句话说，如果女性与男性在生产率、职业和其他合法因素方面可比的话，她们的收入仍只是男性收入的90%左右，而黑人在相同情况下的收入大约也只是白人收入的 92.5％。

□ 就业歧视

就业歧视是指有些人仅仅因为一些非经济因素如种族或性别等而未被雇佣。比如有两个人，他们在某种工作上具有相同的工作培训、教育背景和工作经验；一个是黑人，另一个是白人。如果两个人得到的工作机会不相同，那么决策过程中就存在着歧视。

就业歧视和工资歧视一样，很难肯定地确认。在白人和少数族裔以及男性和女性之间失业率的差别也许就意味着歧视，但是并不能证明存在歧视。然而，当你发现所有低生产率的家庭中黑人的失业率比白人的失业率高，或者具有相同教育水平的家庭中黑人家庭的失业率比白人家庭的失业率高的时候，存在就业歧视的证据是无可置疑的。例如，16～24 岁的白人和黑人，都在 2006 年春天高中毕业，在秋天之前都没有继续深造，我们看一下这些年轻人的失业率。白人的失业率是 14.5％，而黑人的失业率高达 35.6％。尽管不是绝对的结论，但这种特征的证据无疑暗示着某种程度的就业歧视。

□ 职业歧视

越来越多的人相信在工资报酬上有歧视性的差别，尤其是工资报酬上的性别差异会由于职业分隔而大量发生。一般说来，男性工作在那些很少雇佣女性的工作岗位上，而女性工作在那些很少雇佣男性的工作岗位上。这种职业分隔的经济结果对女性来说就是低工资。女性通常被安排到那些劳动生产率和经验与其自身状况没什么关系，且加班费和奖金的获得机会非常有限的岗位上。

为什么女性不能进入工资更高的由男性控制的工作岗位呢？人们普遍相信，女性的社会角色使得她们的职业生涯变得无足轻重。女性在很小的年纪就被教育她们的首要角色是做家庭主妇和母亲。在我们的文化中，家庭内部的劳动分工通常是让女性留在家中提供家庭服务，如抚养小孩；相反，男性到市场中去寻找工作给家庭提供收入。然而，在 20 世纪，男性和女性的传统经济角色发生了巨大变化。双收入家庭现在是普遍现象，但是女性的工作仍然经常被认为是"第二位"的。一些经济学家认为，鉴于我们在性别之间的劳动分工文化，女性选择了那些允许她们同时工作又从事家务劳动的职业。这样的职业通常只要求较少的教育和培训，从而也是低工资的。

有证据表明，在过去的几十年里女性在一些男性占主导地位的职业中有了重大收获。例如，1960 年美国只有 3.4％ 的律师是女性。到了 21 世纪初，女性占全部律师的 1/4 强。然而，这样的戏剧性变化并没有在所有的职业中发生，而且据观察，只有很少的男性进入到了传统上属于女性的职业领域。超过 90％ 的注册护士、秘书和儿童看护员继续由女性担任。显然，我们的经济中依然存在着很大程度的职业分隔。

政府缓解贫困的种种努力

前面的分析已提出解决贫困的两种方法。首先，提高可雇佣的穷人的生产率。这可

社会问题经济学（第二十版）

以通过对穷人孩子的补助教育、成人培训、教育项目、咨询服务和指导、工作安置计划，以及消除歧视来实现。其次，保证最低年度收入。有些人（如儿童、老人、残疾人，以及病人）贫困是因为他们根本不能从事生产，有些人贫困是因为他们生产得不够多。这就需要收入支持计划来帮助那些不能从事生产以及生产率较低的人。

尽管联邦政府一直利用这两种方法与贫困作斗争，但一份详细的研究报告强调，重点应放在收入支持计划上而不是综合的人力资本开发上。政府旨在减轻贫困和帮助穷人的计划通常称为"公共福利"。然而，重要的是要认识到，从来就不是只有一种联邦福利计划，而是有一个松散的计划体系，每一项计划都针对的是有特殊特征和需要的人。例如，有些计划补助的是单亲家庭的收入需要；有些计划解决的是老年人和残疾人的医疗卫生需要。在过去的 40 年里，许多有目的的福利计划试图解决贫困的各方面问题。尽管有些计划取得了成功，但近年来选民一直在呼吁改革福利制度，以降低政府在帮助穷人方面的作用。在下一节，我们将简要考察 1997 年以前联邦政府的一些主要反贫困计划及其内在的一些问题。然后，我们再分析一项新的研究成果提出的以强调工作为特征的福利改革。

☐ 旧的联邦福利制度

自从始于 20 世纪 60 年代的"向贫困宣战"以来，政府设计并实施了大量的计划来帮助美国的低收入群体。1997 年以前的大多数福利计划在很大程度上都是由联邦政府集中控制的。尽管这些计划的日常运作也许由州政府或地方机构来负责，但必须遵守联邦政府规定的规则。因此，补助的合格条件及程度通常都是根据国家指导性指标设定的。在这些政府集中控制的计划中，最重要的是那些为贫穷女性作为户主的家庭和残疾人提供的收入支持。其他计划包括医疗卫生提供、住房服务以及营养补助等。这些福利计划中有许多正在进行改革，将建立新的规则和分权化的管理结构。

收入支持

向穷人提供收入支持的第一个联邦福利计划是随着 1935 年社会保障体系的建立，对有儿童家庭补助（Aid to Families with Dependent Children，AFDC），该计划是向单亲贫困家庭提供直接收入转让。在实践中，享有该计划的家庭是指女性为户主、子女在 18 岁以下的家庭。（有些州严格限制或者禁止向男性单亲家庭提供该计划支付。）该计划是一种根据经济调查结果确定补助的计划，只有收入和资产低于预先规定的水平的家庭才有资格享受该计划。联邦政府的指导性指标允许各州根据生活地区和家庭规模设定各自的需要标准。其资金来源分别由联邦政府和州政府承担。

接受该计划家庭的成员可以工作，但并不要求他们一定工作。随着家庭收入的增加，该计划的补助款将会减少。这种补助款的减少并不是按一比一的比例，而是允许整个家庭的收入不断上升直到能够维持收入较高的工作时为止。在 50 个州中，各州的年度总支付都不相同，但没有一个州支付的补助款可以使家庭的收入高于设定的贫困线。20 世纪 90 年代中期，该计划的平均年度补助款只达到贫困线的 38%。正因为如此，接受该计划的家庭自动符合其他联邦政府资助计划的条件，包括医疗补助和食品券。

随着理查德·尼克松总统（Richard Nixon）1972 年签署的《补充社会保险法案》

(Supplemental Social Insurance Act) 的生效，第二个主要收入支持计划开始实施。该计划中的补助金，被称为补充社会保障收入（supplemental security income，SSI），最初主要是为了帮助那些没有资格享受社会保障的老年人以及收入及财产低于规定下限的盲人和残疾人。联邦法案提供了全国统一的指导性指标和补助金标准。该计划继续存在于1996 年的福利改革条款中，只是对继续享受的资格要求更加严格。

医疗卫生支持

针对穷人的主要医疗卫生支持计划过去是今后仍然是医疗补助。在旧的福利制度下，享有"对有儿童家庭补助"或"补充社会保障收入"的所有家庭可自动获得医疗补助金。另外，医疗补助旨在为那些不符合接受公共援助条件的低收入孕妇和儿童支付医院治疗和医生服务的主要成本。在最近影响医疗补助的福利改革条款实施之前，每年有 3 200 万以上的人接受了这一计划的资助。

医疗补助资金由联邦政府和州政府分别承担。平均收入水平较低的州比平均收入水平较高的州得到的联邦政府资金更多。医疗补助资金中来自联邦政府的资金占该计划总成本的比例平均在 50%～80% 之间。20 世纪 90 年代初，医疗卫生支出额的增加差不多占联邦政府直接用于穷人的所有开支增加额的一半。

食品和营养补助

过去为穷人提供食品和营养补助的主要计划是联邦食品券计划（Food Stamp Program）。接受食品券的家庭可以得到购买食物的购物券，以保证他们获得既有营养又健康的食物。有趣的是，这项计划过去是今后仍然是由农业部来管理，而农业部把该计划作为一种支持食物需求和美国农民生产的农产品计划。在旧的福利制度下，"对有儿童家庭补助"的接受者有资格自动获取食品券，而补助水平按经济调查结果确定。截至 20 世纪90 年代中期，超过 2 500 万的人接受了食品券补助，年度开支接近 300 亿美元。自 1996年福利改革以来，除食品券计划之外，联邦政府还实行了下列计划，即给低收入公立学校学生提供午餐，给其他的专门福利机构提供正餐。

住房补助

对穷人的住房补助以房租补贴的形式提供最为普遍。这些年来，不论是城市还是农村的穷人，在建房和租房上都得到了联邦政府的大量直接补助。最近，重点放在了以房租券形式的住房补助。绝大多数低收入家庭面临的主要问题不是找不到住房，而是负担不起合适住房的开支。房租券通过给予低收入家庭在公有和私有住房之间选择的机会而直接解决了这一问题。

其他社会服务

大量的联邦政府计划向穷人提供了各种社会服务。这些计划针对低收入群体，诸如老年人、残疾人、受抚养的青少年以及土著美洲人（Native Americans）。所提供的社会服务种类繁多，包括托儿服务、看护、虐待儿童干预、工作安置、医疗咨询以及应急避难所。最近的福利改革明显地减少了用于这些服务的资金，而更多地强调依靠私人慈善团体来满足这些需要。

培训和就业

许多联邦政府负责的培训和就业计划从 20 世纪 60 年代就开始实施了。这些计划通常采取的形式是把补助金拨给各州政府，目的是帮助那些在就业市场上遇到困难的人。补助的对象包括被技术进步取代的工人、年轻人以及那些接受其他公共资助的人。目前最综合的培训和就业计划是《职业培训协作法案》（Job Training and Partnership Act，JTPA），鼓励当地企业提供培训和资助。尽管每个州都有责任执行自己的JTPA方案，但联邦政府要求将资金主要用于培训经济上贫困的人。其他联邦政府计划包括对每个州的职业介绍所（就业服务计算机资料库）的资助以及对年轻人提供补贴的夏季就业计划。

□ 旧福利制度的问题

许多年来，经济学家、社会工作者以及公众对旧福利制度提出了广泛的批评。这种批评的依据是，这些计划的预算需求不断增长，但并没有降低贫困率。即便是在经济扩张时期，这种福利制度也未能显著降低贫困率，使得许多人认为这一制度有缺陷。有人认为，绝大多数计划把重点放在了经济资助上，而不是鼓励接受者从他们贫困的原因入手去改变。此外，许多人认为，这些计划的构建形成了一种"福利依赖"的格局，导致永久的贫困文化。这些批评最终引起了20世纪90年代末的福利改革动议。

对旧福利制度最重要的批评根植于基本的经济理论。第3章讨论了工资变化的收入效应。我们回想一下，在其他条件不变的情况下，当收入发生变化时，收入效应衡量的是个人供给的工作时间变化。因为闲暇是一种正常品，当收入增加时，在其他条件不变的情况下，个人会需要更多的闲暇时间，因此工作的时间更少。在旧福利制度下，接受者得到了收入（以现金、食品券和房租券等形式），既不需要工作也不需要培训。这将产生一种纯收入效应。当获得福利时，接受者增加了收入，其他一切都保持不变。因此，收入效应减少了这些接受福利金的人向市场提供的工作时数。大量的经验研究表明，例如，AFDC计划等的确显著降低了由接受者提供的工作时数。然而，由于绝大多数接受福利的工人拿的都是低工资，所以很难说这种制度抑制了工作而使大量的人继续享受这种福利制度。

针对AFDC计划及其相关计划最有争议的批评，是它们对于依靠福利制度的人产生了一种经济激励，即促使他们建立和维持单亲家庭并生育孩子。在旧制度下，只有未婚、分居以及有未成年孩子的离婚妇女才能享受最高水平的福利。在大多数州中，福利金数额增加直接与家庭中孩子的数量相关。该制度的批评者认为，这是公众在支持未婚母亲和单亲家庭。尽管未婚生育和女性户主家庭的数量在惊人地增长，但经济研究还未发现这种趋势与福利计划及其支付水平之间有很强的联系。与大众的感觉相反，对于一个单身母亲来说，多要一个孩子的福利补助金的边际收入的增加，远远低于抚养孩子的预期边际支出。因此，尽管享受福利，但继续生养孩子并不是"有利可图"的事情。

大多数福利计划旨在给那些因不可控制事件导致经济危机的人提供临时救济。但是，研究表明，大约只有1/4的福利接受者在一年中离开了福利名单，而且他们中的许多人后来又回到了这一行列。此外，随着接受福利的时间延长，脱离福利制度的可能性越来越小。换句话说，一个人依赖福利的时间越长，他退出的可能性就越低。对AFDC的长期研究表明，有 1/4 的人在福利名单上大约停留了 10 年时间。类似这样的结果说明，存在一个长期依赖福利的阶层，使得政策制定者们认识到旧制度需要改革。

□ 福利改革与新制度

当比尔·克林顿总统（Bill Clinton）1996 年夏季签署《个人责任和工作机会协调法案》（Personal Responsibility and Work Opportunity Reconciliation Act）时，他声称这将"结束我们以前所了解的福利制度"。这项法案在我们的公共援助制度的组织结构和日常运作方面进行了广泛彻底的改变。最重要的是，这项法案废除了无限期的对有儿童家庭的补助计划，代之以联邦政府向各州政府固定拨款而形成的限期收入支持计划。它也修订了补充社会保障收入、食品券以及针对穷人的其他社会服务的各个方面。基于对旧福利制度的批评，1996 年的福利改革法案反映出两个重要的主题：（1）这项法案给接受福利的个人或家庭规定了时间限制；（2）这项法案要求那些接受公共援助的人去工作。

旧福利制度与新福利制度的主要区别如表 7—4 所示。新制度的一些最重要的方面我们将在下面进行考察，然后简要讨论一些潜在问题。

表 7—4   1996 年《个人责任和工作机会协调法案》引起的福利制度的主要变化

焦点	旧制度	新制度
现金补助	AFDC 对于获得多长时间收入补助没有限制 继续享受 AFDC 的条件并不要求去工作	TANF 要求如果没有工作，只能享受补助 2 年，而且成年人在一生中享受补助的时间极限为 5 年 要求获得 TANF 家庭的成年人在获得补助的 24 个月之后要从事工作
医疗补助	AFDC 的接受者自动符合获取医疗补助的条件	在特定的指导原则下，各州政府可以制定自身的资格条件
食品券	对于那些符合条件的人，没有时间限制	身体健全的成年人在每 36 个月之内只能获得 3 个月的食品券，除非他们工作
补充社会保障收入	处在发育之中的残疾儿童是享受者	处在发育之中的残疾儿童要经过更加严格的诊断才能确认是否符合条件，而且行为不轨者不能享受此项计划
公民资格	非公民广泛享受各种计划	新移民在前 5 年不能获得补助金；10 年间一直没有纳税或没有服过兵役的人，不能获得食品券或补充社会保障收入；非法移民不能享受大多数补助金
儿童补助	女性接受者不需要指出孩子的父亲	在确认父亲和寻求儿童补助时，女性接受者要予以合作

说明：AFDC 为"对有儿童家庭补助"的英文缩写；TANF 为"贫困家庭临时补助"的英文缩写。

收入支持

1997 年，旧的 AFDC 计划逐步被淘汰，代之以州政府设计并管理的"贫困家庭临时补助"（Temporary Assistance for Needy Families，TANF）计划。这些计划由联邦政府固定拨款和州政府提供经费。要符合联邦政府的拨款要求，每个州计划就必须遵守特定的指导原则，这些原则涉及补助的时间期限和身体健全成年人的工作要求。除了这两项特殊要求外，州政府几乎可以自由设定它们自己的资格条件和补助水平。

按照 TANF 计划，没有工作的成年人必须在得到补助的 2 个月之内参加社区服务。获得收入支持的家庭，其所有成年人必须工作，或者参加培训，否则在 24 个月之后他们将失去获得补助的资格。此外，TANF 的接受者一生得到补助的期限为 60 个月（5 年）。为了确保每个州都制定能鼓励工作的 TANF 计划，1996 年立法设定了获得补助家庭的年工作参与率的最低标准。这一最低限度随时间的推移而增加，没有达到这一指标的州将受到处罚，处罚的手段是减少联邦政府的固定拨款。达到或超过这一指标的州将有资格获得额外的财政拨款。

医疗补助

在旧制度下，所有 AFDC 的接受者自动取得获得医疗补助金的资格。1996 年的福利改革法案中断了这一自动关系，允许各州政府在一系列指导原则之下设定自己的资格条件。州政府也可以拒绝向非美国公民以及因为拒绝工作而不能获取收入支持的人发放医疗补助金。各州政府要向贫困孕妇和婴幼儿提供补助。

食品券

福利改革措施保留了食品券计划的基本制度。但是，在该计划中，对那些获得此计划补助的人制定了新的工作要求。除非参加工作或是工作培训，18～50 岁之间的身体健全的成年人在每 36 个月期限内只能得到 3 个月的食品券。特殊情况例外。每周至少工作20 个小时的接受者才可以继续得到无时间上限的补助。

补充社会保障收入和其他社会服务

福利改革给那些接受和申请补充社会保障收入的人建立了新的残疾标准。残疾确立标准的改变，使得获取收入支持更加困难。例如，在新制度下，有发育不良行为问题的儿童将不再认为是残疾人，并且没有资格获得补助。

《个人责任和工作机会协调法案》也提到了公民资格问题。旧福利制度中的大多数计划不考虑公民资格甚至合法的居民地位。新制度下的福利计划考虑了这些因素。新移民必须在美国居住 5 年以上才有资格获得大多数计划的补助。就食品券来说，居民条件更加严格，须纳税 10 年或是在美国军队服过役。

作为福利改革的一部分，还增加了许多其他要求。例如，获得补助的单身母亲必须确认未成年孩子的父亲，而且在寻求儿童补助时要予以合作。另外，那些查明有重大毒品犯罪的人不能获得大多数计划的补助。除了这些改变之外，许多培训计划、儿童营养计划、医疗卫生咨询以及其他社会服务计划都受到了福利改革法案的影响。

利用税收政策与贫困作斗争

很长时间以来，很多经济学家一直认为，向穷人进行转移支付的最有效方法是利用国家税收制度。因为美国的国家税收征收者——国内收入署（Internal Revenue Service, IRS）有良好的税制跟踪家庭收入，且认真细致地设计美国的税收政策，可以利用这些特征改善穷人的经济状况。实际上，我们早在 25 年前就这样做了，其中的一个主要项目就是劳动所得税收抵免（Earned Income Tax Credit，EITC）。正如我们将看到的那样，劳动所得税收抵免的原则与一个更为综合的方法十分相似，这种方法就是决策者多年来一直在争论和考虑的负所得税建议。

□ 劳动所得税收抵免

劳动所得税收抵免最初是在 1975 年出台的，这是一项旨在抵消有工作的穷人缴纳的社会保障和医疗保险工薪税的不良影响的适当措施。由于社会保障和医疗保险税是从所挣的第一个美元开始征税，没有个人扣除或免税额，所以低工资工人的税收负担比其他所得税的负担要大。劳动所得税收抵免的基本思路是，通过让贫困工人从其应纳的年度联邦所得税额中扣除可退还的税额，减少他们缴纳的税收总额。劳动所得税收抵免通过减少穷人的应纳税总额，可以增加低收入工人的实际年收入，鼓励他们继续就业。鉴于劳动所得税收抵免的这些积极作用，近年来国会多次扩展该措施。

劳动所得税收抵免作为联邦所得税制的一部分，由国内收入署来管理。劳动所得微薄的个人和家庭，在收入达到特定的限额之前，可以申请这种抵免。由于劳动所得税收抵免是一种可退还的税收抵免，如果一个家庭的应纳税额低于抵免额，就可从国内收入署那里获得一张该差额的支票。例如，如果你应向联邦政府缴纳 1 000 美元的所得税，而同时你也有资格申请 1 500 美元的税收抵免，那么，你就可以向国内收入署申请退税 500 美元。在这种情况下，劳动所得税收抵免就相当于给你的现金——它将增加你的可支配收入。

与比较传统的收入援助计划不同，在这类计划下，对于接受者挣得的每一美元，福利金都会减少，而劳动所得税收抵免在收入达到某一点之前的数额会增加，然后一旦达到了某一收入水平就会逐渐减少。图 7—2 说明了 2004 年一个有两个或两个以上未成年子女的家庭的劳动所得税收抵免结构。这类家庭的收入在不到 10 000 美元时，可按工资和薪金总额的 40% 申请税收抵免。因此，最大劳动所得税收抵免额是 0.40×10 500 美元，也就是 4 200 美元。在家庭收入没有达到 14 750 美元时都可以申请获得该税收抵免额，一旦达到 14 750 美元，该抵免就逐渐减少。收入超过 14 750 美元的家庭，他们的劳动所得税收抵免额要按每增加 1 美元收入的 21% 减少。因此，如图 7—2 所示，在收入达到 34 700 美元之前，劳动所得税收抵免额逐渐下降。如果该家庭的收入超过 34 700 美元，就不再获得这种税收抵免。（为了简化，所有数字均四舍五入。）

该计划的立法范围扩大，使得 2 000 多万个家庭获得了劳动所得税收抵免的好处。比较图 7—2 和表 7—1 所示的贫困线水平，最大的税收抵免由收入低于贫困线的有工作的家庭获得。这一事实说明，劳动所得税收抵免比针对收入很少或没有家庭收入的计划更有可能使家庭摆脱贫困。劳动所得税收抵免的支持者指出，这项计划与近来的福利改革措施相一致，因为它将增加那些离开福利救济人员名册到私人部门找工作的人的净收入。实际上，由于劳动所得税收抵免是可退还的，因此它可以被认为是对有工作穷人的一种工资补充。然而，一旦达到了抵免额逐渐减少的收入线，这种工资补充就开始以比较高的速度下降。目前在逐渐减少范围内的降低率是 21%，比适用于最低应税所得水平的一般所得税率 15% 要高。批评者指出，劳动所得税收抵免会对那些发现自己处于税收抵免逐渐减少范围的人的工作产生抑制作用。可是，直到目前，对这项计划的研究成果尚未发现受益者的劳动供给有明显减少。

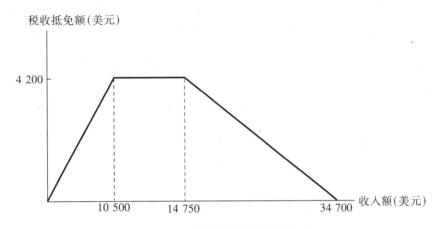

图 7—2　2004 年的劳动所得税收抵免

　　有两个或两个以上未成年子女的家庭在收入达到 10 500 美元之前可按收入的 40％申请可退还税收抵免，其最大抵免额为 4 200 美元。一旦收入超过 14 750 美元，税收抵免额按每增加 1 美元的 21％减少。因此，当收入达到 34 700美元时，该税收抵免也就不复存在了。（为了简化，所有数字均四舍五入。）

　　即使劳动所得税收抵免可以在使家庭摆脱贫困过程中发挥重要作用，但鉴于政府测度家庭收入的方法，它的影响也没有反映在官方贫困统计数据中。我们知道，家庭的贫困状况是由其税前收入与由家庭规模对应的贫困线相比较决定的。因此，在适用税收抵免之前要测度收入。由于这种方法忽略了税收抵免的影响，故经济学家对劳动所得税收抵免对贫困的影响进行了大量研究。最近由预算和政策优先权中心（Center for Budget and Policy Priorities）公布的一项研究成果表明，每年有 500 多万人因劳动所得税收抵免而摆脱了贫困状况。此外，研究人员还发现，劳动所得税收抵免比其他比较传统的收入转让计划更有可能使家庭摆脱贫困。劳动所得税收抵免已成为对付贫困的一种常用方法。如今，除了联邦政府的劳动所得税收抵免外，还有 22 个州制定了自己的劳动所得税收抵免计划。

　　显然，在美国消除贫困的政策中，劳动所得税收抵免已成为一个重要的组成部分。可是，有些专家认为，劳动所得税收抵免太复杂，而且其烦琐的申请规定会促使微薄收入的家庭进行欺骗。的确，据国内收入署估计，近年来，有 20％以上的劳动所得税收抵免额的支付是错误的。多年来，有些经济学家和决策者一直主张实行一种真正的负所得税制，以避免可退还税收抵免作为反贫困方法出现的这类问题。

□ 负所得税建议

　　按照负所得税制，收入低于预先确定的水平的家庭可以不缴纳所得税，而且可以根据他们的收入和正常税率获得补助。这种税制涉及三个重要变量：保证收入水平、所得税率和平衡收入水平。图 7—3 说明了负所得税制是如何运作的。

　　在图 7—3 中，家庭收入用横轴表示，家庭的应纳税额用纵轴表示。应向政府缴纳的所得税额由向上倾斜的直线表示，该线的斜率由所得税率决定。在负所得税制下，所有家庭都被保证有一个等于G的绝对值的最低收入水平。因此，收入为零的家庭，其应纳税额是负的，等于G。这意味着该家庭不仅不用缴纳所得税，政府反而要给该家庭一张数额等于G的绝对值的支票。如图7—3所示，随着该家庭的收入增加，这项补助额会按所得税率下降。在B点，该补助为零。B点是平衡收入水平，超过该水平，该家庭就要缴纳正的税额。换句话说，达到B点之后，家庭不再从政府那里获得支票，相反，他们必须向政府缴纳所得税。

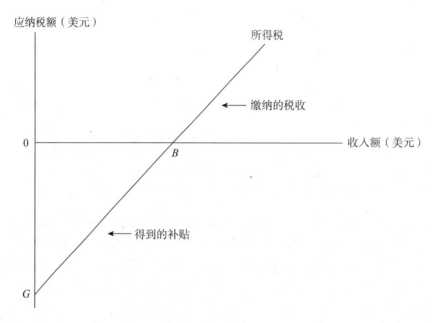

图7—3 负所得税

在负所得税制下，可保证所有家庭都有一个最低的收入水平，如G点所示。没有收入的家庭可从政府那里得到一笔等于该数量的补贴。随着家庭收入的提高，补助数额下降的比率等于正常税率。B点代表没有补助的收入水平。超过该平衡收入水平，家庭就要纳税。

负所得税建议有几个颇具吸引力的特点。它基于这样的理念：当一个家庭的收入超过了贫困线时，就应缴纳正的所得税；当一个家庭的收入低于贫困线时，就应缴纳负的所得税，即从政府那里获得一张补助支票。由于这种补助仅仅是增加家庭的总收入，所以，他们挣钱比不挣钱的境况总是要好，而且，他们挣得越多，他们的境况就会越好。因此，负所得税鼓励低收入者工作。这项计划针对的是具有下列特征的个人和家庭：他们生活在贫困中。而这些人不一定是老年或盲人贫困者。只要你是穷人，你就符合条件。所以，负所得税制比大量现行的反贫困制度要简单得多，且更易管理。

必须指出，可退还的劳动所得税收抵免把负所得税建议的某些特征也纳入了美国现行的税制。与负所得税制一样，低收入家庭可以从联邦政府那里获得一张支票。不过，劳动所得税收抵免计划不是真正的负所得税，因为它要求家庭必须有收入。不管是由于没有工作能力还是其他原因，全家人都没有工作的家庭不能获得劳动所得税收抵免。如今，没有收入的家庭必须依赖其他福利计划得到资助。而在真正的负所得税制下，这些家庭可以获得现金救济。因此，倘若负所得税建议得到采纳，很多比较传统的收入转让计划的规模就会缩小甚至消失。

如何解决歧视问题？

在美国社会，贫困与歧视交织在一起。如果生活在贫困中的人也是市场中种种歧视做法的受害者，那么，各种反贫困计划和政策的效力不会大。因此，减少贫困的措施也必须与减少歧视的措施相伴而行。我们怎样才能做到这一点？

□ 减少歧视偏好

如果歧视的偏好被减少了，一定会说服人们改变他们的观点和行为。这些偏好和欲望也许可以通过教育、立法和政府使用阻止歧视行为的补贴来减少。

教育

教育的一项任务就是教育人们彼此理解，从而使人与人之间不会有偏见。不幸的是，教育的这项任务被教育本身存在的歧视阻碍了，尤其是在中小学教育的资源配置方面。尽管不是万能药，但对于公共教育的更加平等的资源分配将会减少学生人均教育服务的不平等性，而且它将有助于减少歧视的偏好。

立法

靠权威压制，也就是说，依靠法律来改变人们的偏好是很困难的。法律通常在它们由人们的信仰支持或者与人们的信仰相一致的时候才能发挥作用。然而，减少歧视偏好的制度框架可以通过法律建立起来。1963 年的《同酬法案》（Equal Pay Act of 1963）是联邦政府控制歧视的第一个主要尝试。这个法案作出了这样的规定，即雇主对"相同的工作"支付不同的工资是非法的。由于《同酬法案》只适用于工资歧视方面，因此该法案的作用是有限的。为了扩大对歧视的影响，1964 年又实施了《公民权利法案》（Civil Rights Act of 1964）。

《公民权利法案》适用于基于种族、肤色、性别、信仰或者国籍而对工人实施的歧视。附加的反歧视法从 20 世纪 60 年代中期开始实施，以把其他少数群体包括在内。《雇佣中的年龄歧视法案》（Age Discrimination in Employment Act）适用于老年工人，《美国残疾人法案》（Americans with Disabilities Act，ADA）保护身体及精神有残疾的"合格"工人。保护工人免受歧视的联邦法律由就业机会均等委员会（Equal Employment Opportunity Commission，EEOC）负责执行，它有权代表工人出庭。

联邦法律现在不仅要求在工资上要同等对待，而且要求在雇佣、升迁和最终解雇等方面同等对待。这些法律通过加大歧视者的风险和成本，从而减少歧视行为。比如说，一个拒绝把房子出售给黑人以满足歧视偏好的人，就违反了法律且有受到起诉的风险。

政府补贴

如果消除歧视是唯一目标，政府补贴就可以用来鼓励雇主不要歧视。政府补贴将会支付给那些在雇佣、工资和升迁等方面不存在歧视行为的雇主，实施歧视的雇主将会失去政府补贴。因此，不存在歧视行为的人得到了激励。如果这种补贴等于或大于歧视者从歧视中获得的非货币收入，那么，政府补贴将会减少歧视。尽管现在还没有直接的补贴支付计划，但当联邦政府给那些达到就业机会均等标准的立约者以优待时，就产生了一种隐性补贴。

□ 减少市场缺陷

诸如缺乏劳动力市场信息、不完全竞争和劳动力的非流动性等市场缺陷，是市场歧视的主要来源。一些人接受低工资，也就是说，工资低于他们可以在其他就业机会中所能挣得的工资，是因为他们不知道还有其他的工作机会。更好地获取工作信息，可以使一个人在一个类似的工作中接受低工资的事情不太可能发生。

如果没有什么竞争，产品市场和资源市场也许根本就不会正常运转。在不完美的市场中，歧视也许就会盛行。一个卖方或者买方在高度垄断的市场中，可以控制其所出售或者购买产品的价格，其他潜在的卖方或买方会被阻挡在市场之外。价格、工资、就业和职业的歧视，也许会在缺乏竞争和垄断控制的情形下保持着不可动摇的地位。增强竞争的反托拉斯行动和减少市场进入壁垒将是消除或至少是减少歧视性市场行为的重要方法。

如果歧视是由垄断力量造成的，政府在消除歧视中会发挥重要作用。政府的责任就是积极使用反垄断法，减少缺乏竞争市场中的垄断力量和恢复竞争。第 8 章将更加深入地考察当卖方拥有垄断力量时，市场是如何运作的，第 9 章探讨劳动力的买方独家垄断雇主的行为。

□ 减少人力资本开发中的歧视

人力资本投资（花在教育、培训和医疗卫生方面的钱）的收益率表现为生产率和收入提高。黑人和其他少数族裔群体通常没有或者不能在人力资本方面进行足够的投资，而且在人力资本方面的公共投资分配也不平等。人力资本歧视的消除，会减轻大多数市场歧视（如工资和就业歧视）。其原因在于，如果人力资源的价值创造能力很强，而且也能从事其他工作，不平等地对待他们将十分困难。

□ 减少职业分隔

职业分隔导致黑人和其他少数族裔以及妇女大都在低收入部门工作。职业分隔的作用是双重的。首先，在那些仅限于少数族裔从业的职业中，劳动力供给的增加会压低这些职业的工资。其次，在那些把少数族裔排除在外的职业中，劳动力供给的减少会抬高这些职业的工资。这些作用的结果是，在低工资和高工资的职业之间形成了更大的缺口。

此外，如果一个少数族裔进入了通常不雇佣少数族裔的职业，他或她一般不能由于从事同样的工作而得到相同的工资。例如，一名拥有化学博士学位的黑人，作为一名化学专家为一家石油公司工作，他也许会遭到工资或者提升机会上的歧视，因为他的职位通常是留给白人的。近年来，《就业机会均等法案》（Equal Employment Opportunities Act）在很多情况下已经扭转了这种状况。雇主实际上被要求雇佣少数族裔。这些合乎条件的工人的供给数量较少，保证了他们将会得到高于那些白人雇员的工资。

然而，如果少数族裔得到良好的教育和培训，职业分隔就很难维持。教育和培训开辟了就业机会。那些有就业机会的人不会轻易地被迫进入一个指定的职业，他们是流动的，可跨职业。向少数族裔提供良好的就业机会是打破职业分隔的一种方法。

小结

通过 20 世纪 60 年代的"向贫困宣战"，美国生活在贫困中的人口数量显著减少，但在以后的几十年里，这种下降趋势并未持续。贫困人口的数量和贫困率在 20 世纪 70 年代没有下降还可以理解，因为这一时期经济停滞不前且遇到了一些问题。然而，80 年代初期之后，情况并非如此，经济处在前所未有的扩张时期。在这种情况下，贫困率本来应该是下降的。

贫困率在不同的家庭群体之间相差很大。2009 年所有家庭当中的贫困率为 11%。然而，单身母亲作为户主的家庭，贫困率远远高于该比例，大约是该比例的 3 倍多。其他人口特征也与较高的贫困率密切相关。少数族裔、老年人和年轻人、生活在边远农村和市中心区的人，最有可能成为贫困的牺牲品。南部和西部各州的贫困率比东北部和中西部各州要高。

要解决贫困以及低收入问题，应该设计这样的计划：（1）提高穷人和准穷人向上流动的能力；（2）保障那些不能工作以及在工作时挣不到最低收入的家庭和个人的最低年收入。

长期以来，政府作出了大量努力以减少贫困，包括对贫困家庭的直接补助和市场价格管制。联邦政府的许多计划都在逐步实施，其中一些最初不是严格地针对穷人设计的。一种对旧福利制度的批评观点声称，政府的计划对穷人产生了相反的作用，并且造成了贫困文化。20 世纪 90 年代中期的福利制度改革措施建立了新的援助制度，并与对工作和培训的援助联系起来，规定了符合条件的时间限制。经济能否成功地给福利工人创造足够的工作还要拭目以待。歧视性做法的存在，特别是在劳动力市场中存在歧视性做法，会使贫困问题更加严重。贫困率最高的群体——黑人家庭和女性作为户主的家庭，是最容易受到歧视伤害的群体。因此，长期不懈的反贫困计划和政策必须与减少歧视的措施相配合。

讨论题

1. "绝对贫困"和"相对贫困"之间的区别是什么？请各举几个例子。

2. 美国不同人群的贫困率有何不同？为什么族群之间的贫困率不同？哪一族群陷入贫困的可能性最小？为什么？

3. 讨论一国收入分配的决定因素。最近几年美国收入分配的主要趋势是什么？解释为什么会出现这种趋势。

4. 什么因素可以解释为什么一些人只能挣非常少的收入？是谁控制了这些因素？政府可以通过公共政策影响这些导致贫困的因素吗？

5. 解释为什么有些批评者认为旧的福利制度造成了一种"贫困文化"。利用经济学的推理方法，解释现金补助对工作的负面刺激。

6. 给某人提供收入支持而又不对其工作小时数产生负面效应是可能的吗？试解释。

7. 福利改革措施如何解决对旧福利制度的批评问题？新制度又面临什么问题？

8. 劳动所得税收抵免是如何有助于消除低收入家庭贫困问题的？在官方的贫困统计中能看出劳动所得税收抵免的作用吗？

9. 劳动所得税收抵免与负所得税建议在哪些方面是相同的？在哪些方面是不同的？你认为美国曾经有过负所得税制吗？为什么？

10. 解释负所得税与比较传统的反贫困计划之间的差异。

11. 工资差异是市场经济的必然结果吗？请解释。在什么情况下，工资差异反映出歧视？

12. 讨论歧视给社会和个人造成的经济成

本。歧视如何使得贫困问题更加严重？

13. 政府是如何努力减少美国市场歧视的程度及影响的？在你看来，这些努力取得成功了吗？为什么？

14. 20世纪90年代末进行了福利政策改革。2001年的经济衰退对其成效有何影响？这项改革取得成功了吗？请解释你的答案。

15. 你支持下列哪种措施作为反贫困工具——是增加最低工资还是扩大劳动所得税收抵免？请解释。

16. 倘若女性一年全日制工作平均只挣同工男性工资的80%，这是否意味着存在20%的歧视性工资差额？

17. 在过去几十年里，美国的收入不平等程度在提高。你认为这与像"占领华尔街"这样的运动增多有无关系？考虑如果美国中产阶级继续萎缩会发生什么情况。

课外读物

1. Balkin, Karen, ed. *Poverty：Opposing Viewpoints*. Opposing Viewpoints series. New York：Greenhaven Press, 2004.

该论文集表达了有关贫困的对立观点，各章的题目如"贫困是一个严重的问题吗？"、"如何帮助美国的穷人？"、"美国贫困问题的原因是什么？"等。

2. Chang, Mariko L. *Shortchanged：Why Women Have Less Wealth and What Can Be Done About It*. New York：Oxford University Press, 2010.

作者针对男性与女性间的贫富差距提出问题并就如何纠正这种情况提出建议。

3. Cherry, Robert D. *Welfare Transformed：Universalizing Family Policies That Work*. New York：Oxford University Press, 2008.

作者提出一系列强有力的建议，从加强联邦政府对工作家庭的经济支持到改善社区大学，将成功的福利政策转化为家庭普惠政策。

4. Coyle, Diane. *The Soulful Science：What Economists Really Do and Why It Matters*. Princeton, NJ：Princeton University Press, 2007.

第一篇讨论了"贫富之奥秘"。

5. Ehrenreich, Barbara. *Nickel and Dimed：On（Not）Getting By in America*. New York：Metropolitan Books, 2001.

作者做过餐厅服务员、女佣、护士助理和折扣店的销售员，以此来分析是否能靠最低工资维持生活，很有意思地叙述了她从事收入处于贫困线的工作时的工作和生活安排。

6. Hoffman, Saul D., and Susan Averett. *Women and the Economy：Family, Work, and Pay*. The Addison-Wesley Series in Economics. Boston：Pearson Addison-Wesley, 2005.

介绍了女性面临的经济问题，包括婚姻、

生育、收入的性别差距以及贫穷和福利。

7. Jacobsen, Joyce P. *The Economics of Gender*. 3rd ed. Malden, MA: Blackwell, 2007.

讨论了男女之间有何差异、差异的原因以及这些差异如何影响人们的经济选择与结果。

8. Levitan, Sar A. *Programs in Aid of the Poor*. 8th ed. Baltimore: The Johns Hopkins University Press, 2003.

详细分析了帮助穷人的计划，特别是要认真读一读有关下一代的计划和反贫困战略的章节。

9. Mutari, Ellen, and Deborah M. Figart, eds. *Women and the Economy: A Reader*. Armonk, NY: Sharpe, 2003.

本书以女权主义思维从经济学角度讨论了女性问题，诸如："家庭主妇的经济风险"、"单身母亲"、"最低工资增加：工作女性的问题"等。

10. Rodgers, William M., ed. *Handbook on the Economics of Discrimination*. Elgar Original Reference. Northampton, MA: Elgar, 2006.

本手册详细解读了各种形式的歧视：年龄歧视、性别歧视、性偏好歧视、残疾工人歧视以及信贷和住房市场中的歧视。

11. Shipler, David K. *The Working Poor: Invisible in America*. New York: Knopf, 2004.

普利策奖（Pulitzer Prize）得主希普勒（Shipler），"从美国广泛的种族背景详尽描述了工作家庭的贫困程度"。

在线资源

1. 布鲁金斯研究所（Brookings Institution）：

www.brookings.edu

布鲁金斯研究所是一家私人非营利性组织，保持研究的独立性，寻求创新性政策建议。布鲁金斯研究所网站链接了很多有关福利改革的文章。

2. 预算和政策优先权中心（Center on Budget and Policy Priorities）：

www.cbpp.org

预算和政策优先权中心是一个无党派的研究性组织和政策机构，研究分析一系列政府政策和计划。重点研究和分析影响低微收入者的政策和计划。

3. 劳工部：工资和工作时间处（Department of Labor—Wage and Hour Division）：

www.dol.gov/whd

这是美国劳工部下设的一个处，负责监管《公平劳动标准法》（Fair Labor Standards Act，FLSA）的贯彻落实，该法律是保护和提高全国劳动者福利的联邦法律。《公平劳动标准法》规定了影响私人部门以及联邦政府、州政府和地方政府雇员的最低工资、加班费、存档、青年就业等的标准。

4. 就业机会均等委员会（Equal Employment Opportunity Commission，EEOC）：

www.eeoc.gov

美国就业机会均等委员会实施6项联邦法律，禁止就业歧视。该委员会还监督、协调所有联邦就业机会均等法规和政策。

5. 贫困研究所（Institute for Research on Poverty）：

www.irp.wisc.edu

贫困研究所是进行美国贫困和不公平的原因和后果研究的非营利性大学研究中心。该网站提供研究报告和贫困研究资源的链接。

6. 巴德大学利维经济研究所（Levy Economics Institute of Bard College）：

www.levyinstitute.org

这是一个非营利性无党派公共政策研究

机构，在福利、歧视和贫困等问题上发表了很多工作论文、政策简介、政策说明以及其他出版物。

联合国妇女发展基金会关注全世界的女性贫困问题。该网站链接了最新论文、其他性别问题以及该领域的一些新闻报道。

7. 联合国妇女发展基金会（United Nations Development Fund for Women, UNIFEM）:

www. unifem. org/gender_issues/women_poverty_economics

联合国妇女发展基金会关注全世界的女性贫困问题。该网站链接了最新论文、其他性别问题以及该领域的一些新闻报道。

8. 美国人口普查局: 贫困（United States Census Bureau: Poverty）:

www. census. gov/hhes/www/poverty/poverty. html

该网站允许用户获得微观数据，按自己的需要制成贫困数据表。

9. 美国卫生与人类服务部: 贫困指南、研究与测评（U. S. Department of Health and Human Services: Poverty Guidelines, Research, and Measurement）:

http: //aspe. hhs. gov/POVERTY

提供有关所有联邦官方贫困线的解释以及有关贫困研究中心的信息。

10. 美国住房与城市开发部的住房和社区（U. S. Department of Housing and Urban Development's Homes and Communities）:

www. hud. gov

提供低收入者住房选择、公平住房和平等机会及其他站点的链接。

第8章 垄断力量经济学：能否控制市场？

☐ 本章概要

垄断力量经济学
  什么是垄断力量？
  产量和价格
  进入限制
  非价格竞争
我们应该害怕垄断力量吗？
  产量和价格
  进入限制和资源配置
  非价格竞争
  大会怎么样？
自然垄断特例
  政府应在何时管制企业？
  管制与公司责任
小结

☐ 主要概念

垄断市场 (market，monopolistic)
不完全竞争市场 (market，imperfectly competitive)
竞争市场 (market，competitive)
反垄断法 (antitrust law)
集中比率 (concentration ratio)
需求 (demand)
企业面临的需求曲线 (demand curve facing a firm)
利润最大化产量 (profit-maximizing output)
边际收入 (marginal revenue)
边际成本 (marginal cost)
供给 (supply)
企业的供给曲线 (supply curve of a firm)
边际社会收益 (marginal social benefit)
边际社会成本 (marginal social cost)
无谓福利损失 (deadweight welfare loss)
进入障碍 (entry barriers)
网络经济 (network economies)
非价格竞争 (nonprice competition)
平均成本 (average cost)
规模经济 (economies of scale)
规模不经济 (diseconomies of scale)
自然垄断 (natural monopoly)
公司 (corporation)
管制的俘虏理论 (capture theory of regulation)
代理问题 (agency problem)
股票期权 (stock options)

章首引语

当联邦大法官托马斯·彭菲尔德·杰克逊（Thomas Penfield Jackson）把能想到的一切罪名加到微软公司（Microsoft）身上时，终于结束了这灾难性的一天，这一天微软股票缩水 800 亿美元。为什么会这样？答案是市场投资者纷纷议论，如果政府把该罪名强加于微软，那么政府就可以把罪名强加于任何人。更糟糕的是，没人能确定将来还会有怎样的管制。在杰克逊作出判决以后，司法部长助理乔尔·克莱因（Joel Klein）说了句令人深思的话："打开竞争的大门，加强创新和增加消费者对软件企业的选择，这有利于美国消费者。这个具有里程碑意义的判定也在信息时代设置了基本执行规则。"

有利于消费者？设置了基本执行规则？正是这些监管态度犹如对股票市场当头一棒，导致数十家公司的股票缩水，而这些公司的老总们还以为能从微软受到管制和败诉中获益呢！伙计们，三思啊！要是山姆大叔着手取缔垄断，将会有大量的牺牲者因为其反市场和反增长行为而受到惩罚。100 年前西奥多·罗斯福（Theodore Roosevelt）和威廉·塔夫脱（William Howard Taft）执政期间就发生过类似情形；同样的情形还发生在 20 世纪 30 年代富兰克林·罗斯福（Franklin Roosevelt）执政时期，并再现于 20 世纪 70 年代的吉米·卡特（Jimmy Carter）执政时期。股票市场和经济遭受了重挫。政府越自作聪明，股市和经济的表现就越差。

20 世纪 90 年代发生的微软革命成为美国宏观经济低通胀高速增长的核心支撑力量。软件产出提高了，价格降低了，经济繁荣了。在过去的四年里，随着软件的革新，社会进入网络经济时代，高科技纳斯达克指数几乎每年增长 33%；推动了传统经济向前发展，道琼斯和标准普尔指数每年上涨 22%，将近有 1 亿名投资者获得了一笔意外财富。这种途径是否真的需要调整？即使我这样不太懂电脑的人也知道使用网络浏览器。诸如 Excel、Word 和 Powerpoint 等软件使得办事越来越简单，让人们更容易理解和使用。网景公司（Netscape）销售了大量的软件，但还是微软更流行。与此同时，微软软件的标准化整合，与其视窗捆绑销售等措施极大地降低了交易成本，并提高了生产力。有利于消费者？或许消费者并不想省钱。他们其实并不希望山姆大叔对那些已经成为美国经济增长发动机的技术企业进行管制。然而，如果经济政策的导向是取缔垄断，经济增长的繁荣时代也就走到了尽头。

资料来源：Lawrence Kudlow, "Assault on Microsoft; Consumers Don't Want to Be Saved," *The San Diego Union-Tribune*, April 9, 2000, p. G-4. Reprinted with permission from Lawrence Kudlow, host of CNBC's "Kudlow & Company."

20 世纪 70 年代末，几个大学同学开办了一家新企业，而且在不到 25 年的时间，该企业就成为全球规模最大且实力最雄厚的软件公司——微软公司。到 20 世纪 90 年代末，微软公司飞速成长，以至它的奠基人之一——比尔·盖茨（Bill Gates）成为美国最富的人（也是全世界最富的人之一）。微软公司非常成功，80％以上的家用和办公用电脑在使用它的视窗（Windows）操作系统。它在市场中的这种支配地位，再加上它的各种经营战略，使得美国司法部对微软提出**反垄断**（antitrust）起诉，2000 年法院宣布微软的确有垄断行为，应当分拆成相互竞争的企业。后来，上诉法院裁定下级法院对微软垄断地位的定论是正确的，下级法院必须要确定不涉及分拆该公司的罚款金额。经过几个月的讨价还价之后，各方达成以下和解，即由计算机行业的专家组成一个独立的现场三人小组，对微软的商业做法的广泛限制进行监督。然而，这并没有解决微软的法律问题；2004 年初，欧盟打赢了官司，欧洲法院针对微软的视窗操作系统，称该公司滥用其"近乎垄断"力量，判以罚款6.13 亿美元。同样，2009 年春，欧盟委员会对世界最大的电脑芯片制造商英特尔公司（Intel）判处创纪录的罚款——14.5 亿美元，认为该公司给予不当的回扣和其他优惠，以阻止各公司从其比较小的竞争对手那里购买微处理机。公众舆论对这类案件的正反两方面都有强烈的反响。显然，亿万计算机用户得益于微软公司和英特尔公司开发和销售的操作系统和软件，但从历史来看，美国人一直表现出对垄断力量集中的关注。无论是政府的扩张、特殊利益集团的政治影响，还是大企业的市场巩固，大众常常对被认为拥有过分影响力的人表现出担心甚至是公开的敌意。在市场经济条件下，这种关注或担心是否合理？

本章集中分析具有一定垄断力量企业的经济效益。我们在得出大企业对于消费者而言必然会导致不良后果的结论之前，应当小心为妙，因为有两个重要原因：第一，有这种行为的企业不一定很大。相反，很多规模很大且历史悠久的企业却从未被控告有过不法行为。第二，我们知道，满足广大消费者的大量创新和发明，很大一部分是来源于规模很大且实力雄厚的企业。在这种情况下，本章想要考察的主要问题是：（1）我们要害怕企业的垄断力量吗？（2）政府在削弱垄断力量增强中如果能够发挥作用的话，应当起什么作用？

垄断力量经济学

通常假定，如果企业规模过大，它必定拥有垄断力量，最终会有不利于大众的行为。然而，"大企业"与"垄断"并不是同义词。评价大企业表现的第一步是理解大企业与垄断的差异。我们在澄清了问题的根源之后，重点转向拥有垄断力量企业的实际表现。

□ 什么是垄断力量？

第 2 章讨论了垄断在其最严格的意义上，是指某种产品或服务只存在一个无相近替代品的卖主。但是，没有多少大企业完全符合这个定义的条件。绝大多数大企业所处的市场同时有几家企业生产和销售同一种产品。第 2 章把这种市场结构称为不完全竞争市场。人们担心的和本章将要讨论的是，企业在不完全竞争市场和垄断市场中行使的垄断力量。

一个企业的垄断力量是指它作为某个行业中的一员，对该行业产品供给的控制。生产和销售某种产品的企业越多，其中的任何一家企业控制该行业供给的能力就越弱。如果一个行业中的企业非常多，以致一家企业的产出及其对行业供给的控制是无关紧要的，那么这种市场就是竞争性的；相反，如果只有一家企业生产和销售某种产品，这种市场就是完全垄断的。一个企业的产出占全行业产出的比重越大，在一个不完全竞争市场中这个企业的垄断力量越强；反之，一个企业的产出占全行业产出的比重越小，则其垄断力量就越弱。因此，企业能否拥有垄断力量，并不取决于它的绝对规模的大小，而是取决于它的规模与其竞争对手规模的相对大小。

为了确定不完全竞争市场中垄断力量的程度，我们经常使用**集中比率**（concentration ratios）这个概念。最常用的是四家企业集中比率，这是指一个行业中四家最大企业控制的销售比率。因此，如果一个不完全竞争行业中四个或更少的企业达到了100％的集中比率，那么，这些企业就被认为有很高程度的垄断力量。而一个有很多小企业的行业集中比率可能为10％或20％，那么这个行业被认为只有很小的垄断力量。一般而言，集中比率达到70％或80％的行业有很强的垄断力量。表8—1列出了某些行业的四家企业集中比率。我们以早餐麦片行业为例。这个行业的集中比率为80.4％，即80.4％的早餐麦片销售是由这个行业中四家最大的企业控制的。于是，这个行业可能更靠近完全垄断而不是完全竞争。

表 8—1　　　　　　　　　　部分行业的四家企业集中比率

行业	集中比率（％）
家用洗衣设备	98.3
烟草	97.8
啤酒	89.5
电脑	86.9
早餐麦片	80.4
飞机发动机	74.3
汽车	67.6
肥皂和其他洗涤剂	67.1
快餐	53.2
固定式和纸制牌匾	50.3
炼油	47.5
水泥	40.8
合成橡胶	29.3
服装	7.9
机械修理店	1.7

资料来源：U. S. Department of Commerce, Bureau of the Census, *2007 Economic Census*, www. census. gov/econ/ concentration. html.

如表8—1所示，有些行业的集中程度相当高，这也许表明，美国经济存在着许多高度垄断的市场。不过，我们不能轻易下这种结论。尽管集中比率很有用并的确表明潜在的垄断力量，但也存在一些局限性。以汽车制造行业为例，该行业四家企业的集中比率为67.6％，八家企业的集中比率达到91.3％，但实际上，该行业的集中程度并没有这么高，因为集中比率没有考虑在美国境外制造的进口汽车的销售情况。倘若在考虑进口车销售的情况下，该行业的四家企业集中比率可能不到50％。水泥行业的情况从另外一个方面反映了集中比率概念的局限性。该行业的集中比率为40.8％，说明全国40.8％的水泥销售由最大的四家企业控制。该比率的问题在于，由于水泥的内在性质，水泥生产商只与同一地区的生产商进行竞争。也就是说，就水泥而言，我们应该关注四家最大生产商在同一地区控制的销售比例。如果这样做的话，水泥行业的集中程度将比表8—1中显示的集中比率高得多。

那么应该如何解释表8—1中的数据呢？鉴于集中比率的局限性，一个合理的结论也许是：在美国有一定的证据表明存在垄断力量。我们现在把注意力转向确定垄断力量对企业绩效以及最终对整个经济表现的影响。

□ 产量和价格

垄断力量对企业定价及其产量和销售量有何影响？研究这个问题的一个方法是，将存在垄断力量情况下一个企业的价格和产量，与不存在垄断力量情况下一个企业即竞争性企业的价格和产量进行比较。

需求

首先分析待售产品的需求。图8—1展示了一条典型的市场需求曲线。很明显，在任何市场结构中，即无论在竞争市场、垄断市场还是在不完全竞争市场中，卖者都必须考虑购买者的反应。对每单位时间的产量 x_1，买主愿意支付的最高价格为 p_1。如果卖主试图提高价格，比如从 p_1 提高到 p_2，那么销售量就达不到 x_1，他们只能卖出 x_2 的数量。因此，可以看出，卖主能收取的价格总是受到买主支付意愿的限制。卖主不能不受需求规律约束。

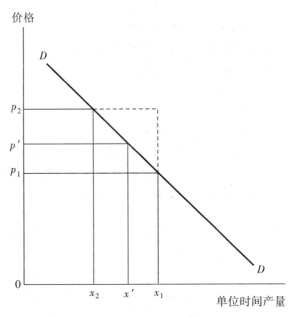

图8—1　市场需求曲线

市场需求曲线 DD 向右下方倾斜。在单位时间内消费者对 x_1 水平的产量只会支付 p_1 的单价。要按单价 p_2 出售，单位时间内总销售量必须下降到 x_2。如果四个规模相同的企业的产量水平为 x_1，只有其中一个企业把其产量和销售量都降为零才能使产品价格上升到 p'。

在市场上一种产品的卖主越多，任何一个卖主对产品价格的控制能力就越小。比如说，假定图 8—1 中有四个规模接近的卖主总共出售了数量为 x_1 的产品。其中的任何一个卖主如何才能抬高产品的价格呢？如果其中一家企业把产量和销售量都减少为零，那么其余三家在单位时间里的销售量约为 x'，而价格则为 p'。因此，p' 是其中任何一家企业单独行动使价格所能达到的最高水平，而这家企业的单独行动就只能是停产。因此，各家企业要生存，收取的价格必须低于 p' 才行。

同理，如果在市场中有 100 个规模相似的卖主，其中任何一个卖主抬高价格的能力将变得微不足道。而如果市场中有 1 000 个规模相似的卖主时，一个卖主则根本不能影响产品的市场价格。因为如果一个卖主从市场中退出，总销售量只会减少 x_1 的千分之一，这不足以引起价格变化。这种情况在竞争性的销售市场中是比较普遍的。

利润最大化

所有经济实体，如消费者、资源所有者和企业，都想尽其一切做得最好。消费者希望在支出其年度收入时尽可能得到最大满足。资源所有者想通过出卖或出租自己的劳动或自己拥有的资本而得到尽可能多的收入。同样，企业也想确定合适的价格和产量水平来得到尽可能多的利润。利润最大化原则正是人们大多喜多厌少这种原则在企业经营上的体现。

利润最大化并不是具有垄断力量的企业特有的目标，而是各种市场结构中所有企业的主要目标。由于经济实体都喜多厌少并作出相应的选择，所以逻辑结果就是都想达到利润最大化目标。尽管利润最大化无疑是企业的主要目标，但它并非唯一的目标。企业可能也想在社会中树立声誉，让员工认真工作，或以某种优质产品而闻名。它们可能也想除掉竞争对手、合谋抬高价格或阻碍其他企业进入某个行业。

总之，无论生产和销售产品的企业是竞争性企业还是具有垄断力量的企业，都会为实现利润最大化（或成本最小化）而确定价格和产量。正如我们将看到的，垄断力量对这些价格和产量的确定具有重要意义。

竞争市场中的价格和产量

在竞争市场中，一个企业如何确定价格和产量水平呢？看一下图 8—2 所示的市场。图 8—2 是一个普通市场的需求—供给图。市场价格为 p_x，市场产量为 X。但出售这种产品的单个企业都没有定价能力，因为它的销售量只是市场供给总量中微不足道的一部分。单个企业唯一能够决定的是，在市场价格 p_x 下单位时间的产量。

所以，竞争性企业在其可能的产量范围内，面对的是水平的需求曲线 dd，是由产品的市场价格决定的。假定市场价格是 14 美元。在表 8—2 中，第（1）列和第（4）列表示企业面临的需求表，而第（5）列则表示每天最高产量为 10 个单位时企业的总收入（TR）。尽管第（6）列的数字和第（4）列一样，但企业的边际收入概念和价格概念是不同的。**边际收入**（marginal revenue，MR）是指产量改变 1 个单位导致的总收入的变化。这个概念的重要性马上就会看得很清楚。

就成本方面来看，表 8—2 的第（2）列代表了与不同的日产量对应的企业总成本（TC）。边际成本（MC）即第 4 章提到的边际私人成本，是指产量变化 1 个单位所导致的企业总成本的变化。

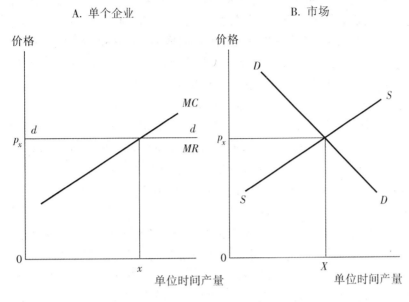

A. 单个企业   B. 市场

图8—2　竞争市场的价格和产量决定

在这种市场中，产品价格 p_x 是由所有买主和所有卖主的相互作用决定的。单个企业面临水平的需求曲线 dd，这也是该企业的边际收益曲线。该企业通过生产产量 x 来使其利润最大化。而市场上的全部企业则生产 X 的产量水平。相对于单个企业的产量规模来说，市场产量规模被大大压缩了。但在这两个图中，价格水平是相同的。

表8—2　　　　　　　　一个竞争性企业的产量、收入、成本和利润

（1） 产量 （每天 X） （单位）	（2） 总成本 （TC） （美元）	（3） 边际成本 （MC） （美元）	（4） 价格 （p_x） （美元）	（5） 总收入 （TR） （美元）	（6） 边际收入 （MR） （美元）	（7） 利润 （美元）
0	0		14	0		0
		8			14	
1	8		14	14		6
		9			14	
2	17		14	28		11
		10			14	
3	27		14	42		15
		11			14	
4	38		14	56		18
		12			14	
5	50		14	70		20
		13			14	
6	63		14	84		21
		14			14	
7	77		14	98		21
		15			14	
8	92		14	112		20
		16			14	
9	108		14	126		18
		17			14	
10	125		14	140		15

只要我们知道每一可能产量的企业总成本和总收入，就能轻而易举地确定使该企业利润最大化的产量。**利润**（profits）是指在任何既定产量上 TC 和 TR 的差额，如表8—

2 中的第（7）列所示。当每天的产量为 6 个或 7 个单位时，利润实现了最大化。

确定企业利润最大化产量的另一个方法是，找到 $MR=MC$ 时的产量。考察任何低于 6 个单位的产量，如产量为 3 个单位时的情况。这时增加 1 个单位的产量将使 TR 增加 14 美元或 MR 为 14 美元，而 TC 增加 11 美元或 MC 为 11 美元。所以，利润将增加 3 美元，即第 4 个单位产量的 MR 和 MC 之差。看一下利润这列数字是否正确。我们已经发现了一个重要原理：当 $MR>MC$ 时，产量的增加将增加利润。（你知道这是成本—收益分析的另一种运用吗？）继续把产出增加到 5 个和 6 个单位，利润仍会增加，因为 MR 仍然大于 MC。但每天的产出从 6 个单位增加到 7 个单位时不能增加利润，因为 $MR=MC=14$ 美元；不过，也不会使利润减少。如果每天的产量从 7 个单位增加到 8 个单位或更多，由于 $MR<MC$，利润将减少，这是另一个重要原理。最重要的原理是，在 $MR=MC$ 的产量上，利润实现最大化。在表 8—2 中，当每天产量为 7 个单位时，利润达到最大化。当然，每天产量为 6 个单位时，利润也达到最大。只要记住根据 $MR=MC$ 来确定产量，永远没错。

图 8—2 的单个企业图显示了产量 x 是企业的利润最大化产量。从表 8—2 可以看出，如果在每个产量上都画出企业的 MR，那么它将是一条与企业的需求曲线 dd 相一致的水平线。企业的 MC 曲线可以看做是把表 8—2 的第（3）列数字按对应的产量画出来的。于是，利润最大化的产量就是 $MR=MC$ 时的产量。

回想第 4 章的内容，我们知道企业的 MC 线就是关于 x 的企业供给曲线，表示的是在其他条件不变的情况下，在不同价格下企业愿意向市场提供的数量。图 8—3 暂时忽略整个市场图而只考察单个企业图。价格为 14 美元时，企业每天将生产和出售 7 个单位产品。如果产品价格不是 14 美元而是 10 美元，企业会如何作出反应？企业需求曲线和 MR 曲线将分别变为 d_1d_1 和 MR_1。利润最大化产量下降为每天 3 个单位。由于企业的目的是使其利润最大化，不管市场价格为多少，企业都将力争使产量达到 $MR=MC$ 的水平。对

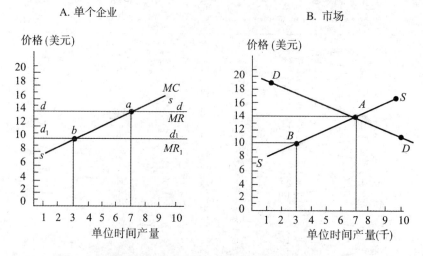

A. 单个企业 　　　　　　　　　B. 市场

图 8—3　竞争性行业的边际成本和供给

一个企业为了使利润最大化，它的产量是根据 $MC=MR=p_x$ 确定的。企业的 MC 曲线表明在不同价格水平（如 10 美元和 14 美元）下，它愿意向市场提供的数量。市场供给曲线表明在不同价格下市场中的所有企业愿意向市场供给的数量组合。它是所有单个企业 MC 曲线的横向相加，因此也是整个市场的 MC 曲线。

一家竞争性企业来说，MR 和 p_x 总是相等，所以企业使产量达到 $MC=MR$ 的水平，也就是使产量达到 $MC=p_x$ 的水平。因此，在不同价格下应该生产的产量为 MC 曲线所示，这条曲线也就成为该产品的企业供给曲线。

把市场中各个企业在每个可能的价格下供给的数量加总，就得到市场供给曲线。例如，在图 8—3 中，如果 1 000 个同质企业中的一个企业，在价格为 14 美元时每天都生产 7 个单位产品，那么市场上每天的产品供给将是 7 000 个单位。在图 8—3 中，价格为 14 美元时，一家企业位于其供给曲线的 a 点上，而整个市场将处于 A 点。同样，价格为 10 美元时，企业位于 b 点，而整个市场处于 B 点。市场 SS 线被说成是单个企业 MC 或 ss 曲线的横向相加。它实际上是所有企业市场边际成本之和的曲线。

于是，在竞争市场上，产品的市场价格、单个企业的产量和市场产量同时确定了。在图 8—3 中令市场需求曲线为 DD，市场供给曲线为 SS。14 美元的价格由整个市场中的买主和卖主共同决定。这个价格是市场上任何企业都必须接受而且不能改变的。为了使利润最大化，企业按照 $MR=MC$ 的原则选择产量，本例中就是 7 个单位。当然，7 000 个单位的市场产量就是所有企业在产品价格为 14 美元时的产量之和。

垄断市场中的价格和产量

为了说明垄断力量对价格和产品产量的影响，我们假设刚才讨论的完全竞争市场变为垄断市场。首先考察竞争市场。图 8—3 中的市场需求曲线 DD 可列成表 8—3 第 (1) 列和第 (4) 列的需求表。同样，将 1 000 家单个竞争性企业的 MC 曲线横向相加，即图 8—3 中的供给曲线 SS，如表 8—3 中的第 (1) 列和第 (3) 列所示。这些信息在图 8—4 中表现为 DD 曲线和 SS 曲线。如前所述，生产 X 的市场价格为 14 美元，每天的产量和销售量为 7 000 个单位。

表 8—3 一个垄断企业的产量、收入、成本和利润

(1) 产量 (每天 X)(千单位)	(2) 总成本 (TC)(千美元)	(3) 边际成本 (MC)(美元)	(4) 价格 (p_x)(美元)	(5) 总收入 (TR)(千美元)	(6) 边际收入 (MR)(美元)	(7) 利润 (千美元)
0	0		20	0		0
		8			20	
1	8		20	20		12
		9			18	
2	17		19	38		21
		10			16	
3	27		18	54		27
		11			14	
4	38		17	68		30
		12			12	
5	50		16	80		30
		13			10	
6	63		15	90		27
		14			8	
7	77		14	98		21
		15			6	
8	92		13	104		12
		16			4	
9	108		12	108		0
		17			2	
10	125		11	110		−15

现在假定 1 000 家竞争性企业合并为一个垄断企业。假设这 1 000 家企业的所有生产设备都被接管，而且这些设备能够在全无效率损失的情况下为垄断企业所用。那么，该行业的产量和产品的价格会如何变化？

记住，竞争性企业的产量是要使其利润最大化。每个企业都知道 14 美元的产品价格不可改变。每个企业都看到，在价格为 14 美元时，其产量的需求曲线是水平的。每个企业都把 14 美元视为不变的边际收入——等于产品价格。每个企业的产量都使其 MC 等于 MR 等于产品价格。每个企业的产量都是每天 7 个单位，而全行业每天的产量是 7 000 个单位。

所有这些都被行业垄断改变了。垄断者面对的市场需求曲线是 DD，该曲线是向右下方倾斜而不是水平的。这个事实对边际收入会产生重要影响。任何一个面对向右下方倾斜需求曲线的企业都会发现，无论在什么产量上它的边际收入都低于产品价格。我们用表 8—3 来阐明这个道理。如果垄断者每天销售 2 000 个单位产品，并将每天的销售量从 2 000 个单位提高到 3 000 个单位，那么这个企业的总收入将从 38 000 美元（19 美元×2 000）提高到 54 000 美元（18 美元×3 000）。由于产量增加 1 000 个单位，总收入增加 16 000 美元，所以产量增加 1 个单位会导致 TR 增加 16 美元。因此，产量从 2 000 个单位增加到 3 000 个单位的过程中，边际收入为 16 美元，低于 3 000 个单位的每单位售价 18 美元。第（6）列的边际收入对应于第（1）列每个产量，就是以这种方法计算的。你可以比较在每个产量上的价格和边际收入。边际收入在图 8—4 中就画成了 MR 曲线。

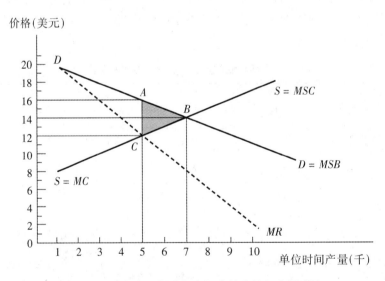

图 8—4　竞争市场与垄断市场中的定价与产量比较

如果市场是竞争性的，那么市场价格将为 14 美元，产量为 7 000 个单位。市场中共有 1 000 家企业，每家企业面临位于 14 美元的水平需求曲线和边际收入曲线，并通过生产 MR＝MC 时的产量使其利润最大化。而市场的垄断使得企业将 DD 曲线视为其面临的需求曲线。因为 DD 曲线向右下方倾斜，MR 在 DD 曲线的下方。于是垄断企业的利润最大化产量变为 5 000 个单位，并按单价 16 美元出售。

如果你是垄断者，而且你的目标是使利润最大化，那么你将生产多少产品并卖多高的价格？你将把每天的产量从 7 000 个单位降低到 5 000 个单位，并把价格从 14 美元提高到 16 美元。之所以这样做，是因为你将如第（7）列所示把每天的利润从 21 000 美元提高到 30 000 美元。在 5 000 个单位的产量上，垄断者的 $MC=MR$。

我们简要复述一下这一分析。在垄断市场中，产品价格比竞争市场的价格高，而产量比竞争市场的产量低。这并不是因为垄断企业的管理者本质不好而竞争性企业的管理者本质好。两种类型的企业管理者都有同样的总目标——利润。垄断企业之所以限制产量并抬高价格，是因为其管理者看到的边际收入和价格的关系与竞争性企业管理者所看到的这种关系不一样。

回到图 8—3 和图 8—4，两图表明竞争性管理者在该产品的市场价格上面对的需求曲线是水平的。因此，他们看到的边际收入曲线也是水平的，并与需求曲线一致。为使利润最大化，竞争性企业会根据 $MC=MR=p_x$ 选择产量。在这两幅图中，每个企业选择的最优产量是 7 个单位。由于市场中的所有企业都以同样的方式使利润最大化，所以市场产量为 7 000 个单位。

如果市场被垄断了，而且垄断者继续生产 7 000 个单位的产品，那么垄断者的边际成本将等于该产品的价格 14 美元。但是，在这个产量上，垄断者得到的边际收入仅为 8 美元，因为该垄断者面对的需求曲线是向下倾斜的。为了使利润最大化，垄断者会把每天的产量削减到 5 000 个单位，并将产品价格提高到 16 美元。在这个产量上，垄断者的 $MC=MR=12$ 美元。

由于垄断者会使产量低于竞争市场中的产量，所以资源配置不合理。本来应该用来生产 2 000 个单位产品（垄断产量与竞争产量之间的差额）的资源被用于他处，使社会的满意程度降低，甚至可能处于暂时闲置状态。正如我们以前讨论过的，当资源配置不合理时，社会福利会受到影响。由于这个原因，垄断连同外部性（如污染）等一起构成了困扰市场经济的市场失灵的表现。要将其看得更清楚，我们必须应用第 4 章污染分析中使用过的工具。确切地说，我们需要以社会福利最大化的成本—收益分析来考察图 8—4。首先看市场需求曲线 DD，它表明了消费者愿意为每单位产品或服务所付出的最高价格。正如第 4 章中讨论的，既然我们可以合理假定消费者愿意为特定单位的产品所支付的最高价格由他们消费这些产品预期得到的满足程度来确定，那么，市场需求曲线也是边际私人收益曲线。为了简化起见，让我们假定不存在消费外部性。给定了这一点，图 8—4 的需求曲线既是边际私人收益曲线，也是边际社会收益曲线，记为 MSB。

再看图 8—4 中的市场供给曲线 SS。此曲线反映了由生产者承担的生产的边际成本，记为 MC。用第 4 章的术语，此曲线为边际私人成本曲线。如果我们假定该产品的生产不存在生产外部性，此曲线也反映了生产该产品的边际社会成本。为了简化起见，我们作出这种假定，并将该供给曲线记为边际社会成本曲线（MSC）。

图 8—4 中的曲线既表示消费此产品的边际社会收益，也表示生产它的边际社会成本。该产品的产量应该是多少？答案是，应该生产使社会福利最大化的产量，即 $MSB=MSC$ 时的产量。在图 8—4 中，在 7 000 个单位的产量上 $MSB=MSC$。如我们已经指出的，这正是该市场在竞争市场结构情况下将生产出来的数量。然而，如果该行业被垄断，产量将被限制在 5 000 个单位。现在考察垄断性产量与竞争性产量之间每一单位产量的

情况。对于 2 000 个单位的每一单位来说，消费此单位的社会收益（MSB）大于生产它的社会成本（MSC）。这样，如果这些单位被生产出来，社会福利将被提高，提高的程度为 MSB 与 MSC 的差额。社会福利增加额的总值由图 8—4 中阴影三角形 ABC 的面积给出。由于垄断者没有生产出这些单位，所以社会福利受到的影响是该三角形的面积，我们称之为**垄断导致的无谓福利损失**（deadweight welfare loss due to monopoly）。

□ 进入限制

市场经济中的价格、成本、利润以及损失，不断地激励着将对社会福利贡献小的资源重新配置到对社会福利贡献大的地方。在需求不断下降或成本不断上升的行业里，投资者在投资上最终得到的是低于平均收益的收益——我们称这些行业中的企业发生了经济损失。因此，投资者和生产这些产品的企业就会离开此行业，以致产品供给减少，价格相对于成本提高，直到留下来的投资者获得的收益达到整个经济的平均水平。

在需求不断提高或成本不断下降的领域里，投资者可以获得高于平均水平的收益，或称经济利润。新投资和新企业便有了进入此行业的激励。如果它们成功地进入了此行业，产品供给将增加，价格相对于成本而言将下降，直到投资收益再次回到平均水平。因此，这种利润—损失机制是减少或扩大生产能力和产量的主要力量。

垄断力量就像往资源重新配置机制的齿轮中扔沙子一样。随着时间的推移，在有利可图的行业里（投资者获得高于平均水平的收益率），拥有垄断力量的企业能够阻止或妨碍新投资或新企业进入这些行业。如果它们能成功地做到这一点，产量将会降低，价格将会提高，并且利润将比公开、自由以及容易地进入这个市场的时候要高。这种**进入障碍**（barriers to entry）一般可以归类为：（1）私人障碍；（2）政府障碍。

私人障碍

私人进入障碍是由市场本性，或由企业独享成果的市场行为造成的。要进入某一特定行业，会遇到许多私人设置的限制。我们将其中一些比较重要的列出来，但不一定按照它们的重要程度排序。首先，考察以下这种情形，一个企业或几个企业已经在市场上拥有或控制了生产产品的绝大部分关键原材料。它们要限制进入，就必须不让潜在的进入者得到这些原材料。其次，假定新企业正处于进入的过程中，现有的企业威胁要把价格降低到新的进入者会遭到重大损失的程度。这一威胁将会阻碍新企业进入。对那些已存在于市场中的企业来说也会有压力，只是它们也许比那些潜在的进入者更能承受暂时损失。再次，在某些情况下，产品差异化也许是阻碍进入的因素。

企业常常试图将它们的产品与其竞争对手的产品区分开来。一旦产品被区分开来，企业将试图使公众相信它们的产品不但与众不同，而且是最好的。消费者一般喜欢靠得住的品牌，并且对新的进入者抱有怀疑的态度。产品差异强化了这种态度，使得潜在进入者实际进入特定的市场更加困难。这毫无疑问是阻碍进入汽车行业的一个因素。产品多样化也能形成类似的进入障碍。这种现象的一个最好的例子可以在当地杂货店麦片货架中找到。如在本章前面指出的，四个最大的麦片食品生产商控制了 80% 的早餐麦片市场。然而，你只要到货架看看就能发现许多品种。为什么"最大的四个生产商"能提供这么多的品种呢？答案也许是，它们要迎合消费者的口味。还可能是，通过提供如此之多的品种，任何潜在进入者要进入此市场将更加困难，因为要有效地竞争，新的进入者也必须提供大量品种的产品。因此，产品多样化将对社会福利产生正效应或负效应。如果产品多样化迎合了不同消费者的偏好，那么，这种产品多样化就增进了福利。如果它保护了垄断力量，它对社会福利的影响就是负面的。

除了这些传统的私人障碍之外，现代技术增强了能大大限制市场进入的另一个因素的重要性。这个因素就是我们经常说的**网络经济**（network economies）。当人们同时消费同一种产品时，如果这种产品对每一消费者的价值都提高了，就存在网络经济。微软的视窗操作系统就是一个典型的例子，说明了网络经济是如何作为一种进入障碍而起作用的。视窗操作系统及其配套软件比较容易使个人电脑用户受益，但当其他用户也能共享和获得相同的数据文件和程序时，电脑的价值得以全面提高。如今，不能与其他电脑共享文件和程序的电脑几乎没人使用了。有鉴于此，采用便于彼此交流的微软标准有利于计算机用户。时间一长，微软视窗操作系统实际上成了家庭和办公电脑的标准，这意味着进入操作系统市场的新进入者必须说服亿万用户使用它们的产品。这正是微软公司在操作系统市场上没有面临强大竞争的主要原因之一。也正因为如此，如前所述，在美国和欧洲，这种缺乏竞争现象已经引起政府监管部门的注意。

在私人障碍中还可以列出其他因素，如只是受限于市场的实际情况和希望保持垄断地位的企业的想象力。

政府障碍

那些已经处于特定行业中的企业，在维持及强化进入障碍方面是有困难的。因此，它们常常寻求政府的帮助。它们让市议会、州立法机关甚至国会通过限制进入其市场的法案。这些政府单位常常毫不迟疑地采取行动，将垄断力量授予某些特定的利益集团，并帮助它们在较长的一段时间内维持这种垄断。

首先，在某些行业如铁路、货运、航空以及通信等，监管委员会已经制定了具有法律效力的阻碍进入的管制。最初，成立监管委员会如州际商务委员会（Interstate Commerce Commission，ICC）和联邦通信委员会（Federal Communications Commission，FCC）是为了保护消费者免受某些垄断企业行为的损害。然而，随着时间的推移，这些委员会活动的范围扩大到了能控制它们所监管行业的进入的程度。近年来，人们甚至怀疑它们的首要功能是保护企业免受消费者的侵害。幸运的是，在许多这样的例子中，监管条款已经通过放松管制而被废除了。我们将在本章的后面讨论管制和放松管制问题。

其次，在各州中有许多职业许可法，给管道工、承包商、医师、理发师以及其他职业的从业人员颁发许可证。职业许可法也许是要保障公共安全和健康，但不容否认的一个结果是，它们限制了进入颁发许可证的行业。许可证标准和许可证考试通常由有关职业的授权成员控制。也就是说，受那些已经从事该职业的成员控制，并且，只要他们将新进入者的数量保持在相当低的水平就可以维持既得利益。

还有大量政府设置的其他形式的进入障碍。进口关税和进口管制限制了国外企业进入美国的许多市场。专利权和版权法也阻碍了进入。出租车公司以及赌场排他性特许经营权阻止了新企业的进入。市区划分以及建筑法规限制了某些住宅市场的进入。与私人障碍一样，政府设置的障碍非常多。

□ 非价格竞争

在只有很少几家企业的行业里，企业间基于其他原因而非价格的竞争是常见现象。如果在既定行业中的每一个这样的企业可以在损害其竞争者的情况下增强自己的垄断力量，也就是说，如果它可以在整个产品市场中增加自己的份额，便可增加它们的利润。一个企业增加其市场份额的一个显著的方式是，相对于该行业中其他企业的价格，降低自己品牌产品的价格。但是，降价会给实行此策略的企业带来风险。其他企业也可以降价，从而阻碍该企业实现自己的目标。更糟的是，所有企业都会以更低的价格、更多的产量以及更少的利润而告终。所以，不完全竞争市场中的企业不愿使用降价方式来增加自己的市场份额。通常，它们试图通过非价格竞争来增强它们的垄断力量。

广告是非价格竞争的主要形式。尽管它能给消费者提供有关企业产品的重要信息，但其主要目的是增加市场份额或做广告的企业的垄断力量。与企业的削价不同，成功的广告活动是其他企业很难模仿的。其他企业将会试图仿照，或与第一个企业的广告活动进行竞争，但这样做需要时间。与此同时，第一个企业已经可以收获它们的成功果实了。如果其他企业成功有效地进行了自己的广告活动，最终结果也许是它们将得到和以前差不多的市场份额。它们大量的努力将被浪费，而且因为用于广告目的的资源不能用于生产其他产品和服务，消费者从整个经济中得到的产量减少了。

产品设计和质量时而改变是非价格竞争的另一种主要形式。年度汽车车型的变化便属此类。车型变化也许融入了新的科技发展，企业这样做的时候，可以使得既定数量的资源贡献更大的消费者满足。但企业也许仅是重新安排或者改变了汽车的颜色或者形状，使得旧车型过时，而新的车型也不见得更好。另一个例子就是应用软件行业的不断"升级"。制表软件 6.2 版相比 6.1 版有多大的功能改进？一个企业成功的设计和质量革新，就像成功的广告一样，其他企业很难立即模仿，并能够提高该企业的市场份额和垄断力量。然而，如果过了一段时间，其他企业成功地进行了重新设计和质量改进，所有这一切的最终结果是市场份额比例仍和原来差不多，或稍有改变。

我们应该害怕垄断力量吗？

上述的经济分析得出了这样一个结论：存在垄断力量的行业同竞争性的行业相比，产量将降低，价格将提高。具有垄断力量的盈利企业也能够成功地阻碍其他投资和新企业进入它们的行业。因此，垄断力量也许会引起经济中的资源或生产能力在不同用途之间配置不当，配置于存在垄断力量行业的产品生产中的经济资源太少，而配置于竞争性行业的产品生产中的资源又太多。除此之外，不完全竞争市场中的垄断力量可能会导致一些资源浪费在非价格竞争上。

□ 产量和价格

当不完全竞争性企业限制产量并提高价格时，它们会给社会造成经济成本，表现为社会福利降低。这种社会福利的减少是由于垄断造成的无谓福利损失。如果我们能确切地估计这种损失，我们就能更好地理解"害怕垄断力量"这一问题。虽然没有确切的估计，但一项普查估计，每年损失大约是国内生产总值（GDP）的1％。[①] 也就是说，经济中的垄断因素造成了经济福利的减少，按 GDP 计算，大约每年是 GDP 的1％。同时，我们必须记住，这种福利损失不来自完全垄断者，因为完全垄断一般是非法的，而是来自在高度集中市场中经营的企业。

这种损失对我们来说有多重要？答案要由我们自己来判断。然而，我们在作结论的时候必须牢记三点：

第一，一个基本的经济事实是，虽然一国的生产能力是有限的，但社会对产品和服务的需求是无限的。因此，任何可能会降低一国生产产品和服务能力的经济因素都要视为使得已经困难的局面更加糟糕。

第二，尽管1％的 GDP 看起来不是很大，但 2011 年 GDP 的1％超过 150 亿美元。换句话说，如果 2011 年之前所有垄断力量都被消除的话，2011 年社会将能多消费 150 亿美元的产品和服务。例如，如果由于消除垄断而增加的产品被平均分配的话，2011 年 3.11 亿美国人中的每个人将能享受到超过 482 美元的额外产品和服务。

第三，当垄断是非法的时，GDP 的1％的无谓损失就是垄断的社会成本。而且要不是政府通过法律措施（如本章开场所讲的那种），试图限制操纵垄断力量，无谓损失无疑会更大。

最后还要说说本章前面所作的一个假设，即假定以前的竞争市场被垄断化之后，垄断者还能像单个竞争性企业那样有效地经营。这可能吗？你想想，一个面对很多竞争者的企业，和另一个面对根本没有任何有效竞争的企业，哪一个企业会降低生产成本、提高产品和服务质量？人们常说，作为一个垄断者的最大好处就是能过着"吃喝不愁"的日子。也就是说，竞争迫使企业降价、削减成本、提供质量好的产品和服务。否则，它们就会冒把顾客拱手让给其竞争对手的风险。倘若没有竞争，垄断者或近乎垄断者会毫无约束地将成本从而将价格抬高，降低其产品和服务质量。而且，它们这样做的能力得到它们已经设置的进入障碍的保护。所以，我们关于是否应该害怕垄断力量所得到的结论，应只是对我们应该觉得害怕的程度的保守估计。

□ 进入限制和资源配置

虽然用产量和价格估计垄断力量的社会损失相当直截了当，但估计私人进入障碍引起的损失却很难。实际上，关于私人障碍的程度到底有多大，并没有一致意见。这并不意味着私人障碍不存在，只是说它们很难准确测度。一个非正规的但有用的方法是研究企业为何要设置进入其市场的障碍。它们这样做是要保持它们相对有利的地位。任何企业只要享有高额利润，就必定会引来竞争对手。这正是利润在市场经济中所起的作用。在竞争条件下，超常利润等于向资源所有者发出信号，广大消费者希望该行业扩张，增加产量，这恰好是新的竞争对手能够做到的。当然，现有企业会设法阻碍新的竞争对手

① William G. Shephard, *The Economics of Industrial Organization* (Upper Saddle River, NJ: Prentice Hall, 1997), p. 109.

进入，以便它们能继续享有超常利润。这会导致如下结论：在一个较长时期内，在一个既定的市场中，如果集中水平和利润都很高，就必然存在着明显的进入障碍。我们以谷物早餐食品行业为例。正如表 8—1 所示，在该市场中的四大企业控制了该行业产量的80%。同样重要的是，这些企业自 20 世纪 40 年代以来就控制了该市场如此大的份额，并从那时起一直享有相对较大的利润。为什么一直没有新的进入者？部分答案至少是，在该市场必定存在强大的私人进入障碍，最可能的原因是居支配地位的谷物制造商的强大广告攻势及增加其产品不同品牌的趋势。因此，在较长的时期里，集中化的市场和较高的利润并存，至少为私人进入障碍的明显存在提供了间接证据。

如果市场进入被法律所阻断，更容易找到资源配置不当的证据。资源使用数量相对太少的一个明显实例是医疗行业。医生的平均净收入在各种职业或行业中是最高的，医生的短缺仍年复一年。但是，由于进入医疗培训计划和该职业本身的严格法律控制，医生不断阻止每年来自医学院几乎一半的合格申请者进入培训。还有某些行业仍然非常难以进入，就像在任何大城市的早晚高峰时段试图拦一辆出租车一样难。

□ 非价格竞争

非价格竞争对公众的影响还不太清楚。2008 年广告方面的总开支大约 2 800 多亿美元，约占当年 GDP 的 2%。[①] 然而，其中约有 15% 花在地方报纸的广告上，这种广告给消费者提供可以在什么地方、以什么价格买到什么商品的信息。还有 700 亿美元用于电视广告，对消费者来说，这不全是损失。它是对我们所收看的"免费"电视节目的支付，也许是一笔超额支付。

我们同样也不能肯定公众是否因产品设计或质量改变而遭受损失或遭受多大损失。许多有用的革新就是如此——无霜冰柜或冰箱、文字处理软件、汽车遥控钥匙以及数以千计的其他产品使得我们的生活更加舒适。但是，也有许多产品，它们的唯一目的就是使得以前的型号被废弃。

□ 大会怎么样？

至此，我们一直将注意力集中在垄断力量的不良影响上，并认识到垄断力量与规模大不是同义语。垄断力量造成的福利损失证据确凿，只是不易准确估计。但只是规模大又如何？如你所知，2008 年美国经济陷入严重衰退，并迅速蔓延全世界。第 12 章细述本次衰退的详情，但这里花一点时间，仅讲讲涉及的一个因素：企业规模大。

当企业成长为规模巨大的企业时，无论是对国内经济还是国际经济都会造成一些严重问题，至少以两种方式表现出来。第一，必须记住，经济政策不是在真空中形成的，而是在光天化日的政治现实中产生的。因此，当企业成长为规模巨大（以就业规模度量）时，政治家难以作出让这些企业倒闭的经济决策，尤其是对那些有一两个主要雇主倒闭便会遭受重创的州来说更是如此。即便有理由证明让企业倒闭这一经济措施是正确的处理方式，政治家也不会这样做。进一步说，这类企业垮了不仅会导致失

① http://www.galbithink.org/cs-ad-dataset.xls.

业，还有可能造成给大型企业提供投入品的小企业停工甚至倒闭。这相当准确地描绘了美国汽车行业在 2008 年末和 2009 年的情形。政府要做什么？要是简单地让这些相对无效率的庞然大物退出历史舞台，必将导致成千上万人甚至上百万人失业。公平地说，要是汽车行业出现如此规模的失业，会让政府处于被动局面。应当指出，政府介入和救助企业而非让它们倒闭并非没有先例，比如大家可能还记得 1979 年对克莱斯勒公司（Chrysler）的救助。

福特（Ford）作为三大汽车公司巨头［通用汽车（General Motors）、克莱斯勒和福特］之一，虽然境况最好，但在 2008 年 12 月也需要从联邦政府贷款 90 亿美元。在经济衰退的低谷，美国联邦政府向汽车行业注资共计 810 多亿美元。虽然这项援助的大部分资金都属于贷款，但部分贷款很可能偿还不了，分析家认为纳税人最终会损失 150 亿～200 亿美元。

企业的业务一旦广泛渗入经济的很多部分，规模巨大就会有可能造成沉重代价。一个典型的例子就是保险巨头美国国际集团（AIG），特别是其金融产品部。虽然在就业量上不一定很大，但要是美国国际集团倒闭，就会像美国汽车行业一样，让政府处于被动地位。此时，主要不是害怕失业率居高不下，实际上是害怕美国国际集团破产会对全球金融系统带来灾难。这怎么可能呢？美国国际集团是美国最大的人寿和健康保险公司、第二大财产保险公司，是市政府、养老基金和其他公共机构保险的主要提供者。美国国际集团因涉足抵押贷款市场高风险部分的交易而陷入泥潭。第 12 章将予以详细解释，比如讨论次级贷款、将这些贷款打包以及美国国际集团和其他企业最后如何严重高估了其账面资产的价值。为了不让全球金融系统崩溃，联邦政府救助美国国际集团的资金多达1 300亿美元。

也许不一定会导致这些问题，但上述例子以及第 12 章讨论的其他情况清楚地表明，规模巨大很可能造成社会福利损失。如何解决这类问题？再以美国汽车行业为例。在 20 世纪 40 年代末和 50 年代初，美国差不多有几十家汽车企业，而到 20 世纪 70 年代仅剩下 3 家大企业。其他那些汽车企业怎么了？我们对那些企业的名字都叫不上来了。它们大多合并成了大企业，比如克莱斯勒公司，就是由道奇公司（Dodge）、普利茅斯公司（Plymouth）、漫步者公司（Rambler）和美国汽车公司/吉普公司（American Motors Corporation/Jeep）合并而成，而且所有这些并购都得到了美国司法部的批准。如今，美国已经形成了一个比较健康的汽车行业，会不会不再允许有某些并购行为？有个证据，即自 20 世纪 60 年代以来，美国有三大汽车厂，而同期的日本人口要少得多，购买力也较小，但有十余家汽车厂。你认为日本的汽车市场竞争会更激烈吗？答案很明显，在 20 世纪六七十年代，丰田皇冠（Toyota Corona）、本田思域（Honda Civic）等汽车涌入美国市场。当时，美国的汽车行业骄傲自大，不求进取，对消费者想要小型省油的汽车毫无反应。这场激烈竞争的结果如上所述：1979 年对克莱斯勒公司实施了必要的救助，成了后来 30 年对全行业大规模救助的先例。

美国国际集团抵押贷款的有关问题需要有不同的解决办法。具体来说（第 12 章将作更详细的讨论），这里的根本问题是，创造出来的新的金融工具，没有几个人能懂，而且要么监管不力，要么根本没有监管。这并不是说审慎的监管就能防止混乱局面的出现，但至少不会出现太糟的结果。因此，可以肯定，加强这一领域的监管势在必行。

自然垄断特例

到目前为止，我们的分析几乎没有提到垄断的好处。但是，如果我们要进行全面的分析，就必须在考察垄断的负面效应的同时考察其正面效应。在某种情况下，垄断实际上有其经济原因。要弄清这一点，我们需要在以前使用的总成本和边际成本概念之外，增加一个新的企业成本概念。这个概念就是生产的**平均成本**（average cost），它等于企业的总成本除以所生产的数量单位。例如，如果一个企业生产50个单位的产品而花费的总成本是500美元，那么它的平均成本为每单位10美元。假定企业的投入，即劳动和资本，都是可变的，图8—5表示了一个企业的典型长期平均成本（AC）。

长期平均成本曲线的最重要特征是呈现 U 形，表明随着每单位时间的产量增加，平均成本最初是下降的，但最终它将转变并且上升。当企业处于该曲线的下降部分时（产量水平低于Q_0），就出现了**规模经济**（economies of scale）。在这种情况下，只要扩大企业规模或生产规模，生产更多的产品，生产的平均成本就会降低。例如，假定丰田公司每年只生产 1 000 辆汽车，而不是它目前生产的几百万辆。在这种情形下，根本用不上什么装配线，每辆车由手工制作即可，大量采购的折扣和来自劳动分工以及专业化的任何好处也都不复存在。也就是说，正如亨利·福特（Henry Ford）所体会到的，生产如此少的车辆不可能利用能从根本上减少平均成本的众多生产技术。因此，丰田公司每年只生产 1 000 辆车显然远远低于Q_0的产出水平。只需增加它的生产规模，它就可显著地降低平均成本。

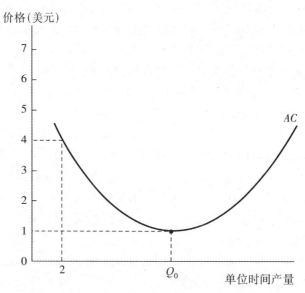

图8—5　一个典型企业的长期平均生产成本

一个典型企业的长期平均生产成本是 U 形。当生产水平低于Q_0时，生产的增加会降低平均成本，这是规模经济产量；当生产水平高于Q_0时，生产的增加会提高平均成本，这是规模不经济产量。

这样大规模生产的"经济"并不会在整个产量水平下持续存在。我们同样肯定的是，如果生产规模继续扩大，长期平均成本最终将会转而上升。当平均成本开始上升时（产量水平大于 Q_0），我们说该企业出现了**规模不经济**（diseconomies of scale）。对此现象最明显的解释是，企业变得太大了，得不到有效的管理，规模越大，在生产过程中就会产生一级官僚体制。通用汽车公司的前总裁埃利奥特·埃斯蒂斯（Elliott Estes）说得最好："雪佛兰（Chevrolet）是这样一个大怪物，当你扭住它的尾巴时，它的另一头几个月都不会发生什么变化。它是如此庞大，以至于没有任何方法能使它真正运转起来。"[1]

另一个可能导致规模不经济的因素是工人的厌倦。现代生产过程中劳动分工和专业化使得每个工人的工作范围变得狭小，工人们变得非常熟练，也就是说，工作效率很高。然而，工作范围的变窄会使得工人们在工作中产生厌烦情绪，从而降低而不是提高劳动生产率。

一个企业的典型情形是，由于规模经济的存在，当它的规模和生产水平上升时，最初它将享受成本下降的好处。然而，当超过了某个生产水平时，规模不经济将会出现，使得平均成本转而上升。这些因素综合在一起将使得长期成本曲线呈 U 形。

现在我们回到自然垄断的情况。图 8—5 的平均成本曲线显示，当产量水平每单位时间为 Q_0 时，生产这种产品的平均成本达到每单位 1 美元的最低点。假定这种生产水平为每星期 10 个单位。现在考察三种不同的情形。在第一种情形中，1 000 个单位的产品也许能在一周内销售出去。在这种情况下，市场可以支撑 100 个企业（1 000/10＝100），每个企业在最低可能的平均成本为 1 美元的情况下进行生产。在这个市场中，我们可以预期在大量企业之间将存在很高程度的竞争，每个企业的市场份额都很小。

第二种情况假定在该市场上每周只能售出 100 个单位的产品。该市场只能支撑 10 个有效率的企业。可以说，这种集中程度因而垄断力量的潜能在第二种情况下要大于第一种情况。

现在考察第三种极端情况，在此市场中，也许每周只能售出 10 个单位的产品。在这种情况下，只可能支撑一个有效率的企业——一个自然垄断企业。这种情况被称为**自然垄断**（natural monopoly），因为不管最初有多少企业在此市场中经营，与其他小竞争者相比，最大的企业具有无可争辩的平均成本优势，最终它将把其他企业都赶出这一行业。也就是说，如果某个行业的成本结构呈现出只有一个企业经营时能够实现平均生产成本最小化，那么，该行业就是自然垄断行业。

如上所述，当市场由许多相对较小又互相竞争的企业组成时，社会利益可以得到充分保证。当自然垄断出现时，情况却并非如此。为了弄清这一点，回到图 8—5，并假定每周生产 10 个单位的产出水平为 Q_0。由 1 个企业还是由 5 个企业生产这 10 个单位的产量对社会更好？在只有 1 个企业即 1 个自然垄断者的情况下，生产的平均成本是 1 美元。而在 5 个企业的情况下，每个企业每周生产 2 个单位的产品，每单位平均成本是 4 美元。

---

[1]　J. Patrick Wright, *On a Clear Day You Can See General Motors* (Grosse Pointe, MI: Wright Enterprises, 1979), pp. 114 - 115.

175

因此，在要求"竞争"的条件下，也就是要 5 个企业同时存在，而不是只有 1 个自然垄断者的情况下，生产这些产品的平均成本 4 倍于必需的成本。从机会成本的意义上，这意味着，当由 5 个企业生产这些产品，而不是集中由 1 个自然垄断者生产这些产品时，需要花费 4 倍的资源来生产 10 个单位的产品。在这个例子中，允许垄断者存在显然对社会有好处。

尽管这些好处是无可否认的，正如我们已经看到的，垄断者也会以减少产量和提高价格的方式让社会付出代价——资源配置不当是不可避免的。如果任由市场自行其是，就会导致自然垄断，垄断者将产量减少到低于社会最优水平而产生无谓的福利损失。相反，如果通过政府干预，要求有众多企业，就可能使这种产品在平均成本之上进行生产。自 20 世纪初以来，美国选择了第三种政策：政府管制。

□ 政府应在何时管制企业？

政府有许多理由管制企业。尽管其中绝大多数是经济方面的理由，但也常常是社会和政治压力的结果。事实上，美国反垄断法就是源于 19 世纪末的政治动乱。1890 年的《谢尔曼反垄断法》（Sherman Antitrust Act）是宣布企业通过各种方式形成垄断以掌控价格和产量为非法的第一部国家法律。1914 年的《克莱顿反垄断法》（Clayton Act）进一步澄清和扩展了什么是非法垄断行为的定义。多年来，这些法律不断完善，一直是美国监管垄断行为的政策基础。

各种管制措施的实践经验告诉我们，在主要出于经济原因实施管制时，管制运行得最好，而且最有可能成功。一般说来，当私人市场中存在两个条件时，就可以要求政府对企业进行管制。首先，必须存在市场失灵，也就是说，市场在自行运转的情况下，不能实现福利最大化的资源配置。其次，也许更重要的是，必须有理由相信，通过政府以一种低成本方式对市场进行某种程度的控制，市场结果能够改善。第二个条件尤为关键。管制的成本不低，因为需要设立管制机构、委员会、检察机构以及其他管理机构，且被管制的企业也必须花相当的精力来遵守这些管制要求。不管哪种情形都要使用资源，而且，用于管制的资源就不能用于其他生产过程。所以，在某些情况下，尽管在某一市场中出现了某种程度的市场失灵，但如果管制的成本超过了矫正市场失灵给社会带来的收益，那么管制可能是不适当的。

现在我们再来考察一下自然垄断。如果允许市场自行运转，垄断将会产生；由于垄断者会限制产量，就不可避免地会导致无谓福利损失。在这种情况下，强迫竞争虽然会提高生产的平均成本，但对于社会是必需的。也许正是这种权衡，证明政府管制是有道理的。也就是说，管制也许想让垄断者存在（好处是平均生产成本低），试图迫使垄断者生产竞争性产量水平，收取竞争性价格（避免无谓福利损失这种代价）。因此，管制过程能否使社会福利增加到高于市场能够提供的水平还很难说。管制的潜在缺陷既包括竞争性产量和价格水平的估计问题，也包括管理和遵守管制的费用。如果管制的成本超过了纠正市场失灵的收益，肯定不会提高社会福利。幸运的是，只有极少数市场的成本结构会产生足以被认为是自然垄断现象的规模经济。可举一些例子，比如地方天然气和电力的配送以及电话和有线电视服务。

如果自然垄断如此之少，你可能要问美国为何还存在大量的政府管制。毫无疑问，对这一问题的初步回答是，很多政府管制当初就不该出台。因此，20 世纪 70 年代末兴起了一场强大的解除管制运动，取消了航空和货运等行业的管制机构。一般说来，由于这些管制在经济上没有道理，所以消费者可以从解除管制中受益。但这并不是说所有对企业的管制都不适当，都要取消。为数不多的自然垄断情况表明，管制有时对社会有益。我们以前曾隐含地谈及了两种情况。

第一种情况是消费者缺乏特定产品和服务的重要信息。也就是说，从第 2 章开始，我们假定消费者在购买产品和服务时拥有作出明智的、福利最大化的决策所需的信息。当该信息缺乏时，消费者可能会作出既非他们自身也非社会福利最大化的选择。例如，假定某种小型货车被追尾后极易把后门撞飞，但消费者并不知道这一事实。市场需求曲线将会反映出消费者预期从这种小型货车中获得的收益，但是他们的预期会被证明是不正确的。在这种情况下，适当的管制也许要求或者实际提供对所有汽车进行安全测试，这样消费者就可以作出明智的决策。在其他信息不足的案例中，适当的管制工具包括用标签标出特定的产品配料、产品的健康和安全代码及产地，或是取缔那些被认为对广大消费者不安全的项目。

第二种情况是产权界定不清，典型的例子是生产过程中的污染外部性，从经济上说也要进行管制。回忆一下环境的集体消费性质以及由于产权的缺乏而引起的经济单位污染。我们曾指出，政府对此问题的适当解决措施也许是采取税收政策、对排放的直接控制、完全禁止对特殊物质的使用，或在某些情况下建立污染权市场等。无线电波传播也存在相似的问题，因为没有哪个人或团体拥有某一频率广播的独有产权。为此，联邦通信委员会把某一地区的特定频率广播的产权授予广播电台和电视台。

在一些情况下，政府管制也许是改善失灵私人市场功能的有效工具。然而，在得出管制是适当的结论之前，必须小心从事。我们首先必须知道管制是有成本的：管理和执行所用资源不是免费的。因此，在着手制定管制措施之前，社会必须确信管制的收益大于它的成本。并且，即使很有理由相信管制是有收益的，也必须严密监管管制付诸实施这一过程，以确保结果能增加公众利益。在讲到管制时，许多学生提出，管理机构有时可能被所管制的行业"俘虏"。现在还不清楚发生这种现象的原因。或许一个行业中的企业能够利用它们的政治影响来确保任命"友好"的管理人员；或许只是管制机构不得不依靠被管制企业提供所需的数据来执行公务的结果。无论如何，这种**管制的俘虏理论**（capture theory of regulation）的结果，正如其称谓一样，是管制机构基于被管制企业的利益而不是消费大众的利益来决策。而且，俘虏理论并不意味着管制要废止，而是应该非常小心地实施管制措施，并加以严密监督。

□ 管制与公司责任

21 世纪初的许多公开案件使我们重新关注政府管制企业的公共利益，特别是对公司责任和大企业滥用市场力量的管制。在这些案件中，有两个案件涉及前几十年不怎么受管制行业的企业，一个是通信业里的世通公司（WorldCom），另一个是代理电力配送的安然公司（Enron）。这两个大企业在发生财务丑闻迫使它们破产和重组之前，一直占据着各自市场的很大份额，且有超额利润。简言之，这两个案件都是财务报表造假，隐瞒企业的真实成本和利润。一些观察家认为，这些丑闻是政府管制放松或不力所致，以致产生了欺诈的环境甚至是鼓励欺诈的环境。对此，联邦管制于 2002 年生效，以促进公司责任度的提高。

在美国，大多数企业都组建成**公司**（corporations）。公司被认为是一个与其所有者——股东相分离的法律实体。你在购买一家公司的 1 股股票时，你就购买到了该企业的 1 单位所有权。企业通过组建公司，可以把投资者的数百万资金集合起来，为其经营活动筹措资金。公司股票对投资者有吸引力，因为股东对公司的损失仅负有限责任。一家公司的股东尽管拥有该企业，但依据法律，不能由个人负责公司的全部债务和行为。股东的责任仅限于其持有股票的价值。在美国，尽管在所有企业中，只有 20％左右是公司，但几乎所有大企业都是公司。公司销售额占全部销售额的 90％左右。

公司制也有一些缺点，其中之一就是个人股东在公司经营管理上的发言权有限。大多数股东只有董事会的选举权，董事会负责公司政策和高级管理者的雇佣。（个人股东投票权的重要性与持有的股票数量有关。）因此，尽管股东拥有公司，但一般不进行日常经营活动的管理。股东不能直接控制公司，常常会产生经济学家所谓的代理问题。实际上，公司的首席执行官（CEO）和其他最高层管理者是由董事会雇佣的代理人，为股东管理企业。如果管理者或代理人追求的利益和目标偏离了股东的利益和目标，就会产生**代理问题**（agency problem）。比如，股东可能希望进行资本投资，以促进销售额和利润的长期增长，而首席执行官可能会进行风险更大的投资，如果投资成功，短期内公司股票价格就会上涨。这是一种花言巧语，因为首席执行官的报酬通常与公司的股票价格挂钩，其形式通常是**股票期权**（stock options）。股票期权允许持有者按固定价格（一般称为执行价格）购买一定数量的股份。如果股票价格高于执行价格（strike price），持有者就可以行使期权，买入股票，然后在市场上把它卖出，获取利润。

很多首席执行官和其他高层管理者通过股票期权计划和其他手段损公肥私而被起诉。在世通公司和安然公司的事件中，代理问题明显使得一些经理人员谎报公司的财务状况。负责审计安然公司财务报表的会计师事务所，是受雇提供咨询服务追求更大利润的同一家企业，这使得代理问题更加严重。值得注意的是，在 2002 年改革之前，对这种明显的财务利益相互冲突的情况缺乏政府管制。由于个人股东因世通公司和安然公司的财务丑闻而失去成百万美元的投资，同时为了协调首席执行官与股东的财务利益，2002 年的改革要求首席执行官签字并亲自核实其企业的财务报表。如果发现明显差异，首席执行官就要面临刑事处罚，包括有期徒刑。此外，这些旨在增强股东和投资者对公司信心的改革，似乎也反映出公众越来越接受政府对大企业的管制。

小结

大多数公众似乎都相信，无论善待消费者的企业的初衷如何，随着企业规模的不断壮大，它们就会运用它们因为大而拥有的实力，缩减产量，抬高价格，浪费社会的稀缺资源。用经济术语来说，大众害怕大企业的垄断力量，人们担心那种抬高价格的阴谋活

社会问题经济学（第二十版）

动就不足为奇了。本章系统地阐明了害怕大企业问题，从中得到的一个重要结论是，大本身并不是表明企业有什么样的行为类型的良好指标。具体来说，企业拥有和操纵垄断力量并不需要在绝对规模上很大，而是当一个企业的产量占其所在行业的总产量比例很大时，就存在垄断力量。因此，像福特汽车公司这样的大企业却可能拥有很小的垄断力量，因为它周围有众多的同样大的竞争对手；而地方有线电视公司与福特公司的规模相比可能微不足道，但享有几乎是纯粹垄断者的地位。所以，我们强调的问题是，不管企业的绝对规模如何，公众害怕企业的垄断力量的观点是否正确。但像美国国际集团和美国汽车行业这些案例表明，大本身的确有能力产生巨大成本。因此，有理由要求政府对市场变化保持警惕，加强监管。

从理论角度来说，很少有人赞同垄断力量。与竞争市场的情况相比，垄断力量会使企业减少产量，抬高价格。其次，拥有垄断力量的企业通常能够限制其他企业进入该行业，因此产生了产量限制和高价格问题，并阻止了资源从价值较少的用途向更有价值的用途的流动。最后，它们也有可能从事非价格竞争，浪费一些经济稀缺资源。

从经验角度来看，有证据表明，若以降低社会福利来度量，美国经济中的垄断成分已经让社会且还在继续让社会付出经济代价。福利的很多损失也许来自相当小的企业。由于垄断而造成的无谓福利损失估计每年占 GDP 的 1％左右。这意味着经济中的垄断成分使 2011 年的 GDP 减少了 150 亿美元。而且，这其中还包含了一个不太可能的假设，即垄断者与竞争性企业的效率一样。倘若情况不是这样（情况肯定不是这样），那么，无谓的福利损失会更大。因此，密切关注现有的和潜在的垄断问题是很重要的。市场经济中存在的竞争越多，价格机制在多种用途之间配置稀缺资源的作用就越大。由政府支配用来促进竞争的首要工具是现有的反垄断法，其中，特别重要的是《谢尔曼法》和《克莱顿法》，它们明确宣布损害公众福利的垄断和反竞争行为是非法的。

然而，在少见的自然垄断情况中，垄断对社会福利的影响是模糊不清的。这种由于产权界定不明确和消费者不了解产品而引起的环境和问题，可能要求政府对私有企业进行管制。在制定管制之前，必须小心确保此管制的收益至少和它的成本相等。此外，即使在管制看起来有收益的情况下，也必须密切监管管制过程以避免出现管制的俘虏理论所说的问题。

讨论题

1. 试解释集中比率衡量什么？如何用它来说明一个企业是在竞争性的行业中经营，还是在一个近乎垄断的行业中经营。集中比率有哪些缺点？

2. 一个竞争性企业的利润最大化条件要求产量达到边际收入等于边际成本这一点。试解释其原因。此条件是否与拥有垄断力量的企业的条件相同？

3. 什么是进入障碍？它们如何限制市场功能的正常发挥？

4. 以前相互竞争的企业合并成一个垄断企业，总是会导致行业产量下降吗？为什么？

5. 利用无谓福利损失图，比较竞争和垄断的结果。

6. 试解释为什么企业规模大和垄断力量不一定是一回事。

7. 什么是自然垄断？它给公共政策提出了什么难题？举出自然垄断的例子。

8. 典型企业的长期平均成本曲线是 U 形的，为什么？

9. 列出并讨论政府管制的三个经济原因。如果存在其中之一，是否意味着就该实施管制？

10. 定义并解释管制的俘虏理论。

11. 请解释代理问题是如何有助于大公司管理层滥用市场力量的。管制能防止代理问题吗？请讨论。

12. 什么是股票期权？股票期权计划常常用来对高层管理者实施激励，但对管理行为总能产生正确的激励吗？请解释。

13. 在第 3 章，你已学到了收益递减概念，本章又讲了规模不经济概念。比较（对比）这两个概念。

14. 假定有两个行业，A 和 B，集中比率均为 80%，在行业 A，最大的四家企业控制的市场份额分别为 60%、10%、7% 和 3%。在行业 B，最大的四家企业的市场份额均为 20%。你认为哪一行业潜在的垄断力量更大？用集中比率来衡量潜在垄断力量说明了什么？

15. 假定高端跑车市场每年销售不超过 100 000 辆，且在该生产水平上，该行业的长期平均成本曲线是向下倾斜的。这个市场为什么很有可能最后变成只有一个生产者？

16. 在表 8—1 列示的行业中，哪一行业的集中比率最高？凭你自己的经验，你认为美国消费者因该行业操纵垄断力量而遭受了很大的福利损失吗？为什么？试讨论。

17. 你认为垄断性企业还是竞争性企业的生产成本较低？请解释。

18. 从经济角度评价 2009 年美国联邦政府对汽车行业实施救助的决策。从该行业如今的状况来看，这是一个良策吗？

课外读物

1. Adams, Walter, and James W. Brock. *The Bigness Complex：Industry, Labor, and Government in the American Economy*. 2nd ed. Palo Alto, CA：Stanford University Press, 2004.

两位杰出的经济学家认为，如今的大企业并未提高经济效率和改善社会福利。

2. Adams, Walter, and James W. Brock. *The Structure of American Industry*. 11th ed. New York：Prentice Hall, 2004.

对各行业进行了详细的经济分析。本书虽已售罄一段时间了，但仍然被奉为经典。

3. Hughes, Kent H. *Building the Next American Century：The Past and Future of American Economic Competitiveness*. Washington, DC：Woodrow Wilson Center Press, 2005.

讨论了美国在全球市场竞争中的作用所遇到的经济挑战。

4. Lynn, Barry C. *Cornered：The New Monopoly Capitalism and the Economics of Destruction*. Hoboken, NJ：John Wiley & Sons, 2010.

作者认为，我们关于全球化、竞争力、金融风险等争论不休，掩盖了大企业经济力量的广泛整合。

5. Viscusi, W. Kip, John M. Vernon, and Joseph E. Harrington, Jr. *Economics of Regulation and Antitrust*. 4th ed. Cambridge, MA：MIT Press, 2005.

详细地考察了反垄断与管制问题，比如航空、有线电视、安全生产规程、卡特尔、并购及反垄断法。

在线资源

1. 反垄断和贸易监管法（Antitrust and Trade Regulation Law）：

www. hg. org/antitrust. html

由希尔罗斯·加莫斯（Hieros Gamos）在国际互联网上创办的第一批法律和政府网站之一。该网站提供美国和国际反托拉斯网页的链接，包括政府组织和其他问题。

2. 反垄断和竞争政策博客（Antitrust and Competition Policy Blog）：

http://lawprofessors. typepad. com/anti-trustprof_blog

该博客由佛罗里达大学法学教授维护，每日更新有关反垄断和竞争方面的信息。

3. 《简明经济学百科全书》："垄断"（The Concise Encyclopedia of Economics："Monopoly"）：

www. econlib. org/library/Enc/Monopo-ly. html

1982年诺贝尔经济学奖得主乔治·J·斯蒂格勒（George J. Stigler）撰写的关于垄断的范文。

4. 联邦通信委员会主页［Federal Commu-nications Commission（FCC）Home Page］：

www. fcc. gov

这个独立的政府机构的使命是鼓励所有电信市场展开竞争，保护公共利益。该网站有博客和新闻编辑室，用户可浏览新闻和各种文件。

5. 联邦贸易委员会（Federal Trade Com-mission）：

www. ftc. gov

提供消费者保护、竞争（见下一网站）、经济分析、法律顾问以及政策的链接。

6. 联邦贸易委员会竞争局（FTC Bureau of Competition）：

www. ftc. gov/bc

联邦贸易委员会竞争局通过促进和保护自由竞争来捍卫美国消费者的权利。提供各行各业包括技术、不动产和卫生保健的信息。

7. 美国证券交易委员会（United States Securities and Exchange Commission，SEC）：

www. sec. gov

通过EDGAR数据库查询所有上市公司的财务信息。

第 9 章　职业体育经济学：真正得多少分？

□ 本章概要

职业体育经营
　　组织结构
　　球队和球员
　　经济分析与职业体育
产品市场
　　体育队之间的合作
　　卡特尔
　　协调一致的行为
　　转播权的定价和产量
　　球队的数量与所在地
　　体育场的争论
资源市场
　　球员的雇佣
　　买方独家垄断
　　买方独家垄断市场中的工资与就业
　　自由签约制
　　劳资争议
　　职业球员应得多少？
　　违禁药物与职业体育
　　国家职业足球大联盟案例
小结

□ 主要概念

特许经营（franchise）
不完全竞争市场（market，imperfectly competitive）
产品市场（market，product）
资源市场（market，resource）
卡特尔（cartel）
需求和供给（demand and supply）
边际收入（marginal revenue）
边际成本（marginal costs）
买方独家垄断（monopsony）
劳动力供给（supply of labor）
边际劳动力成本（marginal cost of labor）
边际产量收入（marginal revenue product）
买方独家垄断利润（monopsonistic profit）
利润最大化（profit maximization）
自由人（free agent）
工会（labor unions）
罢工（strike）
停工（lockout）

章首引语

全美哪个行业接受补贴最多？按理说，应该是中小企业占多数的行业。要我说，补贴之冠应是四大体育联盟——国家橄榄球大联盟（National Football League，NFL）、美国职业棒球大联盟（Major League Baseball，MLB）、美国职业篮球联赛（National Basketball Association，NBA）和国家冰球联盟（National Hockey League，NHL），以及一些小的棒球和冰球联盟。除了真正由政府运营的行业，如公立学校，有哪个行业几乎所有的建筑都是由政府提供补助的？答案是没有，只有职业体育。

1990—2000年，新开了10个国家橄榄球大联盟体育场，总成本26.77亿美元（以2000年经通货膨胀调整后的美元计价），其中的77%，即20.57亿美元（同样以2000年美元计价）是纳税人的钱。而且这还不包括翻修体育场所花的数千万美元的费用。2001—2002年赛季，估计有21亿美元用于建造6个国家橄榄球大联盟体育场，要从纳税人腰包中拿走12亿美元，占总成本的57%。

橄榄球队和联盟与任何其他企业没什么两样。如果某个球队由于市场或赛场不同在竞争中陷入困境，球队的拥有者和联盟官员会解决这个问题，纳税人不会帮助它们走出困境。另外，对球队进行补贴并不能带来经济利益。不管球队是否驻扎在附近，比赛中花的钱总是用于娱乐活动。新场馆周围的少数企业虽然也能获得一些好处，但这将被别处企业的净损失所抵消。而且，所有的企业和个人都将因橄榄球补贴而承受较高的税收负担。

从体育补贴中获益的个人只有球队的所有者和球员。他们的收益是以牺牲纳税人的利益为代价的。橄榄球队以及其他职业球队都应自己购买设施，在市场中竞争，并让消费者判断它们究竟价值几何。毕竟，这也是其他企业要做的。

资料来源：Raymond J. Keating，"Taxpayers，Are You Ready for Some Football?" Small Business Survival Committee，Weekly Cybercolumn，The Entrepreneurial View ♯116，September 7，2000（www.sbsc.org）.

职业体育经营

正如上述评论明确指出的那样，职业体育已成为全美各城市的一个主要社会问题。就在本章章首引语的作者写下这些文字后的十年里，纳税人的几十亿美元又花在了到处建设的职业球队场馆上。在美国的一些城市，选民要作出选择：是缴纳比较高的税，还是面临这样的情景——本地职业球队跑到另一座愿意提供新场馆的城市。而且，不知你注意到没有，你最喜爱的报纸中的体育版与经济版内容雷同。有关劳动纠纷、球票价格、电视（转播）合同、俱乐部搬迁、管理层和所有者的更迭以及球员的报酬等文章，大大超过了对最新比赛和结果的报道。为什么在董事会会议室发生的事情与球场上发生的事情备受关注？职业体育运动的经济分析揭示了为什么竞技体育成为许多人都喜欢的一项主要体育运动。

在美国，职业体育成为一项每年以数十亿美元计的商业并且为数以百万计的体育迷提供娱乐。与所有的商业企业一样，职业体育俱乐部在追求利润的过程中需要作出各种各样的经济决定。许多体育俱乐部收入不菲。分析家对很多职业队的市场估价都超过 10 亿美元。然而，职业体育俱乐部与其他大多商业企业相比至少在两个方面有所区别：(1) 职业体育的组织结构；(2) 体育俱乐部与其最重要的雇员（球员）之间独特的关系。这些方面产生了许多引起公众关注的经济和社会问题。

□ 组织结构

当今美国有四大职业体育联赛：棒球、篮球、橄榄球和冰球。每一项运动都有悠久和传奇的历史。尽管每项运动的具体情况有所不同，但这四项职业体育运动却拥有相似的组织结构。

在大多数情况下，单个球队或俱乐部由私人或合伙拥有并经营。作为球队所有者的企业家雇佣或解雇管理层、教练和球员，租借或建造体育场以及出售门票和赛事的转播权。体育俱乐部的所有者最终负责俱乐部日常运营的经济决策。

体育运动的精神是竞争。想吸引球迷买票观看比赛，不同体育俱乐部的球队必须在球场上拼搏。因此，体育俱乐部不可能完全孤立存在，必须与其他俱乐部合作，从而为公众提供娱乐服务。必要的合作通过职业体育联盟制度化，如棒球的美国联盟（American League，AL）和国家联盟（National League，NL）统称为美国职业棒球大联盟以及美国职业篮球联赛、国家橄榄球大联盟、国家冰球联盟。这些体育联盟是由单个俱乐部组成的正式组织。

所有主要的体育联盟如今都拥有 24 个以上会员俱乐部。会员俱乐部大多位于大城市且遍布全国各地。棒球、冰球和篮球联盟在加拿大也有会员俱乐部。体育联盟对分散在各地的俱乐部之间的合作进行必要的协调。

作为某一职业体育联盟的会员，各球队彼此间要履行合同。会员俱乐部必须遵守和执行整个联盟的规则和章程，其中包括职业体育联盟制定的年度比赛计划时间表、制定并实施比赛规则和雇佣新球员的指导原则。由于职业体育联盟同时也决定一个新球队是否能够加入联盟并且与其他会员进行比赛，故俱乐部通常被认为是联盟**特许经营权**（franchises）单位。总的来说，职业体育联盟由俱乐部所有者控制，它们从外部雇佣"行政官员"（非所有者）和职员来监管联盟的运营。职业体育联盟的行政官员作出的任何决定应最大限度地有利于整个联盟和该项运动，而不是仅考虑任何单个或部分俱乐部所有者的利益。

职业体育联盟执行的规则和章程对每个会员俱乐部都有重要的经济影响。对大多数俱乐部而言，如何处理球队和球员之间的关系对其经营收入和成本影响最大。

□ 球队和球员

职业体育俱乐部与其球员之间的关系并不像我们经济生活中常见的雇主—雇员关系。没有其他任何一个行业"工人"的生产力如此显而易见并且易于评定衡量。干得非常出色的大多数企业得不到数以万计观众的喝彩或任由新闻媒体公开评论它们的工作质量。同样，绝大多数在工作中犯错误的工人（又有谁没有犯过错误？）不会听到沮丧观众的嘘声和吵闹。职业球员的生产力常常被球迷们通过种种统计数字来表明——比赛中的跑动情况、触地得分和投球命中率等。尽管利用运动分析家的各种统计指标可以客观地衡量和比较职业选手的表现，但对于职业体育的薪酬仍有争论。

现在，公众听到一位球星签下了上百万美元的棒球或篮球合同时，仍感到震惊，但是许多职业球员仍认为薪酬还不够高。进一步讲，在同一球队中，某名球员挣得其他球员 10 倍或 20 倍的薪酬是常见的。具有讽刺意味的是，每个职业体育联盟为了促进赛场上的竞争而制定的规则，似乎并不像经济学所说的那样会增加球员的薪酬。

每一个职业体育大联盟都有详细的规定以管理和控制会员俱乐部雇佣球员。如果只有一个俱乐部能够吸纳和网罗最优秀的球员，那么赛场上的竞争激烈程度将会大打折扣。因此，体育联盟的规则必须保证每个俱乐部都有平等的机会雇佣和留任优秀的球员。从本质上讲，职业体育联盟要建立一套制度，保证会员俱乐部取得与某些特定球员签合约的"产权"。由于某一俱乐部可能拥有与某一球员签约的独占权，所以球员也不是随便就能跳槽。

□ 经济分析与职业体育

职业体育行业中出现了许多问题和争议，经济分析为此提供了理解它们的方法。而且，职业体育可以作为一个案例，说明市场结构和制度安排是如何影响某一行业里企业的经济行为的。

前面的讨论表明，职业体育队在不完全竞争的市场中经营。事实上，体育俱乐部在不完全竞争的**产品市场**（product market）中出售服务，并在不完全竞争的**资源市场**（resource market）中雇佣球员。当买卖双方从事最终产品和服务的交易时，产品市场就产生了。当一个体育俱乐部向你出售一场比赛门票和印有球队吉祥物的队衫时，在产品市场中就发生了交易。另一方面，当买卖双方从事生产要素的交易时，资源市场就产生了。因此，当一个体育俱乐部雇佣了一名新球员或建造了一座新体育馆时，在资源市场中就发生了交易。（在后面讲到就业与经济增长的章节中，我们将讨论产品市场和资源市场在整个总体经济中是如何联系在一起的。）

详细考察职业体育的产品市场和资源市场，有助于我们更好地理解每日在体育专栏谈到的许多经济问题。但也许更为重要的是，我们对职业体育的研究，可以为我们提供有关不完全竞争市场是如何影响消费者和雇员的一般性结论。

产品市场

职业体育的不完全竞争市场产生了大量有意思的经济现象。我们来看看其中最有意思和最有争议的现象。

□ 体育队之间的合作

如前所述，体育的本质在于竞争。但是，最让职业体育俱乐部感兴趣的是赛场上的竞争而非市场上的竞争。其中的道理显而易见。设想一下在完全竞争市场中，职业体育俱乐部为争夺体育迷而展开的竞争。成功的俱乐部可以出售更多的门票和球队商品，而且自然而然地会赚取更高的利润；同时，这也使得这些俱乐部可以以更高的薪水吸引最好的球员。久而久之，这些俱乐部会变得比其他不太成功的俱乐部更加强大，因此赛场上的竞争激烈程度会下降，观众会厌烦。弱队会濒于破产，而强队则会失去体育迷。因此，职业体育俱乐部的经济决策与其竞争对手的经济决策具有内在的相互依存关系。

为了使经营持续下去并为老板赚钱，职业体育俱乐部必须避免出现上述情形。怎样才能做到这一点呢？答案就是，通过联盟规则和章程来协调经济决策。借助联盟组织联合各球队，协调并约束会员俱乐部之间的经济竞争。在许多方面，职业体育联盟就像市场卡特尔。**卡特尔**（cartel）是一群企业，为了实现联合利润最大化，它们会在协调其生产和定价决策方面达成正式协议。因此，卡特尔可以看做是其行为就像一个企业那样的一群企业，共享垄断地位。

在美国，反托拉斯法通常认为，企业通过形成卡特尔垄断某个行业是非法的。职业体育行业却是唯一的例外。1922年，美国最高法院裁定，职业棒球大联盟不适用州际商业的法律定义，所以不受反托拉斯法的限制（巴尔的摩联邦棒球俱乐部诉美国职业棒球大联盟案）。这个判例在以后的许多案件中被引用。尽管棒球联盟不受反托拉斯法约束还没有完全扩展到其他职业体育联盟，但各种案例和法案对其他体育俱乐部采取的集体行动给予了有限的保护。[例如，1961年《体育转播法案》（Sports Broadcasting Act）允许职业体育联盟以"一揽子交易"代替单个球队彼此争夺广播时间来出售比赛转播权，1966年《橄榄球合并法案》（Football Merger Act）为避免美国橄榄球联盟（American Football League，AFL）被国家橄榄球大联盟兼并扫清了障碍。]法律隐含地承认，职业球队与其联盟是同呼吸、共命运的。

□ 卡特尔

职业体育联盟的独特地位使它们避免了其他行业中非法卡特尔面临的许多难题。职业体育联盟能够使会员球队之间的经济合作维持相当长的一段时间。任何卡特尔若想获得成功，必须满足下面几个条件。

第一，卡特尔成员必须能提供其市场的大部分产出。卡特尔成员作为一个群体，在市场总产量中所占份额越大，卡特尔的垄断力量就越大。进一步来说，为维持垄断力量，卡特尔必须有能力防止新的竞争对手进入该市场；或者有能力吸纳新的竞争者加入到卡特尔中来。每个大职业体育联盟都成功地消除了来自其卡特尔之外球队的威胁。通过控制与明星球员的合约、拥有使用大型体育场馆的独占权，现有的联盟限制了新成立的、与之竞争的联盟吸引体育迷的能力。在许多情况下，新的竞争者总是被挤出市场之外。最近的例子就是，终极橄榄球联盟（Xtreme Football League，XFL）只在一个赛季后就宣告终结。另一方面，与之竞争的联盟能成功地发现原有联盟所忽略的新市场领域。当这种情况发生时，现有的联盟就会发现，邀请这些新成员加入卡特尔是有利的。我们看到，自 20 世纪 60 年代末以来，美国橄榄球联盟和国家橄榄球大联盟、美国篮球协会（American Basketball Association，ABA）和美国职业篮球联赛，以及世界冰球联盟（World Hockey League，WHL）和国家职业冰球联盟的合并。这些合并有助于联盟保持各自领域的垄断力量共享。

第二，成员企业生产十分相同的产品。也就是说，卡特尔中的每一个企业应当生产可以替代其他成员企业生产的产品。如果所有成员企业都在生产相同的产品和服务，那么就很容易实施和保持定价和产量协议。如果卡特尔的每个企业生产不同的产品，那么就不得不对每种产品订立不同的协议。在职业体育联盟内部，所有俱乐部确实生产相同的主要产品——为观看比赛的体育迷提供娱乐和消遣。联盟的这种结构保证了所有成员俱乐部进行的比赛都具有同质性，所有球队都必须遵守由体育联盟雇佣的裁判们执行的一整套统一的运动规则和条例。进一步而言，例如，由国家橄榄球联盟这类联盟制定联赛赛程，使得各俱乐部与其他球队可以公平比赛以显示赛场上的公平。因此，统一的比赛规则和联盟制定的赛程将有助于提高运动项目的吸引力和联盟维持其卡特尔安排。

第三，有能力将市场分割为由各成员控制的领域并形成生产配额。从本质上讲，卡特尔成员必须在如何共享其联合垄断力量上达成共识。在职业体育中，市场领域和产量配额是通过联盟结构决定的。联盟可以使每个俱乐部的领域不受内部竞争。新增球队的所在地和原有球队能否重新选择所在地由联盟规则决定，而且一般需要绝大多数俱乐部老板的认可。同样，赛事由联盟办公室控制，并确定每个赛季的赛程。所有球队在打完相同数目的比赛后获得正常赛季总收入的相同份额。职业体育联盟的这些行为赋予每支球队在当地的垄断力量，帮助维护卡特尔共享垄断。

第四，卡特尔若想取得成功，必须有能力防止被成员俱乐部"欺骗"。在许多卡特尔中，成员企业在协议上有欺骗动机。有些企业发现，打破生产配额或进入其他企业的销售领域是有利可图的，能够获得比协议垄断份额更大的份额。由于大多数非体育卡特尔安排是非法的，所以成员履行协议几乎是不可能的。但是，在职业体育中，联盟办公室拥有执行联盟规则和章程的契约性权力。在每个大体育联盟中，联盟总干事有权对不遵守联盟规则的成员俱乐部实施制裁和罚款。再者，职业体育联盟的独特地位增强了会员俱乐部通过执行卡特尔协议进而维持垄断地位的能力。

□ 协调一致的行为

联盟成员俱乐部最明显的卡特尔行为方式表现在各种联合营销和收入分成的方法上。一个职业体育俱乐部获取收入的主要来源有三个：门票和特许权销售、球队纪念品和新奇小礼品的经销权，以及广播电视的转播权。职业体育俱乐部在这三个领域通过它们相应的联盟组织相互合作。

每个体育联盟都有具体的规则，对主队与客队之间比赛的门票收入进行分配。尽管分配方法在各联盟之间各异，但大多数情况下每队肯定会得到其参与比赛一定比例的门票收入。比如，在国家橄榄球大联盟，主队与客队在门票收入上为六四分成。

联盟组织也会规范带有队标和商标产品的商务推销。这样做的一个原因是，打击造假者，同时可使联盟对成员所有俱乐部的产品统一促销并减少俱乐部之间在这一领域的竞争。仔细观察的话，你就会发现，从 T 恤衫到厕所马桶盖几乎所有东西都有可能有你喜爱的球队的名称和标识。标有广泛认可的职业体育联盟"商标"的产品，其全球市场越来越大。近年来，国家橄榄球大联盟和美国职业棒球大联盟，其特许权商品销售收入每年就达 30 多亿美元。国家橄榄球大联盟商品的所有销售利润都上缴给该联盟，然后平均分配给各队。因此，当你购买一件你喜欢的该联盟队衫时，所有 32 支球队都受益。

如今，大多数俱乐部的主要收入来源是出售电视和广播的转播权。这也是体育俱乐部通过各自的联盟联合销售其娱乐服务最成功的领域。每个联盟将其成员进行比赛的全国电视和广播的转播权以"一揽子交易"形式出售给出价最高者。以一揽子交易方式销售的联盟所有比赛的收入，要在各会员俱乐部间平均分配。因此，位于巨大传媒市场的球队并不比位于小城市的球队更有经济优势。球队将其转播权集中在一起的做法可以追溯到 1964 年，当时国家橄榄球大联盟将其比赛转播权以 1 410 万美元出售给电视网。自此之后，职业球队出售其转播权获得的收入大大提高。2011 年末，国家橄榄球大联盟的老板宣布批准了与美国哥伦比亚广播公司（CBS）、全国广播公司（NBC）和福克斯电视台（Fox Television）的协议，2022 年前这些公司每年向该联盟平均支付 31 亿美元。此外，与美国有线电视巨头娱乐与体育节目电视网（Entertainment and Sports Programming Network，ESPN）和卫星电视提供商签订的协议金额从 2014 年开始很可能要翻番。

□ 转播权的定价和产量

为了弄清卡特尔行为对职业体育比赛转播权的定价和产量的影响，我们看一下表 9—1 和图 9—1。这些假定数字反映了体育联盟一段时间内（在此为 1 个月）在提供转播权中发生的产量、收入和成本。表 9—1 的第（1）列和第（4）列给出的是联盟面临的需求表，如图 9—1 的需求曲线 DD 所示。曲线 DD 代表了该联盟中各俱乐部面临的向下倾斜转播权需求曲线的加总。在其垄断力量既定的情况下，该联盟的边际收入曲线 MR 位于该联盟的需求曲线下方。如果每支球队都单独地且竞争性地提供其比赛的转播权，那么，该联盟的边际成本曲线 MC 是每支球队面临的边际成本曲线的横向加总。因此，表 9—1 中的第（2）列和第（3）列给出了整个联盟的总成本和边际成本表。

表 9—1　　　　　　　　　　某个职业体育联盟的月转播权产量、成本、收入和利润

(1) 产量 单位	(2) 总成本 （千美元）	(3) 边际成本 （千美元）	(4) 价格 （千美元）	(5) 总收入 （千美元）	(6) 边际收入 （千美元）	(7) 利润 （千美元）
0	0		100	0		0
		40			100	
1	40		100	100		60
		45			90	
2	85		95	190		105
		50			80	
3	135		90	270		135
		55			70	
4	190		85	340		150
		60			60	
5	250		80	400		150
		65			50	
6	315		75	450		135
		70			40	
7	385		70	490		105
		75			30	
8	460		65	520		60
		80			20	
9	540		60	540		0
		85			10	
10	625		55	550		275

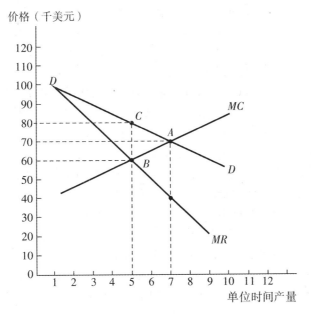

图 9—1　卡特尔的定价和产量

　　作为一种共享垄断，卡特尔的成员共同面对需求曲线 DD 和边际收入曲线 MR。与单个垄断企业一样，卡特尔通过生产边际成本等于边际收入（MC＝MR）时的产量水平来使市场利润最大化。在这种情况下，卡特尔的产量为 5，价格为 80 000 美元。如果卡特尔成员相互竞争，那么市场的均衡产量为 7，均衡价格为 70 000 美元。

　　如果不存在卡特尔协议且各队在转播权市场中彼此竞争，那么每个俱乐部为了实现利润最大化都会不断增加销售，直到其自身的 MR 与 MC 相等为止。由于每一单个俱乐部都

会因其独有的需求曲线和成本曲线而存在局部垄断，因此利润最大化的产量水平在各俱乐部之间很可能是不同的。但是，在没有卡特尔协议的情况下，所有俱乐部总共有多少比赛被转播呢？回想第 8 章曾谈到 MC 曲线可被视为单个竞争性企业的供给曲线。因此，在图 9—1 中，由于 MC 代表了所有俱乐部的边际成本之和，因此曲线 MC 可被认为是竞争市场供给表。同理，曲线 DD 代表市场需求表。在没有卡特尔协议的情况下，市场在曲线 DD 与曲线 MC 相交的 A 点达到均衡。一场比赛转播权的市场均衡价格为 70 000 美元，且每月共有 7 场比赛要转播。总之，对于出售比赛的球队来说，每次转播将会产生 70 000 美元的边际收入。表 9—1 的例子表明，竞争的结果是，出售比赛转播权，俱乐部每月可以获得总收入 490 000 美元，平均利润为 105 000 美元。

必须指出，上面的分析并没有谈及在没有卡特尔协议的情况下利润在各俱乐部间是如何分配的。短期来看，表现欠佳的球队会发现，出售他们的比赛转播协议非常困难或是不可能的。在这种情况下，当一些球队成功地出售转播权从而取得丰厚的利润并能雇佣最好的球员时，联赛的激烈程度会大大下降。因此，从长远来看，不太成功的俱乐部将被迫关闭，联盟的成员球队将越来越少。

通过达成协议，由联盟而非单个俱乐部统一出售比赛转播权，这样，就像一个企业那样，俱乐部实际上可以达成协议分享它们的垄断力量。每支球队不再以自己的成本和需求表来确定利润最大化产量，而是接受整个市场利润的一定份额。作为一个卡特尔，联盟中的球队共同面对图 9—1 中的需求曲线 DD 和边际收入曲线 MR。就像一个单独的垄断企业一样，卡特尔通过生产边际收入等于边际成本时的产量水平使其利润最大化。表 9—1 表明，当每月提供 5 场比赛的转播权时，边际收入等于边际成本。在这个产量水平上，边际收入和边际成本为 60 000 美元。这表现为图 9—1 中的 B 点，在该点上，MR 曲线与 MC 曲线相交。表 9—1 中的需求表表明，买方将对 5 场比赛的每场比赛支付 80 000 美元（图 9—1 中的 C 点）。因此，通过出售每月 5 场比赛的转播权，每场比赛的转播权为 80 000 美元，就实现了利润最大化。这也得到了表 9—1 第（7）列的证实：这种产量和价格的组合会使卡特尔的集体（共同）利润达到最大化，每月为 150 000 美元。

联盟达成卡特尔协议出售转播权，既影响价格，也影响数量。在本例中，卡特尔每月提供 5 场比赛的转播权，每场比赛的转播权为 80 000 美元，而相互竞争的单个球队每月要提供 7 场比赛的转播权，每场比赛的转播权为 70 000 美元。在提供更多的比赛转播权的成本既定的情况下，卡特尔协议可以使所有联盟成员球队的总利润从 105 000 美元增加到 150 000 美元。如果没有卡特尔协议，利润的分配对运动成绩好的球队更有利。有了卡特尔协议，利润的分配由联盟的规则和章程决定。如今，出售转播权的大部分收入在各会员俱乐部间平均分配。即使在国家电视或电台中很少露面的球队，也可以从联盟出售比赛转播权的收入中获得相同的份额。

通过卡特尔的形成，职业体育俱乐部发现，在赚球迷钱的时候充分合作能取得最大的共同利益。通过把产量控制在低于竞争性水平之下并提高价格，卡特尔成员整体利润不仅可以大大增加，而且可以在一定程度上稳定球队的数量。

□ 球队的数量与所在地

当今有关职业体育的另一个争论焦点是，每一联盟的球队数量和所在地。试回想

社会问题经济学（第二十版）

一个成功的卡特尔必须能够在其成员间分割市场并分享联合利润。因此，从每一个卡特尔成员的角度看，对新增成员的数量应该有所限制。通过限制卡特尔会员俱乐部的资格，现有的每个卡特尔成员都能得到一块比较大的利润。与其他行业相比，职业体育表现得更为明显的是，此行业的扩张非常缓慢。比如，在过去的 35 年里，美国职业棒球大联盟仅增加了四支球队（佛罗里达、坦帕湾、科罗拉多和亚利桑那）。美国四大职业体育联盟在准许球队进入体育市场上一直坚守非常严格的程序。当扩张特许协议准许新的球队加入时，新队将会被要求支付给原有球队一定的入会费，以补偿原有队伍损失的市场份额。

2001 年末，美国职业棒球大联盟总干事巴德·塞利格（Bud Selig）公布关闭两个职业棒球俱乐部（明尼苏达和蒙特利尔）的计划后，引起轩然大波。棒球俱乐部的老板们认为，这些"小市场"球队是不挣钱的，而且美国联盟和国家联盟将更加强大，在只有几支球队的情况下竞争更加激烈。美国职业棒球大联盟在截至 1998 年初的三年里只增加了两支球队时，很多球迷和政府官员就反对这种观点。如果每支球队的收入大部分来自固定的联赛转播费，那么球队总体数量的减少会使剩下球队的老板获得更大份额的利润。对分享利润的成员数量严格限制，是卡特尔行为的经典形式。强大的公众压力和诉讼阻止了这两个俱乐部的关闭。然而，其他球队的老板共同买下了蒙特利尔博览会队（Montreal Expos）的所有权，并共同经营该俱乐部两个赛季，直到在大市场上找到新的老板〔蒙特利尔博览会队于 2005 年改名为华盛顿国民队（Washington Nationals）〕。在篮球方面，在缩短了 2011—2012 年美国职业篮球联赛赛季的劳资纠纷之前，缩减和关闭球队的传言四起。美国职业篮球联赛到现在也没有采取任何官方措施以减少球队的数量。

职业体育联盟扩张受限制的一个后果就是刺激原有队伍迁移至新的地点，以寻求新的市场。过去的几十年里，在美国和加拿大，对体育娱乐的需求陡升。经济学家估计，大约 50 个北美大城市都有供养几支职业球队的能力。但是，最大的职业体育联盟——国家橄榄球大联盟却只有 32 支球队。然而，有更多城市的球迷都想在每一联盟中拥有自己的球队。显然，球队目前存在短缺。

我们在前面讲过，短缺一旦发生，市场价格将会提高，职业体育也是这样。在没有球队的城市中，未来的老板和球迷纳税人经常会提供具有诱惑力的资金方案来吸引那些愿意搬迁的球队。这些方案包括公共建造或资助建造体育场馆、税收减免、贷款和直接资金赞助。在某些情况下，一些城市经常对那些表示愿意搬迁的球队公开招标。例如，国家橄榄球大联盟的洛杉矶公羊队（Los Angeles Rams）搬到了圣路易斯，休斯敦油人队（Houston Oilers）搬到了纳什维尔〔改名为田纳西泰坦队（Tennessee Titans）〕。当然，搬迁的球队必须取得联盟许可，并必须与其他卡特尔成员共享获得的新利润。一些球队通过表达搬迁的意图而在原城市成功地得到了新的公共设施和税收减免。球迷纳税人唯恐自己的球队另栖高枝而在坦帕湾、西雅图和密尔沃基筹资新建了体育场。

☐ 体育场的争论

正如我们在本章章首引语的评论中所看到的，近年来，数十亿美元的地方税收收入用于职业球队新场馆的建设上。2000—2010年间，为职业体育队新建28座体育场，耗资大约100亿美元，其中50多亿美元来自公共资金。可见，场馆的大兴土木开支有一半是税收资金。在试图吸引新球队或保住老球队的那些城市，纳税人支持盈利企业，是一个争论激烈的话题。

为什么纳税人和当选市政官员愿意资助职业体育特许经营？这个问题最显而易见的答案就是，为满足当地居民对体育娱乐的需求。然而，这个答案很可能是次要的。各城市努力吸引并留住职业球队的最主要原因在于其带给当地的"大联盟"地位。一支球队可以使一个城市在"地图"上更加醒目，并能在全国扩大知名度以及扩大本地其他行业对外交流的机会。城市官员经常说，职业体育专营权会给本地区带来新的商机，增加就业机会和税收。（从某种意义上说，成功的职业体育专营权给一座城市带来的全国皆知的地位和影响力是一种集体消费品。）在其城市的球队完成国家橄榄球大联盟刚刚两个赛季之后，杰克逊维尔市商会的发言人就说："杰克逊维尔美洲虎队（Jaguars）为我们带来的价值超过数百万美元，在广告和宣传方面可能有数千万美元。"[1]

毫无疑问，杰克逊维尔美洲虎队的确提高了所在城市的形象和知名度，但是一支职业球队是促进经济发展的一项明智投资吗？或许答案是否定的。按照经济学家安德鲁·津巴利斯特（Andrew Zimbalist）的说法，一支职业球队与梅西百货商店（Macy's department store）对经济的影响是相同的。[2]当美洲虎队加入该联盟时，一支国家橄榄球大联盟球队的平均收入大约为6 500万美元。杰克逊维尔市这座大都市的可支配收入大约为110亿美元。因此，国家橄榄球大联盟仅占整个社区购买力的0.6%。（这个数字在其他城市可能会更低，因为杰克逊维尔市是最小的国家橄榄球大联盟市场。）进一步看，由职业体育特许权直接带来的是属于赛季性的低薪服务性工作，大多数高薪工作由小部分球员和管理人员享有，而且他们整年不在当地社区生活。最后一点，当一支新球队到达该市时，在消费者的花费方面将产生替代效应。当地球迷因购买球票、特许权商品、停车位和纪念品会在其他娱乐方面减少花费，花费在当地饮食业、剧院和保龄球中心的消费可能会减少。

尽管职业体育似乎渗透到我们现代社会的很多方面，但单个球队实际上是"小买卖"。如表9—2所示，每支球队的平均收入从国家冰球联盟体育俱乐部的大约9 800万美元，到国家橄榄球大联盟的2.61亿美元不等。用美国的公司标准来看，这些都是小数目，因为市场领先企业的收入通常以10亿美元计。实际上，如果你上了一所大中型公立大学，就有非常好的机会，因为你的学校每年花的钱比你喜爱的职业球队花的还多。有关经济影响的大量研究发现，建一座新体育场馆的经济效益对当地来说是很低的。由于选民继续接受用公款建设这些场馆，那结论一定是：大多数纳税人认为职业球队对居住城市的内在价值大于财政赤字增加的负担。

---

① Jason Cole, "Jags Well on Road Toward Recognition," *ESPNET*, January 8, 1997, pp. 1-2.

② Federal Reserve Bank of Atlanta, "Does the Bouncing Ball Lead to Economic Growth?" *Regional Update* 8, no. 3 (July/August 1996), pp. 1-8.

表 9—2　　　　　　　　　职业体育的球队、球员、收入和薪水，2010—2011 年

	NFL	MLB	NBA	NHL
球队数量	32	30	30	30
每支队的球员数量*	53	25	12	23
每支队的平均收入（百万美元）	260.78	204.57	126.78	97.63
球员的平均薪水（百万美元）	1.90	3.34	5.15	1.90

* 赛季初在册的球员数量。

资料来源：www.rodneyfort.com and www.forbes.com.

因为一支职业球队给其所在城市带来的主要收益是无形的，并且难以衡量（如城市荣誉如何估价？），所以关于用公共资金支持职业体育的争论仍将继续。但是，许多经济学家指出，用于新工厂或新学校的公共投资，将比用于建造体育场馆能产生更大和更长期的经济收益。

资源市场

职业体育劳动力市场的经济力量常常被公众误解。我们看看挣几百万美元的优秀球员为何还常常说挣少了。

□ 球员的雇佣

职业体育的经济方面最具争议性的问题之一，或许是联盟雇佣球员的有关规定。每个大职业联盟都严格限制球队雇佣和解雇球员的行为。俱乐部与球员之间的劳务合同必须满足联盟的各项具体规定。这些规定都要严格执行，以确保任何俱乐部都不能通过雇佣花招而在球员上取得优势。

最常见的联盟雇佣规则是新球员在联盟会员俱乐部之间进行分配的程序和做法。为努力在各队之间营造一种既竞争、竞技水平又大致相当（有时称为平等）的氛围以及防止某个俱乐部大肆网罗优秀球员，每项运动每年都对进入市场的新球员进行选拔。尽管每个体育项目采取的具体程序不同，但每一联盟选拔的基本要求是一致的。俱乐部以事先规定的程序从新球员名单中选拔，选拔的顺序一般取决于上赛季的成绩。一般而言，战绩较差的球队先选，而相对强大的球队最后再选。根据联盟规则，当俱乐部选中一名球员时，这个俱乐部就拥有与这名球员签约的排他权。任何俱乐部都不能与被其他俱乐部选中的球员签约，除非这支球队事先卖出或交换出与这名球员签约的排他权。大多数情况下，联盟规则规定，一旦被选中的球员与俱乐部签约，这个俱乐部即拥有在一定赛季内使用该球员的独占权。因此，新球员成为雇佣他们的俱乐部的"财产"，并且失去了转会到薪水更高的俱乐部的机会。联盟规则同时禁止球队为正在其对手俱乐部效力的球员提供工作机会的"挖墙脚"做法。

几十年来，被选拔出来的职业球员实际上没有能力选择其效力的球队。只有当球员效力的俱乐部将其与在其他俱乐部效力的球员进行交换，或者另一个俱乐部购买了球员的合

同时，该球员才能转会。如果一名球员想从事职业体育，他必须遵守联盟规定的章程。因此，球员在工资决定方面很少真正有讨价还价的权利。很明显，这种情形使得俱乐部老板有可能向球员支付低薪。

尽管职业体育联盟雇佣规则是出于提高运动场竞赛的激烈程度，但从上文中可以明显地看出，选拔和雇佣限制大大降低了球员市场的竞争程度。当联盟规则允许会员俱乐部拥有新球员合同的产权时，就产生了所谓**买方独家垄断**（monopsony）的不完全要素市场。

□ 买方独家垄断

买方独家垄断是指只有一个买主或雇主的市场。按照联盟规则，仅有一个俱乐部拥有与单个球员签约的权利，从球员的角度来看，这个俱乐部就是完全的买方独家垄断者。从更广泛的意义上讲，整个联盟本身可以被看做是联合买方独家垄断者。例如，如果你想在美国从事职业橄榄球运动，你必须在国家橄榄球大联盟中打球，因为没有其他任何一个专门针对橄榄球球员的买主。[室内橄榄球联盟（Arena Football Leagues）需要同样技能的球员，但游戏规则不同，而且室内橄榄球队主要为将来成为国家橄榄球大联盟的队员创造发展机会。]体育职业联盟的选拔和雇佣规则加强并巩固了由其会员俱乐部共同拥有的垄断力量。

有两个主要因素造就了职业体育俱乐部和联盟的买方独家垄断力量。第一个因素是新选拔球员的非流动性。希望从事职业体育运动的新选手必须签订合同，根据联盟规则他们必须为某支球队效力若干年。一旦一名球员进入联盟并且签订合同，他就不能再与其他俱乐部签约。事实上，鉴于这种选拔制度，被选拔的新球员通常就失去了为出价更高者提供服务的机会。因此，从法律角度来讲，球员的流动性受到了极大限制。新球员在联盟批准的合同中规定的一段时期内即被"锁定"在其效力的球队。由于新球员具有履行合同的义务，体育俱乐部成为联盟内优秀球员的唯一潜在购买者。

在职业体育中产生买方独家垄断力量的第二个因素是球员拥有高度专业化的体育才能和技巧。具有参加职业运动比赛资格的球员必须花费多年心血，接受训练和指导，学习运动技能。职业球员在训练期间获得的运动技能和知识非常专业化，且在大多数情况下很难转而从事其他体育项目或工作。极少数球员擅长多项运动技能[戴恩·桑德斯（Deion Sanders）和博·杰克逊（Bo Jackson）是非常罕见的例外]。回想一下，伟大的篮球巨星迈克尔·乔丹（Michael Jordan）曾尝试加入小规模的棒球联赛从事职业棒球比赛而遭到失败。拥有非常专门技能的球员只能将其就业机会局限在恰好需要这门技巧的雇主上。一名球员训练和学习成为一名职业后卫的技能，只能在 32 个国家橄榄球大联盟俱乐部中发挥作用，并且每个橄榄球俱乐部只需要 2~3 名后卫，在美国专门从事这项工作的球员不过百人。相比之下，中小学教师接近 400 万人，就是职业经济学家也有 125 000 人。教师和经济学家比橄榄球后卫的培训内容更为广泛，因此他们在劳动力市场中可以有更多选择。显而易见，职业球员的专项技能促成了他们雇主的买方独家垄断力量。

□ 买方独家垄断市场中的工资与就业

买方独家垄断力量对工资和就业的影响如表 9—3 所示。由于买方独家垄断在劳动力市场中仅有一个购买者，故它面对一条正斜率的劳动力市场供给曲线。因此，为吸引更多的工人，买方独家垄断者在雇佣更多工人时必须提高工资。如表9—3第（2）列所示。买方独家垄断棒球俱乐部可以雇佣2个投球手且每人平均工资为400 000美元，但要雇佣3个投球手，必须向每人支付500 000美元工资。表9—3中的第（1）列和第（2）列在图9—2中表示出来就是市场供给曲线SS。

表9—3 职业棒球投球手的工资、成本和边际产量收入

（1） 球员 人数	（2） 工资 （千美元）	（3） 劳动力总成本 （千美元）	（4） 边际劳动力成本 （千美元）	（5） 边际产量收入 （千美元）
0	0	0		
			300	1 500
1	300	300		
			500	1 300
2	400	800		
			700	1 100
3	500	1 500		
			900	900
4	600	2 400		
			1 100	700
5	700	3 500		
			1 300	500
6	800	4 800		

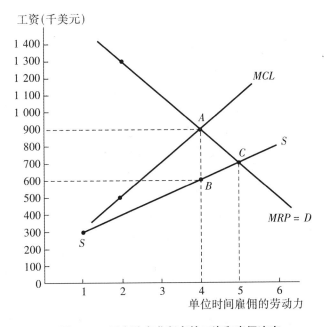

图9—2 买方独家垄断者的工资和雇佣决定

作为劳动力的唯一雇主，买方独家垄断者面临的劳动力市场供给曲线为SS。边际劳动力成本曲线MCL反映了企业多雇佣1个工人所增加的成本。买方独家垄断者雇佣的工人将达到MCL＝MRP时的水平。在这个例子中，企业将以600 000美元的工资雇佣4个工人。

由于一个买方独家垄断企业为雇佣更多的工人，它必须依据劳动力的市场供给表来提

高工资，故该企业的劳动力总成本会超过其工资。这可从表 9—3 看出来。第 （2） 列和第 （3） 列表明，当以每人 400 000 美元的报酬雇佣两个投球手时，劳动力总成本为 800 000 美元。然而，为了雇佣第三个投球手，每人必须支付 500 000 美元，从而使劳动力总成本上升至 1 500 000 美元。由于雇佣第三个投球手，俱乐部的劳动力总成本增加了 700 000 美元。由于多雇佣一个工人而引起的企业劳动力总成本的变化，称为**边际劳动力成本**（marginal cost of labor，MCL）。表 9—3 中的第 （4） 列就是边际劳动力成本。注意，边际劳动力成本超过了雇佣第一位投球手的工资。这是因为买方独家垄断者必须对新雇佣的工人以及以前雇佣的工人支付更高的工资。图 9—2 中的 MCL 曲线是依据表 9—3 中第 （1） 列和第 （4） 列的数字画出来的。从图示中可以看出，MCL 曲线位于劳动力供给曲线之上且倾斜程度更陡直。

表 9—3 中第 （5） 列显示的是棒球俱乐部雇佣的投球手的**边际产量收入**（marginal revenue product，MRP）。回想一下，MRP 是企业多雇佣一个工人而引起的收入变化。当棒球俱乐部雇佣一个新的投球手后，该队可以提供更多的比赛和其他娱乐服务，为俱乐部创造收入。但与其他行业的企业一样，棒球俱乐部在多雇佣一个投球手后收益递减。因此，随着更多的投球手加入进来，该队的产量和收入将以递减的速度增加。从第 （5） 列的情形可知，MRP 随着雇佣投球手的人数增加而下降。我们知道，MRP 表代表对劳动力的需求。

棒球俱乐部的管理者是如何决定雇佣多少投球手以及支付给他们多少工资的呢？要回答这个问题，我们先比较一下表 9—3 中的第 （4） 列和第 （5） 列。当第 （4） 列中的 MCL 低于第 （5） 列的 MRP 时，棒球俱乐部多雇佣一名投球手所增加的劳动成本比其增加的收入少。在这种情况下，显然要继续雇佣新投球手。然而，当第 （4） 列的 MCL 大于第 （5） 列的 MRP 时，棒球俱乐部多雇佣一名投球手所增加的劳动成本比其增加的收入多。在这种情况下，棒球俱乐部因雇佣新投球手会减少利润。因此，棒球俱乐部会一直雇佣新投球手，直到 MCL＝MRP 时为止。在本例中，这种情况发生在雇佣 4 名投球手时，这时的 MCL 和 MRP 都等于 900 000 美元。注意，如果棒球俱乐部雇佣的投球手多于 4 名，MCL 便大于 MRP，该俱乐部就会蒙受利润损失。

如本例所示，对于一个买方独家垄断者来说，MCL＝MRP 的点决定了要雇佣的最优劳动力数量。在图 9—2 中即为 MCL 曲线与 MRP 曲线相交的 A 点。A 点表明，当雇佣 4 名投球手时，MCL 与 MRP 都等于 900 000 美元。不过，根据市场供给表，该棒球俱乐部可以以每人 600 000 美元的工资签约雇佣 4 名投球手，即图 9—2 中供给曲线 SS 上的 B 点。因此，即使每名投球手为俱乐部带来的收入（MRP）为 900 000 美元，但每名投球手得到的工资仅是 600 000 美元。在买方独家垄断情况下，每名劳动者对企业收入的贡献与其工资的差额称为**买方独家垄断利润**（monopsonistic profit）。在本例中，棒球俱乐部可以从每名投球手那里获得 300 000 美元的买方独家垄断利润，4 名投球手总共为 1 200 000 美元。这就是因为棒球俱乐部具有买方独家垄断力量而赚取的额外利润。

我们回想一下，在竞争性劳动力市场中，多雇佣的工人数量不能超过工资等于 MRP 的点。在我们的例子中，如果棒球俱乐部处于竞争性劳动力市场中，它可能不只雇佣 4 名投球手。根据表 9—3，当雇佣 5 名投球手时，工资率等于 MRP。这在图 9—2 中为供给曲线

SS 与 MRP 曲线相交的 C 点。如果劳动力市场是竞争性的，俱乐部以每人 700 000 美元的工资雇佣 5 名投球手，他们的 MRP 也是 700 000 美元。因此，在竞争性劳动力市场中，企业无法获得买方独家垄断利润。

正如我们的例子所示，买方独家垄断企业比竞争性企业雇佣的工人少，而且支付的工资比竞争性企业低。由于这两个经济结果，人们经常说买方独家垄断者"剥削"其员工。如果具有买方独家垄断力量的企业在竞争性更强的条件下购买劳动力，我们预期会有更多的工人被雇佣，而且工资也会得到提高。事实上，近年来职业体育联盟不得不放弃一定程度的买方独家垄断力量，球员的工资也有了大幅提高。

□ 自由签约制

许多年来，所有职业棒球球员都要签一份基本的比赛合同，其中包括后来所谓的保留条款。保留条款保留了所属俱乐部永久性地拥有使用球员的排他性权利，球员不能在俱乐部之间自由流动。只有当他的雇主与其他俱乐部交换或出售合同中的权利时，球员才可能转会。保留条款的设置使得棒球俱乐部对其雇佣的球员拥有买方独家垄断力量。

意识到这种保留条款会使工资低于在竞争市场中可能获得的水平后，职业球员开始组织起来并在反托拉斯法庭中与俱乐部老板据理力争。1975 年，一名独立的仲裁员推翻了美国职业棒球大联盟规定的保留条款。球员与俱乐部老板达成妥协，即所属俱乐部在一定年度内可以拥有球员合约的排他性权利，之后，球员可以宣布成为"自由签约人"，并向出价最高者出售其服务。一名自由签约的职业球员简称"**自由人**"（free agent），是指其合同不再专属于某一俱乐部的球员。

各大职业体育联盟都有关于球员何时可以宣布成为自由人的极为详尽的规定。在棒球项目上，球员至少应有 6 年以上参赛经验且不与任何一个俱乐部有正在执行的合同。1993年，橄榄球球员与国家橄榄球大联盟的老板达成协议：给予拥有 5 年比赛经验的未签约球员以自由签约职业球员（自由人）地位。在棒球和橄榄球联盟中，一些俱乐部公开反对自由人制度，球员也指控某些俱乐部老板私下合谋不雇佣某些自由人。但是，自由人的出现的确大大降低了职业体育中买方独家垄断的剥削程度。

自由签约制对球员工资的影响是巨大的。图 9—3 显示了自从实行自由签约制度以来，棒球球员平均工资的增加情况。1976 年美国职业棒球大联盟球员平均工资为 52 300 美元，而 34 年后的 2010 年，球员的平均工资超过 334 万美元！虽然在此期间整个国家的工资和价格也都增加了，但与棒球球员平均工资增加的幅度相差甚远。例如，在美国，一名全职工人的周薪平均增加了 150%，而职业棒球大联盟球员的平均工资则增加了 60 倍。

从另一方面来比较，我们看一下橄榄球职业球员的"窘境"。1993 年以前，橄榄球球员很难取得自由人地位。1992 年，在新的自由签约职业球员规则出台以前，国家橄榄球大联盟球员的起始平均工资为 660 092 美元，大约是当时棒球球员工资的一半。在 15 年里，国家橄榄球大联盟的平均工资达到 140 万美元，而如今达到 190 多万美元。自由签约制显然降低了职业体育买方独家垄断的剥削程度。实际上，大多数消息灵通的观察家认为，四大职业体育联盟的平均工资与自由签约的允许程度成正比，又与球员工会的力量直接相关。（回想一下表 9—2 对各大职业体育联盟工资的比较。）

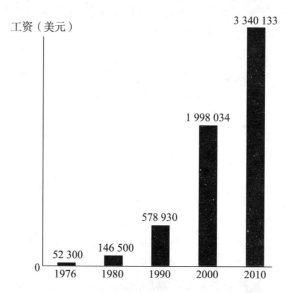

工资（美元）

3 340 133

1 998 034

578 930

146 500

52 300

0

1976 1980 1990 2000 2010

图 9—3　自实行自由签约制以来部分年度美国职业棒球大联盟的平均工资情况

注：工资未扣除通货膨胀。

资料来源：Major League Baseball.

□ 劳资争议

多年来，职业球员一直在反对联盟制定的买方独家垄断雇佣规则，如保留条款。为反对球队老板们苛刻的雇佣做法，四大职业体育的球员已经联合起来组成了自己的工会。**工会**（labor union）是代表其成员在就业条款和雇佣条件上为工人争取利益的正式组织。球员工会与球队老板达成协议，确定适用于所有球员合同的标准。

在过去几年里，球队老板与球员工会之间的分歧导致了大量的劳资争议。棒球受劳资争议的影响最大，自 20 世纪 70 年代初以来，美国职业棒球大联盟先后遭受了八次大停赛；2002 年第九次停赛被勉强避免了。1994 年，职业棒球大联盟球员协会（Major League Baseball Players Association，代表美国联盟和国家联盟球员的球员工会）举行了**罢工**（strike），使上百场比赛被迫取消，其中包括世界联赛。同年下半年，国家冰球联盟的球队所有者通过使职业冰球球员**停工**（lockout），而取消了半个赛季的比赛。2005 年，国家冰球联盟因停赛而取消了整个赛季。上述的每一个例子中，有关如何支付球员的工资和球员成为自由人的必要条件是争议的主要焦点。

1994 年棒球和冰球赛季的缩短起因于球员抗议俱乐部老板们提出的"工资封顶"。工资封顶是一种限制任何一支球队花费在球员报酬上的货币数额的规定。俱乐部老板认为，球员的工资过高以至于他们的投资难以产生"公平的利润"，所以必须对球员的工资予以限制以求公平。但是，工资封顶同时也阻止了俱乐部老板之间对优秀球员出高价。因此，棒球和冰球球员认为工资封顶人为地降低了他们的工资。篮球球员在 1998—1999 年美国职业篮球联赛赛季前也有同样的呼声。由于老板们的停赛，该赛季的部分比赛被取消了。同国家橄榄球大联盟和国家冰球联盟的情况一样，美国职业篮球联赛在工资封顶问题上也逐渐占了上风。如今，只有美国职业棒球大联盟在与球员的集体合同中还没有工资封顶条款。

根据本章所作的分析，工资封顶可被认为是俱乐部老板对所有联盟球员实施买方独家垄断雇佣的计谋。换句话说，工资封顶是另一种卡特尔规则，旨在使联盟的联合利润最大化。在每一个联盟里，球员都极力反对工资封顶规定。看来，俱乐部老板与球员之间如何分配利润是职业体育的主要集体谈判问题。2011—2012年美国职业篮球联赛赛季被缩短就是老板停工所致，因为他们打算削减迅速上涨的球员工资。老板最终占了上风，降低了联赛球员所占的收入份额，由原来球员得57%变为五五分成。

职业体育联盟的卡特尔性质所产生的问题，在劳资谈判时通常是关注的焦点。2002年，美国职业棒球大联盟球员工会所谓的罢工在最后一刻取消了，因为球队老板和球员达成了一项新的多年合同，调整了与球队间的收入分配，并就球员的工资制定了新的规则。2002年老板与球员之间的主要冲突在于"大市场"球队（如纽约和洛杉矶）与"小市场"球队（如堪萨斯城和明尼阿波利斯）之间的收入分配公式以及对球员工资比较高的球队征收的"奢侈税"。第一个问题显然是任何卡特尔都面临的问题：共同创造的收入在其成员之间如何分配？这个问题在职业体育领域中就更难回答了，因为球队收入直接影响到建设和保持一支具有强竞争力球队的能力。另外，如果在比赛场地上没有一定程度的竞争，整个联盟也会受损，对每个人来说利润也会下降。为了提高公平程度，2002年的合同提高了小市场球队的收入分配比例，降低了大市场球队的收入分配比例。2002年合同中的奢侈税迫使预先确定的球队工资总额超过上限的球队，上缴一部分收入给联盟，由未受处罚的球队分享。这一方案激励单个球队不要把钱花在昂贵的优秀球员身上，因而它被认为是工资封顶的另一种形式。作为对这种奢侈税的让步，球员工会达成一项协议，提高新球员的最低起薪（2011年为414 000美元），并承诺棒球联盟不会因关闭球队而萎缩。尽管2002年的协议避免了罢工和停赛，但谈判非常激烈，充分证明了经济问题在职业体育领域里的重要性。

□ 职业球员应得多少？

球队对自由人的争夺以及俱乐部老板对工资封顶的坚持使许多人困惑：为什么职业球员会开出天价？每支球队的主力球员每年可以轻松地挣得几百万美元。当美国中等家庭收入每年仅有50 200美元时，为什么有些人打一场比赛就能收入数百万美元？

回想一下，只要雇主多雇佣一名工人使收入的增加超过成本的增加，雇主就会因雇佣新的工人而增加利润。换一种说法，只要边际产量收入大于边际劳动力成本，利润就会增加。因此，如果球员带来的收入多于他们的工资，俱乐部就可以获得利润并支付给球员数百万美元的报酬。举例来说，1988年国家冰球联盟的洛杉矶国王队（Los Angeles Kings）支付给埃德蒙顿油人队（Edmonton Oilers）1 500万美元以获得雇佣韦恩·格雷茨基（Wayne Gretzky）的权利。国王队随后与格雷茨基签下了8年2 000万美元的合同。这是一笔好买卖吗？据估计，格雷茨基8年来为国王队在门票销售、比赛和有线电视转播上带来大约5 215万美元的收入。[①] 因此，国王队因与格雷茨基签

---

① Robert J. Downs and Paul M. Sommers, "Is the Great One Slipping? Not on the Ice," *Journal of Recreational Mathematics* 23, no. 1 (1991), pp. 1-5.

订这份合同而使总成本增加3 500万美元，但收入增加得更多。国王队最终从这笔交易中获得1 700多万美元的收入。

职业球员的工资反映了他们对俱乐部收入的贡献。市场经济条件下所有工人的工资也是一样。雇员对雇主收入的贡献越大，他获得的报酬就越多。拥有相对较高 MRP 的工人会要求较高的工资，而拥有较低 MRP 的工人只能要求较低的工资。为什么一般的医生或教师不可能签下数百万美元的合同？因为他们不能为其雇主带来数百万美元的收入。市场体制下的工资不是由工人对公共保健或全社会福利的贡献决定的，而是由他对雇主收入的贡献决定的。职业球员能获得如此之高的报酬，是因为球迷们愿意花钱看他们的表演。

□ 违禁药物与职业体育

在过去几年里，职业体育界争议最大的问题之一是球员对药物的使用。实际上，美国国会于2005年春就关于美国职业棒球大联盟使用药物问题举行了听证会。每个职业联盟都制定了药物滥用政策，禁止使用违禁"兴奋"药物，如大麻和可卡因。同时，联盟还禁止球员使用提高成绩的药物，这些药物也许是也许不是合法生产的。有些药物，比如类固醇，虽然具有合法的医疗用途，但球员私自服用会对身体发育产生副作用。每个联盟都制定了球员禁止服用的药物清单。联盟与球员工会之间的集体谈判协议涵盖了球队和球员必须遵守的、鉴别和证实每个球员禁止服用药物的政策和程序。一些职业球员为什么要冒失去高薪工作、健康甚至生命的危险服用违禁药物？经济分析能够解释吗？能。

回想一下，经济分析表明，人们是通过比较他们的边际私人收益和边际私人成本来作出选择的。这里的收益和成本是什么？就球员来说，收益是显而易见的：通过服用违禁药物，职业球员能够人为地提高比赛成绩，吸引更多的球迷，提高球员的 MRP。当然，较高的 MRP 意味着球员可要求更高的工资。因此，如果不存在成本，职业球员显然会有经济激励服用能提高成绩的药物。可是，服用违禁药品是有成本的。联盟把服用提高成绩的药物看做是一种欺骗行为，实施反对这种服用行为的集体规则。一旦被发现，服用了联盟违禁药物的球员就要被罚款，还有可能被停赛。每个联盟对违反药物滥用政策的球员的处罚是逐渐升级的，对于屡教不改的球员予以除名。而且，服用大量违禁药物的职业球员还会冒损害健康和影响未来幸福的风险。

一个职业球员选择服用违禁药物时，球员本人肯定认为边际收益大于边际成本。一般职业球员与超级明星球员的薪酬差异极大，超级明星球员每赛季所挣得的薪酬是新队员或后备队员的10倍甚至是20倍。正因为差异如此巨大，我们就不难理解为什么有些球员企图找到成为超级明星的化学捷径。违禁药物消费的经济收益相当大，而潜在成本似乎并不明显。并非所有违禁药物的消费者都会被联盟发现。每一联盟都实施正式的药物检验政策，但没有哪个程序会不出毛病，有些球员通过欺骗或其他手段蒙混过关。从历史上看，联盟对违反药物滥用政策的处罚不是很严厉，乃至今天，对于初犯者的罚款和停赛与球员的年薪相比，还是不值一提。

服用违禁药物在职业体育行业时有发生，不足为奇。与反药物滥用的联盟规章制度的

社会问题经济学（第二十版）

实施和被查获概率相比，未来收入的潜在边际私人收益常常相当大。经济分析表明，职业体育联盟有两条途径解决药物滥用问题。第一，各联盟找到降低服用药物以提高成绩球员的经济报酬的方法。例如，标准合同可以写明，如果服用违禁药物被发现，该球员的大部分工资就会被没收。第二，各联盟找到提高发现服用违禁药物的概率和执法严厉程度的方法。实际上，各联盟已经这样做了。尽管遭到球员工会的反对，但近年来，各主要体育联赛还是加强了药检程序，加大了对违规者的处罚。

鉴于存在这种潜在报酬，服用提高成绩的药物在职业队比赛中不大可能完全消失，总有球员会铤而走险。不过，知道了选择服用违禁药物类似于其他个人选择，联盟就能设计出减少其泛滥的合同、政策以及规章制度。

□ 国家职业足球大联盟案例

世界上最流行的职业体育是足球。可是，美国职业足球挣扎了多少年，试图吸引美国普通百姓的注意力和资金。企业家尝试了几次，想按美国市场上的四大体育模式建立足球联盟。最成功的是北美足球联盟（North American Soccer League，NASL），从20世纪60年代末开始运营直到1985年。在传统的运营结构下（独立的球队老板在联盟的幌子下彼此必须签约），职业足球联盟不能维持盈利，以致1996年启动了一个全新的结构——职业足球大联盟（Major League Soccer，MLS）。

职业足球大联盟是一个单一实体联盟。单一实体联盟的组织结构如同一个公司，而不是由独立所有的球队组成的一个群体，即不是每个球队分属不同所有者的一个企业，所有职业足球大联盟球队都是由一群购买该联盟的公司股票的投资者共同拥有的一家大公司的组成部分。按照这种模式，所有职业足球大联盟投资者分享在联盟内相互竞争的所有球队的所有权。有些投资者还购买了特种股票，成为"投资者—经营者"，经营控制一支球队。投资者—经营者对一支球队的控制程度，仅限于日常的经营管理，因为雇佣合同不是球员与球队签订的而是球员与联盟签订的。（所有转播权、特许权、经销权也都集中控制。）联盟雇佣全部球员，然后分配给各球队。通过限制雇佣每支球队队员的预算开支，联盟对每支球队实施相同的工资封顶。球员无法将其技能卖给出价最高者，因为在市场上只有一个出价人，那就是职业足球大联盟的联盟办公室。

显然，在单一实体结构下，与四大联盟相比，职业足球大联盟对球员拥有更大的买方独家垄断力量。我们看一下足球球员的工资就可证实这一点。橄榄球、棒球、篮球和冰球联盟中一般职业球员的工资为几百万美元，而2011年职业足球大联盟球员的平均工资为154 000美元，中等球员的工资仅为80 000美元。该联盟每支球队的工资总额平均为437万美元。从这个角度来看，美国职业篮球联赛球员的平均工资比职业足球大联盟一个球队的工资总额还要多出100万美元。2006年，职业足球大联盟对工资规定作了修改，每支球队可以"选定"两名关键队员，球队支付的工资可以超过联盟规定的最高限价。这样，一些球队就可以从海外职业俱乐部聘请超级足球明星。在这项规定修改后的5年里，联盟中已有7位球员至少挣到了100万美元，其中，洛杉矶银河队（Los Angeles Galaxy）的大卫·贝克汉姆（David Beckham）在签订合同前的一年，收入达到650万美元。职业足球大联盟中球员之间的工资差异，要比美国任何一项职业体育里的工资差异大得多。从理论上讲，贝克汉姆这位百万富翁可以通过合同指定为"本土"球员上场，每赛季支付 31 250 美元。

进一步考察美国的职业足球市场，就可以解释为什么足球运动与其他运动之间工资差距如此之大。概括地说，足球运动远没有橄榄球、棒球、篮球甚至冰球运动那么流行。尽管有全国联播合同，与其他主要职业赛事相比，职业足球大联盟比赛转播所吸引的电视观众要少得多。而且，职业足球大联盟比赛的场馆比较小，现场观众也少。从该联盟启动以来，每场比赛的观众人数平均只在 15 000 人左右。因此，职业足球大联盟拥有的球迷比较少，取得的收入也比其他职业体育比赛的少。用本章的分析来说，职业足球大联盟所有球员的潜在 MRP 大大低于其他体育项目球员的潜在 MRP。当然，较低的 MRP 意味着雇主（此时是 MLS 中心办公室）没有那么多收入支付给雇员（这里为球员）。

可是，小市场能解释职业足球大联盟与其他联盟之间的全部差距吗？最初，足球球员并不接受小市场论点，在该联盟成立的第二年，他们就把职业足球大联盟告上了法庭，认为该联盟的运营结构制造了买方独家垄断，操纵其市场力量，人为地把工资限制在低水平上。在 2000 年末，法院作出了有利于职业足球大联盟投资者—所有者的裁定。法院裁定依据的是职业足球球员的劳动力市场形成原理。法院认为，只要美国球员可以选择把他们的服务出售给欧洲、南美、亚洲的职业联盟，那么，单一实体结构的职业足球大联盟在技术上就没有导致足球球员的买方独家垄断市场。法院认为，足球球员市场是一种全球市场，职业足球大联盟要与其他国家的职业联盟争夺球员。这一事实使职业足球大联盟的投资者—所有者在法庭上占了上风，但也成为阻碍该联盟成长和发展的主要绊脚石。明星足球球员可以在欧洲主要联赛上挣得几百万美元，使得职业足球大联盟很难雇佣和留住高水平球员、发展大量球迷和开发财源。

有了对职业足球大联盟的单一实体结构的法院裁定，有人提出，其他联盟的球队老板可以考虑重构计划，集中控制对球员的竞争性出价而不断攀升的工资。事实上，美国职业篮球联赛老板在首次成功建立女子职业篮球联赛（WNBA）时就已采用了单一实体结构。单一实体结构是否是职业球队的未来趋势尚不清楚，但将来那些要挣符合其身价的工资的球员会提起更多的反托拉斯案件。

小结

职业体育提供了不完全竞争市场结构的一个好例子。职业体育的一个独有特征就是球队互相依赖。一支职业球队只有其竞争者成功时才能获得成功。每支球队必须有比赛对手并吸引球迷。为保证都获得成功，球类俱乐部组织起来成为职业联盟。这些联盟对产品市场和资源市场都产生了重要的经济影响。

职业体育联盟是经济上的卡特尔。通过联盟，球队通常如同一个企业一样行动，共享垄断。通过组成卡特尔，体育俱乐部可以通过控制产量和提高价格（相对于竞争市场而言），增加所有联盟成员的联合利润。通过分享销售产品获得联合利润，联盟可以保证会员球队经久不衰。

在资源市场中，职业体育联盟制定雇佣规则，赋予会员俱乐部与球员签约的排他权。当俱乐部拥有与某个球员签约的排他权时，俱乐部就是一个买方独家垄断者，即该市场中的唯一买方。买方独家垄断可以支付员工比竞争市场中低的工资。近年来，职业球员争取到了自由签约权，从而减弱了俱乐部的买方独家垄断力量。自由签约制导致职业球员的平均工资大幅提升。职业球员薪水的多少反映了球员对俱乐部收入贡献的大小。

讨论题

1. 试解释为什么职业球队必须相互合作，为球迷们提供竞争激烈的比赛？

2. 什么是卡特尔？成功组建和运营卡特尔所必需的行业特征是什么？

3. 职业棒球在美国可以享受特殊法律豁免。这种豁免待遇是什么？它为什么能存在？这种豁免适用于其他体育联盟吗？

4. 试解释职业体育联盟是如何通过在产品市场上协调一致的行为以使联合利润最大化的。每个球队在卡特尔协议下赚取的利润与其在竞争市场中赚取的利润相同吗？

5. 为什么卡特尔的边际收入曲线低于其需求曲线？试举一数字例子并用图示说明。

6. 纳税人为什么会继续支持政府出钱建造职业球队的新场馆？新场馆对大城市是好的投资项目吗？为什么？

7. 讨论职业体育球队搬迁的经济压力和激励。职业体育球队是一个城市经济发展的重要工具吗？试阐述你的看法。

8. 什么是买方独家垄断？什么条件导致了买方独家垄断？为何职业体育球队被认为是买方独家垄断？

9. 什么是自由签约制？它是如何削弱职业体育球队的买方独家垄断力量的？

10. 多年来，职业橄榄球球员挣的钱平均来看只是职业棒球球员的一半。利用经济推理，这种情况如何解释？

11. 球队老板们为什么会严格控制其联盟中的球队数量？在什么情况下球队老板赞同或反对增加球队数量？

12. 罢工和停工有什么区别？在职业体育界里为什么劳资争议如此普遍？

13. 试定义买方独家垄断利润。它与普通利润有何区别？如果一个雇主得到了买方独家垄断利润，那么工人所得的工资会被"压低"吗？阐述你的看法。

14. 什么是工资封顶？它在职业体育的劳资谈判中为何是一个重要问题？

15. 用经济分析解释劳资争议在职员体育里为何很普遍。依你之见，在集体谈判中老板和球员哪一方会占上风？为什么？

16. 从经济角度解释，为什么有些职业球员会选择服用提高成绩的药物。职业体育联盟是如何降低球员服用违禁药物的发生率的？

17. 在美国，单一实体体育联盟与传统的职业体育联盟结构有何不同？对单一实体联盟的球员工资有何影响？请解释。

18. 从经济学的角度看，职业体育球员应该取得以百万美元计的薪水吗？阐述你的看法。

19. 用经济分析解释美国职业篮球联赛球员的工资为什么比职业足球大联盟一个球队的所有球员工资总额还要多。

20. 倘若四大体育联盟当中的一个联盟重组成单一实体体育联盟，那会产生怎样的经济影响？并讨论这对球员和球迷的影响。

课外读物

1. Andreff，Wladimir，and Stefan Szymansky. *Handbook on the Economics of Sport*. Northampton，MA：Edward Elgar，2009.

本书讨论了体育经济学的方方面面，包括职业与非职业体育，同时还回顾了最新的体育研究和经济分析。

2. Danielson，Michael N. *Home Team*. Princeton，NJ：Princeton University Press，1997.

本书详述了职业体育对城市的影响，其中有一章专门讲体育场馆对球队选择比赛地点的影响。

3. Delaney，Kevin J. *Public Dollars，Private Stadiums：The Battle over Building Sports Stadiums*. Piscataway，NJ：Rutgers University Press，2003.

按时间顺序记述了有关政府出资建造职业体育专营场馆的政治斗争。从纳税人的角度分析了这种承诺与经济现实。

4. Euchner，Charles C. *Playing the Field：Why Sports Teams Move and Cities Fight to Keep Them*. Baltimore：Johns Hopkins University Press，1993.

探讨了大城市之间为吸引和留住职业球队而展开的竞争。考察了球队更换所在地的经济和政治影响。

5. Fizel，John，ed. *Handbook of Sports Economics Research*. Armonk，NY：Sharpe，2006.

讨论了有关美国棒球、篮球、橄榄球和冰球等四大职业体育以及足球、赛车和高校体育领域的最新经济研究成果。

6. Jones，Michael E. *Sports Law*. Upper Saddle River，NJ：Prentice Hall，1998.

这是一本有趣的教材，它向读者介绍了美国职业与业余体育运动各方面的法律问题。其中一些章节论述了劳动力和反垄断问题以及职业球队的经营。

7. Jozsa，Frank P. *Big Sports，Big Business：A Century of League Expansions，Mergers，and Reorganizations*. Westport，CT：Praeger，2006.

作者阐明了职业体育大联盟的结构与重组对当地逐渐显现的影响。

8. Noll，Roger C.，and Andrew Zimbalist，eds. *Sports，Jobs and Taxes：The Economic Impact of Sports Teams and Stadiums*. Washington，DC：The Brookings Institution，1997.

本论文集主要考察了围绕体育设施迅猛发展而带来的经济、金融、政治问题及其对当地社会的影响等而展开的争论。

9. Quirk，James，and Rodney D. Fort. *Pay Dirt：The Business of Professional Team Sports*. 2nd ed. Princeton，NJ：Princeton University Press，1997.

本书深入考察了当代职业体育行业，包括一个十分详尽的参考书目。

10. Rosentraub，Mark S. *Major League Losers：The Real Costs of Sports and Who's Paying for It*. Rev. ed. New York：Basic Books，1999.

本书论述了体育补助、政府如何从体育项目中取得收入、体育如何影响加拿大的经济增长及其他问题。

11. Scully，Gerald W. *The Business of Major League Baseball*. Chicago：University of Chicago Press，1989.

本书对美国职业棒球大联盟的各个方面作了深入的经济分析。

12. Scully，Gerald W. *The Market Structure of Sports*. Chicago：University of Chicago Press，1995.

本书考察了美国职业体育联盟的市场结构，总结了体育产业中反竞争做法的过去和现状。

13. Sheehan, Richard G. *Keeping Score*: *The Economic of Big-Time Sports*. South Bend, IN: Diamond Communications, 1996.

本书对当代职业体育各主要方面作了深入细致的经济分析，考察了主要高校的体育和全美大学生体育协会（NCAA）。包括大量的数据和资料。

14. Staudohar, Paul D. *Playing for Dollars*: *Labor Relations and the Sports Business*. Ithaca, NY: ILR/Cornell Paperbacks, 1996.

作者描述了签约机制和薪资谈判，其中包括自由签约制问题。同时也探究了美国四大体育联盟中球员工会是如何建立起来的及其如何影响球员薪资的不断上涨。

15. Zimbalist, Andrew S. *The Bottom Line*: *Observations and Arguments on the Sports Business*. Philadelphia, PA: Temple University Press, 2006.

作者于 1998—2006 年间在《纽约时报》（*New York Times*）、《体育商业杂志》（*Sports Business Journal*）等流行报刊上发表的文章。作为一位体育经济学家，他的文章考察了劳资关系、药物滥用、公款筹建场馆以及与职业体育和高校体育有关的其他问题。

在线资源

1. 经济学教育链接（EconEdLink）：
www. econedlink. org

经济学教育链接由国家经济学教育委员会（National Council on Economic Education）维护，本网站为 K-12 学生和教师提供个人经济资助。有关体育经济学的三门课程包括"勒布朗·詹姆斯（LeBron James，美国职业篮球联赛前骑士队球星）与派生需求"、"棒球经济学"和"贝贝·鲁思（Babe Ruth，美国棒球大王）所得报酬偏低吗？"

2. 娱乐与体育节目电视网（ESPN）：
www. espn. go. com

提供每日体育新闻以及对体育产业的评论。

3. 美国职业棒球大联盟（Major League Baseball）：
www. mlb. com

美国职业棒球大联盟的官方网站。提供统计数据、积分榜、名次表、球员等情况，以及各队和其他信息的链接。

4. 美国足球大联盟（Major League Soccer）：
www. mlssoccer. com

美国足球大联盟的官方网站。综合介绍了联盟组织结构、球队和球员等情况以及最近的新闻和积分榜。

5. 美国职业篮球联赛（National Basketball Association）：
www. nba. com

美国职业篮球联赛的官方网站。提供了球队排名、统计数据、新闻和球队主页的链接。

6. 国家橄榄球联盟（National Football League）：
www. nfl. com

国家橄榄球联盟的官方网站。提供球队排名、统计数据、新闻和球队主页的链接。

7. 国家职业冰球联盟（National Hockey League）：
www. nhl. com

国家职业冰球联盟的官方网站。提供球队排名、统计数据、新闻和球队主页的链接。

8. 约翰·弗鲁曼，范德比尔特大学经济学（John Vrooman, Vanderbilt Economics）：
www. vanderbilt. edu/econ/faculty/Vrooman/sports. htm

弗鲁曼是范德比尔特大学的一位杰出经

济学教授，也是体育经济学的先驱者。他的网站提供了他的论文的链接；国家橄榄球大联盟、国家职业棒球大联盟、美国职业篮球联赛以及国家冰球联盟的薪酬数据；还有很多体育项目和相关话题的外部链接。

9. 美国有线新闻电视网：体育画报（SI. COM：Sports Illustrated）：

www. sportsillustrated. cnn. com

由美国有线新闻电视网（CNN）和体育画报（*Sports Illustrated*）主办。基于网络的体育网页链接职业和院校体育、重要新闻、特写以及球员的体育画报。

10. 体育经济学家（The Sports Economist）：

www. thesportseconomist. com

按该网站的说法，"该博客旨在成为一个有关体育问题以及不太高深的一般经济学问题的经济思想库。"许多经济学教授在该网站上"为学生、学者以及想思考经济学和体育的球迷写过东西"。

第10章

全球市场中的竞争：在国际贸易中我们应当保护自己吗？

□ **本章概要**

关于国际贸易的争论
　贸易保护主义观
　自由贸易观
全球市场经济学
　贸易是怎样发生的
　生产和消费的可能性
　比较优势原理
　国际贸易如何融资
　国际贸易限制
对争论的分析
　针对外国廉价产品的保护
　服务工作的外包
　支付问题
　保护重要及幼稚产业
　保护环境与人权
当今世界贸易环境
　世界贸易组织
　共同市场
小结

□ **主要概念**

进口 （imports）
出口 （exports）
生产可能性曲线 （production possibilities curve）
消费可能性曲线 （consumption possibilities curve）
贸易条件 （terms of trade）
比较优势 （comparative advantage）
比较劣势 （comparative disadvantage）
汇率 （exchange rates）
需求 （demand）
供给 （supply）
经常项目交易 （current account transactions）
资本项目交易 （capital account transactions）
（商品）贸易差额 （balance of trade，merchandise）
国际收支 （balance of payments）
关税 （tariffs）
配额 （quotas）
自愿限制协议 （voluntary restraint agreements）
禁运 （embargoes）
钉住 （pegging）
倾销 （dumping）
关税同盟 （customs union）
欧元 （euro）
自由贸易区 （free trade area）

章首引语

美国刚刚换了新总统,而在中国、俄罗斯、法国、冰岛和英国,一些领导人已开始担心不断恶化的全球经济会使民众呼唤更换政府,寻求新的领导人和新思路。由于经济萎缩,俄罗斯远东地区的工业中心和港口城市——符拉迪沃斯托克的抗议者本周要求更换政府领导人。抗议尚属理性,但会越来越多。而俄罗斯早前类似的抗议都以暴力冲突收场,警方还逮捕了数十人。示威群众要求俄罗斯最高领导人德米特里·梅德韦杰夫(Dmitri Medvedev)和弗拉迪米尔·普京(Vladimir Putin)下台,因为他们对经济管理不善。

在英国,首相戈登·布朗(Gordon Brown)受到猛烈抨击。他因此前保证"英国的工作要用英国人"而成为为工作和权力抗争的攻击对象。遍布英国的几千名罢工的工人,抗议林肯郡炼油厂雇佣外国人。本周六,罢工的人数大大增加,参与全英抗议游行的人中包括几百名能源行业的工人,他们都被警察团团围住。

在法国,总统萨科齐(Sarkozy)公开露面时总要面对抗议者的嘲笑和吼叫。他下令对没能阻止抗议者骚扰总统的政府官员予以开除。本周,有多达 30 万的抗议者在巴黎进行了抗议游行,有人说这是 10 年来最大规模的一次。像法国和希腊这种遭受激进工会组织的暴乱和罢工的国家,需要一些保护主义措施来抵御外国竞争者。

而本周德国和中国都对美国的贸易保护主义表现出担忧。德国总理安吉拉·默克尔(Angela Merkel)在达沃斯经济论坛上说,美国的汽车业救助计划损害了全球经济并且意味着美国发动的贸易保护主义进入新纪元。中国国家主席胡锦涛告诉奥巴马(Barack Obama)总统,刺激计划中的"购买美国货"条款是一种贸易保护主义措施,必须终止。

这样的经济状况让全世界更加紧张。

资料来源:John E. Carey,"Global Economy Sparks Protests; Governments Fear Greater 'Social Unrest'," January 31, 2009. Located at http://arturoafc54. wordpress. com/2009/01/31/global-economy-surfacesworst-fears-regime-change.

关于国际贸易的争论

新世纪伊始,有关各国间的产品和服务贸易问题再次成为社会关注的焦点。事实上,正如上述新闻报道明确指出的那样,人们非常关心国际贸易的某些可感影响,以至于走上街头闹事,示威游行,要求改变。这种情绪不仅限于美国;在过去的几年里,有关贸易问题的示威游行也曾发生在欧洲、亚洲和其他地方。如今,国际贸易是国际性的社会问题。从历史上看,自从人类自身形成不同地理区域的群体并在群体之间从事贸易时起，在希望压制贸易联系与希望促进贸易联系的人之间就出现了冲突。美国政府直到第二次世界大战时都在严格限制产品的进口。从 20 世纪 40 年代末起，进口限制稳步放松。美国和世界其他国家对进口限制放松的步伐随着一些多边贸易协定，如《北美自由贸易协定》（North American Free Trade Agreement，NAFTA）和世界贸易组织的实施而逐渐加快。然而，反对依然强烈。贸易保护主义者和贸易自由主义者冲突背后的基础是什么？我们看到，在美国人当中，一些人在某些方面是贸易自由主义者，而在其他方面则是贸易保护主义者，这些人处于中间状态，因此，我们考察极端状态是有用的。

□ 贸易保护主义观

首先，贸易保护主义者希望降低外国对美国产品和服务的竞争。他们看到，在音像设备、汽车、钢铁、鞋和纺织业等领域的进口和外国产品的销售正在把美国的产品挤出市场。他们认为，美国产品市场的缩小意味着美国劳动力需求的降低和国内失业率的提高。在贸易保护主义者的眼里，与其他国家相比，美国的各行各业不具竞争优势，因为其他国家的生产者只支付美国生产者所支付工资的一小部分。这种论据通常在失业增加的经济衰退时期具有说服力，并且在围绕《北美自由贸易协定》所展开的争论中也得到了更多的关注，因为该协定取消了对从众所周知的低工资经济体——墨西哥的进口所征收的关税。

其次，贸易保护主义者认为，进口限制对于解决贸易差额和国际收支问题是必要的。他们指出，美国贸易持续逆差，说明我们为进口支出的远远超过我们从出口所获得的。一些时候，就像 20 世纪 70 年代上半期的情况一样，这些逆差被认为促使外国货币价格上升，而使美元价值降低。在这种情况下，如果我们减少进口，美元对外国货币的需求也会降低，从而减少贸易赤字，保护美元的价值。在另一些时候，如在 20 世纪 80 年代初期，因果关系被颠倒过来。坚挺的美元被看做是导致贸易赤字的原因，因为坚挺的美元会刺激进口，而不利于出口。这时贸易保护主义者鼓吹要阻碍外国商品在美国商品销售市场上的竞争。

再次，贸易保护主义者认为，美国的一些关键行业对于我们的安全和经济福利至关重要。这些行业包括汽车、航天、钢铁、石油能源和核能源。我们不可能在战争时期依赖外国供给者。要使关键行业的技术优于其他行业，我们必须通过限制这类产品从其他国家进口，以鼓励这些行业的成长和发展。

最后，近年来，一些新的保护主义论点已得到广泛支持。这种新视角的拥护者声称，贸易壁垒对于保护地球自然环境和使世界赤贫工人不受剥削是必要的。实际上，这些都是导致西雅图暴乱和其他最近发生的大规模示威游行的主要问题。据说，为了保持全世界的竞争性，大型跨国公司通常使用低成本的、破坏环境的生产过程并垄断性地降低几乎没有工作机会的市场中的工人工资来达到攫取利润的目的。有人责备说，是国际贸易增长使得南美雨林濒于毁灭，导致东南亚工厂不人道的工作条件。为了避免这些弊端劣迹，有人提出，应该对跨国公司规定严格的劳工法规，应当对影响环境的市场贸易加以限制。

□ 自由贸易观

自由贸易者通常认为，如果所有国家的经济主体都自由地从事它们认为有利于自己的自愿交换，那么这将对全世界消费者产生最大利益。他们认为，国际贸易给交换各方带来了与在任何一个国家内个人间的贸易相同的利益。如果一种潜在自愿交换的所有各方在交换中都不能看到自己的收益，那么这种交易永远不会完成。所以，如果所有参与者都能获益，那为什么还要禁止自愿交易这种经济活动呢？他们认为，通过专业化和自愿交易，我们都能变得更富裕。

全球市场经济学

经济理论如何有助于解决上述观点的分歧呢？对于下述问题的学习和应用是很有益处的：（1）理解国际贸易的内在机制；（2）一国在没有贸易和有贸易时生产和消费的可能性；（3）比较优势原理；（4）国际贸易融资；（5）国际贸易限制经济学。世界正在日益变成全球化的市场，因此，理解国际贸易如何影响我们的经济和生活水平是至关重要的。

□ 贸易是怎样发生的

跳探戈需要两个人。没有哪个国家只进口，不出口；也没有哪个国家只出口，不进口。

假设从现在起，存在于美国和世界其他国家之间的唯一潜在国际交易，是我想进口一辆德国宝马汽车（BMW）。这个假设是荒谬可笑的，但它也说明了一个重要问题——我能从哪儿弄到欧元来购买这辆车？答案是明显的——手头没有欧元。或者，从另一个角度来看，如果我想用美元支付，那么德国人拿到美元有什么用？他们没有地方用美元，因此他们也就不会接受美元。这笔交易永远不会发生。

现在假设我想进口一辆宝马汽车，塞斯纳飞机公司（Cessna Aircraft）想向一德国公民出口一架塞斯纳牌小型飞机。如果塞斯纳公司销售该架飞机得到欧元，那么我就可以用美元从塞斯纳公司购买到欧元，然后用欧元去购买宝马汽车。如果一国的居民要进口，他们也必须要出口。这个基本原则是没有例外的。

□ 生产和消费的可能性

为什么不同国家的人一般都需要交换呢？根本原因在于，交换提高了他们从其拥有的资源中获得的福利水平。回想第 1 章的内容我们知道，一国的生产可能性曲线表明的是，当该国的经济资源得到有效利用时，可以生产出来的产品和服务的数量最大。在这种情况下，生产可能性曲线也可以被认为是**消费可能性曲线**（consumption possibilities curve），因为在没有贸易的情况下，该国能够消费的不可能超过其能够生产的。然而，存在贸易的情况下，该国可以消费的就有超过国内生产的可能。这就是说，贸易可以使得消费可能性曲线向外移动，超过生产可能性曲线。因此，贸易是一国现有劳动、资本

社会问题经济学（第二十版）

和技术的补充，可以使每个国家的全部消费者获得更高的满足水平。我们举一个例子来说明这种情况：假定有两个国家，阿尔法国和欧米伽国，这两个国家彼此之间存在贸易往来，同时它们也与世界其他国家发生贸易关系。

不存在贸易的情况

现在考察阿尔法国在没有国际贸易情况下的生产可能性和消费可能性。给定阿尔法国的资源和技术水平，假定经济体系可以生产1亿块面包或者2亿加仑牛奶。假定该国的资源可用于任何一种产品的生产，两种产品之间的交换比例是1：2。放弃100万块面包所释放的资源，能用于生产200万加仑牛奶。所以，阿尔法国能单独生产和消费图10—1中AB线上面包和牛奶的任何组合。因此，不存在贸易的情况下，AB线既是阿尔法国的生产可能性曲线，又是它的消费可能性曲线。假设该国的国民选择组合C，包括5 000万块面包和1亿加仑牛奶。

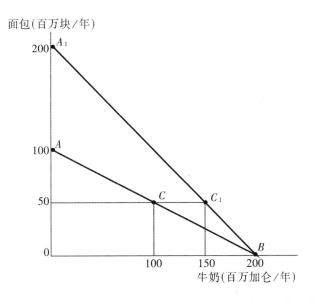

图10—1　存在和不存在贸易的情况下阿尔法国的生产和消费可能性

在没有贸易的情况下，阿尔法国的资源可以生产1亿块面包或2亿加仑牛奶，或者如AB线所示的这两种产品的任何组合。因此，不存在贸易的情况下，AB线既是阿尔法国的生产可能性曲线又是它的消费可能性曲线。

如果贸易条件是一对一的，那么存在贸易的情况下，阿尔法国的生产可能性曲线仍然为AB，但其消费可能性曲线则会向外转动到A_1B。阿尔法国可以集中于牛奶生产，而且，它通过贸易得到的面包的成本将低于它自己生产面包的成本。

欧米伽国的资源与阿尔法国的有些不同，但其资源也是所有产品的生产共用的。假定欧米伽国的经济在没有贸易时可以生产1亿块面包或者5 000万加仑牛奶。在这两种产品之间的生产抵换是50万加仑牛奶交换100万块面包，或者200万块面包交换100万加仑牛奶。因此，欧米伽国的生产可能性曲线是图10—2中的MN线。同样，由于不存在国际贸易，MN线也是欧米伽国的消费可能性曲线。假定它的国民选择组合P，包括5 000万块面包和2 500万加仑牛奶。

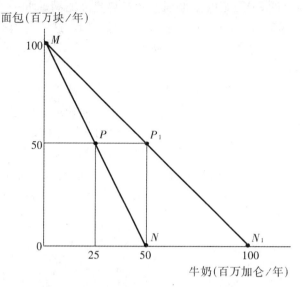

图 10—2　存在和不存在贸易的情况下欧米伽国的生产和消费可能性

在没有贸易的情况下，欧米伽国每年将生产 1 亿块面包或 5 000 万加仑牛奶，或者如 *MN* 线所示的任何组合。因此，在没有贸易的情况下，*MN* 线既是欧米伽国的生产可能性曲线又是它的消费可能性曲线。

如果贸易条件是一对一的，那么存在贸易的情况下，欧米伽国的生产可能性曲线仍然为 *MN*，但其消费可能性曲线则会向外转动到 *MN₁*。欧米伽国可以集中于面包生产，而且，它通过贸易得到的牛奶的成本将低于它自己生产牛奶的成本。

存在贸易的情况

如果阿尔法国和欧米伽国现在能够加入国际贸易关系，情况会怎样？在什么情况下阿尔法国和欧米伽国愿意以面包换取牛奶？或者以牛奶换取面包？首先，我们要确定，如果这些国家打算进行贸易，贸易条件的限制必须降低。其次，我们要说明，每个国家在贸易条件的限制范围内将进行什么贸易。

如果进口 1 加仑牛奶的成本超过 0.5 块面包，或者进口 1 块面包的成本超过 2 加仑牛奶，阿尔法国将拒绝参与任何贸易关系。1 加仑牛奶在阿尔法国内生产的成本仅是 0.5 块面包。如果进口每加仑牛奶的成本更高，它为什么要进口呢？1 块面包在国内生产将消耗掉 2 加仑牛奶，所以阿尔法国不愿意支付更高的价格来进口。我们在表 10—1 中简要列出了这些结果。

如果进口 1 加仑牛奶的贸易条件超过 2 块面包，或者进口 1 块面包的贸易条件超过 0.5 加仑牛奶，欧米伽国将不愿参加贸易，在国内生产这两种产品会更好。这些限制也列在表 10—1 中。

表 10—1　　　　　阿尔法国和欧米伽国的面包与牛奶之间贸易条件的限制

	阿尔法国	欧米伽国
面包	1	2
牛奶	2	1

现在假定在双方国家考虑进行国际贸易时，牛奶和面包的贸易条件是1加仑牛奶换1块面包，则阿尔法国和欧米伽国都能从贸易中获益。每个国家都获益的原因是，尽管贸易使双方国家的生产可能性曲线不变，但是贸易会使消费可能性曲线向外转动。

如果阿尔法国仅生产牛奶并用牛奶换取面包，该国的国民就能够以它愿意出口的每1加仑牛奶进口1块面包。如果它出口其全部牛奶，它就可以进口2亿块面包。在图10—1中，生产可能性曲线仍然是AB，但阿尔法的消费可能性曲线会向外转动至A_1B。因此，贸易的作用是使阿尔法国的国民在其资源和技术水平既定的前提下可以消费超过其国内生产的数量。

如果欧米伽国集中其全部资源用于面包生产，并用面包交换牛奶，那么，它能以它生产和出口的每1块面包进口1加仑牛奶。如果它出口1亿块面包，就可以进口1亿加仑牛奶。因此，在存在贸易的情况下，在图10—2中，欧米伽国的生产可能性曲线仍是MN，但它的消费可能性曲线会变为MN_1。也就是说，与阿尔法国一样，贸易使得欧米伽国的国民在其资源和技术水平既定的前提下可以消费超过其国内生产的数量。

阿尔法国将集中生产牛奶，而欧米伽国将集中生产面包。如图10—1所示，仅仅生产牛奶，阿尔法国的国民就不受限于点C面包和牛奶的组合（也就是5 000万块面包和1亿加仑牛奶）。它可以生产2亿加仑牛奶，销售5 000万加仑牛奶以换取5 000万块面包，这种组合为C_1点，包括1.5亿加仑牛奶和5 000万块面包，比在贸易前多享受5 000万加仑牛奶。

欧米伽国的国民会因为只生产面包并换取牛奶而获得更好的福利。在贸易之前，他们选择组合P，包括5 000万块面包和2 500万加仑牛奶。通过专门生产面包，他们可以生产1亿块面包，用5 000万块面包换取5 000万加仑牛奶；最终形成组合P_1，包括5 000万加仑牛奶和5 000万块面包。贸易使他们获得了2 500万加仑牛奶的净收益。

□ 比较优势原理

显然，专业化和交换有助于增加阿尔法和欧米伽两国人民可以消费的产品和服务数量。任何国家专门生产具有**比较优势**（comparative advantage）的产品并交换**比较劣势**（comparative disadvantage）的产品是值得的。

如果一国在某种产品的生产上，可以比贸易世界的其他国家牺牲更少的其他产品，或者说机会成本更低，那么这个国家在这种产品的生产上就具有比较优势。注意，这里没有假设该国以比其他国家更低的绝对成本生产该产品。以生产100万加仑牛奶所必需的劳动力和资本的数量来看，阿尔法国可能在每一项上都比其他国家多使用3倍（或者10倍）。然而，如果阿尔法国必须放弃50万块面包以生产100万加仑牛奶，并且可以用100万加仑牛奶交换到比50万块更多的面包，那么阿尔法国在牛奶生产上就具有比较优势。同理，我们也可以确定欧米伽国的比较优势产品。

相应地，如果一国在某种产品的生产上比贸易世界的其他国家牺牲更多的其他产品，或者说机会成本更高，那么这个国家在这种产品的生产上就具有比较劣势。在我们的例子中，阿尔法国在面包的生产上具有比较劣势。如果它在国内生产面包，它必须为1块面包牺牲2加仑牛奶。但是，它可以在国际市场上仅放弃1加仑牛奶就可以进口1块面包。欧米伽国在哪种产品上具有比较劣势呢？

再来看一下阿尔法国和欧米伽国在不存在贸易和存在贸易情况下的完整例子。注意，如果一国在一种产品的生产上具有比较优势（在现实世界中非常可能存在），那么它必然在某些其他产品的生产上具有比较劣势。通常一国会在某些产品上具有比较优势，同时在其他的几种产品上具有比较劣势。

每个国家在某些产品上具有比较优势，同时会在其他的几种产品上具有比较劣势，其原因在于，各国的资源禀赋和技术水平状况不同。一些国家缺少诸如石油、煤和铜等矿藏，但可能具有相对大量的高质量的资本设备和较高水平的技术。这样的国家如日本，日本可能在高技术含量和使用大量资本的产品的生产和销售上具有比较优势。一些国家拥有大量的良田，而另一些国家则没有。一些国家在气候、地域和土壤方面特别适合种植品质卓越的酿酒葡萄。一些国家适合种植咖啡，一些国家适合种茶。在人口密集、多山的国家，很难有比较发达的牛肉产业。一些国家的文化程度很高，一些国家文盲的人口比例很高。所有这样那样的差异，赋予了每个国家或者一国每个地区比较优势和比较劣势，从而使专业化和交换是值得的。

☐ 国际贸易如何融资

国际贸易有两个重要的特征，使它有别于任何国内贸易。首先，每个国家或国家集团都有自己的货币。在任何既定的国家里，生产者都希望以本币得到支付，购买者都希望用本币支付所购买的产品和服务。其次，民族主义、地域主义和政治目的不可避免地被注入了国与国之间的贸易关系。所有对国际贸易的阻碍都是由各国政府为实现政治目的而实施的，尽管这种贸易可能会给贸易伙伴带来最大的经济利益。记住，自愿交换只有在所有贸易伙伴都会得到收益时才会发生。在本小节，我们将集中讨论不同国家使用不同货币所产生的问题。

任何两个贸易国家的货币之间的联系是汇率。**汇率**（exchange rate）是一种货币以另一种货币为单位表示的价格。对于我们来说，把它想象为另一种货币的美元价格是有帮助的。我们在表10—2中列出了这种汇率的最近数据。英镑的美元汇率是1.57美元，是表中所列的最高汇率。该表所列的最低汇率是韩元，为0.000 8美元（这相当于1美分的8%）。

表10—2 　　　　　　　　　　部分外币的美元汇率，2012年春

国家或地区	美元	货币单位
阿根廷	0.231 3	1比索
澳大利亚	1.062 1	1澳大利亚元
英国	1.576 1	1英镑
加拿大	0.997 5	1加拿大元
中国	0.158 5	1元
丹麦	0.176 0	1克朗

续前表

国家或地区	美元	货币单位
欧盟	1.308 3	1 欧元
日本	0.013 1	1 日元
墨西哥	0.076 7	1 墨西哥比索
俄罗斯	0.033 1	1 卢布
沙特阿拉伯	0.266 6	1 里亚尔
南非	0.128 0	1 兰特
韩国	0.000 8	1 韩元
瑞士	1.086 7	1 瑞士法郎
中国台湾	0.032 4	1 新台币

资料来源：*The Wall Street Journal*，February 1，2012，C5.

在没有政府干预的情况下，汇率是由外汇市场决定的，而外汇市场是由成千上万的诸如进口宝马汽车到美国或者出口塞斯纳牌小型飞机到德国的交易产生的。外汇市场的存在无须使单个进口交易与单个出口交易配对。任何美国人都可以用美元购买外国货币，用该国货币进口其产品。同样地，任何人因销售产品到国外或因其他原因而持有的多余外币，都可以在外汇市场上卖出而购进美元。

在没有政府干预的情况下，任何本币对外币的汇率就像其他价格一样，是由外币的需求和供给力量决定的。要理解外币的需求和供给，请记住，本国居民需要外币以购买外国产品，而外国人通过他们对本国生产的产品的需求来供给外币。具体来说，外币的需求曲线实质上与其他任何商品的需求曲线相同。也就是说，它向右下方倾斜，如图10—3 的 DD 曲线，因为它是从本国对外国商品的需求派生出来的，而外国商品的需求曲线本身的斜率是负的。同样，图10—3 描述的供给曲线 SS 通常向右上方倾斜，因为它是从外国对本国生产的产品的需求派生出来的。汇率 r 是均衡价格。数量 q 是外币的均衡交换数量。

我们现在正式地讨论外币的需求和供给，我们首先分析一下表10—3 列出的2010年美国国际交易概况。如上所述，首先，美国对外币的需求来源于美国对外国产品的需要。因此，美国对外币的需求是由美国需要对国外的支付决定的。2010 年美国对外币的最大需求来自于货物的进口，如行 2 所示。这种需求来源是显而易见的。2010 年，美国需要价值 19 345.6 亿美元的外币购买从其他国家进口的货物。其次，美国对外币的第二大需求来自于美国对外投资的增加，如行 6 所示。当美国公司在外国投资时，它们需要外币来购买土地、建造厂房和购买设备。根据表10—3，这种投资在 2010 年达到 10 051.8 亿美元。再次，虽然数量上比前两项少很多但是在重要性上居第三位的是个人和私人组织的资金转移，如行 5 所示。这个数字代表了美国向外国的亲戚、朋友和组织的现金赠与和转让所需的外币。加总所有外币需求，得出 2010 年的外币总需求量为 30 758.4 亿美元。

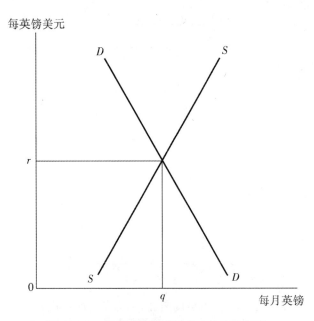

图 10—3 美国对英镑的需求、供给及汇率

英镑的需求用 DD 表示，其供给用 SS 表示。均衡汇率是 1 英镑 r 美元，英镑的均衡数量为 q。

表 10—3	美国国际交易概况，2010 年		单位：10 亿美元
交易类型	外币需求	外币供给	差额
经常项目			
1. 货物出口		1 288.70	
2. 货物进口	−1 934.56		
3. 净服务		145.83	
4. 净收入		165.22	
5. 转让	−136.10		
经常项目差额			−470.91
资本项目			
6. 美国的国外资产变化	−1 005.18		
7. 在美国的外国资产变化		1 245.74	
资本项目差额			240.56
总计	−3 075.84	2 845.49	−230.35
统计误差			−230.35

资料来源：U. S. Department of Commerce (Bureau of Economic Analysis) and Department of the Treasury.

正如人们所预期的一样，外币的供给来源于产生需求的相互交易。2010 年外币最大的一个来源是产品的出口。表 10—3 的行 1 表明，这项数额为 12 887.0 亿美元。其次是外国人持有的美国资产的变化，表明外国公司和个人在美国的新的长期投资。这种投资的例子包括日本人在美国建立一个新的汽车厂，或者荷兰人购买美国财产或金融证券。表10—3的行7显示出2010年外国新投资为12 457.4亿美元。外币的第三个来源是服务的净出口，其中包括军人在国外从事的交易、外国人在美国的旅行和交通收入以及美国人在海外期间所进行的其他服务。2010年净服务收入在美国的外币供给中占1 458.3亿美元。最后一个来源是美国在海外持有资产的收入扣除外国人对持有美国资产的支付，2010年此项净收入为1 652.2亿美元。把所有外币的来源相加，结果是2010年外币总供给量为28 454.9亿美元。

表10—3把交易分成"经常项目"和"资本项目"两类只是为了方便。经常项目交易或多或少在性质上属于中短期。一项交易完成了，就是交易的终点。其他同样性质的交易同时发生，循环往复。资本项目是长期交易，会持续到将来并对外汇供求产生持续性影响。

注意表10—3所列的外汇总需求和总供给之间的差额。差额为2 303.5亿美元，这是一笔不小的数额，但这只是统计误差：无法把所有的国际交易记录在案。这种统计误差无须担心。

□ 国际贸易限制

尽管有强有力的论据支持国与国之间产品和服务的自由交易，但是政府常常给国际贸易施加限制。保护主义法律对国与国之间的产品流动的征税和管制，具有源远流长的历史。国际贸易是几个世纪以来一直都在争议的社会问题。实际上，关于18世纪英国限制粮食贸易的《谷物法》（Corn Law）的哲学辩论，推动了古典经济学的发展。在当今的全球化经济中，国际贸易限制通常是如下四类中的一种：（1）关税；（2）配额；（3）自愿限制协议；（4）禁运。本节简要描述每一种类型并考察国际贸易限制的经济影响。

关税

关税（tariff）是对国际贸易产品（通常是进口品）课征的一种税。关税是最古老也是最常见的国际贸易限制形式。在美国，从独立战争开始就对进口产品征收关税。在美国的大部分历史时期，关税都是联邦政府收入的重要来源。但自从大萧条以来，征收关税主要是用于保护国内的工作和生产，不再是筹措税收收入的手段。如今，关税收入在整个美国的预算中只占很小的份额。

关税的经济影响如图10—4所示。DD曲线代表某种日本品牌的进口轿车的需求曲线，SS曲线代表日本出口到美国的该种轿车的供给曲线。在没有关税和其他形式的贸易限制情况下，每年有10 000辆轿车在国内市场上销售出去，均衡价格是20 000美元。如果对从日本进口的轿车征收5 000美元关税，那么，供给曲线将按这种关税数额向左移动。反映这种关税的新供给曲线是图10—4中的S_1S_1。实际上，关税增加了日本生产和出口轿车到美国的边际成本。存在关税的情况下，新的市场均衡将出现在曲线S_1S_1与曲线DD的交点上。注意，关税会使得日本轿车价格提高，销售数量降低。在本例中，关税把价格提高到22 500美元，上涨了2 500美元，销售量降低到8 000辆，每年减少了2 000辆。

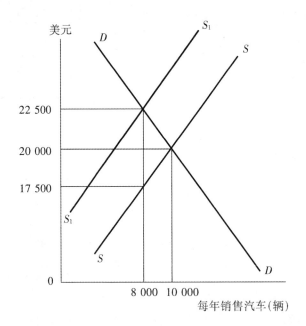

图10—4 进口关税的经济影响

DD曲线和SS曲线代表从日本进口汽车的需求曲线和供给曲线。在没有关税的情况下，每年将以20 000美元的均衡价格出售10 000辆汽车。在征收关税的情况下，5 000美元的关税会使供给量降低，供给曲线向左移到S_1S_1，每年的销售量为8 000辆，价格为22 500美元。在这种情况下，关税由日本生产者和美国消费者平均分摊。

价格的上涨（2 500美元）为什么低于关税（5 000美元）呢？答案在于，关税的负担是由消费者和生产者分摊的。消费者支付给日本轿车生产者每辆轿车22 500美元，但是生产者销售每辆轿车要支付给美国政府5 000美元关税。因此，日本生产者每辆轿车的净收入只有17 500美元（22 500美元－5 000美元）。倘若不存在关税，生产者将保持20 000美元的最初销售价格。因此，在本例中，关税是平等分摊的。生产者少收入了2 500美元，消费者因为价格提高而多支付了2 500美元。在实践中，关税负担的相对份额取决于需求曲线和供给曲线的相对形状。

政府从关税中得到的收入等于关税额乘以轿车销售量。在本例中，关税收入等于5 000美元×8 000辆＝40 000 000美元。因此，政府从关税的征收中得到了4 000万美元的新收入。关税收入常常被称为进口关税，一般在货物实物进入该国时由海关征收。

关税也会对国内生产者产生影响。由于关税降低了外国生产的产品数量，提高了这些产品的价格，因此对国内生产的产品需求会增加。在我们的例子中，对日本轿车征收的关税将增加对美国生产的雪佛兰轿车和福特轿车的需求。随着对国内生产轿车的需求增加，国产轿车的价格也会提高。最终的结果是，日本和美国轿车的价格都更高了。

关税及其经济影响在2002年春成为头条新闻，当时布什总统宣布批准对美国进口钢铁课征高达30%的关税计划。以前，布什总统倡导低关税和自由国际贸易，作为其执政的长期经济政策。实施与这种政策相矛盾的措施，政府的经济依据是，保护美国人的工作以及保护国内重要产业，这也是所有为进口产品征税辩护的最常见理由（下面我们还会谈到）。在布什宣布这项计划之前的20年里，美国钢铁行业的就业总人数从大约

450 000人下降到了 150 000 人左右。就业人数的下降大部分是因为整个行业生产率的提高和技术进步的扩散。在此期间，外国的竞争无疑使美国丧失了一部分工作机会，但就在宣布这项新的钢铁关税的前三年，美国钢铁生产者要求弥补以前失去的销售额，结果外国钢铁生产者占有的市场份额从 28% 下降到只有 21%。

新的钢铁关税并没有被美国的世界贸易伙伴轻易接受，它们扬言也要对美国产品课征关税以实行报复。美国的许多消费者群体也反对这项关税，担心这种新税会抬高汽车、器械和其他消费品的成本。如前所述，标准的关税经济分析表明，这种担心是有道理的。事实上，有估计表明，这种新的钢铁关税实施后，因价格上升，美国家庭平均一年要多支付 200 多美元。尽管数目不大，但对很多消费者来说，为挽救 8 000~10 000 个就业机会而支付的价格似乎过高。大多数国际贸易限制的实施都存在这种情况，钢铁关税的代价由整个经济来承担，而好处却集中于部分群体。这使得关税和其他贸易限制在政治上对当选官员具有吸引力，但从经济角度来看一般没有吸引力。

配额

政府限制国际贸易的第二种方法被称为**配额**（quota）。配额依法限制在一段时间里可以进口的特定外国产品和服务的数量。配额的应用没有关税那么广，但它仍是一种常用的国际贸易限制方法。美国政府施以配额的例子包括花生、棉花和糖。

图 10—5 说明了配额的经济影响。在本例中，DD 曲线为从巴西进口到美国的糖的需求曲线，SS 曲线为从巴西出口到美国的糖的供给曲线。在不存在配额和其他贸易限制形式的情况下，市场均衡价格是每吨 30 美元，美国消费者将购买 1 000 吨巴西糖。现在

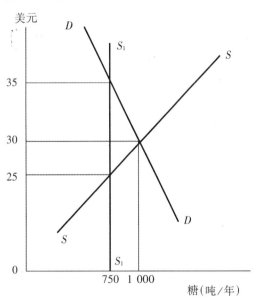

图 10—5　进口配额的经济影响

DD 曲线和 SS 曲线分别为从巴西进口糖的需求曲线和供给曲线。在没有配额的情况下，巴西每年以每吨 30 美元的均衡价格出售 1 000 吨糖。每年 750 吨的配额将使供给减少到 $S_1 S_1$。这条新供给曲线是垂直的，因为不论价格如何，每年都只能出售 750 吨糖。在 DD 曲线既定的情况下，存在配额时的均衡价格为每吨 35 美元。由于巴西的糖供给商愿意以每吨 25 美元的价格出售 750 吨糖，所以进口许可证的持有人因为配额而可以从每吨糖中额外获得 10 美元。

假定每年的配额是 750 吨。这导致在配额限制处的供给曲线呈垂直状，如图 10—5 中的 S_1S_1 曲线所示。新的供给曲线之所以是垂直的，因为不管市场价格如何，可以在美国市场上销售的巴西糖只有 750 吨。配额导致新的市场均衡，出现在 DD 曲线与 S_1S_1 曲线的交点。因此，在图 10—5 中，巴西糖在美国的价格上升到每吨 35 美元。

根据图 10—5 中原来的供给曲线 SS，巴西糖的供给者愿意以每吨 25 美元的价格向美国销售 750 吨糖。那么，在有配额的情况下，消费者必须支付的价格（35 美元）与巴西供给者得到的价格（25 美元）之间的差额是什么？每吨糖 10 美元的差额就是配额权拥有者所赚取的超额利润。许可证通常授予外国政府或公司向美国出口特定数量产品的权利。这些许可证的拥有者可以得到配额限制所产生的利润。注意，这些利润的来源要在外国供给者与美国消费者之间划分，划分方式类似于进口关税负担的分摊。（外国供给者获得的收入比在自由贸易情况下应得的每吨少 5 美元，美国消费者比在自由贸易情况下每吨多支付 5 美元。）

配额也会提高国内生产的产品价格。在配额限制了外国产品的数量、提高了其价格的同时，美国生产的替代品的需求将增加。在其他条件不变的情况下，对这些国产商品需求的增加将导致其价格上升。因此，配额将导致外国产品和国内产品的价格同时提高。

自愿限制协议

近年来，出现了一种新的国际贸易限制形式。当一国"主动提出"限制其某种产品出口到另一国家时，**自愿限制协议**（voluntary restraint agreement）就出现了。实际上，自愿限制协议是没有法律效力的配额。在美国，关税和配额必须经过国会批准，但自愿限制协议可以由总统议定。自从美国与日本在 20 世纪 80 年代达成了一项协议，对日本出口到美国的轿车数量施以自愿限制协议之后，自愿限制协议就变得普遍了。

自愿限制协议没有法律效力，它往往是在一国对另一国施加经济或政治上的压力时协商达成的。从这种意义上说，这样的协议不总是自愿的。例如，日本同意限制在美国销售小轿车的数量，是因为美国威胁将对日本其他经济部门征收更高的关税和采取更严厉的配额。

自愿限制协议的经济影响与配额相似。就像垄断者似的，为了保持自愿限制，外国生产者必须协调他们的出口活动，其结果也是限制外国生产的产品数量并抬高国内消费者支付的价格。

禁运

国际贸易限制的最极端形式是禁运。当一国被正式阻止与另一国家或国家集团进行产品和服务贸易时，就发生了禁运（embargo）。禁运实际上就是将进出口配额定为零。大多数禁运都是因为国家间的政治争端所致，但也有很多是因为经济原因。美国一直是禁运的目标，比如石油输出国组织（OPEC）在 20 世纪 70 年代实施的禁运。美国也对其他国家实施禁运，美国实施禁运的典型例子就是长期对与古巴的商业贸易实施禁运。这项禁运针对的是卡斯特罗（Castro）的统治地位，以期使其政权不稳定，进行民主制度改革。对古巴实施禁运并没有达到美国的政治目的，但经济影响却是巨大的。

为了理解禁运的经济影响，我们回忆一下本章开头所举的例子。我们看到，从事贸易的国家通过比较优势原理，可以把消费水平提高到超出本国的生产水平。有了贸易，每个国家来自现有资源的福利总水平都会提高。因此，实行国家间贸易的禁运，就等于不让潜在的贸易伙伴享受来自比较优势原理的贸易互利。禁运会把两国的消费可能性仅限于生产可能性决定的水平（参见图10—1和图10—2）。显然，禁运是一种不仅会给目标国造成经济成本，而且也会给贸易禁止国造成显著成本的贸易政策。美国对古巴的禁运尤其如此。由于禁运，古巴不能消费美国生产的大量产品，美国的消费者也不能品尝到古巴雪茄，美国的超市上买不到古巴糖和水果。与任何配额的情况一样，在美国，本可以从古巴进口的商品价高、量少。2002年，美国国会在禁运问题上有所松动，允许农产品出口到古巴以示人道主义，但是，要求古巴用美元现金支付。古巴政府立即购买了几百万美元美国生产的食品，这表明禁运并没有阻止美元流入古巴，这些美元也许是通过与第三国的国际贸易，也许是通过仍生活在古巴的美国亲戚、朋友的国际汇款取得的。

对争论的分析

根据上述对国际贸易经济学的概述，你对贸易保护主义和贸易自由主义之间的争论有什么更清晰的看法呢？美国是否应该限制从日本和欧洲进口汽车和钢铁，以保护我们自己呢？限制从韩国、中国台湾和中国大陆进口纺织品是否明智？从日本进口轿车是否会对美国的繁荣构成威胁？全球市场的扩张会毁灭环境、剥削欠发达国家的赤贫工人吗？在分析这些问题时，把经济因素和政治因素分开是非常重要的。经济分析能使我们对这些问题有基本认识。

☐ 针对外国廉价产品的保护

比较优势原理以及由专业化和交换所带来的经济收益，使得一国居民作为一个整体因进口限制而遭受的损失是相当清楚的：他们可以消费的全部产品和服务变少了，实际人均收入和生活水平将低于如果所有潜在国际自愿交换都可实现的情况。外国产品不可能替代国内生产和销售的全部或大部分产品。除非一国向外国人销售国内产品和服务或者其他种类的国内资产以赚取购买进口产品所需的外汇，否则就不会进口。国际贸易是双向的，能使那些参与贸易的国家的消费可能性曲线向外移动，并有助于提高贸易国家的实际人均收入和生活水平。

自由贸易可能确实会损害一国经济中的一些部门。正是基于对投资于或者工作于受损部门的人的利益考虑，促使贸易保护主义者竭尽全力。钢铁和汽车的进口配额和（或）高关税，使得对国内钢铁和汽车生产者的产量需求高于不存在这些保护情况下的需求，因此增加了这些行业的利润、工资和就业。自由贸易允许外国竞争者进入国内生产者的市场，会造成这些行业的国内利润、工资和就业水平下降。

因此，实施种种进口限制产生了赢家（那些投资于和工作于受保护部门的人）和输家（为受保护产品支付较高价格的消费者）。但是，是否赢家的"得"大于输家的"失"？换句话说，进口限制的利益是否大于其成本？考察汽车的案例有助于我们看清在典型情况下，进口限制的成本会大大超过其利益。在20世纪80年代初期，鉴于国内汽车销售状况不好，里根政府成功地促使日本自愿限制其向美国出口汽车。该进口限制的最主要收益是，汽车行业保住了大量的工作机会（以出口部门的工作损失为代价）。该限制的成本是，消费者不得不为汽车支付高价。哪一个更大一些呢？当时有人估计，这种自愿进口限制每保住一个工作机会的成本是 160 000 美元。[1] 也就是说，为了努力保住一个工资在 30 000~40 000 美元的工作，美国要花费 160 000 美元。在其他领域里，诸如箱包、瓷砖和花生等的进口中，保护主义做法的代价大得惊人。表 10—4 显示了通过贸易限制政策保护美国人工作机会的成本估计。

如果进口限制的收益很少超过其成本，那么为什么保护主义如此盛行？从自由贸易中得到的收益，由于是在整个消费群体中分摊，所以容易被每个人所忽视。可是，受到自由贸易损害的人却不是这种情况。假设对日本汽车的进口限制没有生效，很多人会失去工作。这种巨大的个人损失很容易被全国人意识到。因此，我们可以毫不奇怪地发现一个现象，正如那句谚语所说："贸易自由主义者赢得辩论，而贸易保护主义者赢得大选"。

表 10—4　　　　　　　　　　保护美国工作不受外国竞争的成本估计

受保护行业	保留下来的工作数	总成本（百万美元）	保留下来的每份工作的年度成本（美元）
箱包	226	290	1 285 078
糖	2 261	1 868	826 104
冷冻浓缩橙汁	609	387	635 103
瓷砖	347	191	551 367
罐装金枪鱼	390	100	247 889
花生	397	74	187 223
女性时装鞋类	3 702	142	132 870

资料来源：G. C. Hufbauer and K. A. Elliott, *Measuring the Costs of Protection in the United States* (Washington，DC. Institute for International Economics，1994)，pp. 11 - 13.

□ 服务工作的外包

近年来，保护主义者在要求实施贸易限制时又增加了一个新的因素。与存在几个世纪的针对廉价外国商品实施保护的观点一脉相承，现代保护主义者还认为，增加服务的进口会伤害美国经济。这就是 2001 年经济衰退期间首次吸引了公众关注的"外包"争论。互联网和其他先进的现代通信手段的出现，使得企业可以把一些常规性的服务工作迁移到工资和管理成本都比较低的海外。因此，消费者很快就会发现，在电话里完成其目录订单的职员，不是在印第安纳州，而是在印度。软件公司和财务公司也会发现，雇佣身在海外的程序员和记账员比较划算。当然，当这类服务工作"离岸"时，国内也就失去了这些工作机会。据估计，2000—2003 年，大约有 155 000~215 000 个服务性工作

---

① Robert W. Crandall, "Import Quotas and the Automobile Industry: The Costs of Protection," *Brookings Review*，Summer 1984, p. 8.

机会移至海外。

失去成千上万个服务工作机会对美国经济将造成损害吗？正如本章所述，经济理论并不这样认为。尽管工作机会外包海外，对最初失去工作的那些工人会造成短期成本，但从长期来看，本国经济会从贸易中受益。当计算机编程工作外包给印度时，印度在这种服务的生产中必定具有比较优势。我们知道，一国总是从以低成本高效率生产的贸易伙伴那里进口。因此，软件的国内价格要比没有贸易时的价格低。而且，本国资源可以节约下来用于发展美国具有比较优势的其他领域的就业。正如我们所看到的，基于比较优势的国际贸易总会使贸易伙伴双方获益。试图禁止或限制服务工作外包会使美国经济付出高昂代价，并且效率低下，就像反对商品进口的保护主义政策付出的代价一样。

□ 支付问题

针对贸易差额问题的保护主义，似乎根源于对整个国家的国际交易没有进行系统、全面的考察。在美国，新闻媒体每个月都在提醒美国居民当月的贸易赤字。很多国会议员经常警告持续的贸易赤字的可怕后果，除非美国限制对国外生产的产品的需求。被忽视的似乎是，贸易赤字对整个国际贸易并不是真的很重要。

仅从经常项目交易来看，美国居民在可预见的未来，有理由期望进口的产品价值比出口更多。很多年以来，美国从外国投资中赚取到的投资收入远远大于外国投资者在美国赚取的投资收入。仅净投资收入一项就可以使得美国进口超过出口，即使美国要保持经常项目余额为零。商品贸易差额本身并不能告诉我们许多东西。

当我们把资本项目交易考虑在内时，商品贸易差额就变得更加不重要了。外国在美国的投资给美国提供了用于购买所需进口商品的外币。美国在外国的投资使用了外币的供给，留下一小部分用于进口商品；同时，由于大量贸易和投资是由私人经济单位进行的，无须政府的监督、支持或限制，所以很多交易从未出现在官方记录中。

贸易赤字仅在它们导致国际收支逆差的意义上才是重要的。国际收支逆差意味着一个国家在既定的一年里缺乏足够的外币来偿还其负债。出现这种短缺时，政府设定或者**钉住**（pegging）该国的汇率是必要的。

引起外汇短缺的情况如图 10—6 所示。令均衡汇率是 1.75 美元兑换 1 英镑。如果美国政府设定英镑的汇率上限是 1.50 美元，那么英国人需要美国的出口品会减少（因为美国产品现在对英国人来说变得更昂贵了），美国将需要从英国进口更多（因为英国产品现在对美国人来说更便宜了）。产生了每月 $q_2 - q_1$ 的英镑短缺。这种短缺通常被称为国际收支逆差。

只有在英镑的价格设定上限的情况下，这种赤字才会持续存在。1.50 美元的上限高估了美元对英镑的价格。如果上限被取消，英镑的短缺会促使英国产品的购买者相互之间竞价以获得英镑的供给。英镑的价格会向其均衡水平 1.75 美元移动，美元会相对于英镑贬值。

自由贸易制度与自由汇率制度是相伴随的。一般而言，理论认为存在自由贸易时，自由浮动的外汇市场能合理地为不同国家之间的货币定价。外汇的不足或过剩都是短期的过渡性现象。相反，固定汇率将导致限制贸易的种种激励。例如，在图 10—6 中，当上限为 1.50 美元兑换 1 英镑时，英镑的短缺使得国会有限制进口的激励。进口限制会使得 DD 曲线向左移动，降低英镑的短缺程度。

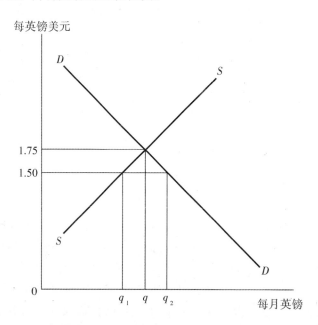

图 10—6　在均衡水平下钉住汇率的影响

　　如果在均衡水平下一国将其汇率钉住另一国货币，其影响与实施任何有效的最高限价的影响一样——出现短缺。如果汇率固定在 1.50 美元兑换 1 英镑，每月会短缺 $q_2 - q_1$ 英镑。

☐ 保护重要及幼稚产业

　　最古老且最常引用的贸易保护主义者的论点是，保护重要及幼稚产业以避免外国的竞争。重要产业通常被定义为对于国家安全或健康是重要的和不可或缺的产业。幼稚产业是在新兴市场上生产尖端产品和服务的新产业。在当今的经济社会里，幼稚产业存在于计算机和电子部门等高技术领域中。

　　在不确定的政治世界里，贸易保护主义者关于重要产业和幼稚产业的观点会更经常地被提出。但是这种观点是政治性的而不是经济性的。哪些是军事上绝对不可或缺的行业，哪些不是，这个界限很难划清。即使在战争时期，同盟国也会在战略武器和其他战争材料等方面彼此依赖。

　　每个国家都会发现，要在所有类型的军用产品上实现自给自足不仅非常困难而且成本极高。在决定在哪划出这一界限时，应该非常慎重地权衡自给自足的成本和收益。

☐ 保护环境与人权

　　最近，支持保护主义贸易政策的人在全球保护环境、保障人权的运动中赢得了支持者。许多有影响的环境组织公开表示反对减少自由贸易壁垒的国际条约和政策。这些环境保护论者与人权活动家在反对更加开放的全球市场上站在了一起。他们提出的观点相似，而且不仅在美国也在其他若干工业化国家得到普遍认可。（近年来，世界各大城市都有过反贸易保护的示威游行。）他们在国际贸易中看到的危险是什么？他们的观点是否有坚实的经济基础？

反贸易环境保护论者和人权活动家持有的基本观点是，工商企业特别是大型跨国公司，利用欠发达国家的优势条件，剥削它们的自然资源和人力资源，通过与工业化国家的贸易赚取更大的利润。因此，从这个角度来说，国际贸易被认为是鼓励公司追求低成本但破坏环境的生产过程，使世界最贫穷地区的低工资工作长久化。这种论点引起了强烈的政治反响来支持关税和其他贸易壁垒，但其经济依据却很不明朗。

正如我们论述过的，当产权不存在或未被强调时，利润最大化的企业可能会污染集体消费的环境。从国际贸易扩大生产这个角度来说，污染和环境破坏可能会产生更多的负外部性。但是，这种社会成本的根源不是贸易本身，而是政府合理安排环境产权或管制污染活动上的失灵。如果有些国家迫使生产者承担破坏环境的生产过程的成本，而其他国家不这样做，世界资源无疑会被错误配置，但设置国际贸易壁垒只能进一步使资源错配，扭曲真实情况。边际分析表明，每一国家决定污染控制的程度，取决于它们愿意支付的与它们必须承担的成本的相对大小。然而，当环境破坏给其他国家带来诸如大气污染等外部成本时，就需要国际合作，制定适当的行为和责任标准。近年来，这种思想已经融入了许多国际环境条约和协定当中，并通过世界贸易组织支持的贸易准则付诸实施了（见本章后面的讨论）。

有些人权活动家认为，保护主义政策是防止剥削欠发达国家工人的必要措施。在世界很多贫穷地区，血汗工厂的不人道的工作条件不可能被消灭。但是，国际贸易是这些悲惨状况的原因吗？很可能不是。正如我们在第 1 章所看到的，欠发达国家的工人常常发现，他们没有受过多少教育，缺乏做生意的技能，再加上自由市场经营的制度或政治障碍，使他们深陷贫困之中。况且，设置国际贸易壁垒不但不能解决这些根本性问题，反而会进一步扭曲资源配置。事实上，在世界很多地区，保护主义政策只能为工人提供十分有限的工作机会，而自由贸易会促进经济增长，经济增长会增加就业机会。世界贸易组织的经济学家估计，从第二次世界大战结束到 21 世纪初，国际贸易自由化使近 30 亿人摆脱了贫困。

当今世界贸易环境

现在人们常说，世界正在快速地成为"全球化市场"。现在的国际贸易比以前更加开放和自由，更不受贸易保护主义者的限制。部分原因是，从历史中吸取了教训。20 世纪 30 年代，美国和欧洲进行了破坏性的贸易战。以高关税和严格配额为形式的苛刻限制，导致世界贸易下降了 75%。这个贸易低迷时期明显加剧了那个年代的世界范围大衰退。因此，第二次世界大战之后，为降低国际贸易壁垒，23 个工业化国家签订了一个协议，即《关税和贸易总协定》（General Agreement on Tariffs and Trade，GATT）。《关税和贸易总协定》在把关税从 20 世纪 40 年代的 40% 降低到现在的大约 4% 的过程中起了很大作用。1995 年 1 月 1 日，一个新的贸易组织即世界贸易组织替代了《关税和贸易总协定》，负责监督成员国之间的国际贸易联系。

□ 世界贸易组织

世界贸易组织是永久性机构，负责155个成员之间贸易协议的磋商和贸易纠纷的解决。世界贸易组织已经宣布大部分进口配额制度为非法，但是关税和自愿限制协议仍然合法。世界贸易组织的成员必须为所有其他的成员提供同样的贸易让步。因此，所有的成员在谈判桌上对其他成员必须同等对待，这就是世界贸易组织协议中的最惠国条款。自世界贸易组织成立以来，世界平均关税已降低，而且可以预见这种趋势将持续下去。

世界贸易组织争端解决机构（Dispute Settlement Body）承担解决成员之间的贸易争议的职责。这个机构负责执行世界贸易组织关于"不公平竞争"和违反最惠国条款的规定。最多的不公平竞争指控是**倾销**（dumping）。当生产者以低于成本或者低于国内价的价格向国外销售产品时，就发生了倾销。尽管面临强有力的国际竞争的国内生产者经常提起倾销指控，但是这样的指控往往很难证实。在实践中，大多数真正的倾销发生在衰退时期，在这一时期国际生产者发现它们自己有不能在国内市场销售的产品剩余。除非生产者的经济损失得到补贴，否则不会发生长期的倾销。世界贸易组织严格监督出口补贴的做法，认为这是不公平竞争的一种形式。

随着时间的推移，还会有国家加入世界贸易组织。然而，每个新加入的国家必须商谈进入的条件。世界贸易组织为新兴经济的欠发达国家提供特殊让步，但是最终所有成员都必须符合世界贸易组织的标准和最惠国条款。作为指导成员之间贸易条件的最早的国际组织，世界贸易组织是世界最引人注目的机构之一。正因为如此，世界贸易组织针对环境保护论者和人权活动家（他们示威游行，要求出台更多的保护主义政策）等群体的批评意见，将环境保护和人权问题明确地纳入其准则和政策中。随着国际贸易经济重要性的提高，世界贸易组织的重要性也会提高。

□ 共同市场

自由国际贸易的经济利益促使了多边协议的产生，在多边协议中所有或者大部分贸易壁垒都会被取消。这些协议的主要目标是创造成员国共享的一个"共同市场"。两个最重要的共同市场是欧盟和《北美自由贸易协定》的自由贸易区。尽管这两个国家联盟有共同的理想，但是其做法明显不同。

欧盟（EU）

欧盟是一个包括西欧大多数国家的关税同盟（见图10—7）。**关税同盟**（customs union）是由一个拥有共同对外关税的国家所组成的自由贸易联盟。欧盟的成员国消除了成员国之间所有重要的贸易壁垒，并建立了关于欧盟与世界非欧盟成员国之间国际贸易的一系列共同规则。如今，欧盟是世界最大的市场之一，拥有27个成员国，总人口超过5亿。

欧盟成功地促进了成员国之间资源和产品的流动。它继续致力于建立一个真正统一的欧洲市场，但是仍然存在许多民族主义的障碍。最雄心勃勃的计划是采用新的跨境流通的欧洲货币。这种新货币，也就是**欧元**（euro），在几年内将分阶段采用。

图 10—7 欧盟国家

欧盟由以下 27 个国家组成：奥地利、比利时、保加利亚、塞浦路斯、捷克、丹麦、爱沙尼亚、芬兰、法国、德国、希腊、匈牙利、爱尔兰、意大利、拉脱维亚、立陶宛、卢森堡、马耳他、荷兰、波兰、葡萄牙、罗马尼亚、斯洛伐克、斯洛文尼亚、西班牙、瑞典和英国。

1999 年 1 月 1 日，欧元成为 15 个欧盟成员国中 11 个成员国认可的货币（丹麦、瑞典和英国推迟采用欧元，希腊最初没有达到最后期限的要求）。然而，在 2002 年 1 月 1 日以前，欧洲消费者还不能用欧元进行日常支付。在此之前，欧元只能用于流通票据和电子金融交易、记账和公债的销售。欧元的最初价值是由参与国家各自货币的加权平均值确定的。在第一个交易日，美元兑欧元的汇率是 1.174 7。单一货币单位成功地作为西欧各国共同货币的能力因许多因素的影响还有很大的不确定性，欧元汇率在最初两年里也在缓慢下跌。到 2002 年底，欧元汇率接近 1 美元。不过，随着时间的推移，欧盟有能力维持其新货币的稳定性，欧元会成为世界货币市场上价值更大的货币。到 2012 年初，购买 1 欧元的成本已攀升到 1.30 美元以上。

在 2002 年的前 6 个月，新的欧元硬币和纸币开始取代原来的各国货币。到 2002 年 7 月 1 日，原来的各国货币正式退出，所有交易都必须使用欧元。到 2012 年，27 个欧盟成员国当中，有 17 个国家已采用欧元。几个小的城市国家和公国，比如摩纳哥、圣马力诺、梵蒂冈，虽然不是欧盟的正式成员国，但也以欧元作为本国货币。使用欧元的整个地区通称为欧元区。

从长期来看，欧元的主要目标是促进成员国之间的贸易，进一步巩固欧洲经济在全球市场中的地位。这种期望的主要原因非常容易理解：欧元将降低成员国之间的贸易成本。在使用欧元之前，法国人到柏林购物必须先购买马克，而德国人到里维埃拉度假则必须先购买法郎。当然，每次兑换货币时，经纪人都要收取手续费。有了像欧元这样的共同货币，这些交易成本以及兑换货币所需要的所有时间也就不复存在了。因此，采用欧元也可以减少贸易成本。此外，欧元也可以使得消费者更容易知道他们所购买的国际贸易产品的真实价格。例如，法国顾客在柏林就不必在头脑里把马克转换成法郎，再决定是在当地还是回国购买一辆新车。在整个欧洲地区，所有价格都用欧元标明，而且由于每个人也都用欧元进行支付，就很容易进行准确的价格比较。因此，很多人认为，在使用欧元的各国经济中，竞争程度会更大，效率也会更高。然而，由于欧元第一次代表了被在世界经济中占很大份额的如此众多的国家采用的一种共同货币，在形成真正的共同市场方面，现在还很难说这种大胆实验的最终结果。

2008 年的全球金融危机引发了一系列事件的发生，不仅对欧元或许还对欧盟本身的前景产生了严重影响。一些欧元区国家，如希腊、葡萄牙、爱尔兰等，大量的欧元举债和财政开支超出了本身的承受能力，本国财政失控。这些国家为了取得其他欧盟成员国的紧急贷款，同意采取政府支出改革和紧缩措施，导致社会动荡、政治巨变，这在希腊表现得尤为突出。到 2012 年初，希腊的改革是否能偿还其未偿欧元债务或该国是否实质上会破产，尚不明朗。很多分析人士担心，希腊破产会对整个欧洲产生严重影响，导致欧元夭折。尽管欧洲中央银行不是作为正式的最后贷款人，但在找到长期政策办法之前，保住欧元区就能获益的欧盟成员国很可能愿意提供额外的救助。今后几年将是欧盟历史上最为关键的时期。

北美自由贸易协定

《北美自由贸易协定》（North American Free Trade Agreement，NAFTA）在美国、加拿大和墨西哥之间产生了一个**自由贸易区**（free trade area）。自由贸易区就是成员国之间没有贸易壁垒的国家联盟。允许自由贸易区的成员国对联盟之外的国家设定自己的关税。因此，自由贸易区协定不要求达到关税同盟那么高的合作程度。

在历史上，墨西哥的关税曾是美国关税的两倍，所以美国的出口商抓住了建立北美自由贸易区这个机会。自从 1992 年《北美自由贸易协定》生效以来，美国生产的产品在墨西哥的销售急剧上升。然而，许多美国人担心《北美自由贸易协定》会导致国内失业。该协定确实会导致一些失业，但同时也创造了新的工作机会。我们回想一下比较优势原理：当大家分工合作时，所有贸易参与者都会获利。因此，参加《北美自由贸易协定》之后，美国会在其专门从事的和享有比较优势的领域增加工作机会，而在墨西哥和加拿大专门从事的和享有比较优势的领域丧失工作机会。尽管《北美自由贸易协定》的三个国家各自的工作机会构成可能会发生某种程度的变化，但从长期来看，所有迹象表明，被创造出来的工作机会多于失去的工作机会。

《北美自由贸易协定》的好处如此之大，以至于智利和其他拉丁美洲国家纷纷请求加入。随着国际贸易壁垒的逐渐减少，我们在不久的将来就会看到市场和商店里产品价格会更低，供给更多，种类更丰富。

共同市场的扩大

一般来说，大多数世界领导人都以积极的态度看待各国通过共同市场而实现的经济联盟，全球共同市场数量的增加就是一个例证。例如，澳大利亚和新西兰最近修改了《澳新更紧密经济关系贸易协定》（Australia New Zealand Closer Economic Relations Trade Agreement，ANZCERTA），建立了双边自由贸易区；10 个东南亚国家通过东南亚国家联盟（Association of Southeast Asian Nations，ASEAN）组成了自由贸易区。其他共同市场和贸易区存在于拉丁美洲〔通过拉丁美洲一体化协会（Latin American Integration Association，LAIA)〕、南美洲〔通过南锥体共同市场（Mercado Común del Cono Sur，MERCOSUR)〕、中美洲〔通过中美洲共同市场（Central American Common Market，CACM）〕和加勒比地区〔通过加勒比共同体和共同市场（Caribbean Community and Common Market，CCCM)〕。事实上，只要有人类居住的地方，都可以建立关税同盟或自由贸易区的协定。WTO 的每一个成员都是一个或多个共同市场协定的参与者。

共同市场协定为什么会激增？显然，签订这种协议的国家必定认为拥有共同市场成员国地位会带来经济和政治上的好处。在大多数情况下（几乎没有例外），建立共同市场是参与国公民争论的热点问题。本章概括的传统的保护主义论点在世界公开论坛上已经无数次地辩论过。然而，自由贸易促进经济增长和改善生活水平使得很多人放弃他们的保护主义观点，转而支持共同市场观念。

在共同市场不断形成的大趋势下，有必要调查一下这些协定对成员国经济的现实影响。这种调查乍看起来似乎很简单，但对自由贸易协定的经验分析却是困难重重。例如，如果我们想估计《北美自由贸易协定》对就业情况的影响，我们可以观察到现在实施《北美自由贸易协定》时的就业情况，但我们不能观察到如果现在没有签署《北美自由贸易协定》的就业情况。因此，研究者必须对没有共同市场环境下本应存在的经济状况作出假设。当然，不同的假设会导致不同的结论。这可以用两项关于《北美自由贸易协定》的研究对每隔两个月公布的美国就业情况的影响来说明。一项来自布鲁金斯研究所（Brookings Institution）的报告认为，《北美自由贸易协定》所创造出来的就业比它减少的就业多；而另一份出自经济政策研究所（Economic Policy Institute）的报告认为，在《北美自由贸易协定》的前三年，就业机会减少了 400 000 个。[①] 显然，当权威性政策研究机构公布的经验结论相冲突时，保护主义与自由贸易之间的争论就会继续存在。然而，我们应当注意到，大多数经济学家都同意，从长期看，自由贸易有利于贸易各方，而且，有关共同市场的许多争论问题都集中在某些具体情况下给予一国比另一国更多的好处这类协议细节内容上。因此，只要共同市场协定会导致更自由的国际贸易，它们无疑就会在全球继续扩大。

▌ 小结

《北美自由贸易协定》和世界贸易组织的建立，加剧了贸易保护主义者和贸易自由主

---

① 有关这两份报告的综述，参阅 David Ensign，"NAFTA：Two Sides of the Coin," *Spectrum：The Journal of State Government* 70，no. 4（September 22，1997)，p. 1。

义者之间的争论。贸易保护主义者认为，应该限制进口以降低外国与美国生产的产品之间的竞争，解决贸易差额和国际收支问题，支持对于国家安全和经济福利极其重要的美国产业。贸易自由主义者则认为，一国的经济福利要靠国家间自愿的自由交换来提高。

当一国与其他国家进行贸易时，它的消费可能性通常比不发生贸易时高。一国通过集中生产其具有比较优势的产品，并用其交换其具有比较劣势的产品，该国的居民将拥有更多的 GDP 去消费和（或）投资。

国际外汇市场产生于国际交易。一国的外汇需求是由进口产品、在其他国家投资或任何导致向国外支付的交易所产生的。外汇供给是由出口、外国在本国的投资或其他任何导致向本国支付的交易所产生的。汇率是由用于国际贸易的货币的需求和供给力量决定的。

贸易限制通常以关税、配额、自愿限制协议或禁运的形式出现，这四种方式中的每一种都会导致进口和国内生产的产品和服务的价格提高。此外，从消费者的角度来看，贸易限制会减少产品的供给。政府可以通过课征关税筹措财政收入，但是配额会导致进口许可证的持有者获得超额利润。最近，自愿限制协议变得更加普遍，但很难实施，并经常受到国际政治关系的影响。

经济分析表明，进口限制的结果是使一国居民在整体上遭受损失。受保护行业的收益是以牺牲出口行业和消费者为代价的。国际收支问题实质上是当各国试图钉住汇率时产生的汇率问题。对这类问题的最好解决办法似乎是调整汇率而不是实行贸易保护主义。保护关键产业可能会有些好处，只是需要确定哪些行业属于这个类别。

近年来，各国通过在世界范围内减少国际贸易限制来获得自由贸易的好处。世界贸易组织在减少成员国之间的贸易壁垒方面具有重要作用。西欧国家组建了欧盟，美国加入了《北美自由贸易协定》，它们的目的都是为了收获自由贸易的好处。世界上的其他国家也在效仿，形成了它们自己的关税同盟和自由贸易区。许多人仍然支持贸易保护主义政策，但走向更开放的市场和全球化的经济是大势所趋。

讨论题

1. 为什么有些人害怕国际贸易？运用合理的经济推理来为贸易保护主义辩护。

2. 解释比较优势原理。你在哪个领域比你的同学具有比较优势？你将怎样运用这个优势来改善你目前的经济状况？

3. 讨论国际贸易是怎样改善参与交换的两个国家的社会福利的。举例说明。

4. 用图示描述国际贸易是怎样影响参与贸易的国家的生产可能性曲线和消费可能性曲线的。

5. 今天英镑的汇率是多少？把你在学校咖啡馆午餐的价格换算成英镑。

6. 讨论关税和配额的异同。

7. 利用供求图，说明美国对进口钢铁课征关税的影响。这些关税将对美国的制造商和消费者产生怎样的影响？

8. 古巴哈瓦那的很多出租汽车司机开的都是美国四五十年前生产的汽车。为什么会这样？美国的新车为什么不出口到古巴？这种政策会对美国产生怎样的影响？请解释。

9. 什么是国际收支赤字？它是不是主要问题？对此有什么对策？

10. 讨论欧盟和《北美自由贸易协定》的区别。二者在什么方面相似？

11. 美国工人是否应该担心《北美自由贸易协定》的长期影响？应用本章讨论的经济分析提供有力的经济论据。

12. 国际贸易限制对美国的消费者有何伤害？举例说明。

13. 什么是世界贸易组织？讨论它在促进参与国之间国际贸易中的作用。

14. 国家间的共同市场协议在当今的全球经济中为何如此盛行？这种协议是成功的吗？请解释。

15. 在美国国际交易摘要中，"经常账户"与"资本账户"之间的主要区别是什么？外汇需求与国际贸易有怎样的联系？请讨论。

16. 自欧元启动以来，欧元兑美元的汇率是如何波动的？其经济影响因素是什么？请解释。

17. 在网上找到今天的美元兑欧元的汇率。该汇率与表10—2显示的汇率是否不同？请解释并讨论这是为什么。

18. 像《北美自由贸易协定》这类贸易协定是如何增减就业的？讨论这种现象的含义。

19. 解释欧元区国家使用单一货币的经济好处。最近是什么问题使欧元的前景陷于险境？

20. 利用经济分析预测希腊对其他欧盟成员国的债务违约会对欧元对美元的汇率产生怎样的影响？

课外读物

1. Artis，Mike，and Norman Lee. *The Economics of the European Union：Policy and Analysis.* 2nd ed. Oxford，England：Oxford University Press，2002.

本书包括15篇对欧盟经济作出详尽解释的论文。涵盖了经济学的全部领域，包括货币一体化、国际贸易、环境政策和社会发展。

2. Bagwell，Kyle，and Robert W. Staiger. *The Economics of the World Trading System.* Cambridge，MA：MIT Press，2002.

作者考察了GATT及WTO的历史和构架、贸易协定理论、竞争政策、最惠国待遇条款以及其他问题。

3. Bhagwati，Jagdish. *Free Trade Today*. Princeton，NJ：Princeton University Press，2002.

作者贾格迪什·巴格沃蒂（Jagdish Bhagwati）是一位杰出的经济学家，本书论述了全球自由贸易面临的威胁和新挑战，并对那些认为贸易协定的达成是以损害环境标准为代价的人作出了很好的回应。

4. Fernandez-Kelly，Maria P.，and Jon Shefner，eds. *NAFTA and Beyond：Alterna-* *tive Perspectives in the Study of Global Trade and Development*. American Academy of Political and Social Science，vol. 610. Los Angeles，CA：SAGE，2007.

本书讨论了自由贸易的政治经济问题、《北美自由贸易协定》对墨西哥—美国移民的影响、《北美自由贸易协定》框架下墨西哥劳动力的作用以及资本流动的全球化。

5. Issing, Otmar. *The Birth of the Euro*. Cambridge，England：Cambridge University Press，2009.

欧洲中央银行前董事兼首席经济学家奥托马·伊辛（Otmar Issing）撰写的这本书，以一个知情人的角度，畅谈了欧洲开创跨国货币和货币当局的伟大实验。

6. Kowalczyk，Carsten，ed. *The Theory of Trade Policy Reform*. The International Library of Critical Writings in Economics 127. Northampton，MA：Edward Elgar Publishing Company，2001.

本书论述了贸易壁垒的经济影响，分析了近期的贸易政策改革是如何影响国内福利和世界福利的。

7. Miller, Henri, ed. Free Trade vs. Protectionism. The Reference Shelf, vol. 68, no. 4. New York: The H. W. Wilson Company, 1996.

本书是论述当今全球贸易各主要经济和政治问题的非常好的参考资料。

8. Rivoli, Pietra. *The Travels of a T-shirt in the Global Economy: An Economist Examines the Markets, Power, and Politics of World Trade*. Hoboken, NJ: Wiley, 2005.

作者讲述了从得克萨斯州种植的棉花，到织成布，再到中国的工人把它制成衬衫，衬衫的制作过程，最后这些衬衫进到救世军的储藏箱，这中间会发生什么情况。

9. Stiglitz, Joseph E. *Globalization and Its Discontents*. New York: W. W. Norton, 2002.

约瑟夫·斯蒂格利茨（Joseph Stiglitz）是诺贝尔经济学奖得主和前克林顿政府的总统经济顾问委员会主席，探究了包括世界银行（World Bank）、国际货币基金组织（International Monetary Fund）和世界贸易组织在内的主要国际金融机构的权力、政策和社会影响。

10. Young, Mitchell, ed. *Free Trade*. Detroit, MI: Greenhaven, 2009.

本书的有关章节有："公平贸易政策能帮助发展中国家吗?"、"怎样的贸易政策和做法是最有益的?"以及"自由贸易能改善劳动条件"。

在线资源

1. 欧罗巴—欧盟服务器（Europa—The European Union's Server）：

http://europa.eu

欧罗巴—欧盟网络服务提供对欧盟各机构出版物、欧盟有关政策基本信息的访问以及其他链接。

2. 国际贸易局（International Trade Administration, ITA）：

www.trade.gov

美国商务部国际贸易局旨在提高美国行业竞争力，促进自由贸易，推动与外国达成自由贸易协议。

3. 泛美自由贸易全国法律中心（National Law Center for Inter-American Free Trade）：

www.natlaw.com

这是非营利的研究与教育机构，通过其"泛美数据库"，提供主要国际贸易协定的全部内容。

4. 美洲国家组织（Organization of American States, OAS）：

www.oas.org

美洲国家组织是世界上最老的区域性组织。该网站提供最新新闻、成员国、OAS出版物、文件，以及报告的链接。

5. 美国外贸统计（United States Foreign Trade Statistics）：

www.census.gov/foreign-trade

美国人口普查局编制。提供外贸统计、国际经济指标、管制以及检索索引的链接。

6. 美国贸易代表主页（United States Trade Representative Home Page）：

www.ustr.gov

美国贸易代表和职员负责规划和执行与其他国家的贸易政策。网站提供美国与世界贸易的贸易协定和报告的链接。

7. 世界贸易组织（The World Trade Organization, WTO）：

www.wto.org

世界贸易组织网站提供最新的成员名单、该组织的架构以及决策的形成，还提供了WTO及其前身GATT的历史。

第11章

经济增长：经济之路为何如此崎岖不平？

□ **本章概要**

经济增长的概念
　什么是经济增长？
　增长率
经济增长的短期波动
　什么是经济周期？
　经济周期理论
经济增长的决定因素
　可利用的经济资源
　生产率要素
近来经济增长的下滑
　影响因素
　2001 年的衰退
　2007—2009 年大衰退
　今后的路怎么走？
小结

□ **主要概念**

经济增长（economic growth）
实际国内生产总值（real gross domestic product）
经济周期（business cycles）
扩张（expansion）
高峰（peak）
收缩（contraction）
低谷（trough）
经济繁荣（economic boom）
经济衰退（economic recession）
领先经济指标指数（leading economic indicators index）
劳动力（labor）
资本（capital）
生产率（productivity）
劳动力的平均产量（average product of labor）
人力资本（human capital）
技术（technology）
投资（investment）

章首引语

华盛顿。股票市场一派繁荣景象。各家公司纷纷涌入快速成长的国外市场。技术正在改变许多产业。一些蓝筹股的企业领导、经济学家和政府官员称颂"近年来的动态均衡"和"经济力量的有机平衡"。他们的国民经济展望报告总结道："我们所处的形势是幸运的，我们的发展势头是非凡的。"

时间是 1929 年中期。

经济学家在预测衰退方面从未表现出多强的技能。但历史学家发现，有一件事是共同的，即在萧条前的大多数时期，存在一种广为流传的信念：此时我们发现了一种能使繁荣时期继续下去的灵丹妙药。

所以，现在如此众多的经济学家、政策制定者和企业经理人员在看到多年的适度增长和低通货膨胀这种经济景象时，就会认为经济周期即使没有被驯服也得到了缓和，这其实是在冒不必要的风险。考虑到经济之神发怒的所有风险以及衰退绝不可能完全消除这种重要警告，显然，经济在经历了巨变之后很难说能更好地维护其长期均衡。

还有，从铲平崎岖不平的经济之路角度来看，稳定的代价是巨大的。近年来，生产效率的提高在一定程度上导致了大规模解雇，从而使工人产生了新的焦虑。在企业和政治领导人当中，有些人认为稳定是以放弃增长和工作机会为代价取得的。

更进一步说，一个更加温和的经济周期并不一定有助于解决其他根深蒂固的问题，比如说收入不公平问题。最明显的是，它并不意味着各个公司或整个行业能避免剧变。

资料来源：Richard V. Stevenson, "Those Vicious Business Cycles: Tamed but Not Quite Slain," from the *The New York Times*, January 2, 1997. © 1997 The New York Times. All rights reserved. Used by permission and protected by the Copyright Laws of the United States. The printing, copying, redistribution, or retransmission of the material without express written permission is prohibited. www. nytimes. com.

美国经济以史无前例的连续 10 年的增长繁荣结束了 20 世纪。的确，在 1991 年的小小倒退之后，美国经济似乎没有任何问题。失业率降到 30 年以来的最低点，通货膨胀得到控制，公司利润增加，股市达到历史最高水平。对于很多美国人来说，所有这些利好经济消息，意味着家庭收入和财富增加了，生活水平提高了。由于经济业绩如此引人注目，有些人就开始声称美国已经进入"新经济"时代。可是，导致 20 世纪 90 年代经济增长的因素真的是新的吗？进入 21 世纪的金融危机和全球大衰退现实表明，新经济与旧经济在很多方面看上去没有什么不同，而且周期性经济波动依然存在，有些经济波动严重到足以危及我们的生活水平。本章的重点是理解经济增长的过程以及经济增长对于我们未来的福利为什么如此重要。

几乎每天晚上你都可以从新闻广播中听到关于经济形势的报道。新闻媒体不断监测和报道经济状况并预测其前景。我们可以定期得到对经济未来走势的最新统计和预测。商界领袖、政治家和职业经济学家总是急于对经济形势及其蕴涵的意义发表他们的观点。为什么我们对经济形势和增长如此关注？答案是显而易见的，经济增长意味着更多的工作、更多的产出、更高的收入以及每个人提高生活水平的机会。经济增长使我们有更多的选择和机会以改善我们的生活。此外，经济的整体表现和本书讨论的许多社会问题直接相关。例如，在一个健康的、增长的经济里，失业率、贫困率和犯罪率一般都较低；反之，当经济衰退时，这些问题通常都会恶化。显然，经济增长是需要研究和理解的一个重要问题。

正如我们将要看到的，经济增长并不总是平稳的，许多问题使得我们很难准确预测未来的经济状况。

经济增长的概念

经济增长既是繁荣的标志，也是改善我们生活质量的机会。几乎每个人都同意增长的经济比衰退的经济要好。围绕这个问题，还有许多重要的问题需要解决。首先，应该如何度量经济增长？经济增长应该多快或多慢？

□ 什么是经济增长？

经济学家将**经济增长**（economic growth）视为一个长期过程。它不是单个事件的结果，而是许多事件的综合。经济要增长，需要许多条件。比如说，有报告说上个月失业率下降了。这意味着经济在增长吗？也许是，也许不是。失业的减少可能意味着更多的人在工作。但是，这种增加的工作一定要导致产出和生产的增加；接下来，产出的这种增加一定要导致销售增加，这也许是通过更高水平的总需求而实现的。这个事件链条中任何环节出现问题，或者某些其他因素影响了经济的生产能力，都会使实际经济增长不能发生。因此，我们不能根据关于就业问题的某个月度或季度报告来判定经济是否增长。我们必须考察这些描述过去总体经济活动水平的事件的发展趋势。

最常用来度量经济增长的指标是实际国内生产总值（GDP）的变化。我们知道，GDP 是一个经济在一年中生产的全部最终产品和服务的总价值。我们还知道，实际 GDP 考虑了价格水平的变化。因此，实际 GDP 的变化反映了经济中产品和服务实际生产的变化。经济增长主要表现为实际 GDP 的增加。

图 11—1 是 1960 年以来美国经济增长的图示。显然，美国经济在过去 50 年里增长巨大。事实上，1960—2010 年，美国的实际 GDP 增加了四倍多。注意在图 11—1 中实际 GDP 的长期趋势明显是向上的。不过，这个图也说明增长率并非总是不变。仔细研究这幅图可以发现，有些年份的经济增长偏离了长期趋势，有些年份的经济增长得更快，而有的年份经济似乎根本没有增长，而有些年份的实际 GDP 甚至下降了。

经济增长之路有时是崎岖不平的，有许多因素可能会阻碍经济继续增长。在考察这些因素之前，我们先研究一下经济增长率的重要性。

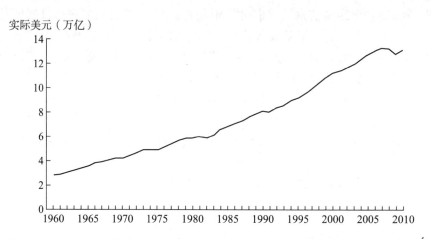

图 11—1　1960 年以来的美国经济增长；各年度的实际 GDP（以 2005 年为基年）

1960 年以来，美国经济的平均年度增长率稍高于 3%。注意，长期增长并不总是稳定或平滑的。1970 年、1974—1975 年、1980 年、1982 年、1991 年和 2001 年都发生了衰退。这些衰退可以视为对本图中长期趋势的负偏差。最近的经济衰退始于 2007 年末，一直持续到 2009 年的第二季度。

增长率

在任何一个时点上经济增长速度有多快是非常重要的。今天在增长率上的细小差别会在未来转变为经济活动水平的巨大差异，因为经济增长是年复一年累积而成的。这个概念很容易通过下面的例子来说明。

现在假定有两个国家，分别为 A 国和 B 国，每个国家的实际 GDP 均为 1 000 亿美元。但是，A 国每年经济增长率为 3%，B 国每年经济增长率仅为 2%。一年之后，A 国实际 GDP 为 1 030 亿美元（1 000 亿美元×1.03），B 国实际 GDP 为 1 020 亿美元（1 000 亿美元×1.02）。又一年之后，A 国实际 GDP 为 1 060.9 亿美元（1 030 亿美元×1.03），B 国实际 GDP 仅为 1 040.4 亿美元（1 020 亿美元×1.02）。注意在第二年两国实际 GDP 的差距比第一年的差距大，因为以后各年 A 国的基数 GDP 水平越来越高。表 11—1 显示，在 25 年里假定 A 国和 B 国分别以 3% 和 2% 的年增长率所导致的实际 GDP 水平。B 国与 A 国的实际 GDP 差距一年比一年大。正如表 11—1 所示，24 年后 A 国经济总量已经翻了一番多，而 B 国的经济总量只是其初始水平的 1.6 倍。（B 国的经济总量事实上还要花 12 年才能翻一番！）

表 11—1　不同的增长率对长期经济表现的影响比较

年度	A 国实际 GDP（10 亿美元），3%	B 国实际 GDP（10 亿美元），2%
0	100.00	100.00
1	103.00	102.00
2	106.09	104.04
3	109.27	106.12

年度	A 国实际 GDP（10 亿美元），3%	B 国实际 GDP（10 亿美元），2%
4	112.55	108.24
5	115.93	110.41
6	119.41	112.62
7	122.99	114.87
8	126.68	117.17
9	130.48	119.51
10	134.39	121.90
11	138.42	124.34
12	142.58	126.82
13	146.85	129.36
14	151.26	131.95
15	155.80	134.59
16	160.47	137.28
17	165.28	140.02
18	170.24	142.82
19	175.35	145.68
20	180.61	148.59
21	186.03	151.57
22	191.61	154.60
23	197.36	157.69
24	203.28	160.84

这个例子说明，经济增长率是极其重要的，增长率的非常小的变化都会对经济业绩产生长期影响。于是，你可能就想知道美国的经济增长有多快。表 11—2 列出了美国经济 1960—2010 年的实际 GDP 年度增长率。（该表也列出了该时期每年的实际 GDP 水平。）我们再次看到经济增长不是稳定不变的，而且各年之间实际 GDP 增长率也不相同。从表 11—2 可以看出，实际 GDP 的增长率在 20 世纪 60 年代中期的 6.5% 左右到 2009 年的－3.49% 之间。但是，如果我们把这段时期的年度增长率进行平均，可以发现美国经济是以每年平均 3.12% 的速度增长。这个健康的长期经济增长率是自 1960 年以来实际 GDP 规模翻两番多的原因。

尽管表 11—2 中的数据反映了美国经济在过去 50 年里健康的长期增长路径，但是这些数字也说明了一个令人忧虑的趋势。当你计算每 10 年的平均增长率时，结果表明美国的经济增长速度是在下降的。根据表 11—2 的数据，20 世纪 60 年代的平均增长率是

第 11 章

经济增长：经济之路为何如此崎岖不平？

4.44%，70 年代的平均增长率是 3.26%，80 年代和 90 年代的平均经济增长率仅为 3.05% 和 3.19%。而且，自 2000 年以来，美国的实际 GDP 增长率平均只为 1.81%。由于增长率微小的变化都会导致长期经济产出的巨大差异，那么这种下降的趋势是否应该引起我们警惕？在讨论这个问题之前，让我们看看这种长期趋势背后的经济活动的短期波动。

表 11—2　　　1960—2010 年经济增长及各年度实际 GDP（以 2005 年为基年）

年度	实际 GDP（10 亿美元）	增长率（%）
1960	2 828.5	2.48
1961	2 894.4	2.33
1962	3 069.8	6.06
1963	3 204.0	4.37
1964	3 389.4	5.79
1965	3 607.0	6.42
1966	3 842.1	6.52
1967	3 939.2	2.53
1968	4 129.9	4.84
1969	4 258.2	3.11
10 年平均		**4.44**
1970	4 266.3	0.19
1971	4 409.5	3.36
1972	4 643.8	5.31
1973	4 912.8	5.79
1974	4 885.7	−0.55
1975	4 875.4	−0.21
1976	5 136.9	5.36
1977	5 373.1	4.60
1978	5 672.8	5.58
1979	5 850.1	3.13
10 年平均		**3.26**
1980	5 834.0	−0.28
1981	5 982.1	2.54
1982	5 865.9	−1.94
1983	6 130.9	4.52
1984	6 571.5	7.19
1985	6 843.4	4.14

社会问题经济学（第二十版）

续前表

年度	实际GDP（10亿美元）	增长率（%）
1986	7 080.5	3.46
1987	7 307.0	3.20
1988	7 607.4	4.11
1989	7 879.2	3.57
10年平均		**3.05**
1990	8 027.1	1.88
1991	8 008.3	−0.23
1992	8 280.0	3.39
1993	8 516.2	2.85
1994	8 863.1	4.07
1995	9 086.0	2.51
1996	9 425.8	3.74
1997	9 845.9	4.46
1998	10 274.7	4.36
1999	10 770.7	4.83
10年平均		**3.19**
2000	11 216.4	4.14
2001	11 337.5	1.08
2002	11 543.1	1.81
2003	11 836.4	2.54
2004	12 246.9	3.47
2005	12 623.0	3.07
2006	12 958.5	2.66
2007	13 206.4	1.91
2008	13 161.9	−0.34
2009	12 703.1	−3.49
2010	13 088.0	3.03
10年平均		**1.81**
总平均		**3.12**

资料来源：Bureau of Economic Analysis，2011.

经济增长的短期波动

几乎自有市场以来，人们就知道随着时间的推移，经济活动水平存在着波动。从历史来看，每个基于市场的经济都有过这样的经历：经济增长和繁荣时期过后，就开始了生产和收入下降的阶段。这些波动通常被称为经济周期。

□ 什么是经济周期？

经济周期（business cycle）是经济活动围绕经济长期增长趋势而发生的不确定的短期波动。每个经济周期由四个不同的阶段组成：扩张、高峰、收缩和低谷。这四个阶段如图 11—2 所示。在扩张时期，经济增长率是正的。扩张一般会使经济产出水平高于经济长期增长趋势。特别强劲或长时间的扩张时常被称为经济繁荣。扩张或繁荣的终点被称为高峰，出现于经济产出达到一个短期内相对较高的水平之时。经济周期的第三阶段即收缩的特点是，经济活动和产出水平下降。特别强劲或长时间的收缩被称为衰退。当经济产出达到短期内相对较低的水平时，就会产生经济周期的最后一个阶段——低谷。当经济走出低谷而进入一个新的扩张阶段时，另一个经济周期就开始了。

经济周期的特点是不确定，因为没有两个经济周期是一模一样的。经济周期在持续时间和对长期增长趋势偏离的幅度上各不相同。自 1960 年以来，美国经济已经历了 7 次完整的经济周期：衰退分别发生在 1970 年、1974—1975 年、1980 年、1982 年、1991 年、2001 年和 2007 年。这些衰退在图 11—1 和表 11—2 中表现为对实际 GDP 长期趋势

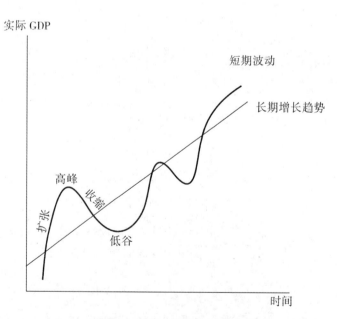

图 11—2 经济周期表示经济增长中的短期波动

经济学家把经济周期划分为四个阶段：扩张、高峰、收缩和低谷。特别高的扩张时常被称为经济繁荣。特别大幅度或长时间的收缩被称为衰退。自 1960 年以来美国已经历了 7 次完整的经济周期。

的负偏离。最近的一次衰退始于 2007 年第四季度直到 2009 年第二季度才结束，但对美国经济至今还有影响。有时也将这次衰退称为"大衰退"（Great Recession），因为这是多年来最为严重的一次经济萎缩。不过，最近的大多数衰退比以前要相对温和一些。在现代史上，程度最深和最严重的衰退是 20 世纪 30 年代的大萧条（Great Depression）。尽管对于萧条还没有一个完全正式的定义，但是所有经济学家都认为自 20 世纪 30 年代以来美国再也没有出现过萧条。

按照从低谷到低谷的度量方法，第二次世界大战以来美国典型的经济周期平均长度为 66 个月左右。历史数据显示，经济周期的平均长度可能在延长，这主要是因为扩张阶段的时间延长了。20 世纪 60 年代美国经历了 117 个月的史无前例的扩张，而在 80 年代又经历了几乎持续 8 年的扩张。当代最长的一次扩张从 1991 年 3 月到 2001 年 3 月，正的经济增长长达 10 年之久。

美国国家经济研究局（National Bureau of Economic Research，NBER）追踪美国的经济表现并公布经济周期每个阶段的正式日期。由于我们不能准确判断一次扩张在未来何时会到达高峰或一次收缩在什么时候会到达低谷，所以，在经济已经进入下一个阶段之前，我们一般不知道是从何时开始进入的。在经济周期中预测转折点已经成为一件大事。许多经济学家以对未来经济事件进行预测为职业。

如何才能预测经济周期的到来呢？经济学家已经开发了许多技术以预测经济增长的变化。其中最常用的工具是美国商务部开发并由一个商业预测组织——美国经济咨询委员会（Conference Board）支持的领先经济指标指数。顾名思义，这是经济变量的综合指数，这些变量与总体经济产出变动方向一致，但其变动先于实际 GDP 的变动。因此，指数变动会导致实际 GDP 的变动。表 11—3 列出了当前领先经济指标指数的 10 个组成部分。尽管该指数与短期经济增长之间的关系相对稳定，但它还是存在缺点，即收集和整理用于编制这个指数的数据需要花费大量时间。每个月的领先经济指标指数一般在下个月的最后一天公布（比如说，1 月份的指数在 2 月底公布）。此外，当可以得到新的数据时还要经常对这个指数进行修正。这个指数一般可以比经济周期中的转折点超前 6 个月，但是，可能直到转折点已经过去很长时间，我们才知道。

表 11—3	领先经济指标指数的组成

1. 股票市场价格
2. 实际货币供给
3. 消费者预期指数
4. 制造业生产工人的平均每周工作时间
5. 利率差（10 年期国债利率与联邦基金利率之差）
6. 首次申请失业保险金人数
7. （向私人住宅单位）发放新的建筑许可证
8. 消费品和原材料的新订单
9. 制造商的厂房和设备（非国防资本品）的新订单
10. 卖主的投入物供货业绩指数

资料来源：The Conference Board, 2012.

□ 经济周期理论

从历史上看，经济学家把经济周期视为市场经济的内在属性。在所有买主和卖主自由作出决策的体制中，由于不断变化的形势会影响决策，所以经济活动水平有升有降似乎是顺理成章的。20世纪30年代经济大萧条之后，经济学家已经详细研究了经济周期问题，并提出了解释其发生原因的几个理论。

预期理论

许多经济周期理论是基于这样一个理念，即经济活动受普遍的乐观情绪和悲观情绪的影响。比如说，如果企业所有者对未来和预期的经济增长都感到乐观，那么他们可能会雇佣更多的工人并增加生产。就业和产出的增加会导致更高的收入水平，这些收入可能会在市场中花费掉或用来投资，于是经济增长。当这种情况发生时，只要人们对未来保持信心和乐观的态度，经济就会继续扩张。如果企业所有者开始担心这种扩张能维持多长时间，他们可能就会减少其雇佣人数和产量。这种悲观主义是自我实现的，因为较低水平的就业会减少收入和经济中的支出，于是增长速度下降。因此，基于对未来预期悲观的行为可能会导致经济收缩。当人们对经济重新恢复信心并在乐观预期的心理下进行经济活动时，下一个周期就开始了。

对未来的预期会影响人们每天的经济决策，而这些影响从总体上看非常重要。心理因素在影响经济行为中的作用一定不能忽视。我们看到，表11—3中就有一个领先经济指标，即消费者对经济的信心指数。

创新理论

最广为称道的经济周期理论之一是由经济学家约瑟夫·熊彼特（Joseph Schumpeter）在20世纪初期提出的。熊彼特认为，经济周期的根源在于创新浪潮，随着时间的推移，创新会改变经济结构。根据他的理论，产品和服务的创新会促使经济走上扩张之路。新产业的发展又支撑了这些创新，于是经济便增长了。熊彼特认为，这种增长将不可避免地会导致经济剩余，因为创新的模仿者会不断进入市场并力争获得潜在利润。由于市场中这种新的过剩，收缩自然会发生。只有当经济中出现下一次大规模创新浪潮时，下一次周期才开始。由于产生上述效应的重大创新需要较长时间，所以熊彼特的理论经常被称为"长周期理论"。

存货理论

经济周期的存货理论建立在企业存货水平和经济增长率之间关系的基础之上。这种理论假定企业想要保持的存货水平是预先确定的。在经济扩张过程中，对产品和服务需求的增长可能快于企业生产能力的增长。由于扩大生产能力和增加雇佣工人要花较长时间，所以当企业所有者力图适应对其产品需求的增长时，企业的存货就会下降。为了保持理想的存货水平，企业所有者会向其供应商发出订单，供应商为了适应这种需求又要调整生产。随着供应商雇佣人数和生产的增加，收入和总需求都会增加，这会使得经济进一步扩张。但是，企业最后总会重新达到其理想的存货水平并减少对供应商的订货。当这种情况发生时，供应商就会被迫减少其产量和雇佣人数，于是收入开始下降。这个过程会使得周期的收缩阶段开始。经济将持续下降直到存货被出售到理想的水平之下，于是新的周期又重新开始。

货币理论

经济周期的若干货币理论强调的是货币当局在经济周期的不同阶段如何作出反应。比如说，在经济增长过程中，总需求增加可能导致经济中出现通货膨胀的压力。为应对这种通货膨胀，联邦储备委员会可能会降低货币供给的增长从而降低经济中的支出水平。支出水平的降低，除了降低通货膨胀以外，还会减少收入和产出从而导致经济收缩。当联邦储备委员会认为通货膨胀已得到控制时，就可能再次允许货币供给以较快速度增长。当然，这种措施会刺激总需求，以至经济开始新一轮扩张。（我们将在第 12 章探讨货币的作用以及联邦储备委员会如何控制货币供给。）

货币经济周期理论的支持者把 20 世纪 80 年代初的衰退作为他们的一个论据。当时为了应对历史上罕见的高通货膨胀率，联邦储备委员会大大降低了货币供给增长率。这导致了 1980 年的轻微衰退和 1982 年的严重衰退。不过，联邦储备委员会达到了它的目的——通货膨胀的压力大大缓解。当后来放松货币供给时，经济开始进入一个较长的经济增长时期。

实际经济周期理论

近年来出现了一些新的经济周期理论，这些理论的研究重点是围绕实际潜在 GDP 水平的经济波动。潜在 GDP 可以看成是经济在自然失业率情况下运行所达到的总产出水平（参见第 13 章的讨论）。根据这些理论，经济周期不仅表现为围绕长期增长趋势的短期经济波动，还表现为围绕实际潜在 GDP 的长期增长趋势的变动。这种经济波动观点被称为实际经济周期学派。

实际经济周期学派认为，无论是短期的还是长期的经济波动，主要根源于总供给的变化。他们假设，在一定时期内，随着总供给增长的提高或收缩，总体经济活动水平也会提高或收缩。而且，技术变化被视为总供给变动的首要决定因素。因此，根据实际经济周期理论的观点，为确保实际的经济扩张，一国应投资于促进技术进步的活动并采取其他政策来推动总供给的增长。这种强调总供给而非总需求的思想，正是实际经济周期理论与其他理论的区别所在。

外生理论

经济周期的外生理论提出，经济体系之外的因素会导致短期经济波动。例如，战争或重大国际事件可以改变经济产出的增长率。的确，第二次世界大战是 20 世纪 40 年代经济扩张显著且时间较长的主要原因。同样，OPEC 国家的国际石油禁运也被视为1974—1975 年衰退的主要决定因素。影响经济周期的其他外生因素包括自然灾害，如地震、飓风、火山爆发和海啸等。能够大大影响经济活动的任何外部事件都可能影响经济周期的不确定性。

在此，我们不能忽视一位经济学家提出的第一个经济周期理论。大约 200 年前，威廉·斯坦利·杰文斯（William Stanley Jevons）提出，太阳风暴会干扰地球上的经济活动。这个外生理论被称为经济周期的太阳黑子理论。在杰文斯所处的时代，前工业经济主要依靠农业，而由于太阳黑子会影响气候从而影响农作物生长，因此这个理论在一定程度上是正确的。我们现在不再通过研究太阳风暴来预测经济周期，但杰文斯的思想是重要的，因为他的思想说明，在我们控制之外的外生因素可以影响经济增长。

上述这些理论哪个是正确的呢？每个理论对于解释经济周期的发生都有重要意义，但没有一个理论能够解释经济活动的每一次短期波动。经济运行是非常复杂的，许多因素都可能使我们脱离长期增长路径。对于每个经济周期，我们在选择某个理论解释其发生原因之前，需要仔细研究当时的经济和社会环境。

经济增长的决定因素

为了理解经济增长的长期过程，我们不能只盯住经济周期的短期波动。推动经济长期增长的主要因素是什么？经济学家已经澄清了一些决定经济增长率的重要因素。这些因素可以分为两大类：（1）可利用的经济资源；（2）生产率因素。我们现在进一步研究这两类因素。

□ 可利用的经济资源

从第 1 章中的分析得知，经济中的生产性资源可以分为劳动力和资本两类。离开这两类投入，经济生产无法进行。所有构成实际 GDP 的产品和服务都是通过劳动力和资本资源生产出来的。没有劳动力和资本，生产将无法进行。因此，资源的可利用性对经济增长至关重要。可利用的资源数量越多，生产和增长的机会就越大。增加劳动力和资本的数量是通向经济增长的两条道路。

劳动力数量

经济中为进行生产而可以获得的劳动力数量是由劳动力的规模来计算的。后面我们将论述劳动力是人口的一个特别组成部分。记住，并不是每个人都适合就业。在美国，劳动力被定义为包括 16 岁及以上正在工作，或者正在积极寻找工作，或者暂时被解雇后等待被召回的所有未被送进收容机构的人。当符合这个定义的人数增加时，经济中就有了更多数量的劳动力资源可供使用。当劳动力增加时，经济的生产能力就会增加。

可利用的劳动力资源增加的效应可以通过生产可能性曲线来表示，如图 11—3 所示。更多的劳动力意味着经济在每一种不同的生产过程中可以使用更多的工人。因此，在图 11—3 中，由于劳动力的增加，生产可能性曲线从 AB 向外移到了 CD。可利用的劳动力数量增加为经济在两种替代性产品之间提供了更多的选择机会。如果经济充分利用这些资源，就能使这两种产品生产得比过去更多。

对此，你可能要问美国的劳动力数量在过去是否一直都在增长。答案是绝对肯定的。在过去的几十年里，美国的劳动力数量有了巨大的增长。1950 年，美国的劳动力总共为 6 340 万人；到 2010 年末，这个数字达到 15 400 万人。因此，在这 60 年的时间里，劳动力数量翻了一番多。美国工人数量的巨大增长对美国的长期经济增长有重要的正效应。

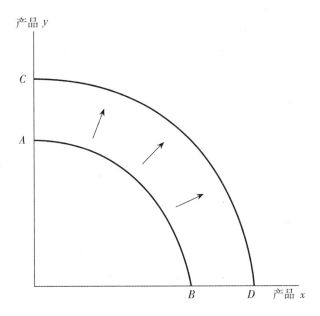

图 11—3　可利用的劳动力资源增加对经济生产可能性的影响

增加可利用的劳动力资源数量会使得经济的生产可能性边界向外移动。如果所有资源都被充分利用,那么经济可以生产比以前更多的产品。

资本数量

经济中的资本资源包括生产的所有非人力要素,比如用于农业生产的土地、水、森林和矿藏等自然资源,以及建筑和设备这样的人造生产工具。在绝大多数情况下,可利用的自然资源数量由一国的地理和政治疆域决定。有些国家拥有丰富的自然资源,而有的国家则没有。为了增加可利用的自然资源数量,一国通常要扩大其地理疆域。在历史上,对额外资源的追求是许多探险和国家间战争背后的驱动力量。为便于分析,我们假定一国自然资源的数量一般由其地理特征及其疆域而固定下来。因此,我们对资本资源的讨论便集中到人造生产工具上。

像厂房或铲车这些人造资本资源是通过使用其他资源而生产出来的,认识到这一点十分重要。因此,资本设备的支出可以增加一国生产额外生产工具的能力,这些工具又可以用来生产更多的工具、产品及劳务。因此,今天增加资本工具和设备的数量就可以增加该国在未来的生产能力。由于资本的支出与未来生产能力的增加之间存在这种关系,所以经济学家常使用投资这个术语来描述经济中企业对资本的购买。

资本投资对经济的影响也可以通过生产可能性模型进行描述。图 11—4 中生产可能性曲线 *AB* 代表目前经济中资本品和消费品的各种组合。如果选择资本品数量相对较高的组合,如 *C* 点,那么在未来就有更多的资本工具可以用于资本品和消费品的生产。当然,为进行投资,经济必须在资本积累时承担消费品减少的机会成本。经过一段时间之后,资本品的投资会推动生产可能性曲线向外移动,而新的生产可能性曲线,比如 *EF*,就能使经济实现原来无法实现的资本品和消费品组合。最后,经济可能会选择一个诸如 *G* 这样的点,以满足曾被抑制的消费品的需求。(当然,这种选择意味着现在只有较少的资本品可以为未来的生产服务。）

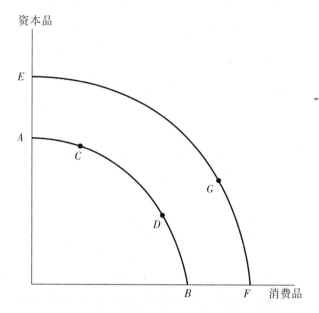

资本品

图 11—4　资本积累对经济生产可能性的影响

当一个经济选择生产数量相对较大的资本，如生产可能性曲线 AB 上的 C 点时，资本会逐渐积累，这将提高经济在未来生产资本和消费品的能力。这意味着生产可能性边界向外移动了，比如移到 EF。

前苏联和东欧国家实行的长期增长战略，强调长期的资本生产和积累。这些国家的计划者对资本品的偏爱似乎到了排斥消费品的地步。事实上，这种方法在促使苏联成为世界强国方面是相当成功的。但是，忽视消费品的巨大机会成本，以及计划经济的其他固有矛盾，最终使这种体制崩溃。

美国资本资源数量的增长甚至比劳动力的增长还要快。根据美国商务部的数据，1950—2000 年，美国制造商拥有资本存货的实际净现值增加了 5 倍多。随着生产工具数量的增加，经济生产能力也就增加了。资本投资显然是长期经济增长的一个重要决定因素。

□ 生产率要素

除了可利用的资源数量之外，影响资源生产率的因素也是经济增长的重要决定因素。**生产率**（productivity）衡量的是资源在生产过程中如何有效率地转变为产品和服务。生产率通常用一组既定投入所生产的平均产量来计算。在实践中，生产率可以用产出—投入比率来计算。因此，劳动生产率就是单位劳动生产的产出，可以用总产出除以使用的劳动力总量来计算。经济学家把这个比率称为**劳动力的平均产量**（average product of labor）。资源的平均产量是其生产率的直接计算指标。

任何资源的生产率在一定程度上都取决于它与生产过程中其他投入的关系。例如，一个使用适当工具的工人要比没有工具的工人更有生产率。因此，资源的生产率可以认为是相互依赖的。我们知道，收益递减规律表明，将越来越多的某种投入与另一种数量给定的投入组合在一起进行生产，产出的增加将最终下降。因此，在某种意义上提供额外的工具并不能大大提高一个工人的生产率。所以，一种资源的生产率一定要在其他可利用资源量的背景下才能进行评估。

除了资源之间这些固有的联系之外，经济学家还发现了影响生产率的两个重要因素：(1) 人力资本；(2) 技术。我们现在进一步研究这两个因素及其对经济增长的影响。

人力资本

我们知道，人力资本是指劳动者在教育和培训方面的投资。教育和培训可以提高劳动力的质量。在劳动时间和资本设备相同的条件下，与数量相同但没有受过培训、缺乏技能的劳动者相比，得到培训和技能更高的一些劳动者能生产更多的产出。总的来说，人力资本投资会使得劳动力的平均产量增加。因此，人力资本对生产率具有正效应。近来的研究表明，提高经济中劳动力质量的人力资本投资，与增加生产中使用的工具和设备存货的物质资本投资具有相似的效果。

在过去几十年里，美国工人进行了大量的人力资本投资。从 1950 年至今，25 岁及以上成年人完成高中学业的比例已从 35% 上升到近 80%。在同一时期，接受大学教育的成年人比例已从 6% 左右上升到 25%。由于工人劳动生产率的提高，这些人力资本的增加成为促进经济长期增长的一个重要因素。

技术

技术是指用于生产的手段和方法。在讨论技术时我们一般会想到资本资源，因为技术革新经常表现为劳动工具和设备的改进。但是，技术进步的外延可能比最新式的多功能自动装配机器人要广得多。技术进步也包括生产组织形式的变化。这方面的一个典型例子是流水生产线的发明。亨利·福特（Henry Ford）的工厂的工人仍然用同样的工具生产汽车，但他们使用一种不同以往的生产组织形式进行生产。所以，技术投资不仅包括"高新技术"工具的发明，也包括生产组织形式和资源管理方式的创新。

当新工具或新技术可以提高生产率时，企业就会进行技术创新。技术开发可以使得人们能用相同数量的资源创造出更多的产品和服务。因此，技术进步也会导致生产可能性曲线向外移动（不同于资源数量的增加）。新技术会增加一国的潜在产出。当新技术出现并被用于生产时，经济的总供给会增加。所以，技术和经济增长之间的联系是明显的。

我们很难对过去的技术变化进行准确的定量分析。但是，不论用哪种方法进行测算，技术都大大提高了现代社会的生产率。今天使用的工具、设备和组织方式远比过去高级得多。显然，经济中的某些部门，如农业，从技术进步中得到的收益比其他部门大不少。20 世纪初，将近 40% 的劳动力在从事农业生产。由于现代资本密集型农业生产技术的采用极大地提高了生产率，今天美国只有不到 2% 的劳动力在从事农业生产。在某种程度上，整个经济的情况都是如此。如今，只要更少的工人就可以生产比过去更多的产出。技术进步将继续进行并继续对整个经济增长作出贡献。

近来经济增长的下滑

如前所述，自 1960 年以来美国经济的年平均增长率为 3.12%。根据官方估计，从

19 世纪至今，历史上年均经济增长速度在 3%～3.5% 之间。因此，自 1960 年以来美国的经济增长恰好与历史趋势一致。但是，如果以每 10 年为单位进行增长速度的研究，我们发现，美国经济增长速度似乎正在下降。20 世纪 60 年代的年均经济增长率为 4.44%，而 21 世纪的头 10 年，美国年均经济增长率仅为 1.81%。

□ 影响因素

在研究了经济增长的决定因素之后，我们如何才能找到原因来解释这种令人不安的趋势呢？这个问题没有一个简单明了的答案。许多因素可能都会促使近来经济增长速度下降。我们现在论述一下经济学家们已确认的影响因素。

技术减速

我们似乎很明显地感受到，近些年来的技术进步对总体经济增长的影响比我们父辈和祖父辈时代的影响小得多。（你只要想一想就会清楚地发现，一项新发明的开发和经济吸纳——例如 20 世纪 50 年代和 60 年代的计算机——对经济的边际影响要比如今的"新的和改进的"微处理机芯片的影响大。）根据美国劳工部的估计，如果从较长的一段时期来看，近年来技术增长速度在极大下降。实际上，据计算，1975—1995 年的技术增长速度是 1955—1975 年这 20 年技术增长速度的 1/6。20 世纪 50 年代和 60 年代，为了同苏联开展冷战和太空竞赛所进行的研究和开发经常导致新技术的产生。尽管美国目前仍然将 GDP 中同样比例的资源用于研究和开发活动，但今天技术进步的生产收益似乎在递减。有些经济学家甚至认为，重大技术进步的速度放缓，是促使整体经济增长下降的首要因素。

劳动力因素

如前所述，美国的劳动力在继续增加。但是，如果研究新劳动力对经济增长贡献的特点时，我们注意到，这些劳动力中的很大一部分是年轻人，而且，与其他劳动力相比，他们缺乏经验和职业培训。此外，越来越多的劳动力只从事兼职或短期工作。这些趋势会对生产率产生负面影响，从而对经济增长产生负面影响。另一方面，许多新的劳动力受过较长时间的正规教育。所以从长期看，这种劳动力潜在质量的提高将抵消一部分劳动生产率的下降。

储蓄和投资

在经济循环中，储蓄是用于资本资源投资的资金来源。如前所述，我们必须放弃部分当前消费以积累资本并在未来实现更高的生产水平。因此，一国的储蓄率说明了其放弃当前消费的意愿，并决定了企业可以得到多少资源用于投资。高储蓄率可以形成高资本积累率，从而实现高经济增长率。与其他国家相比，美国的总储蓄率近年来一直较低。美国储蓄率相当低的趋势可能是导致经济增长下降的因素之一。

产出的构成

另一个导致近来经济增长下降的因素是美国产出构成的变化。关于美国经济中服务生产部门日趋重要的研究文章已经很多。美国经济经历了从以产品生产为主向主要依赖服务生产的转化。从历史发展来看，美国在经济增长最快的时期，产品生产部门的技术进步和资本形成也是最快的时期。基于绝大多数服务的性质，技术和资本对服务生产部门生产率的贡献不是很大。当资源从经济中的高生产率部门转到低生产率部门时，整体平均生产率必定下降。美国目前正在经受着资源从产品生产部门转到服务生产部门所产生的影响。

此外，服务部门不断增长使得我们更难准确地测算生产率。一些经济学家认为，目前部分被观察到的经济增长下降，完全是测算问题。我们容易计算产品生产部门的产出和投入：只要计算经济中工人生产的汽车、手表、网球拍、谷物等等的数量就可以了。但是，确定服务部门劳动力的生产率则要难得多。比如说，你如何测算教师、律师或医生的产出呢？你如何计算维护计算机和远程通信网络运转的技术员的生产率呢？这些固有的测算问题可能会导致对经济中服务生产数量和价值的低估。为了纠正这种潜在的偏差，我们必须开发新的更好的测算方法。

政府：管制和公债

一些经济学家认为，美国政府应对经济增长速度的下滑承担部分责任。他们指出了两个重要因素：对企业的管制和公债的增加。

他们提出的第一个论据是，政府对企业的管制使得部分经济资源离开了生产过程。现在，绝大多数企业都会受到某种形式政府管制的约束，从职业安全和健康管理局（Occupational Safety and Health Administration，OSHA）的要求到常规的许可证管理，管制无处不在。在许多情况下，企业必须用很多资源来遵守这些管制。显然，花在遵守政府管制上的时间不能用于生产。但是，对政府管制的净效应不能简单下结论。有些管制，如职业安全和健康管理局的安全条例，可能会对生产率产生正效应（例如，减少了由工伤导致的工作损失）。不论政府管制对生产率和增长影响的实际最终结果如何，这种论据推动了当前减轻企业管制负担的进程。

另一个可能阻碍经济增长的政府行为是公债的增加。一些经济学家认为，政府通过举债这种融资方式把经济资源从私人部门转走了。从这个角度看，用于政府公债的资金就不能再用于私人投资。因此，当政府发行公债筹措资金时，留给私人企业借贷及用于购买资本和雇佣劳动力的资金就会减少。人们有时把这种情况称为政府公债的"排挤效应"。由于产生排挤效应，生产率和经济增长会出现下滑。但是，这个问题可能并没有想象的那么严重。许多政府开支都用于支持社会管理的资本支出，比如州际公路、公立学校和健康计划，这些开支对于生产率和增长都会产生正效应。遗憾的是，由于债务利息的增加，用于这些项目的公共开支的比重不断下降。

人们对政府行为对近来经济增长下降的总体净效应仍有争议。但是，我们必须注意政府负有培育促进生产率提高和长期经济增长的经济环境的责任。

□ 2001 年的衰退

2001 年 11 月的最后一周，美国国家经济研究局的经济周期测定委员会（Business Cycle Dating Committee）宣布，美国经济在当年 3 月正式进入衰退，这标志着当代历史上时间最长的 10 年经济增长和扩张告终。与大多数经济周期的拐点一样，美国经济不会单纯因某一个原因或事件从经济周期的高峰转入收缩阶段，而是有许多因素在起作用。

人们对经济前景的预期越来越悲观和消费者财富的下降，似乎是 2001 年衰退的两大因素。早在一年前，也就是 2000 年春，美国股票市场开始走低，因为很多网络公司和技术型公司未能实现收入和利润目标，事后想来大家都过于乐观。在过去的 10 年里，由于家庭收入水平的稳步提高，上百万美国人纷纷把其储蓄投向股票市场。在税制改革期间，由于 401（k）退休账户的普及、其他金融工具的产生以及放宽管制，以致很多家庭把其大部分财富变成了股票。20 世纪 90 年代，随着这些新投资者的需求和热情不断高涨，股票价格飙升。然而，"泡沫"会破灭，2000 年和 2001 年股票价格的下跌，使得投资者发现他们的财富大大缩水。据估计，个人投资者在此期间总计至少损失 6 万亿美元。个人财富减少，对未来的预期就会悲观，家庭也就会相应调整其支出。继而，消费支出水平会降低，迫使企业减少其产量和雇佣水平，这两者正是经济衰退的征兆。

2001 年秋，正当国会讨论布什总统提出的开支和减税的一揽子财政刺激建议时，美国遭受了"9·11"恐怖袭击。尽管这次袭击并不是在 2001 年初就已开始了的衰退的罪魁祸首，但它扰乱了正常计划。随即阿富汗和伊拉克战争对消费者信心造成了不良影响，使得已有的经济问题更加严重。其他一些事件，例如公司丑闻、银行破产、挪用公款等许多高层案件也使得美国消费者的信心下降。到 2001 年底，全国劳工短缺没几年，失业率又再次回升。

尽管如此，2002 年伊始，很多经济学家还是认为，美国经济的基本结构仍然稳固。的确，若干重要经济指标（包括工业生产和零售）初步估计经济开始回升。尽管大有希望，但到 2002 年底，国家经济研究局并未准备宣布美国经济已走出经济周期的低谷。从历史来看，经济周期测定委员会要几个月之后才会作出这样的宣布，因为常常会有更多的信息而需要更新数据，再加上紧缩的因素也有可能会影响经济。直到 2003 年 6 月，才宣布这次衰退结束于 2001 年 11 月。这次衰退正式持续时间仅 8 个月。这次的推迟宣布衰退结束，很典型地说明了准确预测经济未来或确切知道经济现状是很难的。

□ 2007—2009 年大衰退

2001 年的经济衰退在年底前（11 月）结束后，美国经济开始缓慢复苏，并向正增长的长期趋势回归。如表 11—2 所示，实际 GDP 的年增长率每年都在缓慢回升，直到 2004 年达到高峰——3.47%。此后，经济增长率开始放缓；到 2007 年底，年度增长率还在 3% 以上。到 2008 年中期，美国经济明显又陷入衰退。于是，国家经济研究局经济周期测定委员会宣布，2007 年 12 月经济达到高峰。图 11—5 说明了 2008 年和 2009 年实际 GDP 按季度的百分比变化。2008 年首次出现了自 2001 年以来的实际 GDP 下降。实际上，2008 年第四季度的按年计算的增长率为－8.9%，是美国自 1958 年以来实际 GDP 的季度最大跌幅！2009 年按年计算的增长率还有两个季度是负数。2009 年的第三季度和第四季度，经济逐渐恢复，经济增长率变成正数。于是，国家经济研究局宣布，衰退结束日期为 2009 年 6 月。尽管官方宣布的衰退持续期仅为 18 个月，但鉴于其严重程度，这次大衰退的影响至今尚未完全消失。尽管 2010 年的经济增长率很可观，但 2011 年的季度增长率还是相当低，且 2012 年以来还没有明显走向稳定增长路径。

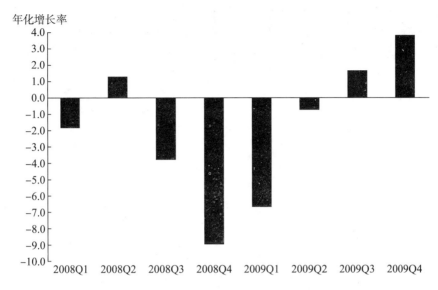

图 11—5 2008 年和 2009 年季度 GDP 的百分比变化（2005 年实际美元）

资料来源：Bureau of Economic Analysis，2011. www. bea. gov.

这次大衰退的原因是多方面的。2008 年初，随着几家大型投资银行破产或濒临破产，暴露出金融系统潜在的大量结构性问题。这些投行濒临崩溃的原因是日积月累的，其中最重要的是住房市场的投机泡沫。除了房地产问题，2008 年的世界市场石油价格飙升，几大金融欺诈事件曝光，经营者和消费者对经济失去信心，不仅美国还有世界股票市场暴跌，投资者和储蓄者的财富大幅度缩水。这反过来又导致开支减少，经济活动进一步萎缩。下一章将详细分析银行和金融系统对宏观经济和经济增长的影响，从而更详尽地分析 21 世纪首次出现的经济大危机。

□今后的路怎么走？

近来经济增长速度下滑对未来有何预示？对我们进入 21 世纪的生活水平会产生什么影响？有办法提高经济增长吗？这些问题对大家都至关重要。我们在本章学过的概念和思想为回答这些问题提供了一些线索。

首先，美国经济发展前景如何？尽管没有人知道明天肯定会怎么样，但经济学家明白，过去是对未来的最好预言者。历史告诉我们，在一个相当长的时期，经济可能保持不同的增长率。我们可以根据过去的经济增长率预测未来的经济活动水平。我们知道，美国 20 世纪 60 年代的年均增长率是 4.44％，70 年代的年均增长率是 3.26％，而在 21 世纪的头 10 年，年均增长率仅为 1.81％。图 11—6 画出了 2012—2025 年基于上述三种不同的年均增长率预测的实际 GDP 水平。注意，这种简单的预测技术假定在长期趋势中不存在短期波动。不过，图 11—6 有些值得注意的有趣之处。

显然，未来的经济增长率决定了未来某时经济活动所能达到的实际水平。图 11—6 展示了随着时间的推移，不同速度的增长能产生多大的差异。如果美国经济继续以 21 世纪初的速度增长,实际 GDP 将从 2011 年的 13.4 万亿美元增加到 2025 年的 17.2 万亿美元。但是,如果经济能够并且维持以 20 世纪 60 年代的速度增长,实际 GDP 将在 2025 年达到令人惊讶的 24.5 万亿美元。通过把美国经济的增长率提高到每年 4.44%,我们可以在不到 15 年里使实际 GDP 的规模几乎翻一番。

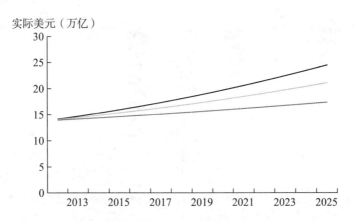

图 11—6　美国经济未来可能的增长路径,2012—2025 年

图中三条线预测的是不同平均增长率情况下实际 GDP 的潜在增长路径。最上方的那条线假定以 20 世纪 60 年代平均 4.44%的速度增长,第二条线假定以 70 年代平均 3.26%的速度增长,第三条线假定以 21 世纪头 10 年的平均 1.81%的速度增长。

美国经济持续以 20 世纪 60 年代的增长速度实现快速增长是不太可能的。在我们所做的三种预测中,也许以 70 年代的速度进行增长是最有可能的。20 世纪 70 年代美国平均经济增长率为 3.26%,比 1960 2010 年期间的平均经济增长率略高。进一步说,这个速度还处在历史上 3%～3.5%的长期经济平均增长速度范围之内。根据这种预测,美国经济将在 2025 年增长到 21 万亿美元。尽管这种预测是合理的,但我们知道,影响这种经济增长长期趋势的因素有很多,况且也不可能完全准确地预测未来。

这些预测的增长率对我们的生活水平意味着什么呢?我们知道,测算生活水平的一个经济概念是人均实际 GDP。在第 1 章中,这个概念被定义为实际 GDP 与人口数量的比值。因此,生活水平不仅取决于实际 GDP 增长率,也取决于人口增长率。大多数专家都同意,美国人口在未来几十年里的增长不会太快。目前每年总的人口增长率仅为 1%左右。所以,几个预测都说明我们的生活水平将上升,因为三个预测中预期的实际 GDP 增长都快于预期的人口增长速度。

尽管我们几乎可以肯定美国未来会有更高的人均实际 GDP,但我们不同的预测说明,未来可能会产生差异非常大的结果。假定人口增长率为 1%,那么按照实际 GDP 每年增长 4.44%的乐观估计,到 2025 年人均实际 GDP 为 68 000 美元。而按 21 世纪初增长率(1.81%)进行的预测则表明,到 2025 年人均实际 GDP 仅为 47 000 美元。对每个男性、女性和儿童来说,这两个数字有 21 000 美元的差距!显然,未来 20 年的经济增长率对我们未来的生活水平会产生重要影响。

鉴于经济增长率的重要性,我们怎样做才能提高经济增长率呢?本章澄清了一些对经济增长有重要作用的因素，这意味着我们可以在多方面努力。首先是要通过增加美国劳动力规模和长期资本积累的方法来促进经济增长。

人口数量缓慢但稳定的增长以及越来越多的妇女进入劳动力市场说明，劳动力将继续增长。政策和制度的变化鼓励越来越多的现在处在劳动力之外的人口参加劳动，从而支撑劳动力增长的趋势。例如，弹性工作制和远程办公的机会或其他有吸引力的工作选择和报酬，可以鼓励更多未来的劳动者进入劳动力市场。

在提高资本积累率方面，近年来一项预期的促进增长政策——降低资本利得税——得到了广泛的关注。这个措施的支持者认为，通过降低税率使投资者的资本投资增值，将对他们未来的投资产生更强的动力。一般说来，较低的税率将增加资本投资的盈利性，从而刺激更多的投资。国会已经为此事辩论了很长时间，且还会不止一次地讨论这个问题。鼓励资本积累的另一个方法是增加私人储蓄。当经济中的储蓄量增加时，就会有更多的资金可以用于投资。近些年，我们已经看到许多鼓励储蓄的公共政策，包括个人退休账户（individual retirement accounts，IRAs）和 401(k) 养老金计划。这些政策为经济提供了进行投资所必需的资金，从而促进长期经济增长。

促进经济增长的另一种方法是提高劳动力和资本的生产率。大量的公共政策鼓励能够提高劳动生产率的人力资本形成。在各个层次上用于教育的公共资金就是明显的例子。国会最近实施了一项新的所得税减税措施，适用对象是高校学生和接受工作培训者。通过降低在校学生的税负，减税鼓励更多的人进行人力资本投资。这项教育计划的主要目的，就是刺激劳动生产率的提高，从而促进长期经济增长。

政府通过鼓励技术创新也可以提高生产率。联邦政府资助的无数项目直接支持了商业用途的研发活动。尽管美国政府每年只用不到 GDP 1％的经费进行研发，但这已经比任何一个工业化国家的研发经费多。除了这些直接支出外，许多额外的公共项目和税法都鼓励私人投资于新技术。

显然，促进经济增长有很多不同的途径。尽管我们不能总是预测未来会怎么样，但是历史告诉我们美国经济将继续增长。

小结

经济增长被定义为由经济事件综合而成的长期过程。为测算经济增长，经济学家通常研究逐年的实际 GDP 变化率。20 世纪美国年度经济增长率平均为 3％～3.5％之间。1960—2010 年间，经济增长率平均为 3.12％。

长期经济增长的速度并不是稳定的。经济活动的短期波动通常被称为经济周期，它由四个不同的阶段组成：扩张、高峰、收缩和低谷。由于经济周期是不确定的，所以很难预测。显著的扩张被称为经济繁荣，而明显的收缩被称为经济衰退。回顾历史，经济周期的平均长度为 66 个月或者说平均为 5 年半，而由于扩张阶段的延长，经济周期的长度也在延长。自 1960 年以来，美国经济经历了 7 个经济周期。人们提出了许多理论来解释经济周期，包括基于预期、创新、存货、货币制度、总供给和外生因素等形成的理论。

人们已经确认了长期经济增长的两类主要决定因素：经济资源的可利用性和生产率因素。更多的劳动力和资本可以提高经济的生产能力并使其生产可能性曲线外移。人力资本和技术投资可以提高经济资源的生产率，从而促进经济增长。

对美国近几十年实际GDP的仔细研究发现，经济增长率近来下滑了。许多因素导致了这种下滑，包括技术进步减速、劳动力构成变化、相对较低的储蓄率、经济产出构成变化和政府措施等。

经济增长率的任何变化都会对未来的经济活动水平和人均实际GDP产生重要影响。政府可以制定公共政策来增强本章中确认的经济增长的决定因素。通过提高经济增长率，我们可以提高未来的生活水平。

讨论题

1. 经济增长的贡献因素是什么？我们如何区分经济活动中的长期经济增长和短期波动？

2. 对人们经常提到的经济周期下个定义。为什么很难预测经济周期？

3. 根据目前的经济运行，判断美国现在处于经济周期的什么阶段？经济周期最近的一个转折点是什么时候发生的？

4. 你认为哪个经济周期理论最令人信服？谈谈你的理由。

5. 在万维网站中查找最新的领先经济指标指数。根据这个信息，你认为美国经济在今后6～12个月的走势如何？

6. 长期经济增长的主要决定因素是什么？在这些决定因素中，你认为在最近几年里最重要的是哪个？请解释。

7. 为什么我们把正规教育称为人力资本投资？它与物质资本投资有何相似之处？

8. 利用生产可能性图说明一个经济体潜在生产能力的提高。

9. 请解释经济学家为什么认为经济增长率一直是下滑的。我们应重视这个问题吗？谈谈你的理由。

10. 在本章讨论的因素中，你认为哪个因素是近年来美国经济增长下滑的首要原因？

你能否找到本章没有讨论的其他因素？

11. 本章提出了到2025年经济增长的四种预测方案，每个方案都是以历史趋势为基础的。你认为哪一个方案最现实？为什么？为什么最乐观的方案也是最不太可能实现的方案？给出具体的原因。

12. 你认为生活水平与总体经济增长有何关系？经济增长可能过快吗？请解释。

13. 什么是"新经济"？美国20世纪90年代的经济扩张与以前的扩张有何不同？请解释。

14. 熊彼特的创新理论与20世纪90年代美国的经济扩张有何关系？请讨论。

15. 什么因素导致了2001年的美国经济衰退？在本章讨论的经济周期理论中，你认为哪一个理论最适合解释这次衰退？讨论并解释你为什么这么选择。

16. 请讨论始于2007年末的"大衰退"的起因。比较分析本次经济萎缩和2001年经济衰退的严重程度。

17. 这次"大萧条"的经济复苏为何如此缓慢？请对此进行经济分析。

18. 对一个经济体来说，持续的高增长率总是最好的吗？不可持续的增长可能会有什么不良后果？请解释。

课外读物

1. Baumohl，Bernard. *The Secrets of Economic Indicators：Hidden Clues to Future Economic Trends and Investment Opportunities*. 2nd ed. Upper Saddle River，NJ：Wharton School Pub.，2008.

本书为潜在的投资者提供了美国和国际经济指标的可靠基本信息以及相关网站。

2. Frumkin，Norman. *Guide to Economic Indicators*. 4th ed. Armonk，NY：Sharpe，2005.

本书对50多个用来衡量和预测经济表现的经济指标进行描述、背景分析并作出解释。

3. Frumkin，Norman. *Tracking America's Economy*. 4th ed. Armonk，NY：Sharpe，2004.

本书的读者群是学生和一般大众。该书使用了很多通俗易懂的图表，对理解本章讨论的问题大有裨益。

4. Jones，Charles I. *Introduction to Economic Growth*. 2nd ed. New York：W. W. Norton，2001.

一本理解经济增长的决定因素及其重要性的非常好的入门书，书后附有数学知识。

5. Kindleberger，Charles P. *Manias，Panics，and Crashes：A History of Financial Crises*. 5th ed. New York：John Wiley & Sons，2005.

本书对自古罗马时期一直到现在的人类历史长河中的大的经济衰退而伴随发生的事件作了经典考察和描述。

6. Krugman，Paul R. *The Great Unraveling：Losing Our Way in the New Century*. New York：Norton，2003.

这位2008年诺贝尔奖获得者提出了他所关注的21世纪的经济问题。包括"当市场变差时"、"私人利益"等。

7. Lewis，Michael. *The Big Short：Inside the Doomsday Machine*. 1st ed. New York：Norton，2010.

作者考察了美国2008年股票市场崩盘的原因及其与过高的房地产价格、不良的抵押贷款、股东对超额利润的追求以及有毒衍生品大增等的关系。

8. Teller-Elsberg，Jonathan，et al. *Field Guide to the U. S. Economy：A Compact and Irreverent Guide to Economic Life in America*. Revised and updated edition. New York：New Press，2006.

作者将本书设计成一部对美国经济既有概述又有具体问题解答的简明扼要、通俗易懂的参考书。

9. Zarnowitz，Victor. *Business Cycles：Theory，History，Indicators，and Forecasting*. NBER Studies in Business Cycles 27. Chicago：University of Chicago Press，1992.

本书涵盖了经济周期的各个方面，从趋势、理论到预测指标。

在线资源

1. 经济分析局（Bureau of Economic Analysis）：

www. bea. gov

经济分析局收集和分析全国数据，以判断经济运行的现状及其长期增长。该网站提供其部分数据和大量出版物、新闻，以及其他相关网站的链接。

2. 美国经济咨询委员会（The Conference Board）：

www. conference-board. org

这是"经济周期指数"的主页。美国经济咨询委员会提供有关经济周期和经济预测的最新估计、各类文章，以及其他信息资源。

3. 经济指标（Economic Indicators）：

www. gpo. gov/fdsys/browse/collection. action? collectionCode=ECONI

该月报（备有 1995 年 4 月份以来的）由总统经济顾问委员会为国会联合经济委员会准备，提供有关价格、工资、生产、商业活动、购买力、信贷、货币以及联邦财政等经济信息。

4. 总统经济报告（Economic Report of the President）：

www. whitehouse. gov/administration/eop/cea/economic-report-of-the-president

该报告每年出版一次，由总统经济顾问委员会撰写，分析全国经济运行的现状。还有对当前和长期的经济景气分析的短文，并提供大量衡量经济表现的最重要经济数据。

5. 经济时间序列网页（Economic Time Series Page）：

www. economagic. com

该网站提供经济活动数百种时间序列数据的链接。除了美国的时间序列数据外，该网站还提供其他国家数据的链接。

6. 国家经济研究局（National Bureau of Economic Research）：

www. nber. org

这是该局的主网站。该局编制领先经济指标指数并确定美国经济周期的"官方"时间。该网站提供许多全国经济数据并显示自 1854 年以来的美国经济周期时间表。

第12章

货币、银行与金融系统：老问题，新情况

□ **本章概要**

什么是银行？
　商业银行
　金融机构与保险公司
什么是货币？
　货币职能
　美国的货币供给（M1 和 M2）
货币创造过程
　商业银行与其他存款机构
　银行管制
　银行的资产负债表
　部分准备金银行制度
　活期存款创造
控制问题
　联邦储备系统
　货币政策与联邦储备控制
　美联储目标
货币供给、利率和价格水平
　利率
　货币数量论
2008 年的金融危机
　住宅房地产市场
　金融工具与会计准则
　2008 年秋
　量化宽松
　新的监管措施：《多德-弗兰克法案》
　未来展望
小结

□ **主要概念**

商业银行（commercial bank）
金融中介（financial intermediary）
投资银行（investment bank）
股票和债券（stocks and bonds）
股息（dividends）
资本利得（capital gain）
一级金融市场（primary financial market）
二级金融市场（secondary financial market）
流动性（liquidity）
保险公司（insurance company）
保险费（insurance premium）
交换媒介（medium of exchange）
价值尺度（measure of value）
价值贮藏（store of value）
货币供给（M1 和 M2）［money supply（M1 and M2）］
法定准备金率（required reserve ratio）
货币乘数（money multiplier）
货币政策（monetary policy）
公开市场业务（open-market operations）
贴现率（discount rate）
联邦基金利率（federal funds rate）
交易方程式（equation of exchange）
货币数量论（quantity theory of money）
次级抵押贷款（subprime mortgage）
可调利率抵押贷款（adjustable rate mortgages，ARM）
债务抵押证券（collateralized debt obligation，CDO）
信用违约互换（credit default swaps，CDS）
认股证（warrant）
量化宽松（quantitative easing）

2009 年初全球金融系统处于崩溃边缘，美国遭受了自 20 世纪 30 年代以来最严重的经济衰退，实际 GDP 年增长率跌至－6％左右，月度失业人数平均将近 75 万。如今，美国经济已走出那段黑暗的日子，取得了巨大进步。金融系统运作正常了许多，实际 GDP 以约 3％的速度增长，而工作机会也重新增加，尽管速度还不够快。

从 2009 年初的情况来看，这样的恢复速度是不可思议的。也许美国和世界只是侥幸。但换个角度来看，之所以能如此快地从大衰退中复苏，很大程度上源于货币和财政政策决策者空前的应对。

联邦储备系统、布什和奥巴马政府以及国会采取了不同寻常的举措。虽然人们对单项措施的效果存在争论，但从总体来看，毫无疑问，应对政策的效果显著。倘若政策制定者没有那样激进或快速地做出反应，金融系统可能依然动荡不安，经济仍会持续萎靡不振，而美国纳税人可能要付出更大的代价。

资料来源：Alan S. Blinder and Mark Zandi, "How the Great Recession Was Brought to an End," Moody's Analytics, July 2010. www.economy.com.

2008 年秋，美国经济渐渐走向衰退，大型投资银行倒闭、巨型保险公司的抵押品赎回权即将丧失、公司股票价值大大缩水以及联邦政府和联邦储备银行采取前所未有的措施来拯救美国的金融系统等成为新闻焦点。金融系统似乎就要垮台。为什么会发生这种情况？我们做了些什么？本章将讨论一个以各种方式影响我们每一天的社会问题——货币、银行和金融系统。

什么是银行？

现代金融系统由多种金融机构构成，它们肩负着重要且常有重叠的职能。

□ 商业银行

为了理解货币在现代经济中的重要作用，我们首先要理解**商业银行**（commercial banks）和其他金融机构的性质。商业银行是把储蓄者和借贷者凑在一起的**金融中介**（financial intermediaries）。商业银行的突出特征是，利用储蓄者的存款向借贷者贷款而赚取利润。商业银行一方面以支付存款利息来吸引储蓄者，另一方面向借贷者收取贷款利息。银行的利润就是从借贷者那里获取的利息减去支付给储蓄者的利息差额。

在西方国家，商业银行业务有着悠久的历史。如今的现代银行家的祖先就是中世纪英国的金匠。在那个年代，金匠为其顾客妥善保管其黄金，并给顾客开具一张票据（收据）。顾客很快发现，用此票据购买东西比必须专程去金匠的店铺取回贵金属再用它买东西要方便得多。商人们愿意用这种票据来支付商品和服务，因为他们知道，票据可以兑换黄金。同时，金匠也很快认识到，并非所有顾客都同时把他们的全部黄金取走，金匠可把闲置的黄金放贷，收取利息。实际上，金匠在发放贷款时以票据的形式创造了货币。尽管如今货币不再以黄金作后盾，但这种基于储蓄的贷款过程与当今的货币创造并无太大区别。我们将在后面更详细地探讨货币创造问题。

□ 金融机构与保险公司

近年来，随着金融市场的管制放宽，商业银行与其他金融机构的区别变得越来越模糊。商业银行现在可以提供各种金融产品和服务，而有些业务原来是受限制的。此外，其他类型的金融机构现在也能提供原来由商业银行提供的服务。始于 2008 年的金融危机引起了一场争论，即政府对金融机构应怎样加强监管。在接下来的几年里，法律和监管环境很可能会不断改变。

几家大型**投资银行**（investment banks）在金融危机爆发伊始就遭到重创。投资银行是卖公司新发行的**股票**（stocks）和**债券**（bonds）的金融机构。股票是一种公司股权，而债券则是向公司的一种贷款。公司通过发行股票和债券，可筹措大量资金。家庭和企业用储蓄购买股票和债券，期望取得正的货币收益。就债券而言，发债公司向债券持有者支付利息，便是债券的收益。就股票而言，股票的潜在收益有两种形式。第一，股票持有者有权对公司赚取的利润进行分红，支付给股东的那部分利润是以**股息**（dividend）的形式分配的。第二，股票持有者期望通过其股票价格上涨来取得收益，即以高于原始购买价格卖出股份获取利润。这种收益通称为**资本利得**（capital gain）。

请注意，公司要想得到钱，首先要卖掉其股票和债券。为了筹措现金，公司要在所谓的**一级金融市场**（primary financial markets）出售股票和债券。然而，大多数股票和债券的买卖都发生在**二级金融市场**（secondary financial markets）。二级金融市场的交易只是在现有金融资产的持有者之间转移所有权。成千上万只公司股票每天都在像纽约证券交易所（New York Stock Exchange）和纳斯达克（NASDAQ）等二级金融市场中出售。二级金融市场之所以重要，是因为它给资产持有者提供了**流动性**（liquidity）。流动性是指金融资产变成现金的能力。如果没有流动性，很多人就不愿意用其储蓄购买股票和债券。有了二级金融市场，股票和债券就比其他金融资产（如房地产）具有更大的流动性。

保险公司（insurance companies）是金融中介的另一种重要类型。家庭和企业购买保险，支付万一发生了不太可能发生的事件而必需的最低金额。保单涵盖的范围极其广泛，如意外死亡、交通事故、医疗开支、火灾造成的财产损失等等。保险公司向客户收取的款项称为**保险费**（insurance premiums），并把该保险费投资于金融资产，以确保有足够的资金支付预期的索赔。销售保单和确定保险费时，风险管理要小心谨慎，否则保险公司赚不到钱。鉴于保险市场各方都有欺诈行为的机会，故保险行业是最需要严加监管的金融市场之一。

2008 年震动美国经济的金融危机，导致传统投资银行衰落，激起监管当局对其他金融机构采取临时监控措施。在详细分析这场危机之前，我们需要多了解一点货币从何而来。

什么是货币？

纵观美国历史，货币一直是一个有争议的社会问题。即使参加制宪会议的殖民地代表发现有很大争议，但他们也故意起草了一份对新的联邦政府允许开办银行保持沉默的宪法。这项决定对后来的几十年都产生了影响，而且对于我们现在的银行体系的形成在许多方面都有所帮助。

多少年过去了，我们的货币形式变得丰富多彩。在大革命时期，英国和西班牙发行的硬币和纸币广泛流通于美洲殖民地。后来，第一任财政部长亚历山大·汉密尔顿（Alexander Hamilton）成功地援引了宪法中的"隐含权力条款"，于 1791 年创建了美国第一银行（First Bank of the United States）。第一银行票据完全可以兑换成黄金或白银，并充当货币 20 年。反对第一银行的人担心它被拥有 70％ 股份的外国投资者所垄断控制。（看来，以前讨论的垄断和保护主义问题由来已久！）20 年后，第一银行没有再得到许可证，后于 1816 年被现在所谓的美国第二银行（Second Bank of the United States）所取代。同第一银行的命运一样，第二银行也面临极力反对的声浪，特别是一些人认为，银行业属于应由各州监管的地方事务。安德鲁·杰克逊（Andrew Jackson）的反第二银行平台帮助了他入主白宫，而第二银行在 1836 年注册到期未获准展期。

直到 1913 年，美国才又有了联邦货币当局，即联邦储备系统（Federal Reserve System）。大约有 75 年的时间里，美国的货币主要是各地方银行票据并辅之以联邦铸造的硬币。各地银行票据的价值相差很大，常常要打折兑换。由于在全国范围内没有中央统一控制货币供给，故货币体系容易发生周期性动荡和银行业恐慌现象。

当今的货币体系自从 19 世纪的地方银行票据时代以来已走过了漫长的道路。不过，货币仍然有各种各样的形状和大小，现在甚至常常没有物理形态。货币通常就是作为商品、服务和债务的一种支付手段。我们来详细看一下如今的货币供给及我们是如何管理货币供给的。

货币职能

货币具有三个基本功能：交换媒介、价值尺度以及价值贮藏。首先，购买商品和服务要用货币，借债和还债也要用货币。没有货币，经济交换只能在以物易物的基础上进行，即用一种商品交换另一种商品。而使用货币作为**交换媒介**（medium of exchange）就可以使得交换过程更加简单和便利。其次，货币可以用于衡量产品和服务的价值。货币作为**价值尺度**（measure of value）可以使得比较产品和服务的价值以及以价值为基础加总产品和服务的数量成为可能。把苹果和橘子相加是不可能的，但把苹果和橘子的价值相加却是可能的。再次，可以用货币的形式持有财富和资产。即货币起到**价值贮藏**（store of value）的作用。

社会问题经济学（第二十版）

□ 美国的货币供给（M1 和 M2）

货币是一种具有完全流动性的资产。也就是说，为购买商品、服务和其他资产，你无须出售货币。因此，货币供给是由那些具有 100% 的流动性或接近这一标准以至于可以视为货币的资产构成。现在有多种货币供给的官方定义。范围最窄的一个简称 **M1**，包括流通中的纸币和硬币、非银行旅行支票、金融机构的活期存款，以及其他可开支票和可借记存款，比如可转让支付命令（negotiable order of withdrawal，NOW）账户、自动转账服务（automatic transfer service，ATS）账户、信用合作社股金提款单（credit-union share drafts，CUS）账户。NOW 账户是可转让支付的提款命令，ATS 是储蓄账户的自动转账。NOW 和 ATS 账户与普通的支票存款账户的相似之处在于，都可以对这些账户开具支票或用借记卡的方式来购买产品和服务。对于 ATS 账户，如果有必要支付开出的支票，银行会自动将储蓄账户转为支票存款账户。效果与以一个普通的支票存款账户持有的全部余额是一样的。信用合作社股金提款单账户也与商业银行的常规支票和借记账户相同。

货币供给的第二个定义 **M2**，范围更加广泛，它包括 M1 加上储蓄存款、小额定期存款（不超过 100 000 美元）以及货币市场共同基金。是打一个电话还是到银行 ATM 机取款，是活期存款与定期存款尤其是小额定期存款之间的唯一区别。一些储蓄账户可能有更为严格的条件，比如提前支取要损失利息。但一般说来，储蓄账户类似于货币。许多人发现，购买货币市场共同基金不仅方便而且可以获得更多利息。这些基金投资于几乎没有风险但收益可靠的资产上，比如美国国库券。货币市场共同基金很容易购买，而且在特定情况下，可用支票购买这些基金。

货币的更为宽泛的定义还有 M3 和 L。M3 包括 100 000 美元及以上的定期存款加上 M2，L 包括 M3 加上其他流动资产，如商业票据、银行汇票、国库券等。界定广义货币的主要目的是为了有一个度量货币及近似货币的指标，从而有一个度量整个经济流动性的指标。货币供给 M2 是更普遍接受的货币供给定义，特别是从政策的角度看。货币供给的这一定义既包括了具有 100% 流动性的资产，又比限制性大的 M1 更为广泛。比如，2012 年 1 月 M2 是 97 800 亿美元，而 M1 仅为 22 260 亿美元。尽管美联储同时关注 M1 和广义货币的增长率，但它已正式宣布，M2 的增长率是密切关注的主要目标，并把 M2 的增长率保持在公开宣布的控制范围内。

图 12—1 表明了 1980—2012 年间货币供给 M2 的增长情况，其长期上升趋势与美国经济的总体增长趋势相似。然而，需要注意的是，货币供给的增长率是不稳定的。20 世纪 90 年代中期，M2 的增长比较平稳，之后，其增长趋势线变得较陡且一直持续到 2008 年。那一年的金融危机使得 M2 的增长率出现暂时降低。美联储针对这场危机采取了对策，导致 M2 的增长率大幅提高。这次大衰退的后续影响，又使 M2 的增长率在 2009 年和 2010 年放慢了速度。而美联储再次出台应对措施，导致 M2 的增长率回升。后面将探讨金融危机背后的货币问题，以及美联储采取怎样的对策以影响美国货币供给的规模和增长率。

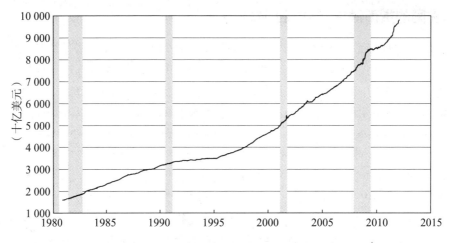

图 12—1　1980 年以来货币供给 M2 的增长情况

注：阴影部分代表美国经济衰退。

资料来源：Federal Reserve Economic Data（FRED），Federal Reserve Bank of St. Louis.

货币创造过程

支票存款和借记存款是货币供给的主要组成部分。这类存款存入商业银行和其他存款机构，比如储蓄贷款协会（savings and loan associations）、互助储蓄银行（mutual savings banks）以及信用社（credit unions）。本节的重点是讨论创造和消除存款的方式。

商业银行与其他存款机构

2012 年，美国大约有 6 350 家商业银行。银行是通过提供全面的银行服务而营利的私有企业。这些银行服务包括支票存款账户、储蓄账户、贷款、从储蓄账户到支票账户的自动转账服务，以及电子银行业务服务。商业银行不是州银行就是国家银行。州银行从本州获得经营银行业务的执照，而国家银行则从联邦政府那里获得执照。

如前所述，商业银行与其他储蓄机构之间的传统区别正在消失。1980 年《货币控制法案》（Monetary Control Act of 1980）赋予其他金融机构在提供服务方面以更大的灵活性。在此之前，储蓄贷款协会以及互助储蓄银行仅限于提供储蓄账户。这些机构现在可以提供支票存款账户服务和其他银行业务服务。在历史上，储蓄贷款协会主要是为购买住房提供融资的。现在开设了支票存款账户，储蓄贷款协会就能够提供其他类型的贷款。互助储蓄银行与储蓄贷款协会非常类似，不过其最初是为小储户服务，并将他们的资金用于各种目的，比如投资于股票和债券。

另一个储蓄机构是信用社。信用社是一种合作性银行组织。它的成员或拥有者有共同的雇主或其他特征，比如职业或居住地。信用社提供储蓄账户和支票账户服务，其资金主要用于小额消费信贷。美国目前有大约 7 500 多家信用社。

□ 银行管制

历史上，银行一直受到联邦政府和州政府的大量管制。银行管制的初衷是使银行安全、可靠。比较早同时也是比较重要的联邦法案之一是 1933 年《银行法案》（Banking Act of 1933）。更著名的如《格拉斯-斯蒂格尔法案》（Glass-Steagall Act），限制商业银行从事保险和经纪业务。对于这项法案一直存有争议，因为它不让银行扩大业务以满足其客户的需要，终于在 1999 年该法案被《格拉姆-利奇-布莱利法案》（Gramm-Leach-Bliley Act）所取代。该法案允许银行从事保险和证券业务、商业和商人银行业务、投资和开发不动产业务，以及其他金融活动。商业银行的业务扩展以及放松管制运动，导致了 20 世纪 90 年代的合并浪潮。到本世纪初，有些决策者开始担心，放松管制后，通过并购会导致金融实力过分集中于大银行控制的公司。有人指出，放松管制是 2008 年金融危机的元凶。这场危机促使国会通过了许多新的银行监管措施，本章后面再作讨论。

□ 银行的资产负债表

银行的资产负债表表明的是银行的资产、负债，以及净值之间的关系。资产负债表的一个重要特征是：

资产＝负债＋净值

如果等式的一边发生变化，那么等式的同一边或另一边也会发生相应的变化。例如，若负债增加 10 000 美元，则其他负债或净值将会减少 10 000 美元，或者资产增加 10 000 美元。

银行的主要资产包括现金准备、贷款和投资、固定投资如建筑物和设备等。银行的主要负债是活期存款或支票存款、定期存款或储蓄存款。银行的净值指所有者权益或银行的股本。

银行的资产负债表如下所示：

资产	负债和净值
现金准备	负债
法定现金准备	活期存款
超额现金准备	定期存款
贷款和投资	净值
固定投资	

为了重点研究货币创造的方式，我们只考虑资产方的银行准备金和贷款，以及负债方的活期存款或支票存款。

□ 部分准备金银行制度

法律要求银行持有部分存款作为准备金。这些准备金主要以在联邦储备银行（Federal Reserve Banks）的存款形式持有，但同时还包括银行所有的现金，有时称为库存现金。法定准备金用百分比形式表示，称为**法定准备金率**（required reserve ratio），它是银行的法定准备金与存款之比。例如，如果某个持有 4 000 万美元活期存款的银行的准备金率是 10%，该银行必须用 4 000 万美元的 10%，即 400 万美元作为法定准备金。

银行可以持有超额准备金，即超过用于满足法定准备金要求的那一部分准备金。银行要进行新的贷款就必须持有超额准备金。当银行作为一个整体来扩大贷款时，它会创造出活期存款；而当银行作为一个整体来收缩贷款时，它会减少活期存款。现在我们论述活期存款或货币的创造与消除过程。

□ 活期存款创造

假设有一笔新的活期存款是 10 000 美元，法定准备金率是 10%。银行的活期存款增加 10 000 美元，同时，准备金增加 10 000 美元。如果新的存款是由流通中的货币退出流通得来的，则货币供给不会改变，因为货币供给包括流通中的货币和活期存款。给定法定准备金率为 10%，则银行必须以 1 000 美元作为法定准备金，以 9 000 美元作为超额准备金。

现在，令你到银行借 9 000 美元以购买一辆小汽车。你签署了一张叫本票的票据，保证在一定时期内按期偿付本息，并以新车作为这笔贷款的抵押。在你签署了这张本票后，银行在你的支票存款账户上增加了该笔贷款的数额，即 9 000 美元。你签了一张 9 000 美元的支票为这辆新车付款。你在银行的账户余额与你贷款前一样。当汽车交易商把你的支票存入另一家银行时，这家银行的活期存款增加了 9 000 美元。为购买新车而借的 9 000 美元在银行系统中创造出了一笔 9 000 美元的新活期存款。

在你的 9 000 美元的贷款创造出 9 000 美元的新活期存款后，活期存款的创造并没有停止。根据给定的 10% 的法定准备金率，要求有 900 美元（9 000 美元×10%）满足法定准备金要求。这样，超额准备金 8 100 美元留在了银行系统内。与你的贷款一样，一笔新的 8 100 美元的贷款会创造出 8 100 美元的新活期存款。这一过程可能会反复进行，直到超额准备金为零。

表 12—1 的四个步骤显示了流通中退出的 10 000 美元货币产生的活期存款在 10% 的法定准备金率下是怎样创造出倍增的活期存款的。你能继续做第五步、第六步、第七步吗？在最后一步，注意到活期存款是 100 000 美元，但活期存款或货币供给的最大增加额是 90 000 美元，因为有 10 000 美元是从流通中退出的货币。采用对称的方法，如果有 10 000 美元的货币被提取从而银行系统的活期存款减少，那么银行系统的活期存款或货币供给也会成倍收缩。

表 12—1　　　　　　流通中的货币产生 10 000 美元新存款（法定准备金率为 10%）

资　产		负　债
准备金	阶段 1：银行 1	活期存款＋10 000 美元
法定准备金＋1 000 美元		
超额准备金＋9 000 美元		

资　产	负　债
贷款 9 000 美元	
阶段 2：银行 2	
准备金	活期存款＋9 000 美元
法定准备金＋900 美元	
超额准备金＋8 100 美元	
贷款 8 100 美元	
阶段 3：银行 3	
准备金	活期存款＋8 100 美元
法定准备金＋810 美元	
超额准备金＋7 290 美元	
贷款 7 290 美元	
阶段 4：银行 4	
准备金	活期存款＋7 290 美元
法定准备金＋729 美元	
超额准备金＋6 561 美元	
第 4 阶段末	
贷款总额＋24 390 美元	
准备金	活期存款＋34 390 美元
法定准备金＋3 439 美元	
超额准备金＋6 561 美元	
最后阶段：所有阶段	
贷款总额＋90 000 美元	
准备金	活期存款＋100 000 美元
法定准备金＋10 000 美元	
超额准备金 0 美元	

可以根据下列等式计算给定的新增活期存款所能创造的最大活期存款额：

$$D = E \times 1/r$$

其中，D＝最大存款创造额；

　　　E＝超额准备金；

　　　r＝法定准备金率。

在本例中，10 000 美元的新增活期存款增加了 1 000 美元的法定准备金和 9 000 美元的超额准备金。超额准备金的增加额乘以法定准备金率的倒数即**货币乘数**（money multiplier），等于存款创造的最大可能数额（9 000 美元×10＝90 000 美元）。

控制问题

显然，在部分准备金银行制度下，货币供给可能会迅速扩张和收缩。在货币增长得到控制时，银行系统运作良好。1913 年《联邦储备法案》（Federal Reserve Act of 1913）建立了联邦储备制度。美联储的主要目标是控制货币供给。

□ 联邦储备系统

在美国的不同地区分布着 12 家联邦储备银行。图 12—2 是 12 家联邦储备银行的地区分布图。很多地区的联邦储备银行在本地区内的主要城市也有一些比较少的分支机构。每个联邦储备银行都是该地区私有银行的中央银行。中央银行是私人商业银行的银行。正如私有银行为你提供全面的银行服务一样，美联储也为私有银行提供多种服务。这些服务包括支票清算、持有银行准备金或银行存款、提供货币，以及向私有银行提供贷款。

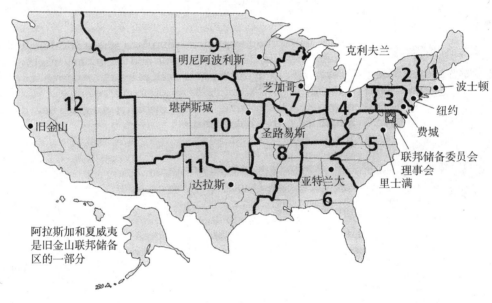

图 12—2　12 家联邦储备银行地区分布

资料来源：www.federalreserve.gov.

美国联邦储备委员会理事会（Board of Governors）管理联邦储备系统。该委员会包括 7 名成员，他们由总统任命并经国会批准。任期 14 年，届满后不得连任。总统任命该委员会的主席，主席为美联储政策的首席制定者和发言人。现任委员会主席本·伯南克（Ben Bernanke）是由乔治·W·布什（George W. Bush）总统于 2006 年任命的。

美国联邦储备公开市场委员会（Federal Reserve Open Market Committee，FOMC）是一个很有影响力的政策委员会。该委员会由美国联邦储备委员会的所有 7 个成员再加上 5 个地区性储备银行的董事长组成。公开市场委员会在华盛顿特区每月召开一次会议，讨论并决定**公开市场业务**（open-market operations）。公开市场业务通过买进和卖出政府债券以影响银行的准备金水平。

□ 货币政策与联邦储备控制

国会立法授权联邦储备系统监管银行系统，旨在实现两个主要目标：价格稳定和就业最大化。美联储的双重目的就是：维持适度合理的低通货膨胀率，促进国民经济强劲发展以保持较低的失业率。美联储在努力实现这些目标的过程中有许多可利用的工具。总的来说，美联储利用这些工具来调控流通中的货币供给。在本章的后面将看到，货币供给的变化可以影响利率、价格，从而影响到整个经济。美联储为促进其经济目标的实现而采取的措施被称为**货币政策**（monetary policy）。

联邦储备委员会有三个主要的政策工具：法定准备金、贴现率和公开市场业务。每一种控制工具都会影响银行的超额准备金和借贷能力。一般而言，贴现率不是一个强有力的控制工具，但它也很重要，因为它显示了美联储对利率的政策导向。法定准备金率是强有力的武器，但法定准备金率的变动并不常见。公开市场业务对超额准备金有直接影响，它是美联储控制货币供给的最重要方式。

法定准备金率

法定准备金率是银行为持有活期存款被要求持有的准备金的比率。提高该比率会削减超额准备金和银行的借贷潜力。那些全部贷出的银行，即超额准备金为零的银行，被要求削减贷款，并从美联储或是其他有超额准备金的银行借款以满足更高的准备金要求。法定准备金率的降低会增加超额准备金和银行的借贷潜能。因此，联邦储备委员会的紧缩性货币政策可以采取提高法定准备金率的形式，而扩张性货币政策则可以采取降低法定准备金率的形式。

贴现率

贴现率（discount rate）是指各银行向美联储借款时，联邦储备银行收取的利率。银行向美联储的借款作为该银行的法定准备金。贴现率提高会使得银行不愿意从美联储借款，从而降低银行的准备金，并提高银行贷款利率。美联储想要紧缩信贷，放慢货币供给增长率就可以提高贴现率；相反，当它想放松货币供给和信贷时则会降低贴现率。有时候，贴现率的变化被视为一种信号，反映出美联储正在追求或计划实行松的或紧的货币政策。贴现率的变化如果没有其他货币工具的变化相配合，对经济不会产生重大影响。

公开市场业务

联邦储备公开市场委员会为了影响银行的准备金、贷款和活期存款而买卖政府债券。公开市场购买意味着美联储从银行和非银行公众那里购入政府债券。无论是哪种情况，银行的超额准备金都会增加。从各银行购买政府债券的主要目的是为了增加超额准备金并减少银行持有的联邦政府债券。公开市场购买非银行的联邦政府债券，主要目的是为了增加银行的活期存款和超额准备金。当公开市场委员会想扩大货币供给时，就做出购买政府债券的决定。公开市场出售的效果相反。公开市场出售会降低银行的超额准备金和潜在借贷能力。因此，当公开市场委员会想降低货币供给的增长时，就做出出售联邦政府债券的决定。

　　美联储在公开市场上买卖证券的活动影响商业银行持有的准备金，也影响到商业银行彼此之间借贷准备金的能力。希望扩大其商业贷款业务的银行，可能决定通过从其他银行借款来增加其准备金，从而持有超额准备金。这种银行间的交易发生在联邦基金市场上。**联邦基金利率**（federal funds rate）就是借入准备金的银行支付给另一家银行的利率。当公开市场业务增加了准备金的供给时，联邦基金利率下降；当公开市场业务减少了准备金的供给时，联邦基金利率上升。注意，美联储调控这种重要的利率只是间接地通过影响银行准备金的活动来实现的。联邦基金利率是一个重要的经济变量，经济形势预测者通过观察它来推定美联储的活动将如何影响经济。

□ 美联储目标

　　两个最常讨论的货币政策目标是利率目标和货币增长率目标。美联储的政策通常把重点放在利率上。当认为利率"太高"时，美联储会实行宽松的货币政策；当认为利率"太低"时，美联储就实行紧缩的货币政策。这些政策有时被称为微调政策，也就是说，这种政策的实施实际上是要改变货币供给增长率，从而将利率保持在能够促进经济稳定并且增长的水平上。美联储的这种强调以利率为基础实施政策的做法有时会导致严重的通货膨胀问题。在经济扩张时期，由于对货币和信贷需求的上升，利率一般也会上升。在这种情况下，为阻止利率上扬，美联储可能会采取提高货币增长率的政策。同时，对美联储保持低利率或防止利率上升以免引起通货膨胀预期的政治压力，最终会导致更高的货币增长率和通货膨胀。对以利率作为主要政策目标的最主要批评是，美联储可能会放弃对货币供给增长的控制。

　　为了应对20世纪70年代末的高通货膨胀率，美联储于1979年10月开始以货币增长作为主要政策目标，确立了不同货币措施的货币增长率。20世纪90年代初期，M2的目标增长率在2.5％～6.5％之间。90年代中期，M2的目标增长率设在1％～5％之间，90年代末期和本世纪初，M2的实际增长率超出了这个新的目标范围，2001年M2的增长率超过10％。到了2005年，M2增长率回到其目标范围内，该年仅增长4％。不过，自此以后，M2的增长率相当高，主要是因为美联储为稳定2008年危机之后的金融系统所采取的措施所致。回到前面的图12—1便看到，在这次大衰退期间和之后，M2的趋势线呈直线上升。

　　在伯南克任期内，美联储没有按照明确公布的货币供给目标进行操作。有些经济学家认为，美联储应当把预期的通货膨胀率作为目标取代货币供给目标制，来管理其货币政策。其他一些国家以及欧盟的中央银行先行了这种方法，并在2008年金融危机之前的几年里做得比较成功。按照这种政策方法，如果通货膨胀率上升到目标水平以上，中央银行就提高利率，减少经济中的开支；如果通货膨胀率降低到目标水平以下，中央银行就降低利率，增加经济中的支出。2012年1月，美联储正式宣布将采取这种方法，这是它首次发布其"长期目标和政策战略"声明。这一举措使美联储与欧洲中央银行采取的通货膨胀目标制相一致，同时还表明它会采取措施，调控由超额储备大幅度增加导致的通货膨胀预期。截至本书付梓之际，讨论这个新的政策目标会对美联储的短期举措产生怎样的影响，还为时尚早。

有相当多的经济学家依然支持货币增长率目标制。他们主要提出了两点理由：第一，他们认为最终决定通货膨胀率的是货币供给增长率；第二，货币供给增长率的不稳定变化是导致经济不稳定性的主要原因。基于上述原因，这些经济学家赞成美联储政策应致力于稳定货币增长率。

另一个与货币增长目标有关的政策问题是，美联储有没有能力实施稳定货币增长率的政策。有的时候，月货币增长率会与既定目标有较大出入。美联储政策的批评者认为，美联储没有专注于控制货币供给，而是将政策建立在其他考虑之上。这种批评在某种程度上可能是有道理的。同样可能的是，短期内很难准确控制货币增长率。

总之，适当的货币政策目标问题在决策者之间没有达成一致。经济学家们在某种程度上更普遍认同的是，如果美联储努力保持一个稳定合理的货币增长率，就能够实现货币稳定。

货币供给、利率和价格水平

货币供给变化会对总体经济产生许多影响。这里只分析其中的两个重要影响：一是对市场利率的影响，二是对价格总水平的影响。

□ 利率

那些密切关注联邦储备公开市场委员会决策的人，往往试图预测美联储在一组关键价格——利率方面所要采取的措施。在市场经济中，利率十分重要，它们对家庭和企业的众多经济决策产生影响。从储蓄者的角度来看，利率决定了人们把钱存在哪里以及存多少。储蓄一般流向那些支付最高利率的机会。从借款者的角度来看，利率决定了人们花掉多少钱以及花在哪里。即使利率发生很小的变化，也有可能对赊购商品和服务的价格产生巨大影响。利率上升时，买东西的花费就会更多，消费者会减少开支，经营者则会减少投资。相反，利率下降时，买东西的花费就会减少，消费者会买更多的东西，经营者则会增加投资。下一章将会看到，这些支出变化会影响到国民经济中的生产和就业总水平。

那么，美联储的货币政策措施如何影响利率？看一下图12—3的货币市场供求曲线图。在本图中，假定货币只指现金——一种具有完全流动性的金融资产。利率常常被看作是货币的价格，人们可能会选择能赚取利息的形式持有资产（如债券），也可能持有现金而不能赚取利息。因此，持有货币的机会成本或代价是损失利息。若利率很高，人们将减少货币持有，更多地持有生息资产；若利率很低，人们将持有更多的货币，减少持有生息资产。因此，在图12—3中，纵轴表示利率，横轴表示货币需求量，就产生了一个正常的向下倾斜的货币需求曲线。货币供给曲线是垂直的。这是因为美联储的各种政策措施决定了任何时点上的货币数量。在货币需求曲线与货币供给曲线相交处，实现了货币市场均衡。若利率高于均衡水平，就会出现超额货币供给，市场利率将下跌；若利率低于均衡水平，就会出现超额货币需求，市场利率将上扬。

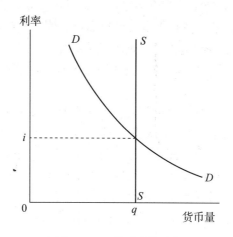

图 12—3　货币市场均衡

　　美联储通过决定经济体系中的货币供给等政策措施，间接决定利率。在图 12—4 中，假定货币市场处于均衡状态，当货币供给为 q_1 时，利率为 i_1。若美联储通过降低法定准备金率，或者通过在公开市场上购买政府债券，把货币供给增加到 q_2，那么，新的市场均衡利率将为 i_2。可见，货币供给增加将降低利率。反之亦然。倘若美联储不是增加货币供给，而是通过提高法定准备金率，或者通过提高贴现率，或者通过在公开市场上出售政府债券，把货币供给降低到 q_0，那么，现在的市场均衡利率将为 i_0。因此，美联储限制货币供给的政策措施会抬高利率。

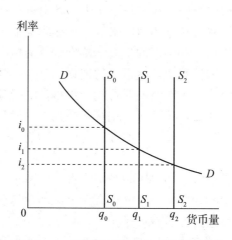

图 12—4　货币供给的变化对利率的影响

倘若货币供给为 q_1，市场利率即为 i_1。把货币供给增加到 q_2 的政策，会使市场均衡利率降至 i_2。把货币供给减少到 q_0 的政策，会使市场均衡利率升至 i_0。

　　美联储通过这种利率机制影响支出行为，最终会影响家庭和企业所作的各种各样的经济决策。观察美联储对经济产生怎样的影响，还有另一个重要角度，即货币供给变化对总体价格水平的影响。要理解这种关系，还要看一看所谓的货币数量理论。

□ 货币数量论

货币数量论的起始点是**交易方程式**（equation of exchange）：

$$MV = PQ$$

其中，M=货币供给；

$\quad\quad V$=货币流通速度或者一年当中 1 美元用来购买产品和服务的平均次数；

$\quad\quad P$=价格水平或最终产品和服务的平均价格；

$\quad\quad Q$=一年内生产的最终产品和服务的数量。

等式的左边，即货币供给（M）乘以货币的流通或周转速度（V），表示经济中的货币总支出。等式的右边，即价格水平（P）乘以国民产出（Q），等于国民产出的货币价值或名义收入。等式的两边相等，因为产品和服务的总支出与产品和服务的销售总额相同。

货币数量论表明，M 的增加或减少会引起 P 和 Q 的增加或减少。该理论假设 V 是相对稳定的。如果进一步假设国民产出固定不变，就会得出价格水平与 M 按照同样的速率升降。如果关于产出不是这种极端的假设，那么在 V 保持稳定或相对稳定的情况下，随着经济扩张并接近充分就业，价格水平的变化与货币供给增长率将会密切相关。

货币供给增加肯定会提高物价，除非货币流通速度减慢和（或）产出增加。如果 V 和 Q 都没有变化，价格水平就是促使经济趋向新均衡的均衡变量，在这种均衡状态下，M 的增加会被 P 的增加抵消。这就是说，当 M 的增加创造出新的"超额货币"时，这种超额货币（假设 V 不变）会流入最终产品市场，导致较高的价格水平。V 的降低或 Q 的增加都能部分或全部消除超额货币，从而部分或完全抵消通货膨胀的压力。不过，货币数量论告诉我们，货币供给的增长是导致通货膨胀的一个原因。在正常情况下，通常还有其他因素导致价格水平持续上升。下一章将详谈通货膨胀及其影响。

2008 年的金融危机

第 11 章已讲过，美国经济不断发生经济增长率的周期性波动。我们还看到，美国经济在 2007 年快结束时达到局部峰值，而到了 2008 年秋陷入明显的衰退。那年秋天，许多事件对金融市场产生了巨大冲击，美联储采取了前所未有的政策措施来稳定金融系统。本节分析这场金融危机的一些主要原因和后果。

□ 住宅房地产市场

大多数专家认为，住宅房地产市场存在的问题引发许多混乱，酿成金融危机。人们常说，拥有一套住房就是"美国梦"（American Dream）。住房在大多数情况下是但不仅仅是居所，还是家庭最值钱的金融资产。家庭通常把多年积攒的大部分收入用于买房子。由于住房往往会渐渐升值，很多家庭都把买房子看作是一种储蓄。而且，从整个社会来看，美国是鼓励买房子的，比如，纳税人交纳联邦所得税时，可从其收入中扣除抵押贷款利息。显然，住宅房地产市场在许多方面是特殊的。

从 20 世纪 90 年代末开始，房价上涨的速度惊人。在 1997—2006 年的十年间，全美平均房价上涨 184%，而在这之前的十年里，房价仅上涨 24%。如何解释这种显著差异？答案就在于房地产市场的需求面。

许多需求因素导致了房价的激增，但不是人口甚至也不是家庭收入的大幅增加。新的需求来自支撑住宅房地产市场政策的变化和金融系统的创新。

联邦政府以各种方式鼓励产权房，其中的许多政策可追溯到 20 世纪 30 年代的大萧条时期。1938 年，联邦国民抵押贷款协会（Federal National Mortgage Association），通常简称为房利美（Fannie Mae），得到特许，通过建立和推动抵押贷款二级金融市场来支持住宅贷款。1968 年，房利美私有化。1970 年，一个姊妹机构——美国联邦住房贷款抵押公司（Federal Home Loan Mortgage Corporation）成立，简称为房地美（Freddie Mac）。它的任务是通过购买抵押贷款并将它们打包变为按揭证券（即以房地产抵押做担保的证券，mortgage-backed securities）再销售以扩大二级市场。这些措施的目的是增加贷款机构的资金供给量，扩大有益于购房者的市场。多年来，房利美和房地美已成为房地产市场流动性的重要来源。

20 世纪 90 年代末，也就是克林顿政府执政后期，一批重大政策措施的实施旨在提高住房自有率，而其中的有些人是本来不应进入该市场的。结果，这导致了对潜在借款人必须要满足的资金要求降低，最终贷款人的**次级抵押贷款**（subprime mortgages）数量激增。次级抵押贷款是一种对有不良信用记录的人的贷款，而这些人不符合传统的抵押贷款的要求。这一人群涌入住房市场，刺激了需求，抬高了房价。房利美和房地美在二级市场上促销次级抵押贷款而推动了这种需求。贷款机构发放这种高风险的贷款，是因为知道能通过在房利美和房地美支持的市场上销售贷款把这些风险转给第三方。21 世纪初，美联储为了缓解 2001 年的经济衰退而实施的低利率政策，也助长了抵押贷款需求的增长。

大多数次级抵押贷款都属于**可调利率抵押贷款**（adjustable rate mortgages，ARMs）。可调利率抵押贷款是基于当前的市场条件利率可随时间变化的贷款。若市场利率上升，可调利率抵押贷款的利率也上升。相反，传统的抵押贷款在整个很长的贷款期限（一般为 15 年或 30 年）内的利率固定。2006 年后，抵押贷款的利率开始上升，当时美联储将联邦基金利率上调至 5.25%，如图 12—5 所示。很多可调利率抵押贷款自动上调利率，导致每月的抵押贷款还款额增加，有时增加得还很多。结果，越来越多的人因还不起钱而开始拖欠。

抬高房价的另一因素是，房屋净值贷款（住房权益贷款或二次开发抵押贷款，home equity loans）的需求激增。房价上升给买房者带来了"纸面利润"。比如，房主的房子值 250 000 美元，拿出 100 000 美元还贷，还剩下净值 150 000 美元。若其住房价值升至 500 000美元，净值增加到 400 000 美元。这笔新"财富"可使购房者取得更多的房屋净值贷款。这些新的贷款又增加了二次、三次抵押贷款的需求，继而推动房价进一步提高。可是，一旦房地产市场达到高峰，价格开始回落，很多家庭就会发现，他们应付的贷款大于住房现在的价值。2006 年夏到 2008 年秋，房价平均下跌 22%，许多房屋净值贷款和抵押贷款都发生了拖欠。

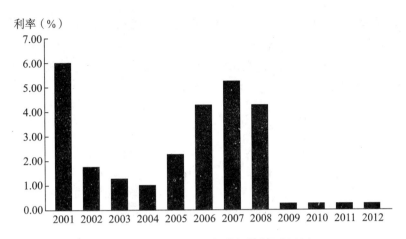

利率（%）

图12—5　2001—2012年联邦基金目标利率

资料来源：www.federalreserve.gov.

综上所述，房地产价格的持续上升吸引了大批投机者，他们低价买，高价卖。泡沫破灭后，那些没有及时逃离市场的人只能亏本出售房产，以还清贷款。

□ 金融工具与会计准则

除了住房市场本身发生的一些事件之外，20世纪末和21世纪初二级金融市场上日益流行**债务抵押证券**（collateralized debt obligations，CDO）。债务抵押证券是对抵押贷款或其他各种债务打包组合而成的一种证券。债务打包的拖欠风险一般要比一笔贷款的拖欠风险小得多。因此，卖方要求债务抵押证券要有溢价，赚取的利润要比单个销售抵押贷款时多。可惜的是，开发和销售债务抵押证券的过程，降低了潜在的真实风险的能见度，且使抵押贷款的最初贷款机构没有风险，而这些风险最终转移到债务抵押证券的买方。换言之，抵押贷款的贷款机构发放风险极高的次级贷款，然后把它们打包成债务抵押证券，再到市场上销售。在既定的政策环境下，各种激励促使贷款机构向不合格的申请人发放高风险贷款，并将这些贷款打包成债务抵押证券在潜在拖欠风险难以评估的二级市场上销售。

另一种金融市场创新——**信用违约互换**（credit default swaps，CDS），通常被认为是导致金融危机的一个重要因素。信用违约互换本质上是一种针对产生收入的金融资产违约的保险合同。例如，债务抵押证券的所有者购买信用违约互换，把违约风险转移给信用违约互换的出售方。此外，也可以买进信用违约互换，在二级市场上售出。如上所述，债务抵押证券的所有者无法确定其潜在的真实风险，同样，为债务抵押证券提供保险的信用违约互换的发售者也很难评估其真实风险。况且，风险越远离其最初的来源，就越难以确定和评估。地方商业银行家可能在很小的一座小镇发放抵押贷款，对为各种各样的债务抵押证券提供保险的信用违约互换的持有者面临的风险，能进行更为真实的评估。

2007年末会计准则的变化使这些问题更加复杂。财务会计标准委员会（Financial Accounting Standards Board）要求金融机构账面上的所有资产都要逐日按市价计算。这意味着资产必须按现时市价来核算，不能用原始购买价或其他估价方法。随着二级抵押贷款市场上的价格回落，债务抵押证券的价值迅速下跌，银行和其他金融机构发现它们的资本不足以支撑其信贷扩张活动。因此，鉴于会计准则的变化，贷款和信贷额度萎缩，满足不了各行各业的经营活动所需资金。

□ 2008 年秋

到了 2008 年秋，华尔街的几家大型投行明显面临严重的财务问题，问题的根源从抵押贷款因而债务抵押证券的违约率持续上升到这些抵押贷款被捆绑。偿还信用违约互换债券需要支付的资金逐步累积，并引起保险公司和其他金融机构的资金大量外流。由于这些金融工具的潜在风险被大大低估，致使这些问题愈加严重。因此，这些金融工具的交易价格没有反映现实。

这些事件集中在一起，导致信心的丧失——没有人知道他们持有的金融产品的"毒性"有多大，也无法确定商业伙伴和竞争对手的资产组合里都有什么。在这种情况下，信用消失，金融市场崩溃。道琼斯工业平均指数（Dow Jones Industrial Average）从一年前的峰值下跌 40%，几乎每个美国成年人都敏锐地意识到金融危机的来临。

随着按揭证券（mortgage-based securities）的二级市场枯萎，房利美和房地美出现了严重的流动性问题，联邦政府不得不对它们进行托管，通过新的信贷限额给它们注入资金。美联储对几家大型投资银行进行救助，比如帮助两家投行合并和延长担保贷款以防止另一家倒闭。有一家大型投资银行被允许倒闭了。有意思的是，防止一家金融机构崩溃的同时，允许另一家金融机构倒闭，在我们的监管历史上并不是没有先例。最常见的说法是，有些金融机构"因为太大而不能倒闭"。换言之，如果一个机构的影响力如此广泛、如此深远，以至于它的崩溃会对公共福利产生巨大伤害，还有可能通过"多米诺效应"导致其他机构崩溃，那么，防止该事件的发生就是公众的最大利益。显然，这种论点需要价值判断来支撑它的前提。2008 年秋，管理当局的决定向市场发出的信息是混乱的，使人们更加困惑，信心丧失殆尽。

最终，幸存下来的华尔街投行不得不改变其组织结构，变成商业银行控股公司，以利用美联储的服务。美联储还开发了新的贷款项目，金融机构就可以借此以已抵押的房地产资产来借款，同时进入了商业票据市场以在各经济领域扩大信用。

为了防止再次发生倒闭，向信贷市场注入更多的流动性，国会授权财政部负责实施不良资产救助计划（Troubled Assets Relief Program，TARP）。不良资产救助计划让财政部向银行和其他金融机构购买 7 870 亿美元的"不良"资产。根据不良资产救助计划，银行出售资产，向政府提供**认股证**（warrants）。认股证是一种权证，允许持有者以固定价格购买发行公司的股票。因此，所有纳税人都与陷入困境的金融机构休戚相关。当所购买的资产最终到期或被出售时，政府就可以收回一部分投资。在资产的价值不太可能上升的情况下，政府可能盈利。

为了进一步刺激借款，美联储于 2008 年 12 月将联邦基金目标利率下调至 0.25%，这是有史以来最低的目标利率。如前所述，降低目标利率，货币供给增加，是一种扩张性政策。2009 年初，其他利率随之开始下调，可用信贷量小幅增加。可是，这并未导致借款量大幅增加，总体经济增长缓慢，到 2009 年第二季度经济衰退才正式结束。如图 12—5 所示，美联储决定将联邦基金目标利率保持在历史最低水平，到本书付梓时仍未变。

☐ 量化宽松

2008 年金融危机的规模之大、范围之广，致使美联储采取了非常规政策措施，以使经济回到正轨。美联储应对金融危机的非常规措施就是后来常说的"量化宽松"。**量化宽松**（quantitative easing）实质上就是中央银行从银行和其他私人企业直接购买资金资产，向经济注入特定数量的货币。这与公开市场业务这种常规货币政策措施不同，常规货币政策措施是美联储通过买卖政府债券来影响市场利率，借此影响商业银行的信贷和货币创造。量化宽松则是绕开通过银行信贷创造货币的常规方法，而是直接向经济体系注入新货币。有些人干脆就把量化宽松比作是"印发新钞票"。

美联储首次实施量化宽松政策是在 2008 年秋，当时有两个重要原因。第一，市场利率已经相当低，传统的货币政策措施难以刺激新的贷款和货币创造。第二，或许更为重要的是，美联储试图消除银行和企业资产负债中的不良资产，来稳定金融系统。美联储通过购买按揭证券、不良贷款以及其他濒危资产，降低在其资产组合中持有这类资产的商业银行和其他企业所面临的违约风险。美联储通过许多临时计划和措施购买这些高风险金融资产。表 12—2 列示出了美联储为应对金融危机而采取量化宽松政策的主要举措。

表 12—2	美联储的量化宽松政策措施
定期拍卖工具（TAF）	向存款机构拍卖 28 天或 84 天贷款
一级交易商信用工具（PDCF）	向政府债券的一级交易商提供隔夜贷款和抵押担保
定期证券借贷工具（TSLF）	向政府债券的一级交易商提供为期一个月的抵押担保短期贷款
资产抵押商业票据货币市场共同基金流动性工具（AMLF）	存款机构和银行控股公司从货币市场共同基金购买高质量资产抵押商业票据
货币市场投资者融资工具（MMIFF）	向美国货币市场共同基金和其他货币市场投资者提供流动性
商业票据融资工具（CPFF）	创立一个有限责任公司，直接从发行者手里购买 3 个月无担保和资产担保商业票据
短期资产担保证券贷款工具（TALF）	向合格资产抵押证券的持有者（消费者和小企业）发放最长可达 5 年的贷款

资料来源：www.federalreserve.gov/monetarypolicy/bst_crisisresponse.htm.

美联储在 2010 年底终止了表 12—2 列出的各项举措。当时，经济衰退还没有正式结束，失业率也很高，可持续的经济增长似乎还难以实现。为了应对这种情况，美联储在 2010 年秋和 2011 年春采取了又一轮量化宽松政策，购买 6 000 亿美元长期美国国债。此轮量化宽松就是所谓的第二轮量化宽松政策（QE2）。

量化宽松政策的预期效果一目了然。第一，美联储的回购会抬高金融资产的价格，产生正的财富效应，消费者的支出增加。第二，新货币的创造会降低利率，借款增加，推动总体经济活动。然而，这些效果能实现多少尚不清楚。这是因为商业银行和其他存款机构依然集中于重建在金融危机中大大缩水的资本水平。最终结果则是银行持有的超额准备金激增。如图12—6所示，美联储的量化宽松政策实施以来，银行系统持有的超额准备金数量已激增到前所未有的水平。前文讲过，超额准备金代表的是资金池，银行据此可以发放贷款，创造新货币。截至2012年，银行并没有发放足够多的新贷款，超额准备金的资金池没有明显减少。一些经济学家担心，这种超额准备金资金池会对未来的通货膨胀造成威胁。倘若超额准备金大量释放到经济体系中，货币供给会激增。因此，美联储面临的挑战是，一方面要说服银行增加新贷款，以刺激支出和增长，另一方面又不能出现因货币供给增加带来的通货膨胀压力。就在本书付梓时，美联储应对金融危机和大衰退的量化宽松政策措施，成败与否仍无定论。

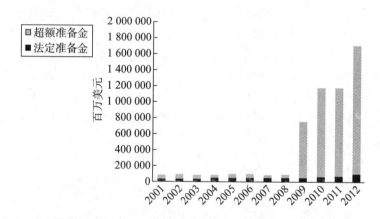

图12—6　2001年1月—2012年1月美国银行准备金

资料来源：www.federalreserve.gov.

□ 新的监管措施：《多德-弗兰克法案》

这场金融危机之后，奥巴马总统于2010年7月签署了《多德-弗兰克法案》。这项以来自马萨诸塞州的国会议员巴尼·弗兰克（Barney Frank）和康涅狄格州的参议员克里斯·多德（Chris Dodd）的名字命名的立法，正式的称谓是《华尔街改革与消费者保护法案》（The Wall Street Reform and Consumer Protection Act）。这是自75年前大萧条之后实施的改革措施当中，金融监管制度变化最大的一次。

《多德-弗兰克法案》的主要目的是，增强金融系统的责任与透明度，保护消费者不受不当金融行为的伤害。为此，该立法包含了大量的监管制度改革。《多德-弗兰克法案》的核心内容是成立金融稳定监管委员会（Financial Stability Oversight Council），负责监控威胁国民经济稳定的金融系统风险。其中，该委员会由美国财政部牵头，负责监控各类管理机构和金融机构，提出未来改革的政策建议。该委员会在各联邦机构之间建立一种金融监管协调机制，这在过去是没有的。

除了金融稳定监管委员会之外，《多德-弗兰克法案》还创设了独立的消费者金融保护局（Bureau of Consumer Financial Protection），隶属于美联储，负责贯彻执行消费者金融法律。该法律还针对证券和期货业出台了新的监管措施，改革信用评级服务，改进公司治理和高管薪酬办法，在财政部成立办公室负责监控保险业，对金融机构实施更加严格的资本金要求。不用说，《多德-弗兰克法案》的细节已超出了本书的范围，但毋庸置疑，倘若该法案能得到完全落实，它对金融系统将产生深远的影响。只是要在相当长的时间里，我们才能确定该法案能否降低再次爆发金融危机的可能性。

□ 未来展望

在本书付梓之际，联邦政府和美联储还在继续努力落实各项政策，实现经济的持续复苏。虽然经济对这些刚开始实施的刺激政策反应缓慢，但已表现出回暖的势头。到2011年末和2012年初，劳动力市场已明显改善，表明未来经济增长在望。需要指出的是，美联储的量化宽松政策的长期影响以及《多德-弗兰克法案》出台的新监管制度的结构性效应，可能尚需时日才能看得出来。不过，大多数经济学家似乎很清楚，这次金融危机和大衰退的影响彻底改变了21世纪美国经济的增长路径。

小结

银行在现代经济中起很重要的作用。它作为金融中介，把储蓄者和借贷者凑在一起。商业银行和其他金融机构通过吸收存款、发放贷款，提供广泛的金融服务，使经济运转起来。一级金融市场为企业经营和扩张筹措新资金提供了机制，即销售股票和债券。已存在股票和债券交易的二级金融市场为市场提供了流动性。

在美国，自美国成立200多年来，货币和银行一直是富有争议的话题。最初有两次试图建立一个国家货币当局的尝试都失败了，有很多年美国经济依赖地方发行的银行票据作为货币。直到1913年成立联邦储备委员会（美联储），美国现代货币体系才真正诞生。

货币在经济中扮演着重要角色。货币指一切可被普遍接受的作为支付商品、服务和债务的手段。货币有三大功能：第一，作为交换媒介；第二，作为度量商品和服务的价值尺度；第三，作为价值贮藏手段。经济中的货币供给包括流通中的纸币和硬币、旅行支票、银行的活期存款、小额储蓄和定期存款，以及其他可开支票和可借记存款。还有其他包括类似货币资产在内的更广泛的货币供给定义。

当银行作为一个整体扩大信贷时，货币供给扩张；当银行作为一个整体收缩信贷时，货币供给收缩。联邦储备系统负责控制货币供给，通过用政策控制银行的超额现金准备来履行这一职责。有三个主要的政策控制工具：法定准备金率、贴现率和公开市场业务。如果美联储认为放缓货币供给增长是必要的，就会提高法定准备金率，或提高贴现率，或增加政府债券的公开市场出售。这些政策措施可以减少超额现金准备，降低银行的贷款能力。如果美联储想加快货币供给增长，它就会采用相反的政策措施，如降低法定准备金率，降低贴现率，或增加政府债券的公开市场回购。这些措施可以增加超额现金准备，提高银行的贷款能力。

住房不动产市场出了问题，引发了 2008 年的金融危机。本世纪初的公共政策、低利率、金融创新等交汇在一起，抬高了住房价格。当美联储开始提高利率时，次级可调利率抵押贷款的持有者开始无法偿还其贷款，导致买卖按揭证券的二级市场出现贬值和违约浪潮，最终致使几家大型投资银行倒闭或几乎倒闭。美联储和财政部在某些情况下进行了干预。随着金融机构所持的资本资产的价值下跌，信贷市场枯竭，企业难以获得日常贷款。伴随人们对金融系统的信心下降，股票市场大幅下跌，股票市值比一年前缩水40%。如此等等，金融危机影响到国民经济的所有部门。

美联储和国会制定了许多新的规划和政策，旨在扼制金融危机及其相伴的经济衰退。美联储下调联邦基金目标利率至 0.25%，国会通过一个总额为 7 870 亿美元的庞大支出计划以刺激经济。美联储于 2008 年史无前例地出台了量化宽松政策，剥离金融系统的高风险资产，向经济体系注入新货币。国会于 2010 年通过《多德-弗兰克法案》，系统地改革金融体系，降低再次爆发危机的风险。这些举措最终能否成功还有待观察。

讨论题

1. 请解释商业银行为什么是金融中介。

2. 投资银行与商业银行有何不同？金融危机如何改变了投资银行？

3. 股票与债券的区别是什么？

4. 人们如何通过持有公司股票取得利润？

5. 区分一级金融市场和二级金融市场。纽约证券交易所属于哪一级市场？

6. 保险公司如何赚取利润？

7. 美国宪法是如何看待银行的？说说美国银行业的早期历史。

8. 货币的功能是什么？讨论货币的不同定义。

9. 假设有一笔 1 000 美元的新增活期存款，法定准备金率是 10%。详细解释货币是如何创造的，并假定在货币供给增长最大限度的情况下，列示银行系统的资产负债表。

10. 讨论美联储的主要政策控制方式。讨论公开市场业务、贴现率和法定准备金率的相对有效性。

11. 解释货币数量论。该理论的出发点是什么？这一理论是否得到经验数据的支持？阐述你的看法。

12. 目前的联邦基金利率是多少？在过去12 个月中变化了吗？如果变化了，这对 M2 的增长有何影响？请解释。

13. 货币市场的利率是如何决定的？用图示说明你的答案。

14. 假定美联储在公开市场上出售政府债券。消费支出会发生怎样的变化？为什么？

15. 2008 年金融危机为何始于住宅房地产市场？

16. 讨论金融创新对 2008 年金融危机的影响。

17. 美联储采取了哪些措施来恢复信用以应对金融危机？谈谈你的看法。

18. 依你之见，美联储应如何防止未来的金融危机？请解释。

19. 比较分析量化宽松政策和传统的货币政策。自 2009 年以来，美联储的量化宽松政策是一个有效工具吗？请解释你的答案。

20. 请解释自 2009 年以来美国银行持有的超额储备为何大大增加了。为什么有人担心这种现象会导致通货膨胀？请讨论。

课外读物

1. Acharya, Viral V. *Regulating Wall Street*: *The Dodd-Frank Act and the New Architecture of Global Finance*. Hoboken, NJ: John Wiley, 2011.

本书仔细观察和分析了新的金融市场监管措施及其对经济的影响。

2. Board of Governors of the Federal Reserve System. *The Federal Reserve System*: *Purposes and Functions*. 9th ed. Washington, DC: Board of Governors of the Federal Reserve System, 2005.

本书讨论了联邦储备系统在美国货币政策中的作用和职责。

3. Foster, John Bellamy, and Fred Magdoff. *The Great Financial Crisis*: *Causes and Consequences*. New York: Monthly Review Press, 2009.

本书从社会主义视角批评了形成 2008 年金融危机的经济事件。

4. Kindleberger, Charles P. *Manias, Panics, and Crashes*: *A History of Financial Crises*. 5th ed. New York: John Wiley & Sons, 2005.

本书历史地回顾了 17 世纪到现在所发生的经济恐慌和经济崩溃。

5. Krugman, Paul. *The Return of Depression Economics and the Crisis of 2008*. New York: Norton, 2009.

这位诺贝尔奖获得者的新作研究了美国金融系统面对泡沫和冲击为何变得脆弱以及如何得到妥善处理。

6. Mishkin, Frederic S. *The Economics of Money, Banking, and Financial Markets*. 9th ed. Glenview, IL: Scott, Foresman, 2008.

本教科书深入系统地介绍了货币政策、美联储的运作、金融系统的监管以及金融市场的国际化。

7. Williams, Jonathan, ed. *Money*: *A History*. New York: St. Martin's Press, 1997.

非常精彩地讲解了从美索不达米亚到现代时期的货币史，并附有大量的世界各地的各种货币照片。

在线资源

1. 联邦储备委员会理事会（Board of Governors of the Federal Reserve System）：

www. federalreserve. gov

美联储网站提供突发性重大事件、银行业信息和管制、消费者信息，以及经济研究和数据的链接。

2. 多德-弗兰克华尔街改革与消费者保护法案（Dodd-Frank Wall Street Reform and Consumer Protection Act）：

www. sec. gov/about/laws/wallstreetreform-cpa. pdf

由证券交易委员会维护的这个网站提供了这部具有里程碑意义的立法的全文。

3. 总统经济报告（Economic Report of the President）：

www. whitehouse. gov/administration/eop/cea/economic-report-of-the-president

该网站由总统行政办公室主办。进入搜索项可以找到有关银行和银行业的统计信息。

4. 联邦存款保险公司（Federal Deposit Insurance Corporation，FDIC）：

www. fdic. gov

提供消费信息、银行信息、统计信息和资产信息。

5. 圣路易斯联邦储备银行（Federal Re-

第 12 章

货币、银行与金融系统：老问题，新情况

serve Bank of St. Louis)：

http://research. stlouisfed. org

点击"FRED"可找到经济数据，点击"IDEAS"可找到有关美国货币政策和其他问题的文章。

6. 复兴法案透明化与责任委员会（Recovery Accountability and Transparency Board）：

www. recovery. gov

该网站根据《复兴法案》创建，让美国公众知道《复兴法案》的资金被获得合同、补贴、贷款的人是如何花掉的以及《复兴法案》赋予的权利和税收优惠是如何分配的。

7. 美国财政部：纸币和硬币（United States Department of the Treasury：Currency and Coins）：

www. treasury. gov/services/pages/coins-currency. aspx

美国财政部下属的铸印局（Bureau of Printing and Engraving）和美国造币局（U. S. Mint）负责设计、印刷美联储纸币，发行硬币。该网站还有关于纸币、硬币和防伪措施的链接。

第13章

失业和通货膨胀：我们能否找到一个平衡点？

□ 本章概要

什么是失业？
　劳动力
　市场经济中的失业
失业问题的分析
　失业的类型
　失业问题的进一步考察
什么是通货膨胀？
　通货膨胀如何衡量？
　通货膨胀率
通货膨胀的经济效应
　公平效应
　效率效应
　产出效应
失业和通货膨胀的经济分析
　经济活动的循环流
　总需求
　总供给
　总需求和总供给
　总需求不足的原因
　总供给疲软的原因
可能存在的抵换关系与政策
　选择
　菲利普斯曲线
　政策问题
大衰退
小结

□ 主要概念

劳动力 （labor force）
劳动力参与率 （labor force participation rate）
失业率 （unemployment rate）
沮丧的劳动力 （discouraged workers）
摩擦性失业 （frictional unemployment）
结构性失业 （structural unemployment）
周期性失业 （cyclical unemployment）
充分就业失业率 （full-employment unemployment rate）
通货膨胀 （inflation）
价格指数 （price index）
公平效应 （equity effects）
效率效应 （efficiency effects）
产出效应 （output effects）
恶性通货膨胀 （hyperinflation）
生产和收入的循环流 （circular flow of production and income）
总需求 （aggregate demand）
边际消费倾向 （marginal propensity to consume）
边际储蓄倾向 （marginal propensity to save）
消费的心理规律 （psychological law of consumption）
净出口 （net exports）
贸易赤字 （trade deficit）
贸易盈余 （trade surplus）
支出乘数 （spending multiplier）
总供给 （aggregate supply）
需求拉动型通货膨胀 （demand-pull inflation）
漏出 （leakages）
注入 （injections）
菲利普斯曲线 （Phillips curve）
成本推动型通货膨胀 （cost-push inflation）
扩张性政策 （expansionary policies）
紧缩性政策 （contractionary policies）
财政政策 （fiscal policy）
通货紧缩 （deflation）

章首引语

数以百万计的美国人在忙着找工作或者面临房屋止赎。对他们而言，大衰退刚刚步入第五个年头。但对其他人来说，美国经济正在复苏。某些部门的企业又开始购买设备和招工。这些在能源、技术、制造业、汽车业、农业等领域出现的小小力量，有助于振兴更大范围的经济发展。

"就业、收入和消费支出同时增加可以产生良性循环"，HIS全球透视首席经济学家奈杰尔·高尔特（Nigel Gault）在对最近的经济评价中写道。经济向好的证据比比皆是。截至本年度，雇主们创造了约50万个工作岗位，使失业率从2009年10月的最高点近10%降到了8.3%。劳动力市场的改善增加了个人收入，增强了消费者信心。2月份，零售额大幅增加，汽车业销售额创下近四年最高年增长率。

信心倍增的不光是消费者，企业经营者也更加愉快。上周，美国注册会计师协会公布了季度经济前景调查，调查采访了一些首席财务官、财务主管和其他高级管理层的会计师。"乐观指数"从2011年第三季度的25点到2012年第一季度直冲到69点。在0到100的范围内，只要大于50就是乐观的。"现在对美国经济乐观的人要多于悲观的人，大概是2比1的比例，这明显不同于6个月前，"美国注册会计师协会副会长卡尔·斯科特（Carol Scott）说，"尽管很多受访者仍保持中立态度，但我们能感到对来年的展望明显变得更加积极。"

不可否认的是，经济复苏仍不平衡。超过1 200万人还在寻找工作。美国房价从最高点下降了34%，使10年的升值化为乌有。汽油和航空煤油价格上涨，使旅游业刚刚燃起的盈利希望破灭了。有些行业仍深陷萧条。如果你在报社工作或者是一名建筑工，那你感觉不到经济复苏。美国经济还面临着来自国外的威胁。西方和伊朗的冲突、欧债危机，这些都有可能给美国经济制造麻烦。尽管有这样或那样的担忧理由，但经济的创伤不可否认地在愈合。

资料来源：Marilyn Geewax, "Signs of Recovery Emerge After a Long Downturn," National Public Radio, March 11, 2012.

在所有市场经济国家的历史上，失业和通货膨胀这两大问题时常暴露出来。如果不加以控制，这两大问题可能会导致严重的社会动荡和政治不稳定。事实上，如果领导人不能处理好这两个交织在一起的经济问题，帝国就会衰落。虽然美国从未出现这样的事，但毫无疑问，每次总统大选的结果都会受到候选人在管理失业和通货膨胀并使之对社会的影响最小化方面提出怎样的政策的影响。

失业和通货膨胀是检验社会问题的试金石，因为它们影响到每个人。失业不仅使生产性经济资源闲置，而且减少家庭收入，加重社会安全网负担。通货膨胀时期持续上涨的价格，会降低所有消费者的购买力，进而降低我们的生活水平。不过，在本章可以看到，失业和通货膨胀的经济影响并非对社会中的每个人都是一样的。为了理解失业和通货膨胀暴露出的问题，首先要清楚地界定和度量它们。

什么是失业？

失业看起来很容易定义，但其含义十分复杂且存在一些分歧。有关失业的第一个想法也许是认为，失业就是人们没有工作。这也许是对的，但是许多没有工作的人并不被官方认为是失业者。如果一个人愿意享受闲暇而不去工作呢？65岁以上的人也被当做失业者吗？全日制大学的学生是否也被算进失业人数呢？

本节对失业问题的讨论包括：第一，给出劳动力的官方定义；第二，阐明失业问题的重要性。而在后续几节中进一步探究失业产生的原因。

☐ 劳动力

要理解失业是如何定义以及衡量的，我们必须首先熟悉经济学中劳动力的概念。劳动力由当前所有参加或可以参加经济中生产性经济活动的人力资源组成。一个国家的文化和法律制度决定了哪些人力资源可以包括在劳动力之中。在美国，我们将**劳动力**（labor force）定义为包括16岁及以上或者在工作，或者在积极寻找工作，或者被暂时解雇后等待被召回的所有未被送进收容机构的人。这是美国劳工部使用的定义，用来衡量一段时间内美国劳动力的规模和增长。其他国家使用的定义与此稍有不同，这使得进行国际比较有时有点困难。

在劳动力的官方定义中，有几个方面需要我们重点理解。第一，所有被送进收容机构的人不包括在劳动力中。收容机构包括监狱、看守所、精神病院和长期疗养院等。第二，属于劳动力的人必须至少16岁。在美国，16岁以下的儿童受童工法的限制，他们参加任何类型的有偿工作都是不合法的。第三，劳动力包括就业和失业人口。劳动力中的就业人口指那些参加有偿工作的人。任何每周至少参加1小时有偿工作的人，都被认为是劳动力中的就业人口。劳动力中的失业人口包括那些正在积极寻找就业机会和那些被暂时解雇而等待召回的人。因此：

劳动力的人数＝就业人数＋失业人数

经济学家用许多统计术语来描述一国的劳动力市场状况。用来测度人们愿意且能够工作情况的统计量是**劳动力参与率**（labor force participation rate，LFPR）。一国的劳动力参与率是指真正属于劳动力的人口占潜在劳动力人口的百分比。因此，劳动力参与率的计算公式为：

劳动力参与率＝劳动力人数/潜在劳动力人数

表13—1列示出美国2011年不含被收容的平民人数（即潜在劳动力人数）以及这一年度属于劳动力的人数。根据表13—1的数字，我们可以计算出2011年的总体劳动力参与率为64%（153 617/239 618）。这一数字告诉我们，他们当中有2/3左右的人在这一年已

有工作或寻找工作，但还有 1/3 的人无工作或未找工作。未参与人群包括已退休人员、全日制学生、操持家务的丈夫，或正在从事其他非劳动力市场活动的人。近年来，由于美国总体人口老龄化，整个劳动力参与率在缓慢下降。不过，请注意表 13—1 中的数字，不同人群的劳动力参与率有所不同。例如，2011 年，男性的总体劳动力参与率是70.5%，而女性的总体劳动力参与率仅为 58.1%。

表 13—1   **2011 年美国 16 岁及以上人口的劳动力市场情况**   单位：百万人

	合计	白人	黑人*
不含被收容的平民人数	239.618	193.077	29.114
劳动力	153.617	24.579	17.881
劳动力参与率	64.1%	64.5%	61.4%
就业人数	139.869	114.690	15.051
失业人数	13.747	9.889	2.831
失业率	8.9%	7.9%	15.8%
不含被收容的男性平民人数	116.317	94.801	13.164
劳动力	81.975	67.551	8.454
劳动力参与率	70.5%	71.3%	64.2%
就业人数	74.290	61.920	6.953
失业人数	7.634	5.631	1.502
失业率	9.4%	8.3%	17.8%
不含被收容的女性平民人数	123.300	98.276	15.950
劳动力	71.642	57.028	9.427
劳动力参与率	58.1%	58%	59.1%
就业人数	65.579	52.770	8.098
失业人数	6.063	4.257	1.329
失业率	8.5%	7.5%	14.1%
不含被收容的青少年平民人数	16.774	12.818	2.594
劳动力	5.727	4.714	0.647
劳动力参与率	34.1%	36.8%	24.9%
就业人数	4.327	3.691	0.380
失业人数	1.400	1.024	0.291
失业率	24.4%	21.7%	41.3%

* 亚裔、西班牙裔以及其他种族或族群未统计在内。
资料来源：www.bls.gov.

    官方公布的最重要的常用统计量是**失业率**（unemployment rate）。失业率是指未就业的劳动力所占百分比。因此：

$$失业率＝失业人数/劳动力人数$$

表 13—1 中的数据表明，2011 年美国的总体失业率是 8.9％（13 747/153 617）。同劳动力参与率一样，失业率在不同的人群中有所不同。表 13—1 表明，年龄和种族是决定某一人群失业率的两个重要因素。如表 13—1 所示，2011 年，同白人和总体人口相比，黑人和青少年的失业率较高。历史上，黑人青少年的失业率在各人口组中最高；2011 年，其失业率高达 41.3％。

认识到没有工作并不是美国计算失业人口的充分条件这一点至关重要。一个人在暂时被解雇期间必须积极寻找工作或愿意从事工作。积极寻找工作的人会从事一般的工作寻找活动，如回复招聘广告、提交简历和申请工作等，并参加未来雇主的面试。当某人停止积极寻找工作时，他或她便不再满足劳动力的定义并因此不能再算做失业人员。放弃寻找工作的失业人员并在官方定义中不算作劳动力的人被称作**沮丧的劳动力**或**丧志工人**（discouraged workers）。一些经济学家认为，在经济周期的低迷时期，由于存在沮丧的劳动力，官方的失业计量方法可能低估了失业问题。

如今，美国的劳动力大约为 1.54 亿人，绝大多数劳动力得到雇佣。但是，每个月还有成百万的美国人被计入失业人口。失业是怎么发生的？我们为此又能做些什么呢？

□ 市场经济中的失业

从经济角度来说，在市场工资率下，劳动力的需求数量小于劳动力的供给数量，从而导致了失业。当工资率太高，即高于竞争水平时，失业将会发生。失业的解决方法是扩大需求，或者，如果竞争性力量发挥作用，则依赖自动的市场力量将工资率压低到劳动力需求数量等于劳动力供给数量的水平。

图 13—1 阐明了市场经济中失业是如何产生的。DD 曲线和 SS 曲线分别是劳动力的需求曲线和供给曲线。如果劳动力市场是完全竞争的，市场力量最终导致均衡就业水平 e 和均衡工资 w。市场达到均衡时，雇主需要的劳动力数量等于工人在现行工资率下愿意且能够工作的数量。因此，当劳动力市场处于均衡状态时，不存在失业问题。可是，如果现行工资率高于市场均衡工资率，情况会怎样？如图 13—1 所示，假定工资率为 w_1。当工资率为 w_1 时，劳动力的需求量仅为 e_0，而劳动力的供给量为 e_1。由于 $e_1 > e_0$，市场中有剩余劳动力。剩余劳动力意味着什么？它意味着在现行工资率下，工作岗位少，想工作的人多。换言之，就是存在失业。在图 13—1 中，工资率为 w_1 时的失业量等于 e_1 与 e_0 之间的差额。

只要工资率超过竞争市场均衡工资率，就会出现失业。如果劳动力市场是自由竞争的，工资率根据市场条件自由变动，失业程度就会最小化，只是达到均衡需要一定时间。遗憾的是，有很多事情妨碍了劳动力市场的竞争性。比如，我们在第 3 章得知，最低工资法常常迫使工资率高于完全竞争市场应有的工资率。劳动合同、集体谈判协议以及其他制度性因素可能导致工资率高于竞争情况下的工资水平。而且，工资往往具有"黏性"——一旦上升，合同、工人预期甚至心理因素都会使雇主难以降低工资。因此，失业是存在于世界所有市场经济体的一个常见问题。不过，需要指出的是，与对经济的管制程度较高的国家相比，竞争性经济体制国家的失业率较低。

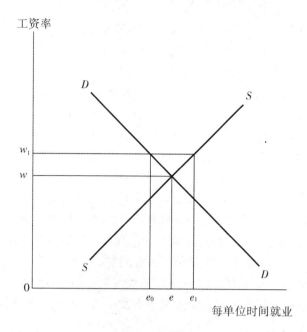

图 13—1　竞争市场中的失业

DD＝劳动力的需求曲线；SS＝劳动力的供给曲线；e_0＝工资率为 w_1 时的劳动力需求量；e_1＝工资率为 w_1 时的劳动力供给量；e_1-e_0＝失业。

失业问题的分析

经济学家通过分析人们失去工作的原因来研究失业问题。正如我们将看到的，失业的严重程度与其潜在原因有关。

□ 失业的类型

失业的含义也许可以通过区别不同类型的失业而得到阐明。三种主要的失业类型为摩擦性失业、结构性失业以及周期性失业。

摩擦性失业

摩擦性失业（frictional unemployment）在性质上是过渡性或短期性的。它通常起源于劳动力的供给方，也就是说，劳动力是自愿不被雇佣的。人们换工作或寻找新的工作便是这种摩擦性失业的例子。工作机会和寻求工作的人有时阴差阳错，结果，人们找不到工作。在有些情况下，摩擦性失业对工人和经济是有益的。例如，"人往高处走"，更换雇主可能是向上攀登"职业阶梯"所必需的。因此，短期的摩擦性失业也许能使工人在他们的职业生涯中不断进步。同样，当更换工作提高了此人的生产率时，整个经济也是受益的。

有些摩擦性失业客观上也与外部事件有关。比如，两个收获季节之间的淡季时农场工人的失业。这种季节性失业是暂时的、周期性的。工人们常常知道何时发生摩擦性失业，他们能据此应对。

摩擦性失业的重要之处是，它的持续时间不长。摩擦性失业也许在任何时候都存在，但是对任何个人或家庭来说，它是过渡性的。因此，摩擦性失业不被认为是严重的经济问题，且可以通过改善有关工作机会的信息流而得到减少。

结构性失业

结构性失业（structural unemployment）在性质上是长期性的，而且通常起源于劳动力市场的需求方。结构性失业是由经济变化导致的，这些经济变化会引起特定市场和区域中的特定类型劳动力的需求相对低于其供给。

在特定市场中，劳动力的需求相对较低也许是由于以下几个因素所致。（1）技术变化。尽管技术变化被认为能减少成本，扩大整个经济的生产能力，但它也许会对特定市场产生破坏性极大的影响。（2）消费者偏好的变化。消费者对产品偏好的改变在某些地区会扩大生产，增加就业，但在其他地区会减少生产和就业。（3）劳动力的不流动性。劳动力的不流动性延长了由于技术变化或消费者嗜好改变而造成的失业时间。工作机会的减少本应会引起失业者流动，但不流动性却没有使这种情况发生。

周期性失业

由经济波动引起的失业称为**周期性失业**（cyclical unemployment）。这个词来源于"经济周期"这一术语，经济周期一般指的是总体经济的不规则波动。（第11章比较详尽地考察了经济周期。）周期性失业是由整个经济的产品和服务总需求的减少造成的。总需求减少会降低总产出，引起整个经济体系的一般性失业。当经济进入衰退期时，周期性失业通常是失业的主要类型。

▢ 失业问题的进一步考察

充分就业失业率

从政策角度来看，充分就业通常界定为比如说 4% 或 5% 的失业率。如果失业率高于充分就业失业率，就认为经济在低于充分就业的状态下运行。充分就业失业率之下的失业假定是摩擦性失业和结构性失业。充分就业失业率之上的失业，假定是周期性失业，这正是财政政策要减少或消除的失业。观察**充分就业失业率**（full-employment unemployment rate）的另一种方法是，它是与价格稳定相适应的失业率。正如一些经济学家所说，任何试图将失业率降低至充分就业失业率或称自然失业率之下的政策，都会加速通货膨胀率。20 世纪 50 年代和 60 年代，失业率为 4% 的情况叫充分就业，而到了 70 年代提高到 5%，80 年代由于技术进步和产业结构变化又提高到 5%～6% 之间。目前，经济学家似乎一致同意，4%～5% 的失业率与非加速型通货膨胀率相符合。用更高的失业率来定义充分就业的基本理由是，当失业率降到某一比率之下时，当劳动力正在经历结构变化（比如劳动力中妇女和青少年的数量增加）时，当技术进步导致产业结构重组时，通货膨胀率提高的可能性就增大了。

在一段时间内的失业率

图 13—2 说明了 1960—2011 年全国失业率的变化。显然，每年的失业率都不一样，

而且持续的时间在延长。需要注意的是，失业率常表现出周期性——失业率下降几年，然后上升几年。这种格局类似于第 11 章讨论的 GDP 变化格局。不过，在任何时点上，GDP 的变化与失业率的变化方向相反。当总体经济下降、走向衰退时，GDP 将下降，失业率上升。事实上，在衰退期间，不断增加的失业是 GDP 下降的一个原因——在其他条件相同的情况下，工作的人减少了，意味着被生产出来的商品和服务减少了。相反，当经济进入扩张阶段时，失业下降，工作的人多了，生产出来的商品和服务的数量增加了。

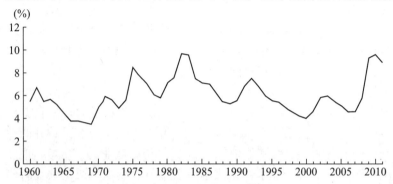

图 13—2　年度失业率，1960—2011 年

资料来源：www.bls.gov.

　　仔细看一下图 13—2 我们发现，过去 50 年间，美国经济有高有低。在这一时期，失业率最低为 1969 年的 3.5%，此后的 30 年里，失业率一直明显高于 4%。失业率在 20 世纪 80 年代初的经济衰退期间达到最高。1982 年，年失业率达到 9.7%，这是自 20 世纪 30 年代大萧条以来美国经历的最高失业率，然后就是 2010 年为 9.6%。20 世纪 80 年代初的另一个特点是高通货膨胀率（这与 2008 年金融危机后的几年不同），这一时期成为美国现代历史上最艰难的一段经济时期。我们从图中还可以看到，20 世纪 90 年代的经济扩张导致多年的失业率降低，而 2001 年的衰退又使失业率连续 3 年上升，2003 年达到最高点 6%。到 2006 年，全国失业率回落至 4.6%。随后，2008 年金融危机爆发，失业率再次攀升，到 2010 年达到 9.6%。

　　如今很多经济学家认为，在 20 世纪 70 年代和 80 年代的大部分时间里，美国的失业率都高于充分就业失业率。因此，在相当长的时期里，经济中固有着一定水平的周期性失业。只有在 20 世纪 60 年代和 90 年代的扩张时期，美国经济接近人们常说的充分就业失业率。实际上，由于 20 世纪 90 年代低失业率还伴随着低通货膨胀率，所以有些经济学家甚至对充分就业失业率概念提出质疑。不过，美国 21 世纪初的情况表明，20 世纪 90 年代经济不断扩张，失业率暂时低于充分就业失业率，但不可能长期持续。我们将在本章的后面讨论这种可能性。

什么是通货膨胀？

　　大多数人对什么是通货膨胀都很清楚。他们知道，通货膨胀会使得购买一篮子生活必需品要花更多的钱；购买圣诞礼物的支出也会增加；在外就餐、看电影、度假、买车都会更贵。他们还知道，如果以后他们收入的增幅赶不上通货膨胀的上升速度，他们的境况就会继续恶化。

通货膨胀（inflation）是一般物价水平的持续上涨。这与物价水平一次性上涨到更高的均衡水平有明显区别。在通货膨胀发生时，由于推动物价持续上涨力量的存在，不能达到均衡的价格水平。通货膨胀期间，一些商品的价格可能会下跌而另一些则会上涨。但价格上涨的商品是居主导地位的，它们抬高了一般物价水平。

通货膨胀具有动态的、自我维持的特点。物价水平的上涨会导致经济群体对上涨的价格作出反应，从而导致进一步的上涨。比如，预期物价将上升的消费者会增加当前的消费支出，使得当前的市场价格上扬。在物价上涨期间，生产者不愿意抵制工资和其他成本的增加，因为生产成本增加会以提高价格的形式转嫁给消费者。这些价格的上涨，就成为将来生产成本以及物价进一步上升的基础。

然而，通货膨胀并不总是表现为物价的持续上涨。它可能被抑制，因为市场物价可能并不总是反映经济中存在的通货膨胀因素。受抑制的通货膨胀通常与政府控制物价的种种措施相关。在控制期间，市场物价保持不变，但通货膨胀的因素依然存在，因为政府没有采取任何措施来改变市场中的主要通货膨胀因素。在这种情况下，控制物价是很困难的。当物价控制取消时，价格水平一般会迅速上扬。

□ 通货膨胀如何衡量？

通货膨胀用价格指数来衡量。价格指数表示的是相对于基年的一般物价水平。例如，以 1999 年为基期，2011 年的消费价格指数是 129.1。这表示消费价格从基期（1999 年＝100）到 2011 年间平均增长 29％。2010 年的消费价格指数是 125.6。2010—2011 年间的通货膨胀率是多少？答案是 2.79％。这是根据下式推导出来的：

$$通货膨胀率 = \frac{129.1 - 125.6}{125.6} = 0.027\ 9$$

价格指数

消费价格指数（CPI）有时也被称为生活成本指数，包括城市工薪阶层和文职人员购买的各种商品，如食品、住房、家用电器、交通、服装、医疗服务和娱乐。批发价格指数则包括成百上千种商品，比如农产品、加工食品，以及工业制成品如纺织品、燃油、化工产品、橡胶、木材、纸张、金属、机器、家具、非金属矿产品、交通设备等。经济学家常用的另一个价格指数是隐性价格平减指数（implicit price deflator）。隐性价格平减指数包括 GDP 的所有组成部分：消费服务、耐用品和非耐用品、住宅及非住宅固定投资、出口和进口，以及政府购买的产品服务等。

价格指数的构造

由于通货膨胀是用价格指数来衡量的，明白价格指数是怎样推导的就很重要。虽然第 1 章简要探讨过价格指数，但全面分析价格指数的构造还是必要的。一个简单的例子就能说明其基本规则。假设一个家庭在 2008 年、2009 年和 2010 年购买同一商品篮子的支出分别是 20 000 美元、21 000 美元和 22 000 美元。如果以 2008 年作为基年，该年这些商品的价格指数就是100。2009年价格指数则是105，它是用2009年该商品篮子的成本（21 000美元）除以基年该商品篮子的成本（20 000美元），再乘以100以去掉小数点后得到的。用同样的方法，2010年的价格指数是110，即

$$\frac{2010\ 年市场篮子成本}{2008\ 年市场篮子成本} \times 100 = \frac{22\ 000\ 美元}{20\ 000\ 美元} \times 100 = 110$$

用于计算价格指数的商品篮子是在特定年份购买的每一篮子典型商品的数量，如外衣、衬衫、面包、汽油、电影票、电视机和汽车等。商品篮子中的每一种商品的价格乘以数量之和，就是该商品篮子的价值。该商品篮子的价值计算出来后，构造一个价格指数的最后一步就是选择基年，然后按上述方法计算出指数。

一组价格指数并不能完全衡量通货膨胀，因为只有部分商品包含在这个指数中。哪些商品能构成一个具有代表性的样本是很难确定的，而且它还会随着时间的推移、人们嗜好和偏好的改变而变化。衡量随时间变化发生的商品质量变化同样是很困难的。对于某些产品服务，高价格指数反映的是高质量商品的成本提高，而不是相同商品的成本提高。更为困难的问题是，技术进步很可能会导致高品质商品（比如个人电脑）的价格降低。尽管存在这些不足，价格指数作为物价水平变化趋势的指示器仍然是很有用的。

□ 通货膨胀率

图13—3显示了1961—2010年每隔5年的平均通货膨胀率。20世纪60年代前半期是价格几乎保持稳定的时期，消费价格年均增长率仅为1.3%。但在60年代后半期，通货膨胀情况就不同了。经济在1965年达到了充分就业，然后导致通货膨胀的力量开始积蓄。结果是，1966—1970年的年均通货膨胀率是上一期的3倍还多（4.6%）。整个70年代从大约7%的高通货膨胀率开始，以超过10%的通货膨胀率结束。发生了什么情况？政策制定者是如何使通货膨胀失去控制的？第一，没有采取任何措施阻止60年代后期导致通货膨胀产生的力量，而控制恶性通货膨胀最有效的方法就是，一开始就不要让它发生。第二，70年代初期采用了工资和价格管制的方法来解决通货膨胀问题。工资和价格管制对付的不过是通货膨胀的表征而非导致通货膨胀的根本原因。1974年取消管制时，通货膨胀率已达11%。能源价格的上涨，是评价这一期间恶性通货膨胀需要考虑的最后一个因素。像能源这样的重要投入的价格上涨，会导致大多数产品和服务的生产成本上升。因此，在某种程度上，1976—1980年间的年度通货膨胀率高反映的是产品和服务生产成本的提高。

20世纪80年代，导致通货膨胀的因素得到了控制，但1981年和1982年因此而发生了严重的衰退。长时期通货膨胀后的衰退是可以预见的，因为为了消除导致通货膨胀的因素，经济必须减缓或放慢。1981—1985年的年均通货膨胀率是4.8%。1986—1990年的年均通货膨胀率下降到了4.1%，1991—1995年进一步下降到2.8%。2000—2005年，按CPI计算的通货膨胀率每年平均只有2.5%。到2010年，按5年平均的通货膨胀率只有2.3%。从历史中要汲取的经验是，必须在经济发生通货膨胀之初就努力解决通货膨胀问题。导致通货膨胀的力量能够自我维持并使人们产生通货膨胀预期，从而采取引发通货膨胀的行动。导致通货膨胀的原因及对策将在以后各节讨论。

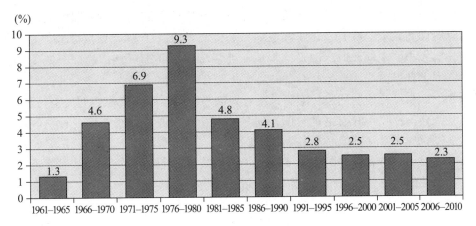

图 13—3　部分时期的平均通货膨胀率，1960—2010 年

资料来源：Economic Report of the President，various issues.

通货膨胀的经济效应

通货膨胀会影响收入分配、资源配置和国民产出。通货膨胀对收入分配的影响称为**公平效应**（equity effects），对资源配置和国民产出的影响分别称为通货膨胀的**效率效应**（efficiency effects）和**产出效应**（output effects）。

□ 公平效应

通货膨胀的影响是不平衡的。一些人会从中受益，一些人则会遭受经济损失。由于通货膨胀会改变收入分配，所以我们关注的一个重要问题是，收入分配的公正或公平程度。

每个赚取固定收入的人都会因为通货膨胀而受损，因为通货膨胀会降低实际收入。例如，一个年收入 40 000 美元的人，在物价水平上涨了 25% 的通货膨胀期间，其实际收入下降的幅度与通货膨胀率相等，本例中即 10 000 美元。那些其收入没有价格水平上升得快的人，包括依靠退休金生活的退休人员、白领工人、公务员、靠社会救济生活的人，以及夕阳产业的工人等。

通货膨胀会使以货币形式持有资产的人和拥有固定货币债权的人的境况变差。假设一个人在存款账户中存入了 1 000 美元，并在该年获得 5% 即 50 美元的利息。如果通货膨胀率超过 5%，原储蓄额 1 000 美元加上这一年从储蓄中得到的 50 美元的实际价值就会低于原来的 1 000 美元。债权人、抵押权人和人寿保单的所有人会受到通货膨胀的损害，因为他们的固定货币债权的实际价值降低了。那些以 18.75 美元的价格购买政府 10 年到期偿付 25 美元储蓄公债的人有时会发现，这 25 美元能买到的产品和服务的数量不及 10 年前用 18.75 美元所能购买的多。

由于通货膨胀，有些商品和资源的价格可能会比一般物价水平上涨得快。在迅速成长的企业中工作的工人的工薪可能会比物价上升得快。强有力的工会在工资谈判中有时能成功地使得工资上升幅度大于物价上涨幅度。那些以利润的形式获取收入的人们——股票持有者和商业企业所有者，实际收入是否提高，取决于利润增加的速度与价格上升速度的相对大小。土地和地产改良的价值在通货膨胀期间都可能提高——如果其价值比通货膨胀率上升得更快，土地所有者的境况相对会好些。

总之，如果没有预期到通货膨胀，或者人们并没有因此调整他们的经济行为，那么，通货膨胀就会改变收入和财富的分配。对一些人来说，通货膨胀就像一种税收；而对另一些人来说，通货膨胀则像一种补贴。实际收入因通货膨胀而下降的人是那些赚取固定收入和以货币形式持有资产的人。实际收入因通货膨胀而上升的人则是那些货币收入比物价上升更快的人以及持有价值升值比通货膨胀更快的实际资产的人。通货膨胀改变收入分配格局的任意性证明了这一断言：通货膨胀是不公平的。

☐ 效率效应

通货膨胀会改变资源配置的格局。在竞争市场中，不同产品和服务的价格反映了消费者对可获得数量的估价。通货膨胀会导致对不同产品和服务的需求上升，但有一些产品和服务的需求上升要比另一些快。需求上升会引起供给反应，但产品与产品间的需求程度不同。这样，通货膨胀就会改变不同产品和服务的相对需求、相对供给以及相对价格。于是，资源配置的格局就与无通货膨胀时的资源配置格局不同了。但是，我们并不能确定有通货膨胀时的资源配置格局要比无通货膨胀时的效率低（也就是说我们不能确定通货膨胀一定会使得经济福利下降）。不过，许多经济学家认为，通货膨胀会扭曲资源配置格局，使得资源配置低效率。

通货膨胀会促使经济群体花费时间和资源对通货膨胀作出调整。由于通货膨胀会降低货币的购买力，以至每个人都会使其货币余额（即以货币形式持有的资产）经济化或最小化。在针对通货膨胀作出调整过程中花费的时间和所用的资源本可以用来生产产品和服务。由于通货膨胀会促使每个人作出调整，并从生产中抽走时间和资源，因此它会降低经济效率。

☐ 产出效应

前面关于通货膨胀的公平效应和效率效应的讨论都假设，实际产出和生产水平位于经济的生产可能性曲线上。做这样的假设，是为了集中讨论通货膨胀是如何改变人们的实际收入分配（公平效应）和资源配置（效率效应）的。简单地说，在前面的讨论中，我们假定有一个特定大小的馅饼，我们关注的是通货膨胀改变每一块馅饼大小的方式和影响制作馅饼中资源使用的方式。现在我们考察通货膨胀对馅饼大小的影响。通货膨胀对产品和服务的产出水平会产生什么影响呢？

通货膨胀对经济中的产出和就业会产生激励效果。支持这一命题的论据可作如下表述：在通货膨胀期间，货币工资收入滞后于价格上涨，实际利润收入上升；在利润增加的刺激下，生产者会扩大生产并雇佣更多的人。

应当有所保留地看待通货膨胀能激励产出和就业这种论点。失去控制的通货膨胀，即**恶性通货膨胀**（hyperinflation），会使货币大幅度贬值，以至于不能再充当交换媒介。

在这种情况下，以物易物的经济会发展起来，并伴随着更低的产出水平和更高的失业率。当然，如果经济正在充分能力和充分就业上运行，通货膨胀就不能进一步刺激经济发展。充分就业时的通货膨胀通常被称为纯粹通货膨胀（pure inflation）。

根据通货膨胀是否伴随着产出和就业的增加可知，通货膨胀的效应是不同的。只要生产持续增加，通货膨胀就会受牵制，因为尽管供给滞后于需求，但它是上升的，从而会减弱通货膨胀的力量。如果生产和就业都在持续增加，通货膨胀的公平效应就会被最小化。然而，当经济趋近于充分就业时，通货膨胀的严重性就会增加，更有可能出现加速上升的通货膨胀率，且通货膨胀对生产和就业可能存在的有利影响也微乎其微。

失业和通货膨胀的经济分析

现在我们已经比较清楚地了解了什么是失业和通货膨胀、它们是如何度量的以及它们对社会产生怎样的影响。接下来，我们要分析市场经济为什么会出现这些问题。为此，我们要引入几个新的经济分析工具，其中最重要的是经济循环流以及总需求和总供给概念。

经济活动的循环流

我们已经理解了单个商品的均衡价格和需求量，如小麦、汽车、服装、电视机、冰激凌、项链，以及我们经济中制造的所有其他商品。我们现在从单个产品的供求曲线转到代表所有商品的供求曲线。我们对经济运行作一个概述，经济学家称之为经济活动的循环流。

图 13—4 说明了这种循环流。读者要仔细研究这幅图，因为它显示的关系对理解经济运行非常重要。

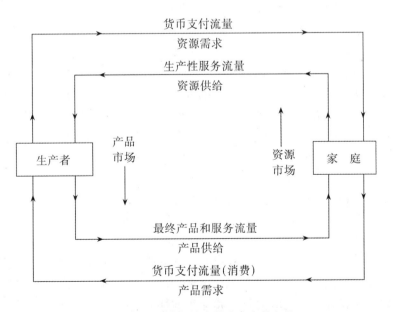

图 13—4　稳态经济中的生产和收入流

当产品和服务生产出来时，收入和工作便在社会中形成。资源（劳动力、资本和自然资源）的所有者，会将他们的生产性服务出售给生产者，生产者反过来又以工资、利息、租金，以及利润的形式支付给资源的所有者。流向生产者的生产性服务流量代表资源的供给，而来自生产者的货币支付流量代表资源的需求。通过生产过程，生产者可以将生产性服务或资源转化成产品和服务，并将产品和服务出售给家庭。作为交换，他们从家庭得到了货币支付。生产者到家庭的流量代表了产品和服务的总供给，而家庭对生产者的货币支付流量代表了家庭的总需求。

循环流中有几点需要记住。第一，存在两个市场：资源市场和产品市场。资源的价格和就业由资源市场决定，产品的价格和产出由产品市场决定。（在图 13—4 中，下半部分是产品市场，上半部分是资源市场。）第二，资源市场和产品市场是相关的。对产品的需求形成了对用于生产产品的资源的需求。生产产品的成本取决于所支付的价格和用于生产的资源数量。第三，在经济中有两种循环流，一个是生产性服务（劳动力、资本，以及自然资源）和产品（汽车、服装，以及医疗服务）的实际流量；一个是对生产性服务的资源所有者和产品与服务的生产者的货币支付流量。第四，实际收入由生产出来的物质产品和服务决定，货币收入是生产出来的物质产品和服务的货币价值。

经济活动的循环流，以简单的方式说明了整个经济是如何运行的。它强调了经济变量的相互依赖性：收入依赖于生产、生产依赖于支出、支出依赖于收入、资源需求依赖于产品需求等。为了探究人们失去工作的可能原因，我们现在研究产品市场。

□ 总需求

总需求（aggregate demand）是表明不同价格水平上经济中对总产出的需求表。既然我们关心所有产品和服务的价格，我们就必须把价格视为平均价格或价格水平。由于我们也关心所有产品和服务的数量，我们就必须将需求的数量视为产品和服务的复合单位——由衬衫、桌子、食物、燃料和其他东西组成的每一单位构成的经济的实际产出。

总需求如图 13—5 所示。在价格水平为 p_1 的情况下，需求的产品和服务为 200 个单位；在价格水平为 p 的情况下，需求为 400 个单位，等等。在任何价格水平上产品的需求量是以下所有项目的总和：消费者购买的产品和服务的产出，如鞋和牛排；投资者购买的产出，如新的厂房和设备；政府购买的产出，如高速公路和教育服务；以及净出口，即外国购买的在美国生产的产品和服务（出口）与美国购买的外国生产的产品和服务（进口）之间的差额。在既定的价格水平下，这些群体——消费者、投资者、政府以及除此之外的其他群体——的产出需求变化将改变总需求。例如，如果消费者开始在所有价格下购买的消费品数量大于他们以前的购买数量，那么，总需求将会增加——总需求曲线向右移动，表明在所有价格下需求更大。现在我们考察总需求的重要决定因素。

消费支出（*C*）

消费支出，通常简写为 *C*，是由客观因素（如收入、财富，以及利率等）和主观因素（如嗜好、偏好，以及消费者信心等）决定的。消费支出与收入和财富正相关，与利率负相关。也就是说，当消费者的收入和财富增加时，在每一价格水平下他们因购买能力提高而使产出需求增加；而当利率上升时，他们因赊购的成本更大以至于产出需求降

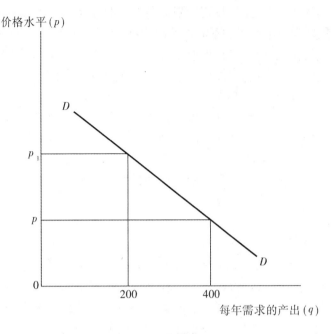

价格水平(p)

每年需求的产出(q)

图13—5　总需求

　　DD曲线是一个总需求曲线，表明在不同价格水平下的产出需求。例如，在 p_1 的价格水平下，产品和服务需求是200个单位。

低。嗜好、偏好，以及消费者信心，会起到很重要的作用，因为在消费者的收入和财富既定的情况下，这些变量会影响消费者的消费和储蓄倾向。在决定 C 的所有变量中，消费者的收入通常被认为是最重要的变量。表述这一点的一个更为准确的方式是：在给定其他变量的情况下，C 取决于收入（Y）。

　　要进一步探讨 C 和 Y 之间的关系，就要理解一个重要的概念，那就是**边际消费倾向**（marginal propensity to consume，MPC）。边际消费倾向是消费的变化除以收入的变化。假定 MPC 为 4/5，那么，Y 增加 1 000 亿美元将使 C 增加 800 亿美元，储蓄（S）增加 200 亿美元。在此例中，**边际储蓄倾向**（marginal propensity to save，MPS）为 1/5，这是增加的收入当中没有用于购买消费产品和服务而被储蓄的部分。由于收入要么被消费要么被储蓄起来，所以 MPC 加上 MPS 总是等于 1。MPC 的两个一般特征是：它小于 1，而且相当稳定。后一个特征并不意味着所有消费者都有相同的边际消费倾向；当收入增加时，低收入消费者比高收入消费者的支出倾向更高。但就所有消费者的平均情况来看，MPC 在一定时期内并不会发生大改变。MPC 的第一个特征表明，当收入变化时，消费也会随之变化，但变化的程度要小一些，这常被称为**消费的心理规律**（psychological law of consumption）。第二个特征表明，当收入改变时，消费的变化通常可以准确预测。应当指出，本章提到的所有变量都是实际值或不变价格。

　　投资支出（I）

　　投资支出，简写为 I，主要是购买新设备和厂房。与消费支出相比，它的稳定性较弱，由利率和新投资的预期收益率决定。当投资的预期收益率大于利率时，人们投资的动机会更强，投资将增加，因为投资比贷款的盈利性更大。（市场利率是投资的机会成本。）当投资的预期收益率小于利率时，情况相反：购买新设备的动机将很弱，投资将下降。由此可见，当预期收益率或预期利润率等于利率时，投资水平被确定；也就是说，在这种情况下，投资支出不会增加也不会减少。在投资支出的决定中，预期具有战略性作用。决定投资的不是当前利润率，而是预期利润率。新投资必须与旧投资竞争。某些现有投资的当前收益率高于利率这一事实并不能确保新投资是有利可图的。例如，可出租公寓供给的增加可能会降低原本可以收到的租金，减少这种投资的净收入流量。在这种情况下，投资于出租公寓的利润率预期会降低，而且根据利率水平，也许会导致不进行投资的决策。正是预期在投资决策中的这种作用，再加上投资者的信心状况，使得投资者的产出需求在一定时期内呈现周期性变化格局。

政府购买（G）

政府购买是由各级政府需求的产品和服务的最终产出。政府购买对收入的影响类似于对投资的影响；也就是说，G 的增加对收入具有正的影响。不过，有必要区分购买最终产品和服务的政府支出与转移性支出。政府转移性支出如社会保障金支出是支付给个人的支出，间接增加产出需求。收入或产出需求间接受转移性支出的影响，因为转移性支出的接受者增加了可支配收入，并随之增加他们的消费和储蓄。因此，政府转移性支出的增加将会促进消费支出增加，但这种影响会小于 G 的等量增加，因为部分转移性支出会变为储蓄，未被消费掉。

政府的一次总付税（不随收入变化的税收）对收入的影响与转移性支出完全一样，只是影响的方向相反。转移性支出增加，如果用等量的一次总付税增加来融资，不会改变产出需求；相反，用等量的一次总付税增加转移性支出，将增加产出需求。

出口和进口

在经济中影响产出需求的最后两个变量是出口和进口。出口会增加产出需求，进口会减少产出需求。因此，国际贸易对产出需求的净效应可以用出口和进口之间的差额或**净出口**（net exports）来衡量。当净出口增加时，其效应是增加产出需求；当净出口下降时，其效应是减少产出需求。所谓的**贸易赤字**（trade deficit）表示净出口为负值，或者说出口小于进口。**贸易盈余**（trade surplus）则表示相反的意思，即出口大于进口。

支出乘数

支出的另一方面需要特别分析。支出（无论是私人投资支出还是政府购买支出）增加 1 美元将使收入或产出需求增加不止 1 美元。这很容易理解。假定一家汽车厂在你居住的城镇投资办厂，厂房和设备的成本为 1 亿美元。除了这种投资产生的产出需求之外，这项投资还会引起一系列消费支出，导致产出需求增加，或收入大于投资的成本。既定的投资支出变化与由此导致的收入变化之间的联系纽带就是**支出乘数**（spending multiplier）。乘数是一种数字系数，如 3、4 或 5。它是 1 减去边际消费倾向的倒数，或是边际储蓄倾向的倒数。例如，如果 MPC 为 4/5，乘数就是 5［由 1/(1－4/5) 得到］。支出乘数乘以投资支出的变化就等于收入的变化。在汽车厂投资的例子中，假定 MPC 为 4/5，初始投资额为 1 亿美元，结果是收入增加 5 亿美元。5 亿美元的收入增加或者说产出需求增加，由投资者的产出需求增加 1 亿美元和消费者的产出需求增加 4 亿美元组成。假定

MPC 为 3/4，再假定投资增加 1 亿美元，则收入增加 4 亿美元（4×1 亿美元）。在此例中，投资支出增加 1 亿美元，消费支出就会增加 3 亿美元。投资或政府购买增加导致的消费增加，总是等于边际消费倾向乘以收入的增加。

□ 总供给

总供给（aggregate supply）是一个经济体在不同价格水平上的产出供给数量表。经济学家通常将其划分为短期总供给曲线和长期总供给曲线。短期总供给曲线的例子如图 13—6 所示。如图所示，在短期，总供给与价格水平正相关。较高的产出水平通常伴随着边际生产成本不断上升。为了增加产量，生产者必须争夺物质资源和劳动力，推动成本上升，最终使总体价格上扬。若边际成本上升，只有在价格水平较高时增加产量才有利可图。在图 13—6 中，伴随着价格水平从 p_0 上升至 p_1，产出从 q_0 增至 q_1。

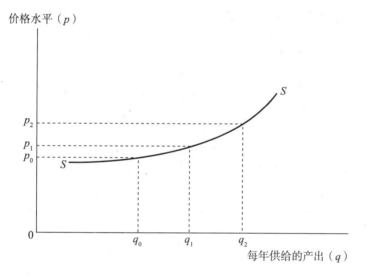

图 13—6　短期总供给曲线

短期总供给曲线表明了一国在不同价格水平上的产出。随着产出增加，竞争压力和资源约束推动价格上扬。

注意，短期总供给曲线 SS 没有把产出与价格水平间的关系描绘成一条直接的线性关系。产出从 q_1 到 q_2 的变化等于从 q_0 到 q_1 的变化，但相应的价格水平从 p_1 至 p_2 的变化大于从 p_0 到 p_1 的变化。这是为何？在任何时点上，短期总供给曲线的斜率取决于价格水平对产出变化作出怎样的反应。很多因素都可以影响这种关系，包括收益递减规律和当前经济的资源利用程度。比如，一国在经济衰退之后，可能有相对充裕的闲置资源，把它们再用于生产而不怎么会增加成本；但经历了一段时间的扩张后，生产者发现他们要争夺十分有限的资源，明显要影响到成本乃至价格。

长期总供给也取决于经济的资源利用程度。图 13—7 表明，长期总供给曲线在充分就业国民产出水平处成为一条垂直线。倘若该国随着时间的推移不断扩张，最终会达到这一点，此时只存在摩擦性失业和结构性失业。实际上，该国在充分就业产出水平处达到了其可持续能力。就短时间来说，通过"过度利用"资源也许能超越这一产出水平，比如要求工人加班加点、让机器设备一直运行。不过，这种做法代价高昂，成本上升，最终导致价格提高。而且，过度利用资源不可能持续，因为达到某一点后，工人不可能再加班加点，设备也需要维护和重置。在长期，这种状况将使该国重新回到充分就业产出水平，而价格水平上升了。

图13—8把短期总供给曲线与长期总供给曲线置于同一图中。S_0S_0是短期总供给曲

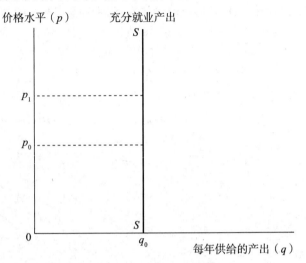

图13—7　长期总供给曲线

长期总供给曲线表明的是一国达到充分就业产出水平时可以生产出来的产出水平。较高的价格水平并不伴随着较高的产出水平。

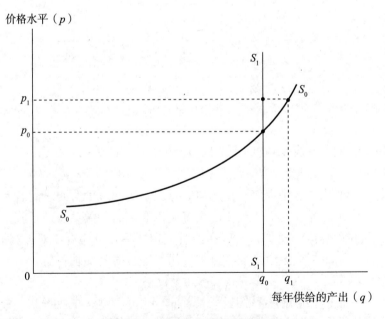

图13—8　短期和长期总供给曲线

在短期，生产的产出可以是q_1，但因资源的约束和竞争力量而不可能持续。在长期，价格水平将上升，产出将回到充分就业产出水平q_0，此时只有摩擦性失业和结构性失业。

社会问题经济学（第二十版）

线，S_1S_1 是长期总供给曲线。在短期，国民产出的供给可能为 q_1，但因该国的这种高产出水平不可能持续很长时间，产出供给必定回到充分就业产出水平 q_0。因此，超过充分就业水平的产出水平只能是暂时的，在长期将使全国的价格水平上升。

□ 总需求和总供给

图 13—9 说明了国民产出水平从而总体就业状况是如何取决于总需求和总供给的。我们先从下列情况开始：总需求曲线为 D_0D_0，短期供给曲线为 S_0S_0。此时，产出水平为 q_0，价格水平为 p_0，经济处于均衡状态。由于 q_0 小于充分就业产出水平 q_1，必定存在周期性失业，因为愿意工作且有能力工作的人力资源并没有得到充分利用。如果像 D_0D_0 这种比较低的总需求水平长时间存在，该国经济就处于衰退状态。可是，如果总需求能从 D_0D_0 增至 D_1D_1，价格水平可能升至 p_1，但总产出可能会增至充分就业水平 q_1。随着产出增加，需要更多的工人，失业就会下降。因此，在短期，总需求增至一定程度将使失业率下降，推动经济进入扩张阶段。不过，需要注意的是，从长期来看，如果总需求增加使产出水平超过充分就业产出水平，情况会怎样？这一点可以用图 13—9 的 D_2D_2 曲线来说明。用比较接近的术语来说，过度利用资源可能使经济超越其可持续产出水平，达到 q_2，但产出很快就会回落至 q_1，产出水平同以前一样，而价格水平上升了。当总需求曲线为 D_2D_2 时，长期均衡状态下的产出水平是 q_1，而价格水平则为 p_3。

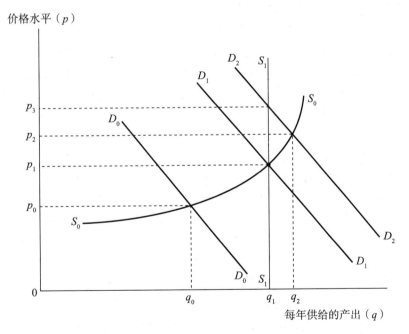

价格水平（p）

每年供给的产出（q）

图 13—9　总需求与总供给

在短期，总需求水平 D_1D_1 是保持充分就业所必需的。相对较低的总需求水平 D_0D_0 伴有周期性失业。相对较高的总需求水平 D_2D_2 导致较高的产出水平，但在长期并不可持续，只会使该国经济的价格水平上升。

本例所阐释的这种通货膨胀称为**需求拉动型通货膨胀**（demand-pull inflation）。在短期，需求拉动型通货膨胀伴随着生产增加，失业降低。然而，在长期，经济一旦达到充分就业，总需求再增加，只会导致价格水平上涨。这种情况有时称为纯粹需求拉动型通货膨胀（pure demand-pull inflation）。

我们的分析表明，在达到某一点之前，总需求增加将伴随着失业水平降低，而需求拉动型通货膨胀只略有上升。而"这一点"正是充分就业水平下的产出水平。在长期，超越了这一点，总需求再增加就只能导致通货膨胀。因此，在任何时点，决定总需求水平的因素（消费、投资、政府购买以及净出口）也有助于决定失业水平。如果这些支出流量不足，现有的总需求水平（如图中的 D_0D_0）就不足以使经济达到充分就业产出水平。那么，在什么情况下总需求是不足的？

政府政策制定者通过有意识地影响总需求的决定因素，可以影响失业水平和总产出水平。例如，政府给所有家庭退税，可使每一家庭增加消费，消费增加的数量取决于 MPC 的值。（当然，储蓄也会增加，增加的数量取决于 MPS 的值。）支出乘数决定了新增消费量，随之总产出会增加，失业会减少。如果政府不用给家庭退税，也可以选择增加财政开支。实际上，政府购买支出增加比减税的作用更大。原因在于，一部分减税变为储蓄，并没有用于消费，而政府花掉的每一块钱都进入了经济循环流。

□ 总需求不足的原因

总需求可能有多种原因不能达到实现充分就业的水平。首先，总需求不足也许是因为消费者的产出需求水平不足。消费者也许会由于种种原因减少他们的开支水平，这些原因我们已经讨论过，如嗜好的改变、实际收入和财富的减少以及利率上升等。其次，总需求不足也许是因为投资支出水平较低造成的，也就是说，投资支出水平低于充分就业经济所要求的投资支出水平；而投资支出水平较低可能是由于预期利润率的下降和（或）利率提高所致。再次，总需求不足也许与政府购买的减少或抑制私人支出的税收增加有关。最后，总需求也许因为相对于出口而言，进口水平很高。所有这些或其中任何一个原因也许就能解释经济为什么没有在其全部潜能上运行。

为了更深入地理解经济为什么没能在充分就业水平上运行，让我们再来看看经济活动的循环流。经济活动的循环流表明，收入是在生产过程中形成的，生产中产生的收入会以对生产的产品支出的形式返回给生产者。然而，在循环流中也许会出现中断。

这些中断被称为**漏出**（leakages）和**注入**（injections）。图 13—10 显示了经济活动循环流中的漏出和注入。漏出或从经济活动循环流中的撤出，也许会被经济活动流量的注入所抵消。漏出的一个例子是储蓄，而注入的一个例子为投资。储蓄意味着人们不将生产中形成的一部分收入花费到消费产品如收音机、苹果、香烟、领带或电冰箱等的购买上。这种结果也许是好的。储蓄是经济进行新厂房和设备投资以及促进增长的前提条件。如果充分就业状态下的储蓄率通过投资返回到了经济活动的循环流中（也就是说，购买投资品如厂房和设备），那么，总需求将足以购买所有生产的产品和服务。如果充分就业储蓄大于充分就业投资，除非经济循环流中的其他注入大于其他漏出，否则，总需求将会不足，不足的程度就是储蓄与投资的差额。当总需求不足时，生产形成的部分收入将不能以支出的形式返回给生产者。在当前市场价格和雇佣水平下，这会导致过剩。生产者对过剩市场状况的反应便是减少生产（而且，因此减少了收入），导致人们失去工作。

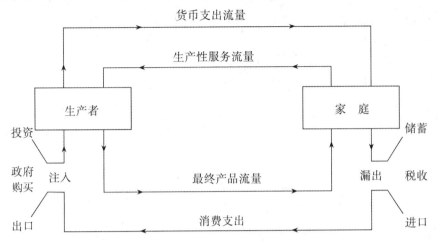

货币支出流量

生产性服务流量

生产者　　　　　　　　家　庭

投资　　　　　　　　　　　　储蓄

政府
购买　　注入　　最终产品流量　　漏出　税收

出口　　　　　　消费支出　　　　　进口

图 13—10　经济活动循环流的中断：漏出和注入

　　漏出的另外一个例子是政府税收，而相应的注入例子是政府购买。税收代表从经济活动循环流中的漏出，从这个意义上说它类似于储蓄。税收会减少私人支出，并因此减少总需求。总需求也许会因为税收相对政府购买太高而不足。

　　美国为什么一直如此关心国际收支赤字呢？因为国际贸易赤字表示美国从国外购买的产品和服务要比外国从美国购买的产品和服务多。进口是经济活动循环流的漏出，而出口则是注入。贸易赤字是进口大于出口的差额，将减少总需求，增加实现充分就业所要求的总需求水平的难度。

□ 总供给疲软的原因

　　前面我们说过，总供给实质上取决于资源价格和生产技术。因此，总供给的强弱就取决于这两个因素。假定一种资源的市场价格如劳动的价格上涨，而且没有被生产率的提高所抵消，总供给将会减少，导致失业。而且，总供给的疲软可能会导致劳动生产率下降。

　　图 13—11 阐释了短期总供给疲软。我们用 20 世纪 70 年代中期石油危机这一历史实例来说明。当国际上石油输出国组织（OPEC）卡特尔严格限制石油出口到美国时，汽油和能源成本因短缺而猛涨。商品和服务的生产和销售成本的持续上升影响到各个行业。总供给情况如何？总供给下降了。这种情况可用图 13—11 中的短期曲线从 S_0S_0 左移至 S_1S_1 来说明。在每一可能的价格水平上，一国经济供给商品和服务的能力降低了。假定总需求未变，总产出就从 q_0 降至 q_1，导致周期性失业增加。还需要注意的是，这种情形也加重了通货膨胀。总供给曲线的左移，使价格水平从 p_0 上升至 p_1。

　　因总供给持续下跌而导致的价格水平上升称为**成本推动型通货膨胀**（cost-push inflation）。请注意，成本推动型通货膨胀发生时，失业也在增加，这恰与经济出现需求拉动型通货膨胀时的失业情况相反。成本推动型通货膨胀对经济非常有害，因为家庭要经受物价上涨和生产下降的双重影响。

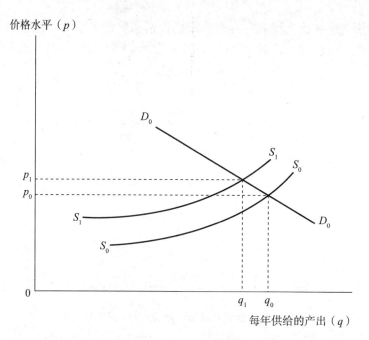

价格水平（p）

图 13—11　总供给疲软

资源价格明显上升，或者劳动生产率明显下降，使短期总供给曲线从 S_0S_0 向左移至 S_1S_1。如果总需求仍保持为 D_0D_0，产出就会从 q_0 下降至 q_1，引起周期性失业增加，价格水平上升。

总供给疲软也可能与储蓄和工作的激励有关。经济中的实际资本资产存量不可能增加，除非有足够的储蓄流量为实际投资提供资金。正是实际资本资产存量决定了经济中的一般生产率。如果储蓄的激励被严重降低，比如说被税收降低，储蓄就会不足，就无法实现置换、现代化以及增加经济中的资本存量。特定的税收和特定的政府支出计划会因降低闲暇的相关价格从而减少工作的激励。结果，人们可能会更少参加工作而享受更多的闲暇，以致劳动力供给减少，总供给更疲软。

显然，要保持低水平失业，就需要有强劲的总供给。我们很快就会看到，在短期，减少失业的一种方法就是增加总供给水平——使短期总供给曲线向右移动。由于在市场经济中，总供给的推动力量是利润动机，因此，提高生产者增加有利可图产出的能力的政策是保持总供给强劲的重要因素。

可能存在的抵换关系与政策选择

你肯定注意到，前文对总需求和总供给的讨论中，存在这样一种情况，即经济力量常常把失业率和通货膨胀率向相反的方向驱动。最明显的情况是低于充分就业时的需求拉动型通货膨胀：总需求增加，产出增加，失业率降低，但产出水平提高伴随着价格水平上升。这种类型的通货膨胀正是 20 世纪中叶的时代特征，同时经济学家们也注意到，失业与通货膨胀之间存在着明显的相反关系。

□ 菲利普斯曲线

新西兰人 A. W. 菲利普斯（A. W. Phillips）是发现失业与通货膨胀之间可能存在这种抵换（此消彼长）关系的第一位经济学家，故以其名字命名。菲利普斯基于英国的历史数据画出一条曲线，说明工资的变化（用劳动力市场的通货膨胀来度量）与失业的变化是如何随着时间的推移而改变的。他的图示揭示出这两个经济变量之间成反向关系。图 13—12 是一条典型的**菲利普斯曲线**（Phillips curve）。请注意，比如在 a 点，通货膨胀率比较高，而失业率比较低；比如在 b 点，情况则相反——通货膨胀率比较低，而失业率比较高。

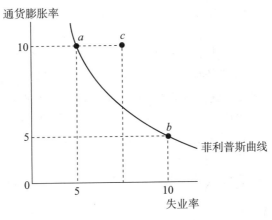

图 13—12　短期菲利普斯曲线

在 a 点，通货膨胀率比较高，而失业率比较低；在 b 点，通货膨胀率比较低，而失业率比较高。

经济学家们当时认为，菲利普斯曲线表明的这种关系给政策制定者提供了针对失业和通货膨胀的多种组合选择。他们需要做的就是调整经济活动循环流中的注入和漏出，实现所预期的失业水平和相应的通货膨胀率。政策制定者相信，通过管理总需求水平，他们能处理好失业和通货膨胀两大经济弊端之间的抵换关系。

因此，政策制定者通过提高政府支出水平或实施鼓励消费、投资和出口的政策，增加经济循环流的注入，解决总需求不足造成的失业问题；也可以采取一些政策，诸如减税、抑制储蓄行为等，减少经济循环流的漏出。这些措施称为扩张性政策，因为它们旨在扩大总需求。根据菲利普斯曲线，扩张的代价是抬高通货膨胀率。

相反，倘若政策制定者要降低通货膨胀，则可采取旨在降低总需求的紧缩性政策。紧缩性政策是要减少经济循环流中的注入或增加漏出。减少政府支出和家庭及企业支出水平的政策措施，可降低总需求水平。同样，增加税收和鼓励储蓄的政策，通过增加经济循环流中的漏出，也会降低总需求水平。根据菲利普斯曲线，采取这些措施来降低通货膨胀，结果可能导致失业率上升。

扩张性和紧缩性的政策措施通称为**财政政策**（fiscal policy）。财政政策是政府通过其财政当局有计划地采取措施来影响经济活动总体水平。在美国，财政政策由国会和总统决定实施，与货币政策决定是分开的。上一章曾讲过，当货币政策用来影响经济时，是由美联储掌控的。

在整个 20 世纪 60 年代，美国等国家的政策制定者利用菲利普斯曲线来指导其有关失业和通货膨胀的决策。20 世纪 70 年代，像石油禁运及其导致的全球能源危机等重大经济事件，表明菲利普斯曲线关系是不稳定的。能源危机对经济的供给面造成重大冲击。较高的石油和能源成本降低了生产者向市场提供商品和服务的能力。这实质上是总供给曲线在向左移动。如图 13—11 所示，这使失业和通货膨胀水平同时上扬。又如图 13—12 所示，失业和通货膨胀同时上升，就如同从 a 点移动到 c 点。可是，c 点不在菲利普斯曲线上，也就被认为不在可供选择的政策菜单中。然而，较高的失业和通货膨胀同时并存在现实中确有其事！

经济学家意识到，从长期来看，失业与通货膨胀之间的逆向关系是不稳定的。像 20 世纪 70 年代能源危机造成的那种外部冲击，可能会改变总供给函数，使经济未出现以前所看到的那种短期抵换关系。总供给曲线移动实际上也会导致菲利普斯曲线移动。由于菲利普斯曲线在不同时间可以左右移动，政策制定者就难以选择具体的失业和通货膨胀组合去微调经济。后来，经济学家们构建了更加复杂的模型，包含了失业与通货膨胀间的长期关系。虽然讨论该模型的结果超出了本书的范围，但重要的是这让我们认识到，失业与通货膨胀之间的政策权衡是一个短期现象，并不能准确地告诉我们如何对付失业与通货膨胀困境。

大衰退

如何利用本章构建的总需求和总供给理论框架来分析大衰退和政府对策？如前所述，大衰退是许多事件共同促成的，包括 2008 年底最终爆发的金融危机。金融危机严重冲击了整个经济，造成总需求和总供给下降。次级抵押贷款市场的崩溃以及随之而来的房地产和住宅价格的下跌，大幅减少了家庭财富。反过来，家庭则削减开支，增加储蓄，最终总需求水平下降。从供给角度来看，银行因其在房地产市场和衍生产品市场损失惨重而大大收缩信贷，企业很难取得贷款，生产和销售缺乏资金。随着信贷枯竭，产出下降，一些企业倒闭，许多工人失业。因此，经济中的总供给水平也随之下降。

图 13—13 说明了总需求与总供给同时降低的最终结果。当总需求为 D_1D_1、总供给为 S_1S_1 时，产出水平和价格水平分别为 q_1 和 p_1，如 a 点所示。倘若经济遭到冲

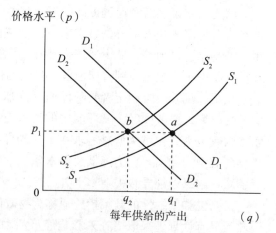

图 13—13　总需求和总供给减少

击，总需求和总供给都降低了，两条曲线都会向左移动，如 D_2D_2 和 S_2S_2 所示。在这种情况下，经济会移动到 b 点，产出水平下降到 q_2，但价格水平不变，仍为 p_1。请注意，这个新的价格水平取决于总需求和总供给的相对下降程度，如果其中一条曲线移动得大些或小些，价格水平就会上升或下降。

尽管这是对大衰退所作的很简单的分析，但与我们所经历的情况极其相似。金融危机的冲击降低了总体支出水平和生产水平，导致 GDP 下降，失业水平上升。另一方面，这场危机对通货膨胀的影响是温和的。正如本章前面所说，自这场金融危机爆发以来的通货膨胀率，与危机前 5 年的通货膨胀率没有多大差异。不过，有些经济学家认为，如果没有美联储的量化宽松措施（见上一章）和奥巴马政府的扩张性财政政策，经济可能会出现**通货紧缩**（deflation）——总体平均价格水平持续下降。如图 13—13 所示，如果总需求下降到 D_2D_2 之下，价格水平就会跌至 p_1 以下。目前的现实情况是，通货紧缩没有发生，但更加危险的是担心将来爆发通货膨胀。前面我们讲过，这是因为银行系统持有前所未有的超额准备金，其潜台词是，货币供给可能会剧增。

政府采取了一系列重大财政政策措施应对这次大衰退。2009 年《美国经济复苏与再投资法案》（American Recovery and Reinvestment Act）使政府支出增加 7 840 亿美元，以刺激总需求，振兴经济。扩大失业救助，削减工薪税。最流行的一项举措是"旧车换现金"计划，拿出 30 亿美元给愿意以旧车换取更高效、更环保的新车型的消费者。美国政府还实施了许多税收抵免和退税计划，鼓励企业投资和招聘。所有这些计划刺激了总需求和总供给，减轻了大衰退的不良影响。要是没有这些措施，经济状况很难说会是什么样。不过，扩张性政策的一个后果是显而易见的——政府预算赤字。显然，政府增加支出的同时削减税收，不可避免地就要借债。下一章将详细讨论这个问题。

小结

本章讨论了市场经济面临的两个最重要的问题——失业和通货膨胀。经济学家们设计了具体的定义和专门的工具来界定并衡量失业和通货膨胀。政策制定者密切关注这两大问题，是因为它们会对社会的生活水平产生负面影响。

失业有三种类型，即摩擦性失业、结构性失业以及周期性失业。摩擦性失业在性质上是暂时的，并且也不是主要的经济问题。结构性失业和周期性失业是重大经济问题。结构性失业产生的原因是在经济的特定部门中产品需求和供给发生根本性改变。周期性失业与整个经济的波动有关。

通货膨胀意味着一般价格水平的上涨。在通货膨胀时期，购买同样数量的产品和服务要花费更多的钱。通货膨胀对经济主要有三大影响，即公平效应、效率效应和产出效应。公平效应指通货膨胀对收入分配的影响。在通货膨胀期间，有些人受损，如贷款人和收入固定的人；有些人获益，如借款人和持有价值增值超过价格水平上涨的资产的人。效率效应指通货膨胀对资源配置的影响。由于通货膨胀在各市场间是不同的，资源的相对价格会改变，导致资源利用的配置不同。当持续上升的价格鼓励生产更多的产品和服务时，就产生了产出效应。在经济达到充分就业以前，持续上升的物价会与不断增加的生产水平保持同步。

总需求和总供给理论用来解释失业和通货膨胀的经济原因。总需求由消费者、投资者以及政府的产出需求构成。消费支出的决定性因素是价格、收入、财富以及利率。在给定的价格水平下，消费者的产出需求会直接因收入和财富而变化，而且与利率的变动相反。投资支出的决定性因素是预期利润率以及利率，投资支出与预期利润率正相关，与利率负相关。政府购买是总需求的最后一个部分，取决于社会优先考虑的事项和政策。

总需求不足或总供给疲软解释了经济为什么会在低于充分就业的水平上运行。当经济在低于充分就业状态下运行时，增加总需求会降低失业水平，但同时会提高价格水平。这种类型的价格水平上涨称为需求拉动型通货膨胀。鉴于经济无法保持产出水平超过充分就业产出水平，总需求再增加只会导致价格上涨。另一方面，如果总供给减少，在总需求不变的情况下，失业率和通货膨胀率会同时上升。这种类型的通货膨胀称为成本推动型通货膨胀。

在短期，经济可能存在失业与通货膨胀间的抵换关系。菲利普斯曲线说明了这种情况。政策制定者通过向经济循环流增加注入或减少漏出来刺激经济，可能会降低失业率，但同时也会抬高价格。同样，政策制定者通过向经济活动循环流减少注入或增加漏出，以期降低通货膨胀，结果也可能会导致失业率上升。因此，一些批评者认为，政策制定者不应企图微调经济，而是维护和执行法律法规，促进竞争以及为全社会提供公平的竞争环境。

大衰退的特点是，总需求和总供给都减少。虽然失业急剧增加，但总体物价水平保持相对稳定。前所未有的扩张性财政政策加上美联储的量化宽松政策的配合，减轻了这次大衰退的负面后果，但也造成政府赤字大幅度增加。

■ 讨论题

1. 解释劳动力的含义。失业人口是否包括在劳动力的定义之中？什么是沮丧的劳动力？

2. 如何计算失业率？失业率在经济周期中是如何变化的？请解释。

3. 讨论失业的不同类型。讨论降低哪种类型的失业可以不引起通货膨胀。

4. 在完全竞争的劳动力市场中，失业是如何存在的？

5. 经济学家所说的"充分就业失业率"是何意？在这种失业率下每个工人都有工作吗？请解释。

6. 什么是通货膨胀？如何衡量通货膨胀？

7. 描述美国过去50年的通货膨胀情况。通货膨胀最高水平是在何时出现的？为什么？

8. 列出并描述通货膨胀对经济产生的三大影响类型。

9. 画出经济活动的循环流程图。借用此图解释产品市场与资源市场之间的关系。

10. 总需求的构成要素有哪些？讨论边际消费倾向、边际储蓄倾向，以及投资乘数原理。

11. 引起总需求曲线移动的因素有哪些？引起短期总供给曲线移动的因素有哪些？

12. 解释当经济活动的循环流中的漏出大于经济活动的循环流中的注入时经济收缩的

原因。

13. 如果总需求保持不变，经济中发生了总供给水平的减少，失业率会怎样变化？价格将如何变化？这种情况与总需求不足情况有何不同？

14. 20 世纪 70 年代末和 80 年代，美国经济为什么会同时出现高失业和高通货膨胀现象？画一个总需求和总供给图来说明你的答案。

15. 需求拉动型通货膨胀与成本推动型通货膨胀有何不同？用两个图示来说明。

16. 什么是菲利普斯曲线？它对政策制定者来说为什么很重要？

17. 在需求拉动型通货膨胀时期，降低总需求的代价是什么？请讨论。

18. 在周期性失业和成本推动型通货膨胀时期，你会选择什么政策来应对？请讨论。

19. 当总需求和总供给同时下降时，经济可能会发生什么结果？请解释。

20. 利用总需求和总供给图，说明这次大衰退对价格和失业的影响。请讨论。

课外读物

1. Carson, Robert B., Wade L. Thomas, and Jason Hecht. *Macroeconomic Issues Today: Alternative Approaches*. 8th ed. Armonk, NY: M. E. Sharpe, 2005.

作者介绍了有关失业、通货膨胀和联邦预算平衡等各类经济问题的保守主义观点、自由主义观点和激进主义观点。

2. Cottle, Thomas J. *Hardest Times: The Trauma of Long-Term Unemployment*. Westport, CT: Praeger, 2001.

作者采访了很多长期失业者，并记录下他们的故事。

3. Froyen, Richard T. *Macroeconomics Theories and Policies*. 9th ed. Upper Saddle River, NJ: Prentice Hall, 2009.

其中有一章详述了总需求理论并讨论了总需求政策。

4. Schiff, Peter D., and Andrew Schiff. *How an Economy Grows and Why It Crashes: A Tale*. Hoboken, NJ: Wiley, 2010.

希夫兄弟俩以大量的图形、幽默的语言和故事解释了现代宏观经济运行的复杂问题。

5. Smith, Allen W. *Demystifying Economics: The Book That Makes Economics Accessible to Everyone*. Exp. 3rd ed. Naples, FL: Ironwood, 2007.

本书探讨了许多经济问题，但重点关注有关失业和通货膨胀的章节。

在线资源

1. 劳工统计局 （Bureau of Labor Statistics）：

www. bls. gov

该局隶属于美国劳工部。提供失业数据和其他统计资料，包括消费价格指数（CPI）。

2. 现时人口调查主页 ［Current Population Survey (CPS) Main Page］：

www. census. gov/cps

现时人口调查是劳工统计局和人口普查局的一个联合项目。提供的资源链接解释了每月的各种劳动力统计数据（包括失业率）是如何估计的。

3. 通货膨胀数据网 （InflationData. com）：
www. inflationdata. com

该网站提供了有关通货膨胀和价格指数的一系列当前和历史数据和信息。包括生活成本和通货膨胀计算的链接。

4. 美国劳工部（United States Department of Labor）：

www. dol. gov

提供与劳工相关的数据以及该部各种计划和活动的信息。

5. 华尔街日报：实时经济学（The Wall Street Journal：Real Time Economics）：

http://blogs. wsj. com/economics

《华尔街日报》的专栏作家在经济学博客中提供"经济观察与分析"。搜索"失业"和"通货膨胀"，就可以找到这两个主题的新内容。

第14章

政府支出、税收和国债：谁得益谁受损？

□ **本章概要**

人们担心什么？
  政府规模
  税收不公平
规模问题
  政府支出
  政府收入
规模问题的经济分析
  政府支出的效率水平
  公共物品
  外部收益和成本
  收入分配
  结论
税收原理与分析
  税收公平
  税收效率
  转嫁和归宿原理
美国税制
  联邦税制
  个人所得税
新世纪伊始
  政府借债的经济影响
  联邦债务偿还的经济影响
  近期的税制改革
  2008 年金融危机
小结

□ **主要概念**

政府转移性支出（government transfer payments）
政府购买（government purchases）
公共物品（public goods）
外部收益和成本（external benefits and costs）
同等税收待遇原则（equal tax treatment doctrine）
横向公平（horizontal equity）
纵向公平（vertical equity）
相对税收待遇原则（relative tax treatment doctrine）
税收的支付能力原则（ability-to-pay principle of taxa-tion）
累进税率（progressive tax rates）
比例税率（proportional tax rates）
税收的受益原则（benefits-received principle of taxa-tion）
税收效率（tax efficiency）
超额税收负担（excess tax burden）
税收前转和后转（forward and backward tax shifting）
税收归宿（tax incidence）
需求的价格弹性（price elasticity of demand）
需求的完全价格弹性（perfect price elasticity of de-mand）
需求的完全无价格弹性（perfect price inelasticity of demand）
政府借债（government borrowing）
政府债务偿还（government debt repayment）

第 14 章

政府支出、税收和国债：谁得益谁受损？

章首引语

　　尽管我们的税制尚不完善，但税收筹措的收入不是削弱而是巩固了国家经济。它们为基本公共物品和服务提供了资金，增加了国民储蓄，所提供的许多东西（从高速路和学校到生物医学研究和国家公园）还间接地创造了私人财富。就像大法官奥利弗·温德尔·霍姆斯（Oliver Wendell Holmes）在1927年所说的那样，"税收是我们为文明社会付出的代价。"

　　认为税收过高的决策者一般不止是推崇低税收，他们还极力主张小政府。但他们忽略了一个事实，就是最近的减税并没有使政府缩减开支。最近的减税加大了预算赤字，减少了国民储蓄，使我们的子孙后代很可能面对不如其他国家的经济和生活水平。

　　减税会促进经济增长而增税会抑制经济增长的观点是不全面的，也是不正确的。经济学家一般认为，真正的税制改革是在降低边际税率的同时扩大税基，使税收收入保持不变，这样的改革才有利于经济增长。而增加赤字、减少国民储蓄之类的减税，对经济增长有害而无益。

　　与其进行财政上不可持续的永久性减税，不如让我们记住征税的原因：提供至关重要的公共服务，像强大的国防、国土安全、医疗保健、退休和收入保障、教育和培训以及赈灾。

　　当我们听到政治家们在减税上唱高调时，我们要清醒地认识到，我们现在多获得一分钱的减税，我们子孙后代的未来税收负担就会加倍。一个文明社会不应当总是沉溺于消费而不愿有足够的付出，一味地把这种负担强加于当下没有政治声音的后代。

资料来源：Diane Lim Rogers, "Good Reasons for Taxes," *The Boston Globe*, April 16, 2006. Reprinted with the author's permission.

人们担心什么？

　　人们对政府的很多担心似乎都与日常生活中各种值得怀疑的政府服务、管制和纳税相关。就像本章章首引语中所提到的，税收和政府支出处在当今的政治争论中的风口浪尖。很多人在免费或低于市场价格的情况下获得政府服务时并不反对政府服务，但当轮到他们纳税而别人接受政府帮助时，他们就会反对政府服务。上升到人生哲学层面来说，人们担心政府活动范围的扩大会缩小他们的个人选择并削弱他们的个人权利。

　　人们最担心的是政府规模和税收分配。与这两个问题有关的问题是本章讨论的重点。

□ 政府规模

人们似乎日益感到政府规模太大了。如果的确如此，那么政府服务和税收都应削减。人们的这种感觉是否有根据？

人们对政府规模的某些担心是有根据的。政府活动已扩展到几十年前看来不必要的社会领域。为了从事这些活动，税收增加了，现在几乎所有家庭都要把其收入的很大一部分用于纳税。人们对政府浪费和滥用支出的担心并不是虚构的。人们可以通过种种渠道了解到这类事情，几乎每年、每月和每天都有关于不必要的政府支出或某些政府支出项目滥用经费的报告。

人们对政府规模的一些担心是没有根据的。尽管许多政府支出项目的历史是一部增长、浪费和部分滥用的历史，但许多政府支出项目，如政府为人们提供的许多福利项目以及满足生活在不断进步的社会中的各种需要，至少在一定程度上是成功的。举例来说，自从1936年社会保障计划开始实行以来，社会保障税迅速增长，成为许多纳税人的沉重负担。但与此同时，该计划的覆盖范围不断扩大，目前不仅包括退休收入和失业救济，还包括保健计划。（第15章将对这些问题进行全面的讨论。）对于政府活动，如果能淘汰不必要的计划，改进必要的计划，那么，我们需要更多而不是更少的公开辩论和详细审查。

有些担心的原因不是具体的，而是泛泛的和哲学形态上的。担心政府规模过大是美国传统的一个重要方面。"最小的政府是最好的政府"这种信念，鼓励人们进行个人选择和在市场中解决问题。在市场经济中，人们假定市场能公正、有效地解决问题。正是这种信念使得人们担心政府对市场进行干预。

□ 税收不公平

税收公平或者说税收公正问题，是人们关心的一个重要问题。税收公平是指税收在人们中间的分配方式。即使税收收入正好等于政府提供给人们所需要的产品和服务的花费，但人们还是担心税收分配不公平。有些纳税人认为他们缴纳的税收高于他们认为公平的数额，而有些纳税人缴纳的税收低于他人认为公平的数额。所以，除了一般担心政府规模太大和税负过重之外，人们也担心某些纳税人缴的税"太少"，而某些纳税人缴的税"太多"。

大量证据表明，各级政府的税制都存在着税收不公平。我们将分析公平的概念，并将在后面说明税收不公平的现象。在此，我们完全可以指出，人们对税收分配公平性的担心在一定程度上是有道理的。

规模问题

关于政府规模问题的分析，我们首先提供有关的背景材料，然后根据效率和公平的经济标准来分析规模问题。

311

□ 政府支出

如果看一下政府支出的绝对水平和增长情况，人们对政府规模的担心是可以理解的。1960—2010 年这 50 年的时间里，政府支出从 1 220 亿美元增加到 53 000 亿美元，这是绝对规模的增加。但是，如果从政府支出的增长与用 GDP 衡量的整个经济的增长之比来看政府规模将是一个更好的视角，图 14—1 就说明了这种增长格局。全部政府支出（包括联邦政府、州政府和地方政府）占 GDP 的比率从 1960 年的 23％提高到 2010 年的 40％。同期，联邦政府支出占 GDP 的比率从 16％上升到 24％，州政府和地方政府总支出占 GDP 的比率从 7％上升到 16％。

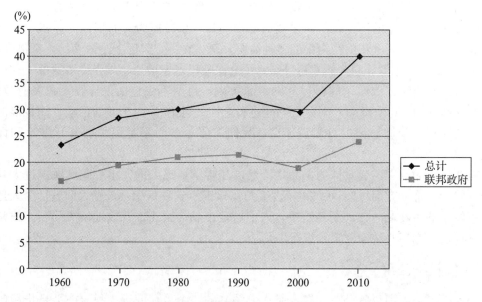

图 14—1　全部政府支出和联邦政府支出占 GDP 的比率，1960—2010 年

资料来源：*Economic Report of the President*，February 2011，various tables.

图 14—1 显示了两种有趣的趋势。首先，全部政府支出占 GDP 的比率在 20 世纪 60—80 年代，一直都是上升的。到 1990 年，全部政府支出占 GDP 的近 1/3。此后在整个 90 年代，对大政府的担忧导致整个政府支出明显削减。到 2000 年，全部政府支出占 GDP 的比率不到 30％，在短时间内削减的幅度比较大。正如图 14—1 所示，单就联邦政府的支出来看，也存在同样的趋势。其次，最近政府支出的重要性又有所恢复。2000—2010 年，全部政府支出又开始有所增加，占 GDP 的比率上升到 40％。不过，大部分新增支出是由国土安全问题以及阿富汗和伊拉克战争直接导致的。到 2008 年底，联邦政府开始了大规模支出计划，拯救遭受金融危机和全球经济衰退严重影响的银行和企业。2009 年春，奥巴马政府签署了《美国经济复苏与再投资法案》，向经济体系注入了大约 5 000 亿美元的新开支，同时实施 3 000 亿美元的减税。这些举措以及额外的支持衰落的美国汽车行业的公共开支计划，重新点燃了人们对政府在市场经济中应起多大作用的争论。

一些人关注的另一个重要问题是不同政府支出类型的相对重要性。政府支出可以分为**转移性支出**（transfer payments）与产品和服务的**政府购买性支出**（government purchases of goods and services）。转移性支出是政府向没有对当前产品和服务的生产作出贡献的人进行的支付，而政府购买性支出是政府为购买当前生产出来的产品和服务所进行的支出。图 14—2 显示的是 1960—2010 年政府购买性支出和转移性支出占 GDP 的比率。20 世纪 60 年代，政府购买性支出和转移性支出占 GDP 的比率都是呈上升趋势。但从 70 年代开始，全部政府购买性支出开始下降，而转移性支出继续上升，而且一直到 20 世纪末都是缓慢上升的。2000—2010 年，政府购买性支出占 GDP 的比率在近 40 年来首次提高。再一次看到，这种趋势的逆转主要是因为国家安全和国防支出的增加。在图中看到的最明显的趋势是，转移性支出比率越来越高。在 21 世纪初，转移性支出显著增加，2010 年它占全部政府支出的比重已超过 16％。其原因在于，为了抵御大衰退的影响，实施了诸如增加失业救济金等公共政策，导致政府开支大增。

很多人还担心政府能否为赤字支出融资。图 14—2 列示了全部政府利息支出占 GDP 的比率。利息支出反映了政府借债的成本。如图所示，20 世纪 60—80 年代政府利息支出都是增加的，在此期间，国债规模也是不断增长的。此后，20 世纪 90 年代的经济繁荣大大降低了政府为其债务融资的负担。到 2010 年，利息支出占 GDP 的比率从 1990 年的高达 5.1％下降到仅为 2.75％。很显然，较低的利率减少了政府借债的成本，有助于利息支出比率降低。

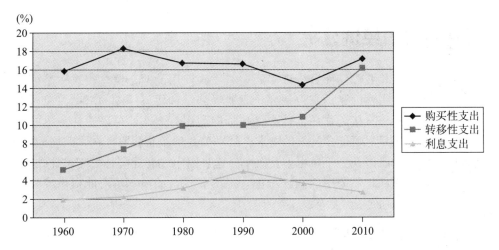

图 14—2　全部政府购买性支出、转移性支出和利息支出占 GDP 的比率，1960—2010 年

资料来源：*Economic Report of the President*，February 2011，various tables.

□ 政府收入

政府收支体系的另一方面——收入——占 GDP 的比率表现出更加稳定的格局。如图 14—3 所示，1960—2000 年，政府收入占 GDP 的比率从 25％上升到 32％。联邦政府收入占 GDP 的比率更为稳定，从 1960 年的 18％仅上升到 2000 年的 21％。与政府支出占国民收入的比率相比，政府收入占国民收入的比率相对稳定不足为奇，因为政府收入与国民收入的变化更加直接相关。这一点从图 14—3 中可以清楚地显示，全部政府和联邦政府的收入在 2000—2010 年下降了，因为这一期间正是经济衰退和缓慢复苏的时期。虽然图 14—3 没有显示政府收入的逐年变化，但在大衰退最严重时期，全部政府的税收收入占 GDP 比率有几年跌破 30%。

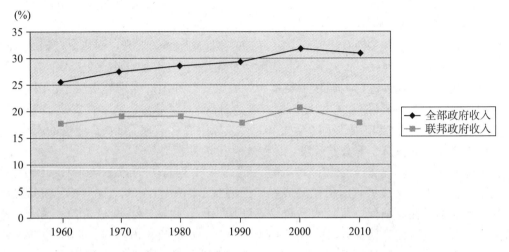

图 14—3　全部政府收入和联邦政府收入占 GDP 的比率，1960—2010 年

资料来源：*Economic Report of the President*，February 2011，various tables.

规模问题的经济分析

经济效率和公平是我们前面分析许多问题时一直使用的两个概念。效率是第 2 章分析资源配置时的主要考察因素。它也是评价犯罪经济学和污染问题的基础。在对待贫困和歧视问题时，公平将直接起作用。社会稀缺资源利用有效率，可以使社会尽可能多地生产产品和服务，满足尽可能多的人的需求。公平关系到产品和服务在人们之间的分配。在分析政府规模时，既涉及公平，也涉及效率。这是因为政府规模是由支出计划决定的，而支出计划的目标是纠正不公平的收入分配，提供那些市场根本不可能提供或者不能提供足够数量的产品和服务。

□ 政府支出的效率水平

政府支出的效率水平是指使社会福利最大化的水平，也就是说，在这个水平上政府支出的边际社会收益等于边际社会成本。这正是到目前为止我们用来分析很多问题的成本—收益分析的又一应用。这种分析可应用于政府支出总量的分析。同时，依据第 5 章讨论的等边际原则可得如下结论：当政府花费最后 1 美元的边际收益等于私人部门花费最后 1 美元的边际收益时，政府支出水平就是最优的、福利最大化的支出水平。

尽管成本—收益分析在许多场合都可以实际应用，并可以指导资源的有效配置，但我们必须承认，政府支出的成本和收益很难进行准确的定量分析，政府的支出计划常常

社会问题经济学（第二十版）

314

在没有进行成本—收益分析的情况下就推出了。因此，我们无法知道目前的政府规模是过大还是过小。不过，我们可以通过讨论政府的适当范围来进一步研究政府的效率和规模问题。

□ 公共物品

第5章讨论过私人物品和服务、半私人物品和服务、公共物品和服务等概念。为了准确讨论政府的适当规模，我们需要进一步讨论公共物品和服务。我们知道，公共物品有两个鲜明特征：它既不满足竞争性假设又不满足排他性假设。也就是说，某种公共物品或服务一旦提供给某人，所有人都会得到其全部好处（消费中不具有竞争性），且不能排除任何人获得这一好处（消费中不具有排他性）。我们回忆一下第5章所举的例子，服务于俄勒冈沿海地带的海啸预警警报就很好地阐释了公共物品的概念。其他一些例子包括国防、犯罪防治、公共卫生的某些方面、很多的基础性科研以及空间探索等。鉴于公共物品不能满足竞争性和排他性假设，因此私人市场因搭便车问题而不能生产出这些物品和服务的社会最优水平，需要政府来提供。

对政府来说，公共物品供给的主要问题是供给这些物品的有效数量。这意味着必须估计边际成本和边际收益。如前所述，国防支出的有效水平是边际收益等于边际成本时的水平。如何求导出公共物品的需求或边际收益？私人物品的需求是消费者在每种可能的价格下愿意购买的数量的横向相加。就公共物品而言，公共物品的需求是在每一数量上个人边际收益的纵向相加。确定公共物品的效率水平要难得多。与私人市场中的购买者相反，公共物品的购买者故意不表露他们的偏好，因为可获得的消费数量不会受到直接影响。

□ 外部收益和成本

如果所有物品和服务不是公共物品和服务就是私人物品和服务，那么，我们就可以清楚地确定政府和私人生产者分别应该提供什么物品。但是，正如第4章和第5章所述，在某些产品的生产过程中，可能存在着社会溢出成本；而在某些产品和服务的消费过程中，可能存在着社会溢出收益。当无论对市场的生产方还是消费方产生社会溢出或外部性时，就存在着混合物品或服务，称之为半私人物品或服务。虽然我们大家都同意政府最好不要介入私人物品和服务，但政府必须介入公共物品和服务；可是，关于政府应当如何介入半私人物品和服务，众说纷纭。至少像我们在第6章讲K-12教育时看到的，对于半私人物品和服务，一定程度的政府干预是适当的。关键是要首先搞清楚，政府介入是否真的改善了情况，是否是以节约成本的方式做出的。除此之外，经验表明，如果政府不得不介入，最明智的做法是：虽然仍可以矫正市场失灵，但也要尽最大可能限制其介入程度。

市场需求表示边际私人收益（MPB），市场供给则表示边际私人成本（MPC）。如果不存在外部性，则边际私人收益和边际私人成本等于边际社会收益和边际社会成本。但是，如果存在外部收益或外部成本，那么，私人收益和社会收益或私人成本和社会成本之间就不相等了。这种差异表明，为了有效使用资源，政府需要采取措施。

图 14—4 表明了物品 A 的私人需求和供给。假定不存在外部收益和成本，效率数量是 Q，价格为 P。现在假设在物品 A 的消费中存在外部收益。在图 14—4 中，需求曲线 D_T 反映了边际私人收益和边际外部收益（$MPB+MEB$），也就是说，D_T 反映了总边际社会收益。表明所有收益的需求曲线是关键。因此，图 14—4 中的效率数量是 Q_E，而不是 Q。政府如何确保效率数量的提供？

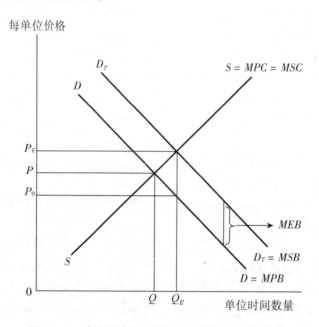

图 14—4 存在消费的外部收益情况下的效率数量

D 为边际私人收益（MPB），D_T 为边际社会收益（MSB），即边际私人收益（MPB）加边际外部收益（MEB）。在供给曲线 S 给定的情况下，最优或效率数量是 Q_E，在该数量上，$MSB=MSC$。通过给予消费者补贴，补贴数额为 $(P_E-P_0)\times Q_E$，政府就可以确保存在效率需求量。

政府可以考虑两种选择。政府的一种选择是生产物品 A 并试图生产其效率数量。这种行为的前提是，政府是有效率的供给者并能准确估计边际社会收益。政府的第二种选择不必是一个有效率的供给者，但必须准确估计社会收益。政府可以采取补贴物品 A 的消费者的形式，使他们愿意购买效率数量。在图 14—4 中，消费者将在 P_0 的价位上购买最优数量，而政府的补贴总额为 $(P_E-P_0)\times Q_E$。如果补贴数额超过这个值，市场就会生产过多的物品 A；如果补贴数额低于这个值，生产的数量就会低于效率数量。

第 4 章分析了生产的外部成本情况，并以纸张生产过程中的水污染作为例子。在那个例子中，由于在纸张供给中没有考虑水污染的外部成本，所以纸张的市场价格太低而其产量太大。为纠正这种情况，政府会对供给的每单位纸张征税。

这种税的效果会提高供给纸张的边际成本，从而减少纸张的供给。假设这种税等于边际外部成本，在一个更高的价位上市场将供给较少的但是效率数量的纸张。

□ 收入分配

以上我们从经济效率角度考察了政府行为的合理性。政府的规模已大大扩张，为此进行辩护的理由是，我们需要降低收入的不平等。收入分配和消费在很大程度上取决于人们在高度竞争的、没有歧视的经济中所具有的生产率。由于有些人没有或只有很低的生产率，或者存在歧视，导致了许多社会问题。我们在改变收入分配——从而帮助那些不能劳动或劳动能力很低的人或受到歧视的人方面，应当做些什么？

比如通过税收和补贴的方式，把收入从相对富裕者转移到相对贫困者手中，这种做法必须建立在人们认为什么是公平收入分配的价值标准之上。毫不奇怪，政府旨在直接或间接改变收入分配的计划总是受到批评。显然，政府旨在直接帮助低收入阶层的计划，如公共救济和食物券计划，以及旨在间接帮助特定低收入阶层的计划，如社会保障计划，都得到了普遍支持，这些计划相对于其他政府计划在增加。`同样，人们普遍支持政府消除歧视的种种努力，只是对于应采取怎样的恰当方法常有争议。与此同时，对收入转移计划的争论也在不断增多。尽管这种争论会无休止，但政府在收入分配领域的责任似乎已经确立了，因为没有任何一个私人机构能完全解决这些问题。

□ 结论

我们讨论到现在，得出的主要结论是：（1）公共物品和服务必须由政府提供；（2）政府活动是提高市场体系效率所必需的，特别是存在外部性的情况下；（3）为了实现人们希望达到的更加公平的社会，政府可以调节收入分配。

税收原理与分析

本节的第一部分将基于公平和效率标准建立一个理论框架，第二部分将讨论税收的转嫁和归宿原理。

□ 税收公平

每个人都认为税收应该公平。但是，对于税收的公平或公正的准确含义并不是每个人都同意。贯穿于整个西方的思想是，税收公平意味着纳税人在相同的经济条件下应被同等对待。这就是所谓的**同等税收待遇原则**（equal tax treatment doctrine），属于**横向公平**（horizontal equity），也就是说，同样经济条件的人应该缴纳同样多的税。

在应用同等税收待遇原则时，必须要确定经济条件的最佳指标或测算办法。一般而言，经济学家所说的经济条件就是指一个人的实际收入，即消费加上净财富的变化。假定实际收入是经济条件的最好测算办法，当收入相等的所有纳税人都缴纳正好相同数额的税时，就实现了横向公平。

经济条件不同的纳税人怎么办？应该如何对待他们？这些问题都和**纵向公平**（vertical equity）思想相关，即经济条件不同的纳税人的税收待遇问题。这就引出了**相对税收待遇原则**（relative tax treatment doctrine）：经济条件不同的纳税人应给予不同的待遇。但如何区别对待？要弄清这个问题，需要借助两个税收原则——支付能力原则和受益原则。

支付能力原则

税收的支付能力原则（ability-to-pay principle of taxation）是指纳税能力更强的纳税

人应该缴纳更多的税。如果以收入作为衡量支付能力的标准，那么，支付能力原则就意味着收入更多的纳税人应该缴纳更多的税。可是，应该多缴多少呢？累进所得税率和比例所得税率总是与支付能力原则相一致，因为无论税率（税额与收入的比例）是随收入的上升而上升（累进税率）还是在收入上升时保持不变（比例税率），随着收入的增加，所缴纳的税额总是增加的。相反，累退税率违背了支付能力原则，因为税额占收入的比例会随着收入的增加而降低。

受益原则

还记得市场是如何分摊私人物品的生产成本吗？市场是根据边际私人收益原则分摊成本的。**税收的受益原则**（benefits-received principle of taxation）就是试图运用这一市场规则，所以它也是税收的效率分配而非公平分配的一个指导原则。但是，效率税收分配和公平税收分配并不总是矛盾的，当收入分配中的公平不是主要问题时，税收的受益原则就是一个重要的税收标准。与支付能力原则相比，受益原则的限制性更大，因为私人从政府物品和服务中得到的收益通常比支付能力更难衡量。汽油税和地方街道财产估价税就是按受益原则征税的例子。征收汽油税主要是为了支付公路的成本，因此，得到公路服务的人、汽车使用者就要通过对消费的每加仑汽油纳税的方式来支付从公路服务中得到的收益。同样，有人认为，建设维护良好的街道会使街道上的财产增值，从而使财产所有者受益。因此，财产所有者应该以财产税的形式支付他们从街道中得到的收益。

□ 税收效率

税收效率关系到征税成本和纳税成本。税收在征收和执行中应该是经济的。对纳税人而言，税收也应该是便利的和确定的。

税收效率的一个更重要的方面是使超额税收负担最小化。我们用一个例子就能很容易地说明税收的**超额负担**（excess burden）概念。假设政府通过税收把价值 100 亿美元的资源从私人部门转移到公共部门，并提供了 100 亿美元的边际收益。进一步假设在征税过程中，所用的税率打击了人们工作的积极性，使得私人生产比应有水平减少了 10 亿美元。这个例子清楚地表明，尽管政府使用被转移过来的资源在效率上与私人部门所产生的效率一样，但还是存在 10 亿美元的净损失。生产中的这种净损失是由税收的抑制效应造成的，是由于征税而产生的超额负担。

如果没有超额负担或超额负担很小，那么，我们就说税收对私人经济运行具有中性效应或接近中性效应。遗憾的是，税收的完全中性效应几乎不可能存在。但是，有些税种比其他税种更接近中性，所以我们正在寻找那些能够构成理想税制的税种。直接改变相对商品价格，或通过改变消费和收入格局而间接改变相对商品价格的税种，即那些具有很强非中性效应的税种，不符合税收效率思想。比如说，对某种特定商品征收的一种税，使得这种商品的价格提高，导致支出从被课税商品向非课税商品转移。累进所得税率和累退所得税率不仅会改变相对于闲暇价格而言的工作价格，而且还会改变收入分配的格局。

□ 转嫁和归宿原理

对某一个纳税人征收的税可以转嫁到另一个纳税人身上。税收**前转**（forward）的税，是以提高价格的形式把税收转嫁到消费者身上；税收**后转**（backward）的税，是以压低资源价格的方式把税收转嫁到资源所有者身上。没有被转嫁的**税收归宿**（incidence）或税收负担，则仍旧落到原来的纳税人身上。

我们接下来分析两种税。一种是产量税；一种是不取决于产量的税。

产量税

产量税是对每单位产量征收的一种税，比如对每包香烟或每加仑汽油征收的税。产量税会提高单位生产成本，从而减少供给。如果被课税商品的需求给定，那么供给的减少将提高商品的价格。那么这种税被前转了多少？

为了回答这个问题，我们首先必须理解一个概念，经济学家称之为**需求的价格弹性**（price elasticity of demand）。根据定义，需求的价格弹性是指一种产品的需求量对其价格变化的反应，表示为需求量变化的百分比除以价格变化的百分比。想等到某种产品打折后再购买该产品的消费者都能从直觉上理解弹性概念。在其他条件不变的情况下，对于有些东西，只要卖主降价（提价），消费者就会比以前明显多买（少买）。这种强烈反应称为弹性反应。然而，对于另外一些东西，在其他条件不变的情况下，当卖主降价（提价）时，消费者只是作出微弱的反应，消费者仅比以前稍微多买（少买）。这种微弱反应称为无弹性反应。

需求的价格弹性可以用一段需求曲线来测度。对于所有直线型需求曲线来说，有一段直线会对价格变化作出强烈（弹性）反应，有一段直线会对价格变化作出微弱（无弹性）反应。通常的做法是，比较产品之间的需求价格弹性的相对程度。图14—5说明了两条需求曲线，一条是产品A的需求曲线，另一条是产品B的需求曲线，它们的相对价格弹性程度不同。请注意，这两条需求曲线都服从需求规律，向右下方倾斜。假定产品A和产品B的初始价格都为P_1，需求量都是Q_1。现在，两个卖主都把价格下调到P_2，我们来看会发生什么情况。产品A的需求量会增加到Q_A，产品B的需求量会增加到Q_B。购买产品B的消费者比购买产品A的消费者对价格变化的反应更强烈。因此，产品B的需求比产品A的需求更具有弹性，产品A的需求比产品B的需求相对无弹性。

弹性和无弹性反应都可能出现极端情况。例如，我们在第8章中看到，完全竞争市场中的企业是价格接受者，倘若有哪个企业提价，该企业就会失去所有客户。这种情况就是完全竞争企业的水平需求曲线所描述的情况（见图8—2）。水平需求曲线称为**完全价格弹性**（perfectly price elastic）需求曲线。另一种极端情况是，企业提价，需求量没有任何反应，可能是因为没有任何替代产品或服务。这可以用垂直需求曲线来描述，如图14—6所示。垂直需求曲线称为**完全无价格弹性**（perfectly price inelastic）需求曲线。

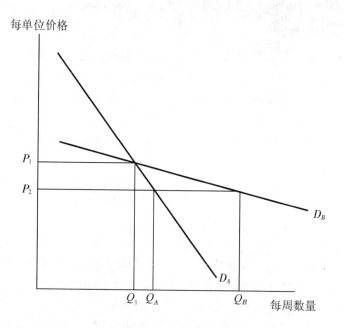

图 14—5　需求的相对价格弹性

　　产品 A 和产品 B 的初始售价都是 P_1。当它们的价格下跌至 P_2 时，产品 A 的需求量会增至 Q_A，而产品 B 的需求量会增至 Q_B。因此，产品 B 的需求比产品 A 的需求更具有弹性，产品 A 的需求比产品 B 的需求相对缺乏弹性。

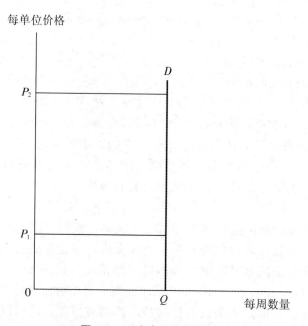

图 14—6　完全无价格弹性

　　当需求曲线是一条垂直线时，需求量对价格变化没有反应。比如在较低的价格 P_1 上，需求量是 Q。如果卖主把价格提高到 P_2，需求量仍然是 Q。因此，在这种情况下，需求曲线称为完全无价格弹性需求曲线。

产量税前转的程度主要取决于需求的价格弹性。如果需求完全无弹性（如图 14—7 所示），那么所有税收都会被前转。在此情况下，这种税的归宿将会以价格提高的形式全部转移到消费者身上。如果需求是完全弹性的（如图 14—8 所示），那么这种税没有任何

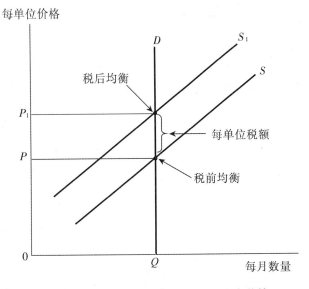

图 14—7 需求完全无弹性：产量税完全前转

税前均衡是供给 S 和需求 D 相交的点，价格为 P，数量为 Q。每单位产量的产量税额如图所示。其效应是使供给减少到 S₁。于是价格上升到 P₁，这时 S₁ 与 D 相交。全部税额会被前转，因为价格从 P 上升到 P₁，该增加额等于税额。

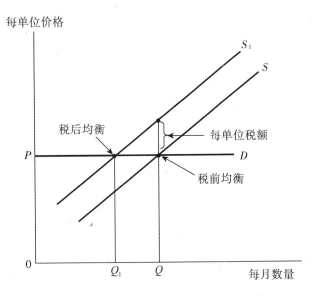

图 14—8 需求完全弹性：产量税完全后转

税前均衡是供给 S 和需求 D 相交的点，价格为 P，数量为 Q。产量税会使供给减少到 S₁。税后均衡是供给 S₁ 和需求 D 相交的点，价格为 P，数量为 Q₁。由于价格没有变化，所以税收没有前转。因此，全部税收会被后转到资源所有者身上。

前转，换言之，全部税收都会以价格降低的形式（如降低工资等）后转到资源所有者身上。绝大多数产品的需求弹性都处在完全无弹性和完全弹性这两种极端情况之间。因此，我们可以说一种产量税既会被前转也会被后转，当需求缺乏弹性时，很可能前转；当需求富有弹性时，很可能后转。

不取决于产量的税

对所得（如对企业的净所得或利润）征税，是用于分析不取决于产量的税的一个好例子。假设一家企业已经选定了最佳产量，也就是说，该产量在课征 25% 的利润税之前是利润最大化的产量。在课征这种税后，还有比这更好的产量吗？答案是否定的。如果在课征这种税之前选定了最佳产量，那么，在课征这种税之后，它仍然是最佳产量。不取决于产量的税不存在短期转嫁。这种税收归宿会以减少利润的形式落在企业所有者身上。

产量税与不取决于产量的税之间的区别在于，前者增加成本并减少供给，而后者则不会。一种税如果被转嫁，供给必然发生变化。

美国税制

美国税制是混合税制，因为它对所得、消费和财富征税。联邦政府的主要税收来源是所得税、工薪税和国内消费税。州政府的主要税收来源是销售税和所得税，地方政府则以财产税为最重要的收入来源。多年来，发生了令人感兴趣的两个现象：在联邦政府的收入来源中，工薪税越来越重要；在州政府的收入来源中，所得税越来越重要。这种变化可能会使联邦税制的累进性减弱，而使州税制的累进性增强。不过，联邦税制仍然是累进性比较强的税制。

现在，美国税收收入占 GDP 的比率为 25%。与其他现代工业化国家相比，这个比率是最低的。表 14—1 列示了部分工业化国家的税收规模。注意，比例最高的国家是欧盟成员国，在这些国家，政府提供的服务（比如保健）是政府与公民之间"社会契约"的一部分。如表所示，法国和意大利的税收收入总额占 GDP 的将近一半。美国的税收收入占 GDP 的比率比较低，这与这样一种观念一脉相承：经济决策最好留给私人市场，政府干预应当受到限制。

表 14—1　　　　　　　部分国家税收收入占 GDP 的比率，2010 年

国家	税收占 GDP 的比率（%）
澳大利亚	25.9
加拿大	32.0
法国	42.9
德国	36.3
意大利	43.0

国家	税收占 GDP 的比率（%）
日本	26.9
西班牙	31.7
英国	35.0
美国	24.8

资料来源：*Statistiques des recettes publiques des pays membres de l'OCDE* . OECD, Paris, 2011, various tables.

□ 联邦税制

表 14—2 显示了 1950—2010 年美国各财政年度联邦收入的构成。大约 80% 的联邦收入来自两大税种：个人所得税和社会保险税，后者用于社会保障金支付，有时也称为工薪税，因为此税对工资和薪金征税。多年来，尽管所得税已经发生了一些重大变化，但个人所得税的相对重要性没有多大改变。在过去 60 年里，公司所得税和其他税种的相对重要性已经大大降低；相反，同期社会保险税的相对重要性显著提高。这些变化的最终结果是使得联邦税制的累进性减弱。

表 14—2	联邦收入构成	（占总收入的百分比，%）		
财政年度	个人所得税	公司所得税	社会保险税	消费税
1950	39.9	26.5	11.0	22.5
1960	44.0	23.2	15.9	16.9
1970	46.9	17.0	23.0	13.1
1980	47.2	12.5	30.5	9.8
1990	45.3	9.1	36.9	8.9
2000	49.6	10.2	32.2	7.9
2010	49.6	11.9	34.7	3.8

资料来源：*Statistical Abstract of the United States*, 2012, various tables.

联邦税制是一种累进税率制度，也就是说，税额与所得的比率随着所得的提高而提高。表 14—3 说明了联邦税制的累进特征。该表列示了家庭按其收入水平支付的有效税率。按家庭收入划分为五等分组，或五分位数，每一组为该收入分配的 20%。（第 7 章我们在考察美国的贫困问题时，用同样的方式分析了收入分配。）注意，随着家庭收入的增加，作为税收支付给联邦政府的收入百分比也在提高。2004 年，最低收入组的家庭联邦纳税义务是 6.7%，而最高收入组的家庭要支付 27.6% 的联邦税收。那些在收入分配中处于最高 1% 的家庭，当年的有效税率高达 33.4%。

第 14 章

政府支出、税收和国债：谁得益谁受损？

表 14—3

收入分类	联邦有效税率（％）	
	2004 年	2014 年
最低的 1/5	6.7	8.3
次低的 1/5	13.2	14.7
中位的 1/5	16.5	18.2
次高的 1/5	20.6	22.4
最高的 1/5	27.6	28.8
全部	22.6	24.1
最高的 10％	29.3	30.3
最高的 5％	30.8	31.6
最高的 1％	33.4	33.6

资料来源：*Effective Current Tax Rates under Current Law*，*2001 to 2014*，Congressional Budget Office，2004.

表 14—3 还显示出最近的立法考虑到未来几年分阶段改革的情况下，2014 年的预期有效税率。有些新的税法条款是有争议的，因为它们增加了低收入群体的税收负担。在表 14—3 中，2004—2014 年，最低五分位数的有效税率从 6.7％上升到 8.3％，上升了 1.6 个百分点；而最高的 1％的家庭有效税率从 33.4％上升到 33.6％，仅上升了 0.2 个百分点。有人认为，这些计划会使近期改革的公平性遭受质疑。

大多数人可能认为，联邦税制符合支付能力原则，基本上是一种公正或公平的税制。由于联邦税制是一种适度累进的税制，所以税后的收入分配更趋于平均。

□ 个人所得税

正如我们已经看到的，个人所得税是美国联邦政府最为重要的税收收入来源，由国内收入署（Internal Revenue Service，IRS）负责征收管理。国内收入署必须执行联邦法律规定的各项税法和政策。联邦政府经常会用税法鼓励或限制某些行为。比如，为鼓励个人为教育和退休储蓄，国会公布了许多投资工具，其收益可以推迟纳税甚至免税。还有很多其他例子，例如对住房贷款的利息支付给予特殊待遇，对收养孩子给予税收抵免。很多特殊规定已变成现行税法，一般纳税人理解起来极其复杂。专门有一个行业帮助家庭核算其应纳税额，填报年度纳税申报表。

尽管详述现行个人所得税法超出了本书的范围，但认识到现行税法基于累进税框架十分重要，看看家庭的个人应纳税额是如何征收的便知。随着收入的增加，适用于应税所得的税率是浮动的。例如，就 2011 年一对夫妇合并纳税来说，其收入的前 17 000美元按 10％的税率课税。在 17 000～69 000 美元之间的收入按 15％课税。按特定税率课税的收入范围称为"纳税档次"。表 14—4 列示了 2011 年单独申报纳税人和合并申报纳税人的纳税档次。个人所得税的累进性质一目了然：法律规定的纳税档次中的边际税率上升。

表 14—4　　　　　　　　　联邦个人所得税纳税档次，2011 年

单独申报纳税人（美元）	合并申报（美元）	税率（%）
0~8 500	0~17 000	10
8 501~34 500	17 001~69 000	15
34 501~83 600	69 001~139 500	25
83 601~174 400	139 501~212 300	28
174 401~379 150	212 301~379 150	33
379 151 美元及以上	379 151 美元及以上	35

现行纳税档次是 25 年前里根政府实施的具有里程碑意义的法律的延续。1986 年《税制改革法案》（Tax Reform Act of 1986）拓宽了个人所得税的税基，把从 11% 至 50% 的 14 个纳税档次，变成了只有 15%、28% 和 33% 的 3 个纳税档次。几经修订，纳税档次的数量又增加至现在的 6 个。里根税制改革的目标是对一般纳税人提供税收减免，以鼓励工作、储蓄和投资。减税的最初结果是，联邦政府的预算赤字和国债大幅度增加。不过，减税的确为 20 世纪 90 年代前所未有的经济扩张奠定了基础。到 20 世纪末，政府预算赤字消失，取而代之的是预算盈余。

■ 新世纪伊始

20 世纪末，美国出现了历史上时间最长的经济扩张，联邦预算也在 30 多年之后首先出现盈余。整个财政预算盈余期间（1998—2001 年），公众手中的联邦债务减少了 4 010 亿美元。然而，预算盈余和债务偿还的好景不长。2001 年的衰退以及在阿富汗和伊拉克的战争，政府开支增加，使得 2002 财政年度伊始又出现预算赤字。表 14—5 列示了 1998—2011 年联邦政府预算盈余或赤字的数额以及对国债所产生的影响。表 14—5 清楚地表明，2007—2009 年的金融危机和大衰退之后实施的救助和扩张性政策，导致联邦政府支出增加所产生的影响。债务偿还与赤字支出之间的转化自然会对经济产生重要影响。我们先讨论联邦政府借债的经济影响以及联邦政府购买部分公众持有的债务的经济影响，然后简要讨论一下最近的税制改革。

表 14—5　　　　　1998—2011 财政年度联邦预算盈余（＋）或赤字（一）以及债务　　单位：10 亿美元

年度	盈余或赤字	联邦债务
1998	69.3	5 478.2
1999	125.6	5 605.5
2000	236.2	5 628.7
2001	128.2	5 769.9
2002	−157.8	6 198.4

第 14 章

政府支出、税收和国债：谁得益谁受损？

续前表

年度	盈余或赤字	联邦债务
2003	−377.6	6 760.1
2004	−412.7	7 354.7
2005	−318.3	7 905.3
2006	−248.2	8 451.4
2007	−160.7	8 950.8
2008	458.6	9 986.1
2009	−1 412.7	11 875.9
2010	−1 293.5	13 528.8
2011	−1 298.6	15 476.2

资料来源：*Economic Report of the President*，February 2011，various tables.

☐ 政府借债的经济影响

政府借债会增加可贷资金的需求，从而提高可贷资金的价格，也就是说，提高利率。利率升高会减少私人投资量。或者，我们可以说，政府借债会增加债券的供给，从而降低债券的价格，提高利率。债券价格与利率之间的这种相反关系需要进一步讨论。债券是一种可以产生固定收益的资产；也就是说，每年支付固定数量的利息，比如说 1 000美元。另一方面，债券价格会发生变化，这取决于供求关系。在这个例子中，政府债券的到期价值是 10 000 美元，每年支付的利息为 1 000 美元，即利率为 10%（1 000 美元除以 10 000 美元）。现在，假定债券的供给增加，以致债券的价格下降到 9 000 美元。利率现在是 11.1%（1 000 美元除以 9 000 美元）。

不要把政府借债的经济影响与预算赤字的经济影响相混淆。当然，预算赤字意味着政府支出大于税收收入，其影响是刺激生产，增加收入。可是，预算赤字会导致政府借债，政府借债一般又会导致利率上升。现在的问题是：经济将出现怎样的运行方式？预算赤字会使经济向上行，而政府借债会使经济向下行。预算赤字对支出从而对本国的生产产生的正效应往往大于因借债而提高利率所产生的负效应。因此，赤字支出的最终效应常常是正的，但不会像人们忽略政府借债对利率的影响时想象得那么大。

☐ 联邦债务偿还的经济影响

联邦债务削减始于 1998 财政年度，这一年是自 1967 年以来第一次出现预算盈余。此后，每年都有预算盈余，公债减少，直至 2002 财政年度又出现 1 578 亿美元的预算赤字为止（见表 14—5）。

偿还一部分公众持有的联邦债务会产生什么影响？政府借债会增加货币需求，使得利率上升，抑制私人投资；而偿还联邦债务的影响正好相反，往往会使利率下跌，鼓励私人投资。换言之，偿还政府债务，可以减少政府债券的供给，使得政府债券的价格提

社会问题经济学（第二十版）

高，利率下降。

□ 近期的税制改革

一项重大的联邦减税法案，就是 2001 年 6 月 7 日国会通过并经布什总统签署的《经济增长与税收减免调和法案》（Economic Growth and Taxpayer Relief Reconciliation Act）。联邦减税一直是新当选总统的承诺，再加上截至 2001 年的 4 年预算盈余，似乎使得联邦所得税减税有了比较充分的理由。再有，美国经济增长开始下滑，需要用联邦减税来刺激经济。总之，2001 年立法对一些人来说具有划时代意义，而对一些人来说并非一项切实改革的法案。许多所得税改革未立即生效，而是在今后 10 年内逐步生效，而立即生效的一项改革对每个纳税人来说就等于得到了一张 300 美元的支票。

2001 年立法之后，又有两项税制改革措施，即 2002 年《创造就业与工人援助法案》（Job Creation and Worker Assistance Act of 2002）和 2003 年《就业与增长税收减免法案》（Jobs and Growth Tax Relief Act of 2003）。这两项法律进一步降低了所得的有效税率，使《经济增长与税收减免调和法案》中的某些条款得到加强，下调了对来自财产和金融投资的所得课税。虽然这些改革似乎在短期内刺激了经济，但几年后就出现了金融危机和大衰退。为了应对经济衰退，美国政府降低税率，扩大政府开支，出现了历史上最大的名义预算赤字。这些赤字和由此导致的联邦债务的增加，又引发了关于混合市场经济中政府适度规模的公共辩论。

□ 2008 年金融危机

为了应对 2008 年末爆发的动摇美国经济的金融危机，联邦政府在新当选总统巴拉克·奥巴马（Barack Obama）的领导下，于 2009 年 2 月制定了《美国经济复苏与再投资法案》。该法案授权联邦机构花费共计 4 990 亿美元来刺激困难重重的经济。此外，该法案还制定了 2 880 亿美元的减税和福利计划。《美国经济复苏与再投资法案》是联邦政府自大萧条以来实施的最大的相机抉择经济刺激措施。像富兰克林·罗斯福（Franklin Roosevelt）的新政立法一样，奥巴马的《美国经济复苏与再投资法案》引起了有关联邦政府在市场经济中作用的激烈争论。该立法的批评者称《美国经济复苏与再投资法案》是朝着美国社会主义迈进。

毫无疑问，金融危机和不断恶化的经济衰退，导致政府对经济进行了前所未有的干预。除了这些经济刺激计划外，政府还与美联储于 2008 年底一起努力，避免一些大型金融机构倒闭，并试图通过给予通用汽车和克莱斯勒公司贷款和优惠，来拯救美国汽车行业。许多人把这些"救市"举措看作是在奖励错误的商业决策和鲁莽的冒险行为。而另外一些人则根据前面章节讨论的观点——"因为太大而不能倒闭"认为，政府别无选择。

2012 年总统大选前夕，税收和支出的改革是一个重大的政治问题。从国会大厦到全国的"占领华尔街"抗议者营地，到处充满了对现行制度不公平的批评。在 2011 年国会"超级委员会"没能就减少联邦赤字计划达成妥协的情况下，近期不大可能出台重大改革措施。不过，并不缺少改革建议，比如国家销售税（national sales tax）、欧洲式增值税（VAT）以及没有抵免规定的统一所得税（flat income tax）。虽然没有达成共识是显而易见的，但有一点是可以肯定的，即有关政府在市场经济中的适当作用的辩论将是未来几年的重大社会问题。

小结

人们关心政府规模和税收分配的不公平，所以本章集中分析了政府规模和税收分配这两个问题。讨论了人们的担心之后，我们得出的结论是，有些担心很有道理，有些担心则没有道理。政府规模和税收分配问题也是以这种方式进行分析的。首先，摆出相关事实；其次，根据公平和效率概念，建立经济分析框架；最后，讨论解决这些问题的政策建议。

在政府规模的经济分析中，从效率角度来看，政府在提供公共物品上的支出——当存在消费的外部收益时为鼓励更多消费而给予的补贴，当存在生产的外部成本时以税收形式限制生产，诸如此类，都是合理的。从公平角度来看，政府旨在提高在市场中得不到适当收入的人的经济机会而推行的各种计划也是合理的。收入"适当"以及社会接受的人们之间的收入分配必须符合人们的理念。

在税收原则方面，我们指出，有效率的税收对资源配置具有中性效应，而公平的税收则以支付能力原则或受益原则为基础。公平的税制应该坚持同等税收待遇原则和相对税收待遇原则。

税收的归宿或负担是税收的最终着落点。一种税可以以价格上升的形式向前转嫁给消费者，也可以以压低资源价格的形式向后转嫁给资源所有者。产量类型的税收（如汽油税）的转嫁，取决于需求价格弹性。需求越是缺乏弹性，税收越能以价格抬高的形式转嫁到消费者身上。不取决于产量的税种，比如所得税，并不会增加生产产品和服务的成本。因此，这种税不会被转嫁，至少在短期内如此。如果一种税被转嫁，供给就不得不下降。

1986年《税制改革法案》使联邦所得税制发生了根本性变化。通过取消许多纳税扣除、税收排除和税收抵免，所得税的税基得到大大扩展，减少了许多收入档次和税率。最高边际税率从50％下降到28％。所有收入阶层的纳税人都从这次改革中受益，但低收入阶层的受益最大。这次税制改革的最终结果是使联邦所得税制变得更公平和更有效率。

当1998财政年度联邦政府预算出现盈余，且在1999、2000和2001财政年度连续出现盈余时，一个新的时代似乎来临了，但昙花一现。预算盈余使联邦政府偿还了一部分公众持有的债务，而不是从公众那里继续借债。联邦预算盈余的新时代在2002财政年度告终，为了缓解2008年的金融危机和大衰退，政府采取了许多措施，联邦预算赤字很可能会卷土重来。不过，我们已经看到，联邦预算盈余或预算平衡不是不可能的，而且在充分就业的经济中是可取的。

讨论题

1. 讨论人们对政府规模的担心。在讨论中对政府支出和收入的增长进行一个历史性描述。人们的这些担心有道理吗？

2. 公共物品的特征是什么？解释为什么

这些物品不能由私人市场提供。政府在确定公共物品的最优数量时应遵循什么原则？

3. 什么是搭便车问题？它对市场生产公共物品的能力有何影响？

4. 讨论为什么市场上需求面或供给面的外部性会导致产品生产和销售的数量缺乏效率，即使在一个完全竞争市场上也是如此。

5. 假定需求面存在外部性，讨论政府应该采取何种政策使得生产和销售的数量有效率。

6. 讨论税收公平和税收效率的含义。设计一个基于公平和效率这两大原则的联邦所得税制。

7. 税收转嫁和税收归宿是什么意思？比较所得型税种和产量型税种的转嫁与归宿。

8. 给出"需求的价格弹性"的含义。从税收角度看，需求的价格弹性为何重要？请解释。

9. 比较美国纳税人与其他工业化国家纳税人的税收负担。你能说说各国之间的税收负担为何不同吗？

10. 里根政府在 20 世纪 80 年代实施的税制改革措施对个人所得税的边际税率产生了什么影响？这些变化的结果是什么？

11. 最近这次联邦政府预算盈余持续的时间为何这么短？什么因素导致了最近的联邦政府预算赤字？

12. 利用表 14—3 提供的情况，讨论美国家庭的税收负担分布情况。

13. 政府借债和政府债务偿还的经济影响是什么？

14. 金融危机和大衰退对政府收支产生了怎样的影响？讨论这对纳税人将来的影响。

15. 政府支出构成为什么对于未来征税努力很重要？讨论资金救助与基础设施项目间的差异。

16. 研究一下欧盟所用的增值税概念。这种税与美国式销售税和所得税有何不同？就美国实施这种税的利弊展开辩论。

课外读物

1. Aaron, Henry J., and Michael J. Boskin, eds. *The Economics of Taxation*. Washington, DC: Brookings Institution, 1980.

本论文集论述了税收的经济学、政治学及其法律问题。

2. Hoagland, Ken. *The Fair Tax Solution: Financial Justice for All Americans*. New York: Sentinel, 2010.

作者详细解释了"公平税收"方案。他解释了美国征收所得税的历史，批评了税收漏洞和扣除的政治斗争。

3. Kennedy, Peter. *Macroeconomic Essentials: Understanding Economics in the News*. 3rd ed. Cambridge, MA: MIT Press, 2010.

本书讨论了诸如预算赤字、国债、国际收支等问题。

4. Lucas, James B., ed. *National Deficit and Debt: Where to Next?* New York: Nova Books, 2005.

本书介绍了联邦预算程序、联邦赤字经济学并提出谁承担国债负担问题。

5. Seidman, Laurence S. *Automatic Fiscal Policies to Combat Recessions*. Armonk, NY: M. E. Sharpe, 2003.

本书详细讨论了政府在 1975 年和 2001 年经济衰退期间实施的减税计划等问题。

6. Walden, M. L. *Smart Economic: Commonsense Answers to 50 Questions about Government, Taxes, Business, and Households*. Westport, CT: Praeger, 2005.

第二部分的经济问题是：缴纳了多少税、谁付的税以及税制是否公平。

政府支出、税收和国债：谁得益谁受损？

7. Zodrow, George R., and Peter Mieszkowski, eds. *United States Tax Reform in the 21st Century*. Cambridge, England: Cambridge University Press, 2002.

本论文集由税收专家撰写，讨论了对现行税制推倒重来是否比持续渐进改革要好的观点。

在线资源

1. 美国政府预算 (Budget of the United States Government):

www. whitehouse. gov/omb/budget/overview

由管理和预算办公室 (Office of Management and Budget，OMB) 发布，有完整的当期财政年度预算。也能找到自 1997 年以来的预算。

2. 总统经济报告 (Economic Report of the President):

www. whitehouse. gov/administration/eop/cea/economic-report-of-the-president

由总统经济顾问委员会撰写的年度出版物，报告国民经济现状。有关于当前和长期经济环境的短文，还有许多重要的衡量经济表现的经济数据系列。

3. 税收经济学研究会 (Institute for Research on the Economics of Taxation):

www. iret. org

该网站分析政府税收、预算以及货币政策的影响。提供该研究会出版物、报告、编委会见解、公告、署名文章等的链接。

4. 经济学研究论文 (Research Paper in Economics):

http://ideas. repec. org

在搜索栏中打上"美国政府支出"(United States Government Spending) 字样，就会找到几百篇相关论文。

5. 美国财政部资源中心：税收政策 (U. S. Treasury Resource Center: Tax Policy):

www. treasury. gov/resource-center/tax-policy

该网站回顾了美国现行税收政策的发展，包括分析各种税制改革建议的研究报告，还提供了其他政府网站有关收入和税收问题的链接。

第 15 章 社会保障和医疗保险：如何保障老年安全网？

☐ **本章概要**

社会保险
社会保障
　社会保障简史
　社会保障现状
社会保障的经济效应
　收入
　劳动供给
　储蓄和投资
社会保障的未来
　资金困境
　可能的解决办法
医疗卫生市场：简要回顾
　国民医疗卫生资金：来源与去向
　医疗卫生支出的增长
　政府在医疗卫生筹资中的作用
　私人健康保险的重要性在降低
医疗保险计划
　范围
　筹资
　提供者支付
医疗保险制度的经济效应
医疗保险的未来
　资金困境
　可能的解决办法
　医疗保险现代化法案
小结

☐ **主要概念**

私人保险（private insurance）
社会保险（social insurance）
完全积累制保险计划（fully funded insurance scheme）
现收现付制保险计划（pay-as-you-go insurance scheme）
生活费补贴（cost-of-living allowances，COLA）
替代效应（substitution effect）
收入效应（income effect）
退休效应（retirement effect）
遗产效应（bequest effect）
财富替代效应（wealth substitution effect）
一次一付医疗费制度（fee-for-service system）
管理型医疗卫生制度（managed care system）
扣除额（deductible）
共同保险（co-insurance）
预付制度（prospective payment system）

章首引语

如今，4 400 万的美国人依赖社会保障，对我们 2/3 的老年公民而言，社会保障是主要的收入来源；对 18％的老年公民而言，社会保障是唯一的收入来源。但社会保障不仅仅是一个退休计划，在社会保障受益者中，有超过 1/3 的人不是退休者，他们是壮年早逝的劳动者的配偶及子女，是有残疾的男女或他们的孩子。因此，社会保障也是一份生命保险保单、一份残疾保单和一份使老年人老有所养的坚定保证书。这就是为什么当我们因退休人数剧增而引发对该计划进行必要的修改时必须谨慎行事的原因。

当罗斯福总统签署建立社会保障制度的法案时，大多数美国老年人都生活在贫困之中。一位颇有代表性的老年人给罗斯福写信，恳求总统根除"身无分文老年人的赤裸裸的恐怖"。从那以后，退休人员的贫困率急剧下降。1959 年，老年人的贫困率在 35％以上；1979 年，它已降为 15.2％；而 1996 年，老年人的贫困率低于 11％。虽然大多数老年人需要除社会保障以外的其他收入来源来保持一种舒适的生活方式，但若是社会保障不存在，当今半数美国退休者都要生活在贫困之中，而其中 60％是妇女。1 500 万美国老年人通过社会保障制度摆脱了贫困。

如今，该制度资金充裕，但人口变动的危机明显浮现。生育高峰期出生的人（7 600万人）正打算退休。显然，人们的寿命在延长，以至到 2030 年，那时的老年人接近当前的 2 倍。所有这些变化趋势都会给这个制度带来沉重的压力。在离现在还不远的 1960年，5 个以上在职人员负担一个依靠社会保障的人；1997 年，3 个以上在职人员（3.3人）负担一个依靠社会保障的人。但到 2030 年，因平均年龄的提高，假如目前的出生率、移民率和退休率持续下去，那么，就只有 2 个在职人员负担一个依靠社会保障的人。

好了，盈亏底线就在这里，社会保障信托基金在 2040 年之前足以偿付社会保障（包括退休与残疾）的义务，之后，就再也无法负担这些义务。社会保障制度的工资缴纳仅能负担当前保险金 75％的资金。如果我们现在行动，我们就能保证生育高峰期出生的一代有充足的退休金，而无须让我们的后代背上沉重负担。

对美国老年人，我要说，你们用不着担心。对你们而言，社会保障像以前一样坚如磐石。对今天可能相信他们将根本不会得到社会保障支票的年轻人而言，我的确经历了一次可以说是严肃的民意调查，这次民意调查表明，美国人在 20 岁左右时会认为他们更有可能见到 U.F.O.，而不是享受到社会保障。怀疑论完全可能根植于过去，但正如我们把我们的财政整顿好了一样，我们能够并且一定会整顿好社会保障。首先，对生育高峰期出生的同伴们，我要说，我们没有一个人想要使我们自己的退休成为我们子女的负担、成为我们子女对我们孙辈进行抚养的负担。如果我们不采取行动，不马上采取行动，作为一个把我们各代人紧密联系在一起的国家来说，是不明智的。

资料来源：Taken from President Bill Clinton's address to a national forum on Social Security in Kansas City，MO，April 7，1998.

就在比尔·克林顿（Bill Clinton）总统发表上述讲话以来，又有1 000多万美国人加入了社会保障体系。具有历史意义的立法通过在医疗保险制度中新增处方药补助金，扩大了我们对老年人的义务范围。然而，克林顿总统的讲话过去了15年，面对迅速增长的老年人口，如何兑现承诺，我们尚未解决所浮现出来的资金困境问题。严峻的形势表明，如果目前的养老金和医疗卫生制度不变，将来某一时点必定要提高税收，否则将取消或降低现在所提供的某些保险金水平。哪条道路是正确的？我们多年一直在问自己这个问题，说明这项决策有多么困难。如何解决社会保障困境将影响到我们大多数人。本章将围绕老年人的社会安全网的未来探讨这一艰难的经济决策。

社会保险

"将来靠什么生活？""倘若我生病了或伤残了和不能工作了，我的家庭会怎样？""我能过上安定的退休生活吗？""等我老了，我能得到充分的医疗卫生服务吗？"

我们都在问自己这些问题，可从来也没有明确的答复。这个世界充满了不可预料的事件，会极大地改变我们的生活。事故、疾病和死亡，每一年都打破了数百万家庭的平静生活。在这些事件当中，由于某些事件发生的概率可能更高，因此，人们也许可以通过购买保险来保护自己免受已知生活风险的伤害。**私人保险**（private insurance）是一种个人同意向某家公司缴费（通常称为保费）以防某种意想不到的事件发生时能够保证获得保险金的合同。在现代社会，私人保险是一件很平常的事情，因为大多数人会为他们贵重的财产（比如汽车、房屋）甚至是生命免受损失或伤害而购买保险。除了私人保险可以利用外，当今，大多数国家的政府（包括美国在内）都为本国公民提供各种社会保险计划。**社会保险**（social insurance）计划是由税收提供资金的政府计划，这些计划保证公民在发生超出个人控制范围之外的事件时（比如年老、残疾、体弱多病和失业）能够获得资金上的救济。

美国的许多联邦计划都属于社会保险的范围，不过，规模最大、最普遍的是社会保障及其医疗卫生辅助制度——医疗保险。当前，私人经济中的大多数劳动者和雇主用缴税来为这种社会保障制度提供资金。同样，每年数百万美国人要依赖社会保障和医疗保险来保持他们的生活质量。制定这类社会保险计划就是为了解决老年人常常在经济上无保障的问题，但是，随着时间的推移，它已扩大到为其他处于困境中的人们提供救济。

尽管有证据显示，社会保障已卓有成效地改善了老年人的困难处境，但该计划始终争议不断，而且，它很快就会面临严重的经济问题。正如章首引语中转载的克林顿总统的讲话所指出的，20世纪末人口的变动趋势已对社会保障制度的长期经济稳定提出许多明显的挑战。在这些趋势中，最引人注目的是"生育高峰代"和随后更年轻一代两者规模之间的差异。这些年龄群体的相对规模，如图15—1中的"人口树"所示。请注意图中由45～59岁之间的大量人口和年轻一代明显减少的人口而形成的凸出之处。随着时间的推移，越来越多生育高峰期出生的人将达到退休年龄，从而具有领取社会保障养老金的资格。以目前的税率和保险金水平，人数较少的年轻人将无法为人数较多的老一代的社会保障需求提供足够资金。

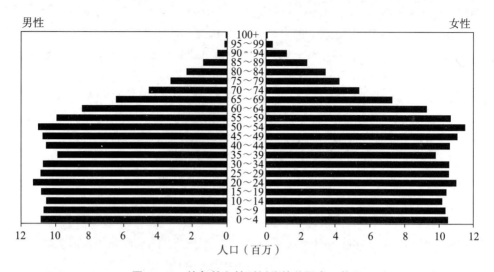

图 15—1　按年龄和性别划分的美国人口状况

资料来源：U. S. Census Bureau, International Data Base, 2012.

　　下一节，我们将通过探究美国主要的社会保险计划的经济和资金结构，探讨上述困境的性质与可能的解决办法。此外，鉴于社会保障和医疗保险会直接影响社会大部分人口的收入和购买力，我们发现，社会保险有能力显著影响甚至是扭曲有关储蓄率、劳动供给、退休年龄，以及医疗卫生需求等问题的经济决策。每一个问题都涉及政治、社会和经济诸方面。本章将提供一个分析这些问题经济方面的基本框架。

社会保障

　　如今出现的社会保障的资金问题，一直存在于由来已久的有关社会保险在自由市场经济中应有作用的争论中。

□ 社会保障简史

　　国民社会保险计划并不起源于美国。这一殊荣应归于德国，19 世纪 80 年代末，德国的奥托·冯·俾斯麦首相（Otto von Bismarck）推行了普鲁士计划（Prussian Plan），为德国的劳动者提供退休养老金和其他保险金。普鲁士计划的成功，促使其他西欧国家也采纳了类似的计划。尽管美国的一些州和联邦政府为政府文职雇员和退伍军人提供养老金，但直到 1935 年，美国才建立了国民社会保险计划。

　　整个 20 世纪 30 年代，美国劳动者受到了大萧条灾难性的经济影响。在这一时期的一些时间里，整个国家的失业率几乎达到 25%，在那些幸运地保有全日制工作的人们中，大多数人发现他们的工资能购买到的东西非常少。在整个大萧条期间，数百家商业银行和金融机构破产，被迫关门。为个人应急和退休之用而攒钱的许多劳动者丧失了一切。1934 年富兰克林·D·罗斯福总统（Franklin D. Roosevelt）向国会提议建立国民社会保险计划时，美国普通劳动者的未来经济保障看上去前景黯淡。一年后的 1935 年 8 月 14 日，罗斯福总统签署了《社会保障法案》（Social Security Act）。

最初的《社会保障法案》制定了可以使劳动者个人在 65 岁退休时每月领取保险金的计划。所获得的保险金根据每个劳动者在他或她工作期间以工薪税形式向该计划的缴费情况确定。联邦政府于 1937 年开始征收社会保障税，但在第一个规定的月度发给退休者保险金之前，国会对该计划作了重大修改。1939 年的《社会保障法案修正案》（Amend-ments to the Social Security Act）产生了两类新的受益群体，极大地扩大了该计划的覆盖面。首先，退休劳动者死亡时，他或她的受抚养家属（配偶和子女）可以领取保险金。其次，在被保障劳动者去世的情况下，他或她的家庭遗属成员有资格领取社会保障金。这些变化将社会保障计划的重点从个人转向了家庭。

该计划对家庭的重视，在后来的加强社会保障的重大措施中也是显而易见的。20 世纪 50 年代和 60 年代，《社会保障法案修正案》为那些由于残疾不能再工作养家的人提供保险金。残疾保险金不仅适用于被保障劳动者，也适用于他们的受抚养家属。20 世纪 60 年代，政府还颁布了新的提前退休选择法令，从而使劳动者能够在 62 岁之际开始领取减少的社会保障金。覆盖面扩大的《社会保障法案》使得美国领取保险金的人数骤增。到 1970 年，社会保障的受益者超过 2 600 万人（见表 15—1）。

在美国社会保险制度史中，也许最重大的一项措施是 1965 年林登·B·约翰逊总统（Lyndon B. Johnson）签署的法案，批准建立医疗保险。医疗保险是联邦计划，它给几乎所有 65 岁或 65 岁以上的美国人提供健康保险。虽然许多欧洲国家把普遍健康保险作为其社会保险计划的主要组成部分，但美国政府继续将此保险仅限于老年人，而让私人部门担负为低于正常退休年龄的人提供医疗卫生的责任。医疗卫生业独一无二的特点，使医疗保险计划一直处在公共争论的最前沿，而争论的内容便是政府在为其公民提供福利中的应有作用。（本章的后面内容将讨论这些问题。）

表 15—1　　　　　　　　　　　　社会保障的增长情况

年度	受益人数	保险金支付总额（美元）
1940	222 000	35 000 000
1950	3 477 000	961 000 000
1960	14 845 000	11 245 000 000
1970	25 701 000	31 863 000 000
1980	35 527 000	120 511 000 000
1990	39 825 000	247 796 000 000
2000	45 415 000	407 644 000 000
2010	54 032 000	701 639 000 000

说明：表中保险金支付总额是以现价计算的。

资料来源：Social Security Administration，various publications.

社会保障，不管用什么适当的标准衡量，都是美国最普遍和最成功的联邦计划之一。

到 2010 年，5 400 多万人每月从社会保障署领取支票。这个机构分配的退休、遗属和伤残保险金几乎达到 7 010 亿美元。许多美国人已越来越依赖社会保障，并把未来的保险金（被保险人有法定的领取权利）当做其个人财富的一部分。正因如此，社会保障计划经常被认为是一种"应得权利"的计划。人多数人对社会保障制度的重视，必然使它的管理和资金可靠性成为公共讨论与政治争论的议题。近年来，这已成为不争的事实。

□ 社会保障现状

上述讨论表明，如今的社会保障已与 20 世纪 30 年代设想的方式大相径庭。随着时间的推移，社会保障制度不断演变，再加上劳动人口的结构变化，形成了目前的状况。

组织结构

如今，被大多数人称作社会保障的这个计划，其正式称谓是老年、遗属和残疾保险（Old Age，Survivors，and Disability Insurance，OASDI）计划，它的覆盖面和保险范围不仅大大超过了最初的社会保障计划，而且，筹资方式也远不同于最早构想这个计划时的筹资方式。根据最初的设计，社会保障的运转方式非常类似于私人保险。具体来说，劳动者个人要在其整个工作期间向该计划缴费，而这些缴费被存入政府管理的基金里。这种基金随时间积累并有利息。因此，当某个劳动者退休时，基金中的利息和本金就被用于支付劳动者的保险金。该计划的年度保险金支出的资金主要来源于积累的缴费所取得的利息收入，故通常被称作**完全积累制保险方案**（fully funded insurance scheme）。尽管社会保障最初被设计为一种完全积累制保险计划，但它从未按其初衷运转过，因为给那些在大萧条中失去积蓄的老年劳动者提供保险金的即时压力，容不得该制度有时间积累充足的投资基金。1939 年，社会保障转型为**现收现付制保险方案**（pay-as-you-go insurance scheme）。根据这种设计，年度保险金支出的资金来源是当期的缴费。换言之，支付给当期领取者的社会保障金，其资金来源于那些此时在职的人以税收形式缴纳的费用。（请注意，这种筹资结构造成的一种结果是，收入从纳税劳动者到保险金受益者的代际转移。）

直到最近，OASDI 一直作为现收现付制来运转，使某代的退休、遗属和残疾保险金由下一代劳动者提供资金。20 世纪 80 年代和 90 年代，生育高峰出生的一代人扩大了美国的劳动力规模，于是，社会保障署每年征收的税收收入超过了每年的保险金支出额。其结果是每年逐渐积累了大量盈余资金，它们由社会保障信托基金持有，未来随着生育高峰期出生的人达到退休年龄，可用于弥补预期应付保险金增加而产生的资金缺口。因此，目前的社会保障既不是一种完全积累制，也不是一种纯粹的现收现付制，而是两者的综合。当前的社会保障税部分用于为当前的社会保障支出筹资，部分投资于社会保障信托基金，而该信托基金将被用来为未来的保险金支付筹资。2010 财政年度，社会保障信托基金的资产达到 2.6 万亿美元。

社会保障的运作方式

在美国，私人部门的绝大多数劳动者目前都在社会保障制度的保障范围内，而该制度的资金来源是对工资的课税。这种工薪税是年度工资总额（设置了上限）的一个固定百分比，并在雇员与雇主之间平摊。尽管在劳动者与企业之间分担税款的目的是平摊成本，但显然，雇主可能会将他们的全部或部分税负以较低工资的形式转嫁给劳动者。OASDI 和医疗保险都通过工薪税的形式筹资。OASDI 的固定税率是 6.20％；医疗保险制度下的住院保险的税率是 1.45％。因此，雇员和雇主都缴纳 7.65％的工薪税来为社会保障与医疗保险提供资金。［依据《联邦保险缴纳法案》（Federal Insurance Contributions Act，FICA），大多数雇员缴纳的这部分税额可以从他们的工资支票中自动扣除。］自我雇佣者必须合并缴纳总计为 15.30％的工薪税。2012 年，OASDI 的工薪税仅限于收入的前 110 000 美元，而为医疗保险的住院保险计划筹资的工薪税则没有收入上限。

2011 年，国会临时降低了工人缴纳的社会保障工薪税（降低 2％），作为一种扩张性财政政策，旨在消除大衰退挥之不去的影响。2012 年初，这项减税措施又被延长一年。该减税措施的短期影响是，使中等收入家庭的年可支配收入增加了 1 000 美元。不过，这项经济刺激措施的代价是进一步降低了社会保障信托基金的长期稳定性。

OASDI 保险金的结构会导致从高工资受益者偏向于低工资受益者的收入再分配。当某人向社会保障署提出申请时，他或她的月度保险金将取决于许多因素，包括年龄、家庭状况和最重要的因素——收入历史，然后运用标准公式确定每个人有权享有的保险金水平。（目前，劳动者的工作时间必须累计达 40 个"合格"的工作季度，才有资格领取养老金。）一生中平均工资较低的劳动者得到的月度保险金要少于平均工资较高的劳动者。然而，保险金公式被设计成赋予较低工资的劳动者的以前收入相对于较高工资的劳动者更高的百分比。例如，对 2008 年的一项研究估计，社会保障替代了较低工资劳动者70％的收入，而只替代了较高工资劳动者 30％的收入；当年社会保障受益者的平均收入替代率是 47％。而且，标准公式保证受抚养家属（一位配偶和/或子女）领取者得到的月度保险金高于单身领取者。表 15—2 提供了 2012 年付给各类人群的平均月度社会保障金。（如果你对用于确定社会保障资格和保险金数额的具体规定与公式感兴趣，请浏览本章末所附的社会保障署网站。）

表 15—2　　　　　　　　　2012 年社会保障金月平均数额　　　　　　　　单位：美元

受益者类型	月平均保险金
所有受益人	1 123
退休工人	1 229
配偶	608
子女	603
残疾工人	1 111
配偶	299
子女	330
遗属	
遗孀、鳏夫和父母	1 156
丧偶的父母	884
丧亲的子女	783

资料来源：Social Security Administration，*Monthly Statistical Snapshot*，January，2012，Table 2.

劳动者可以选择从 62 岁开始提前退休，而得到的保险金大约相当于他们在 65 岁之际（满年龄）退休时所得到的 80％。从历史来看，全额退休金应在 65 岁时就开始支付，但为了巩固该制度的资金稳定性，政策改革正在缓慢提高领取全额退休金的年龄。表 15—3 显示的是满年龄的出生年月。劳动者也可以选择在满年龄之后退休，而得到的月度保险金则会增加。到 2027 年，劳动者直到 67 岁时才能获得全额社会保障退休金。

表 15—3 　　　　　　　　　　　　　　社会保障受益者的满退休年龄

出生年度	满退休年龄
1937 年或以前	65 岁
1938	65 岁零 2 个月
1939	65 岁零 4 个月
1940	65 岁零 6 个月
1941	65 岁零 8 个月
1942	65 岁零 10 个月
1943—1954 年	66 岁
1955	66 岁零 2 个月
1956	66 岁零 4 个月
1957	66 岁零 6 个月
1958	66 岁零 8 个月
1959	66 岁零 10 个月
1960 年及以后	67 岁

资料来源：*Social Security Retirement Planner*，www.ssa.gov.

对退休者来说，社会保障的另一个重要特点是他们的保险金受其当前工作收入的影响。退休者可以挣取工资和薪金，但预先确定了一个限额，超过了这个数额，他们的保险金就要相应减少。该收入限额每年根据全国的平均工资确定，超过这个限额就要按收入予以惩罚。目前，当退休者的年龄不到满退休年龄时，若收入超过年度限额（14 640 美元），每收入 2 美元，社会保障金就要减少 1 美元；当受益者的年龄达到满退休年龄时，若收入超过年度限额（38 880 美元），每收入 3 美元，社会保障金就要减少 1 美元。

自 1975 年以来的每一年，在月度保险金支票中，社会保障受益者都能自动地得到增加额，以抵消通货膨胀的侵蚀作用。这些调整通常称为**生活费补贴**（cost-of-living allowance，COLA）。社会保障生活费补贴等于用消费价格指数衡量的上一年度出现的通货膨胀值。（见第 1 章关于 CPI 的讨论。）在这方面，社会保障要比大多数私人养老金方案慷慨得多，这些养老金方案很少把自动的生活费补贴纳入其一揽子保险金计划中。这种细微区别的一个明显后果是，随着时间的推移，维持社会保障计划的成本会日益增大。

社会保障的经济效应

由于社会保障以各种方式影响到几乎每一个美国家庭，因此，该计划具有显著的社会和经济效应。在过去的65年里，经济学家密切关注和研究社会保障对个人与经济的影响。研究表明，社会保障税和社会保障金影响了各种重要的经济变量，比如可支配收入、劳动供给和储蓄。可以很容易断定，假如社会保障制度不存在，今天的美国经济看起来会迥然不同。

□ 收入

也许现代社会保障制度最明显的经济效应是它对可支配收入的影响。首先，对于工作中的人而言，社会保障税减少了实得工资，从而降低了他们的可支配收入。不过，对于领取保险金的老年人、遗属和残疾人而言，社会保障显然增加了他们的可支配收入。如表15—1所示，在2010年，有超过7 010亿美元的OASDI保险金被分配给大约5 400万的受益者。这个数字说明，具有传统的高边际消费倾向的家庭每年可以得到相当可观的收入。

自创立以来，作为老年人群收入的一个来源，社会保障日渐重要。根据社会保障署的统计，有超过90％的老年家庭领取社会保障金。（老年家庭被定义为以一位65岁或65岁以上的老人为户主的家庭。）从这个角度来看，只有29％的老年家庭领取私人养老金。显然，社会保障支出广泛分布于美国的老年人群之中。而且，与其他收入来源相比，社会保障金的相对规模随时间的推移继续扩大。实际上，在领取社会保障的65岁或65岁以上的家庭成员当中，有66％的人认为社会保障金在他们的总收入中占50％以上，有35％的人认为社会保障金要占其家庭收入的90％以上。令人惊讶的是，20％的老年家庭承认社会保障是他们的唯一收入来源。总体上，社会保障收入占老年人群收入的38％。图15—2说明，社会保障无疑是这类人群可支配收入的单一最大来源。

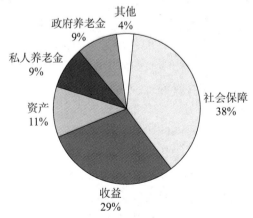

图15—2 老年人群的总收入来源，2009年

资料来源：Social Security Administration, *Fast Facts and Figures*, August 2011 (www. ssa. gov).

社会保障金分配的另一个效应是它对贫困的影响。据估计，10%的老年家庭生活在贫困线以下；没有社会保障，这个数字恐怕会提高到50%。因此，社会保障缓解了对其他较传统的反贫困收入转移计划的需要（见第7章关于这些计划的分析）。

社会保障金是消费支出的重要来源，而消费支出对总需求具有明显的正面作用。通过提高总需求水平，社会保障金常常会刺激经济运行和增长。社会保障及其所支撑的支出是现代经济不可或缺的极其重要的组成部分。

□ 劳动供给

社会保障税和社会保障金能够影响劳动者个人的劳动供给决策。经验证据表明，总的影响结果是，导致劳动力规模的净降低。这种情况是如何发生的？为什么会发生？答案很简单，就是经济激励在起作用——社会保障税对纳税者的行为有影响，社会保障金对领取者的行为有影响。

首先，社会保障通过工薪税筹资，而工薪税不可能对劳动者的行为产生中性影响。如前所述，社会保障税款由劳动者及其雇主平摊。由劳动者缴纳的部分显然会减少劳动者的实得收入，而如果雇主可以不缴纳他们应付的那部分社会保障税，他们可能会支付更高的工资，这等于又使劳动者实得的收入减少了一部分。因此，雇主有可能将他们的全部或部分社会保障税负以较低工资的形式转嫁给劳动者。似乎很明显，社会保障制度可能会导致受该计划保障的劳动者的实际工资降低，而这种原因造成的工资减少会对个人的劳动供给决策产生重大影响。我们知道，工资率的变化既会产生替代效应，也会产生收入效应。替代效应的出现是因为如下事实，即工资率实际上是每小时闲暇时间的价格，例如每小时挣10美元的劳动者，如果他想多享有1小时的闲暇时间，就必须放弃这10美元。这样，由社会保障工薪税造成的工资减少就会降低闲暇价格，引起理性的个人选择更多的闲暇，即减少工作。相反，收入效应的出现是因为如下事实，即闲暇时间是正常品。我们在第2章中论述过，对正常品的需求会随着收入的升降而相应地增减。用于为社会保障筹资的工薪税通常会降低收入，产生收入效应，即引起人们减少闲暇，增加工作。理论上，尚不清楚哪一种效应占支配地位。假如替代效应支配着单个劳动者的决策，那么，由社会保障税引起的较低工资就会导致劳动者用较多的闲暇时间代替较少的工作时间。相反，假如工资降低的收入效应占支配地位，那么，单个劳动者就可能因工薪税而选择更多的时间工作，对闲暇时间的需求减少。

尽管没有理论上的答案来回答哪种效应占支配地位这个问题，但对该问题的实证研究还是大量存在的。这些研究表明，对老年劳动者而言，降低工资的替代效应似乎要强于收入效应，这也许是因为闲暇时间的价值往往随年龄而提高。尽管其他因素毋庸置疑会影响到这种倾向，但社会保障对工作和退休决策的作用，可以从不断变化的美国老年人的劳动力参与率看出来。1930年，在社会保障制度的法律颁布之前，大约有50%的65岁以上的人是劳动力大军的成员。而如今这个比例已降到不足30%。虽然经济学家还必须要确定这个由社会保障造成下降的准确比例，但有相当多的意见一致认为，社会保障的确降低了经济中可利用的劳动力供给总量。

□ 储蓄和投资

社会保障会潜在地扭曲储蓄和投资行为，从某种意义上讲，可能会对整个经济运行造成危害。要理解这一点，需要深入考察由社会保障制度引起的对储蓄的经济激励与抑制。实际上，美国的社会保障制度至少在三个方面可以影响家庭的储蓄行为。

首先，如上所述，社会保障制度通过提前退休，会对老年人造成减少其劳动供给的激励。这意味着劳动者享受的退休时光要长于没有社会保障制度情况下的退休时光。而较长的退休时光意味着劳动者只有较少的时光积累财富来支撑退休生活。因此，打算过较长退休时光的劳动者在他们的工作年限中，有比在另外情况下进行更多储蓄的激励。这就是经常讲的社会保障对储蓄产生的**退休效应**（retirement effect）。

社会保障可能增加个人储蓄的第二个方面一般称为**遗产效应**（bequest effect）。这种效应基于这样的假设，即人们储蓄的一个主要原因是在他们去世后将金融资产留给后代。在目前的制度运行框架下，社会保障会把收入从年轻一代转移给老年一代。认识到这一点，希望给后代留点什么的人，就必须在其工作年限中增加储蓄，以弥补这种损失。因此，社会保障的遗产效应强化了退休效应对私人储蓄的正影响。

社会保障影响个人储蓄的第三个方面，与遗产效应和退休效应的作用相反。由于缴纳了工薪税，社会保障就能给个人及其家庭提供有保证的退休收入，所以，劳动者可能视社会保障为一种储蓄形式。未来社会保障金的价值是许多美国家庭个人财富的主要部分。因此，劳动者往往会通过参与社会保障积累财富，代替其他形式的财富，比如私人储蓄。从本质上讲，这种**财富替代效应**（wealth substitution effect）说明了这样一个事实，即许多劳动者认为储蓄没有多大必要了，因为他们是社会保障制度的组成部分，而该制度会保证他们缴纳的税收在将来得到回报。

如果退休效应和遗产效应导致人们增加储蓄，而替代效应导致人们减少储蓄，那么，社会保障对个人储蓄的净效应是什么？这个问题在经验研究上一直争论不休。如今，许多经济学家根据这些经验研究结果得出结论，认为财富替代效应大于其他两种效应。因此，社会保障似乎降低了经济中的总储蓄，而且降低规模可能非常大。一些研究表明，个人储蓄总额不到如果没有现在这种社会保险安全网的情况下应有的一半。

个人储蓄降低的重要意义不应被忽视。我们早就知道了，储蓄是生产性投资的必要资金来源。如果社会保障降低了总储蓄，企业投资于私人基础设施和资本设备上的可利用资金就会减少，个人投资于教育和培训上的可利用资金就会减少。从这个意义上说，社会保障可能是当前总需求和未来经济增长的抑制因素，我们用生产可能性模型来说明这一点。

在图15—3中，曲线 AD 表示经济的生产可能性。两个坐标轴分别表示消费品和投资品，表示经济利用其可用的资源生产出来的消费品与投资品间的此消彼长关系。假如社会保障导致人们减少储蓄，这就意味着他们的消费也会比在没有社会保障情况下的多。因此，经济可能处于诸如 C 点而非 B 点，而在 B 点，相对多的资源会用于投资品。由社会保障带来的储蓄降低的短期成本就是放弃投资品的数量，即 $I_B I_C$ 之间的距离。然而，由于用于诸如新的厂房、办公楼、设备或教育设施这类投资品的资源较少，因此经济将不会再像如果有更多的储蓄时那样强劲快速地增长。因此，长期成本是经济不能移动到更高的生产可能性曲线以及像 E 点这个位置；在 E 点，会有更多的消费品和投资品可资利用。

虽然社会保障可能具有负面的经济影响，但这种制度所产生的社会收益，比如在对老年、遗属和残疾人口提供的资金支持和经济安全方面，显然会超过一般人所意识到的成本。几乎我们每个人最终都要与社会保障打交道，这种制度已成为人们都愿意维护的一种珍贵的制度。正因为如此，对我们来说，随着社会保障制度的发展，尽可能有效地确定与量化这些潜在的负面经济影响并努力解决这些问题具有重要意义。不过，当务之急可能是要解决美国人口中不断变化的人口结构对社会保障制度造成的沉重压力。

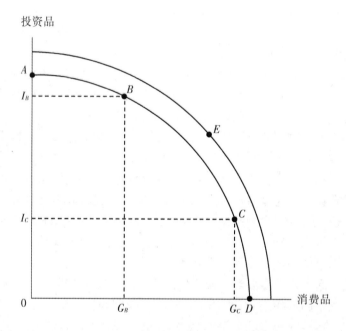

图 15—3　社会保障与经济增长

　　曲线 AD 表示经济的生产可能性。如果社会保障导致人们减少储蓄，增加消费，经济就可能处于诸如 C 点这样的位置，在该点上，可用于投资的资源相对较少。因此，社会保障的一种成本便是它可能无法很快地移动到更高的生产可能性曲线以及像 E 点这个位置，而在 E 点，有更多的消费品与投资品可资利用。

社会保障的未来

社会保障将何去何从，美国公民很快就会面临艰难的选择。与其他所有重要选择一样，必须要认真考虑其机会成本。

□ 资金困境

近年来，社会保障制度明显面临着日益浮现的资金危机。拥有数十亿美元储备的计划如何发现其未来危机四伏呢？答案出乎意料。随着生育高峰期出生的一代人——

这一代人工作、纳税，而所纳的税在社会保障信托基金中积累了巨大的盈余——变老、开始退休，保险金的预期支出将超过预期流入的税收收入。当社会保障署的支出大于其收入时，信托基金的规模就会开始萎缩，直到耗尽。事情还会变得更糟，由于当前一代劳动者的规模不足以支撑生育高峰庞大的一代中的退休者和受益者，所以，一旦信托基金耗尽，以当前的税收和保险金水平，社会保障制度就无法回到严格意义上的现收现付制。

在图15—4中，根据受托人所做的中等程度假定，2008年预测了OASDI信托基金余额的未来情况。该预测表明，税收收入加信托基金中盈余所孳生的利息到2027年前一直会超过支出。自此之后，信托基金余额开始下降，到2041年会枯竭。由于最近这次大衰退导致的失业大增，以及临时的工薪税减税，现在的预测估计该信托基金提前到2036年就会被清空。不过，未来经济的周期性波动很可能使预测的日期在该事件真正发生之前改变好几次。在这个临界时点到来之前，我们必须对社会保障制度进行改造，以避免大幅度增税和（或）减少保险金。

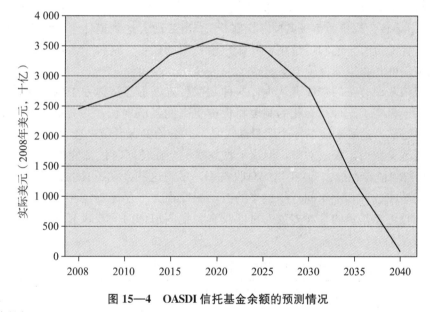

图15—4　OASDI信托基金余额的预测情况

资料来源：*2008 OASDI Trustees Report*（www. ssa. gov）.

□ 可能的解决办法

关于如何最有效地防止浮现的资金危机进一步恶化的公开辩论，不可能很快烟消云散。为了解决这个问题，人们已提出两种主要方式：改革目前的制度，或建立一种新的、以私人个人账户为基础的完全积累制。这两种方式都得到大量支持，不过不清楚最终会选择哪一种方式，还是二者的综合。

解决社会保障资金问题的最直接方式，就是简单地改变一些当前的规定和操作政策。最明显的改变恐怕就是提高为该制度筹资的工薪税了。虽然曾经估计过，适度提高当前的税率会使信托基金发生亏空拖延数十年，但是，增税几乎得不到任何政治上的支持，因此，增税不可能在任何时候都很快实行。另一种给社会保障提供更多资金的方法是，从一般税收收入中拿出更多的资金转移到该制度之中。20 世纪 90 年代末的联邦预算盈余可以用于这一目的，可是国会却决定用这笔资金偿还部分公众持有的联邦债务。

如果不能为社会保障筹集更多的资金，支撑当前制度的其他方式就是降低支出。为此，无数方式被提了出来。实际上，一些降低支出的措施早已实施，包括提高可以获得全额退休保险金的年龄。现在加入劳动大军的大多数劳动者，只有在 67 岁时才能获得全额社会保险金。其他提出来的但仍未付诸实施的改变，包括改变年度生活费补贴的计算方法和减少支付给受抚养配偶的保险金。毋庸置疑，未来将对该计划的一些形式作出改变，以延缓社会保障支出的增长，但是，这些改变也不可能产生出一种长治久安的解决办法。

解决社会保障筹资危机的更新颖方式是，建立一种新计划，用个人保障账户（personal security accounts，PSA）补充或替代现行制度。基本思路是，将社会保障部分或全部私有化。就其最根本的形式而言，社会保障工薪税全部进入参加该制度的每个劳动者的个人账户中，然后，劳动者有责任把这些资金投资于经政府批准的各种金融资产（比如股票市场基金或货币市场共同基金账户）。当劳动者达到退休年龄或在其他情况下有资格领取保险金时，他们可享用在其账户中积累的储蓄。这种个人保障账户制度的实质是一种强制性私人退休保险方案。

个人保障账户方法的赞成者认为，这种制度可以增加经济体系中的净储蓄，并使更多的资金用于投资。这种私有化的制度将促进更高的经济增长，并为受益者提供更大的资金收益。当然，这种制度的一个明显缺点是，它会给参保者带来较大程度的金融风险。劳动者的缴款会赚得市场收益率，但这个收益率不会在任何时候都能得到保证。表 15—4 列出了股票和债券在过去 50 年里的总收益率。尽管这些金融工具的长期收益率令人印象深刻，但请注意，几十年间，收益率的波动幅度很大。还需提请注意的是，投资于公司股票的回报可能是负的。大多数人可能没有大把的退休时间或没有能力去应对一个强大的金融市场。

表 15—4   股票、债券和国库券的总收益率，1950—2009 年

时期	股票	股票（扣除通货膨胀之后）	债券（10 年期）	国库券
1950—1959	19.28%	16.69%	0.73%	2.02%
1960—1969	7.78%	5.13%	2.42%	4.06%
1970—1979	5.82%	−0.14%	5.84%	6.42%
1980—1989	17.54%	11.87%	13.06%	9.21%
1990—1999	18.21%	14.85%	8.02%	4.95%
2000—2009	−0.45%	−3.39%	6.63%	2.74%

资料来源：U. S. Department of Commerce, Bureau of the Census. *Statistical Abstract of the United States*, 2012.

如何把表 15—4 中的收益率与在整个工作年限中将钱缴入这个制度的社会保障受益者所获得的收益情况进行比较？这是一个回答起来非常复杂的问题。鉴于前面所分析的保险金结构，收益显然会因人而异，取决于诸如年龄、性别、婚姻状况和收入历史这类因素。而且，关于社会保障的资金收益是否应唯一以个人向该制度的工资缴款为根据，还是应包括雇主代表他或她所缴的税，分析家们意见不一。由于这些问题，社会保障收益的经验估计值变化很大。例如，一项研究发现，一个1975年出生的人，其社会保障的预计实际收益率，从-0.13%（单身高工资男性）到4.25%（一对只有一位低工资收入者的夫妇）不等。[①] 尽管这样的收益率低于表15—4列出的长期市场平均收益率，但要记住，随着时间的推移，规定的社会保障金会更加稳定，因为它们不受市场活动大幅波动的影响。

一些经济学家认为，完全依赖市场的社会保障制度实际上是一种不太安全的制度。也就是说，如果投资选择不当，或因市场显著地持续萎缩，在某一时点上，一大部分退休者会发现他们从其个人保障账户中只能得到很少或根本就得不到收入，这又怎么办？社会保障不是要消除这种情况吗？

少数几个国家，比如智利，已经采用了私有化的社会保险计划，并取得了引人注目的成功。但我们必须指出的是，它们一般是在市场繁荣时期这样做。我们不清楚：要是这些社会保险计划在持久的经济停滞时期实施，其成功的可能性有多大？不管怎样，虽然社会保障被强制储蓄的私人制度所取代是不太可能的，但该制度在未来的某个时刻会吸收私人市场的一些成分。例如，一些人已主张允许社会保障署将其一部分基金投资于股票市场或其他私人金融证券。

医疗卫生市场：简要回顾

以上分析的社会保障OASDI部分是为了替代因退休、残疾或早逝而丧失收入的人。这就是当听到社会保障一词时，大部分人脑海中所浮现的。实际上，OASDI只是整个社会保障计划的一部分，另一个重要组成部分是医疗保险制度，它是联邦政府对65岁及以上的人提供的健康保险计划。正如上面所分析的，OASDI面临着因人口变动所导致的筹资困境，而人口变动起因于生育高峰期出生的一代。同样的事实也适用于医疗保险制度，因为它的主要筹资来源也是对劳动者及其雇主所课征的工薪税。与筹资问题同样重要的是，医疗保险制度也具有因导致过度需求而潜在扭曲医疗卫生市场的激励。当然，哪里有过度需求，哪里的价格就会随之提升。为了充分理解医疗保险制度及其如何产生能导致医疗卫生市场中无效率的激励，了解发生在该市场中的一些重要趋势是有用的。

□ 国民医疗卫生资金：来源与去向

美国的医疗卫生总支出在2009年达到令人难以置信的2.5万亿美元，占国民收入的18%。换句话说，在这一年，美国人每人花费在医疗卫生上的钱为7 500美元。为了更

---

① C. Eugene Steuerle and Jon M. Bakija, *Retooling Social Security for the 21 st Century* (Washington, DC: Urban Institute Press, 1994).

好地理解这一统计数字，请看图 15—5 和图 15—6，它们分别说明了典型或一般医疗卫生资金在 2009 年的来源与去向。图 15—5 指出了美国医疗卫生支出筹资的最重要特征之一。具体来说，用于医疗卫生支出的典型资金中，只有 12％来自直接的消费者，即来自病人。一般而言，在美国医疗卫生支出的每一美元中，有 87％来源于第三方，即私人健康保险（32％）、公共保险（46％）和私人捐赠（9％）。当然，医疗卫生消费者以健康保险保费等形式承担了额外的费用。不过，不能小看第三方支付对医疗卫生需求量的影响。试想如果在每一美元的费用中，你不得不直接支付的资金仅占 12％，你需要的医疗卫生服务会有多少。显然，任何类型第三方支付的一个主要特点是增加了大多数病人的医疗卫生需求量，这正如我们在本章后面将详细分析的。

如图 15—6 所示，国民医疗卫生资金的去向，如你可能预见到的，主要有医院（36％）、医生（24％）、处方药（12％）和疗养院（7％）。剩余资金都用于所有的其他个人医疗卫生产品和服务方面。

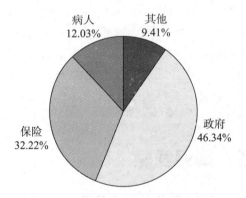

图 15—5 国民医疗卫生资金：来源，2009 年

资料来源：*Statistical Abstract of the United States*，2012，Table 135.

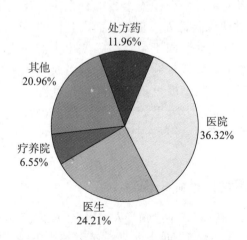

图 15—6 国民医疗卫生资金：去向，2009 年

资料来源：*Statistical Abstract of the United States*，2012，Table 134.

□ 医疗卫生支出的增长

自从 1960 年以来的许多年里，美国的国民医疗卫生支出年均增长率一直保持在 10%~12%之间，但 20 世纪 90 年代该增长率急剧下降至略高于 5%。不过，自 2000 年以来，国民医疗卫生支出的年均增长率上升到 6.8%左右；也就是说，这大大高于美国经济增长率，使得医疗卫生支出占 GDP 的份额更大。图 15—7 说明了自 1980 年以来，医疗卫生支出占 GDP 比率的增长情况。1980 年，医疗卫生支出占 GDP 比率仅为 9%，到 2009 年，该比率已上升至 18%。这种上升趋势表明其机会成本很大——美国人花费在医疗卫生上的开支越多，用于购买其他商品和服务的开支就越少。

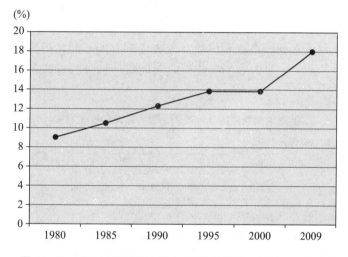

图 15—7　国民医疗卫生支出占 GDP 的比率，1980—2009 年

资料来源：*Statistical Abstract of the United States*，2012，various tables.

□ 政府在医疗卫生筹资中的作用

自 1965 年启动医疗保险制度以来，政府在医疗卫生服务筹资中的作用稳定而显著提高。在有关医疗保险制度的法案颁布之前，公共部门只负担总医疗卫生支出的 25%左右。到 1990 年，政府所占比重已提高到接近 41%，而且此后一直缓慢上升。到 2009 年，在美国所提供的医疗卫生服务中，46%的资金是由政府提供的。

两个主要的政府医疗卫生计划——医疗保险制度（Medicare）和医疗补助制度（Medicaid）计划的合并支出，2009 年达到 8 760 亿美元。（我们在第 7 章中论述过，医疗补助制度是联邦医疗卫生计划，它将医疗卫生保险金提供给穷人和经济困难的人。）这占到全部医疗卫生支出的 1/3 强，相当于所有用于医疗卫生的公共支出的 2/3。

□ 私人健康保险的重要性在降低

如今，私人健康保险为全部医疗卫生支出筹措了大约 1/3 的资金。虽然私人保险继续为总的医疗卫生支出提供很大一部分资金，但雇主资助的健康保险保费的年增长率近

347

年来已有所下降。实际上，私人健康保险正逐渐被政府主办的保险（比如医疗保险制度和医疗补助制度）所代替。

医疗保险计划

被称为医疗保险制度的社会保险计划，是根据《社会保障法案》XVIII节于1965年建立的，并被命名为"老年与残疾健康保险"。在它开始实施的第一年，即1966年，根据这个新计划，差不多400万65岁及以上的人领取了一些医疗卫生保险金。1973年，医疗保险制度的范围扩大了，覆盖的人包括：根据社会保障或铁路退休计划有资格领取残疾保险金至少达24个月的人，肾病晚期需要继续做透析治疗或肾移植的人，以及未在保险范围内的，但决定自愿出钱加入医疗保险制度的某些老年人。医疗保险制度由A、B、C和D四部分组成。尽管在保险范围和保险对象方面都有所不同，但每一部分实质上都是一项公共保险方案。表15—5列出了医疗保险制度每一部分的保险范围、资金来源和提供者支付形式。

表 15—5　　　　　　　　医疗保险制度的保险范围、资金来源和支付形式

计划	保险范围	资金来源	提供者支付形式
A 部分： 住院保险（HI）	病人住院护理、要求有熟练技能的护理、家庭医疗卫生机构和晚期病人收容所护理。	以 2.9% 的税率对工资和薪金的课税、对社会保障收益的课税、投资资产的利息、扣除额（2012 年是 1 156 美元）和住院超过 60 天的共同保险支付（2012 年是每天 289 美元）。	预付制度（PPS）；根据在症状类似病人组（DRG）内的病人诊断情况。
B 部分： 补充医疗保险制度（SMI）	医生和非医生服务，比如实验室试验、耐用设备和服务、救护车服务、流感疫苗接种、一些治疗服务和处方药。	月度保费（2012 年是 99.90 美元）、一般性税收收入、年度扣除额（当前是 140 美元）和受保医疗服务 20% 的共同支付。	较少的缴费或根据相关价值等级（RVS）的服务费清单。
C 部分： 医疗保险制度优惠	在下列方案中选择：一次一付的医疗费方案、管理型医疗卫生方案和优先提供者组织。	取决于所选择的方案。HI 和 SMI 信托基金是其主要的收入来源。一些费用的分摊取决于所选择的方案。	提供者支付随方案不同而不同，取决于参加人口的特征。
D 部分： 处方药方案	包括联邦药品管理局批准的大多数处方药。加入 A 部分和 B 部分的每个人都有权选择加入 D 部分。	月度保费（2012 年约 40 美元）缴款和来自美国财政部一般基金和 SMI 信托基金。来自各州的为低收入老年人的额外缴款。	支付根据在市场上选择的方案不同而不同。大多数方案要求每一处方共同支付并有年度扣除。

资料来源：Centers for Medicare & Medicaid Services，2012. www.medicare.gov.

□ 范围

医疗保险制度的 A 部分是那些符合资格人的基本住院保险计划，它为受益者提供的基本保险范围包括：病人住院护理、要求有熟练技能的护理、家庭医疗卫生机构和晚期病人收容所护理。2010 年，住院计划的保险覆盖面大约是 4 750 万人，他们领取的保险金总计为 2 479 亿美元。大多数医疗保险制度的参保者都选择参加可选择的 B 部分，该部分提供补充医疗保险，弥补不在 A 部分保险范围内的许多医生与非医生服务的费用（见表15—5）。2010 年，补充医疗保险计划的费用达 2 129 亿美元，给约 4 300 万人提供保险金。医疗保险制度的 C 部分提供除 A 部分中传统的**一次一付医疗费**（fee-for-service）保险外的其他选择方案。C 部分计划称为医疗保险制度优惠计划，因为受益者可以在传统方案、各种**管理型医疗卫生计划**（managed care plans）和优先提供者组织之间进行选择。

经过多年的争论，国会在 2003 年通过了《医疗保险处方药改进和现代化法案》（Medicare Prescription Drug，Improvement，and Modernization Act，MMA），从而形成了医疗保险制度 D 部分。从 2006 年开始，自愿参加 D 部分的医疗保险制度受益人，收到由批准的私人保险公司提供的处方药保险金。D 部分的不同寻常之处是它建立了提供社会产品的私人市场。受益人可以选择最适合其情况及预期未来需要的计划以及相应的月度保费。所有计划都有年度**扣除额**（deductible）和必要的**共同保险支付额**（co-insurance payments）。支付的保险金每年由医疗保险制度规定年度最高限额，达到这一数额后，受益人支付 100％的处方药成本。如果受益人将来的处方账单达到第二高预先确定的水平，保险金恢复为较低的必要共同保险支付。因此，对于那些处方账单较大的人来说，D 部分出现"保险金缺口"。私人保险市场的出现，提供了弥补这一缺口的保单。到目前为止，医疗保险计划的 D 部分很受欢迎，到 2012 年参加此项计划的人达 2 700 万人。

□ 筹资

根据医疗保险制度，2.9％的工薪税（如先前所分析的，在劳动者与雇主之间平摊）所筹集的收入是住院护理服务和相关服务的主要收入来源。另外，医疗保险计划从扣除额、共同保险支付、课自社会保障金的税和利息收入中获得收入。这些资金来源为 A 部分所覆盖的医疗服务提供资金。B 部分所覆盖的医生和非医生医疗服务主要由美国财政部征收的一般性税收收入来支付。另外，B 部分的资金来源是受益者支付的月度保费，该保费弥补了这个计划费用的 25％左右。B 部分的参保者必须支付年度扣除额，还面临20％的共同支付款，为用于医疗服务的整个计划支出付费。C 部分主要的资金来源是医疗保险制度和补充医疗保险制度信托基金所产生的收入。C 部分也有一些费用的分摊取决于参保者挑选的是一次一付医疗费选择方案、管理型医疗卫生选择方案，还是优先提供者组织。医疗保险制度 D 部分处方药方案的资金来源主要是每一受益人支付的月度保费以及来自美国财政部一般基金和 SMI 信托基金子账户的资金。这些资金使公共补助数额大致相当于该计划总成本的 75％。

□ 提供者支付

按照**预付制度**（prospective payment system，PPS）的一系列规定，医疗保险制度按医院的服务向医院支付费用。预付制度建立于 1983 年，目的是为了减缓住院护理市场的螺旋式上升的膨胀。根据这个制度，不是给医院按其提供护理所实际发生的费用付款，而是依据在症状类似病人组（diagnosis-related group，DRG）内的病人诊断情况付款。历史上，医疗保险制度是根据"合理收费"的想法根据医生的服务给医生付款。这种方式 1992 年开始改变，自此，是根据较少的交费或费用清单〔称作相对价值尺度（relative value scale，RVS)〕按医生的服务向医生付款。1997 年的立法授权在向医生和其他医疗卫生提供者的医疗保险付款中实行预付制度。按照医疗保险优惠计划向提供者付款的方式，根据不同的选择方案类型而各异。在传统的一次一付医疗费选择方案下，是按照上面描述的方案向医疗卫生提供者付款；在管理型医疗卫生选择方案下，医疗保险制度是预先确定每人每年的支付额。本章后面将更多地论述管理型医疗卫生方案。

医疗保险制度的经济效应

医疗保险制度的经济效应在一般的医疗卫生市场中会被最先、最显著地感受到。即使有一点点的反应，也应明白，医疗卫生市场不可能像我们在第 2 章中描述的完全竞争市场那样有效率地运转。一个重要的区别是，在竞争市场中，潜在的买者如果不能或不愿为产品或服务支付均衡的竞争价格，他们就会被排斥在市场之外。就是这种被市场的排斥（建立在潜在的消费者不愿意付钱的基础上），保证了产品和服务为那些赋予它们最大价值的人所消费。与竞争市场相反，在医疗卫生市场中，一般认为没有人应当被排斥在消费之外。为这种主张辩护的理由，要么是许多医疗卫生产品和服务被共同消费，要么是完全出于公平。但无疑，对存在于医疗卫生市场中的竞争市场模型最重要的偏离是它对第三方支付的依赖。

第三方支付主要是以私人和公共医疗卫生保险的形式，对医疗卫生市场会产生重大影响。图 15—8 显示了这一点，它反映了某一既定社区中的体检市场。在没有健康保险的情况下，即在一个竞争性很强的环境中，均衡价格是每次体检 100 美元，每天提供 10 次体检。现在假定实行了健康保险方案，病人的体检费用降至 40 美元。如需求规律所表明的，假如除了产品或服务价格的降低外，其他条件不变，可以预期需求数量会增加。在这种情况下，在价格为 40 美元时，体检需求数量会增加 1 倍，即每天 20 次。当然，如果向供应者每次支付 200 美元，他们反而愿意提供每天 20 次的体检。因此，作为第三方的保险公司所支付的数额是病人支付的价格（40 美元）与医生得到的价格（200 美元）之间的差额。所以，为了对健康保险方案的实行作出反应，体检的总支出便从每天 1 000 美元上升到每天 4 000 美元。于是，健康保险的影响可以归纳为会造成医疗卫生需求量的增加、医疗卫生提供的相应增加，以及提供医疗卫生的总成本增加——尽管对病人的收费价格可能下降。而且，医疗卫生实际上是私人的还是社会的无关紧要。还要记住，在美国，政府的两个主要健康保险制度，即医疗保险制度和医疗补助制度，为医疗卫生总支出的 1/3 提供资金。就此而言，医疗保险制度在造成美国过去数十年来医疗卫生需求量激增中的作用怎么夸大也不过分，这种增量与美国所具有的医疗卫生高膨胀率之间的联系应是明显的。

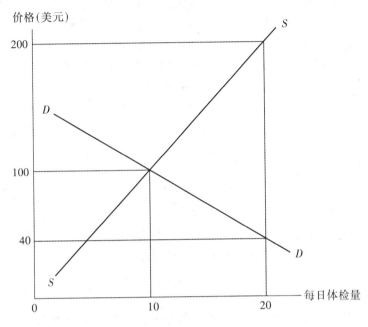

图 15—8　第三方支付及其效应

在没有第三方支付的情况下，价格是 100 美元，每天的需求量是 10 单位。第三方支付可以使病人的价格下降到 40 美元，每天的需求量为 20 单位。为了满足需求量的这种增加，价格不得不提高到每单位 200 美元。第三方支付的效应是把医疗支出从每天 1 000 美元（100 美元×10）提高到 4 000 美元（200 美元×20）。

医疗保险的未来

正如我们已经看到的，医疗保险是社会保障制度的一个重要组成部分，为美国老年人提供了安全网。它的未来与能否确保整个体系的资金可持续状况有直接关系。

资金困境

医疗保险制度的住院保险（HI）计划似乎短期内不会面临资金问题。据估计，在 10 年内，流入住院保险信托基金的收入资金将大于流出该基金的支出资金。不过，据进一步的估计，从住院保险信托基金的预期收入来看，支出比重会下降，到 2024 年，住院保险信托基金的资产可能就会被耗尽。因此，未来必须作出一些改变，以满足当生育高峰的一代退休时其日益增长的医疗卫生需求。医疗保险制度的补充医疗保险计划（SMI）可以满足未来对医疗护理服务的需求，因为目前的法律已经提供了建立在当前每个补充医疗保险制度受益者基础上的筹资来源。[1]

---

① *HI and SMI Trustees Reports*，www.hcfa.gov.

□ 可能的解决办法

保证医疗保险制度持续运转的最明显方法是，提高为该计划筹资的工薪税。这适用于一般的社会保障计划，但哪怕是适度的增税，在政治上也会遇到阻碍。提高税率的可供选择的其他方案有：（1）提高参保者不得不支付的月度保费；（2）通过提高现有的扣除额和共同保险支付以提高规定的费用分担比例。这些举措可能不受欢迎，但可以通过控制由普遍保险产生的过度医疗卫生需求而带来额外的好处。

尽管不得不考虑上面的每一种建议，并且也可能实施某种综合办法，但还存在另外一些可供选择的措施以纠正由医疗保险制度所产生的一些无效率。实际上，在这些建议当中，有许多建议早已经体现在医疗保险制度的C部分中。如前所述，C部分允许参保者在除医疗保险制度传统的不受限制的一次一付医疗费外的方案中作出选择。这些方案包括管理型医疗卫生方案和医疗储蓄账户（Medical Savings Account，MSA）。

按照典型的管理型医疗卫生方案，对提供者的支付是根据预先确定的固定服务费清单，而这些服务费是由保险公司（称之为管理型医疗卫生组织）与各种健康服务提供者商定的。管理型医疗卫生没有提供不必要的医疗服务的动力，因为服务费是预先确定的。相反，医疗保险制度传统的一次一付医疗费制度往往会鼓励提供过度服务，因为提供者的收入会随所提供的服务而增加。

管理型医疗卫生方案如今在美国不是新鲜事物，它们近来已有非常快速的增长。当保险是由雇主资助时，它们尤其普遍。目前，在所有参加私人保险的雇员中，几乎90%以上的人享受管理型医疗卫生方案的保险。许多组织机构都提供管理型医疗卫生方案，最常见的有健康维护组织（health maintenance organizations，HMO）、优先提供者组织（preferred provider organizations，PPO）、定点服务组织（point-of-service，POS）和医生网络。

管理型医疗卫生方案对参保者的一个潜在好处是，这些方案通常只需要较少的费用分担。按照这种方案，到诊所看一次病只需要较少的固定费用，比如说10美元。另外，按照传统方案不享受保险的一些医疗服务，诸如预防性医疗卫生，也可以享受保险。不过，虽然越来越多的医疗保险制度参保者选择管理型医疗卫生方案，但绝大多数人仍属于一次一付医疗费方案。

医疗保险制度C部分还提供了医疗储蓄账户（MSA）选择。该方案的独特之处在于，参保者的资格限于前5年。按照医疗储蓄账户选择方案，政府会为受益者购买扣除额很高的健康保险保单，然后每年将一笔钱存入由受益者建立的储蓄账户。受益者可以使用储蓄账户中的钱，为得到的健康服务付费，直到达到扣除额，并为不享受该保险方案的其他健康服务付费。与其他医疗保险制度选择方案不同，医疗储蓄账户方案对于医疗卫生提供者索取的高于由医疗储蓄账户方案所支付的费用，不存在限制。同样，参加医疗储蓄账户的个人在整个年限里不能退出，但在他们参加当年的12月15日前有一次选择退出的机会。

每个方法都有优点，尤其是因为其目标直指由医疗保险制度所造成的对医疗卫生的过度需求，但迄今为止，还没有证据表明它们深受退休者的欢迎。

□ 医疗保险现代化法案

如前所述，2003年对整个医疗保险计划进行了修订，《医疗保险处方药改进和现代化法案》签署成为一项法律。除了处方药补助之外，该法案还为参加医疗保险计划的人建立了新的协调性医疗卫生服务计划。这些计划允许医疗卫生服务提供者建立供应计划，负责受益者需要的所有医疗卫生服务，包括医生出诊、住院、药物、治疗，以及医疗设备等等。这些计划的提供者将按参加人数获得固定数额的报酬。因此，提供者有动力节约成本，对可能会降低未来服务需求的预防性干涉进行投入。此外，在这种资金安排情况下，协调性医疗卫生服务提供者就有动力生产和提供高质量的服务，以吸引和留住参保者。

《医疗保险处方药改进和现代化法案》还对传统的医疗保险计划进行了许多其他改革。比如，新参保者立即能得到最初的预防性体检和糖尿病筛选测验，现在还包括了心血管检测。所有这些变化，预期会极大改善几百万老年人的生命质量，延长寿命。不过，要完全知道该法案的影响，特别是对我们大家承担医疗保险制度成本的能力有何影响，尚需时日。

▦ 小结

正如我们在本章所讲的，每年数百万的家庭在老年或发生残疾或死亡的情况下，依赖社会保障提供收入和医疗卫生。这些社会保险计划成功地给美国家庭提供了一个经济安全网。社会保险的成功可以用因参加了这种制度而不受贫困或疾病影响的家庭数来衡量。然而，从经济观点看，人们必须评估社会保障金和医疗保险制度及其成本。社会保险的一些成本，诸如工薪税对收入的负效应是显而易见的。其他成本，诸如可能会减少投资从而会降低未来的经济增长，都不是一般人所能明显觉察到的。社会保障和医疗保险制度的惊人普及表明，一个民主社会认定这些计划的收益大于它们的成本。

如今，美国面临的一个重大挑战是——要找到一种可以重建美国社会保险计划的方法，它能保证这些计划未来资金的稳定。社会保障的资金困境不是由社会保障的内在缺陷所致，原因主要是整个人口中人口结构的动态变化所致，认识到这一点是重要的。尽管相同的因素也对医疗保险制度的资金问题有影响，但第三方支付的经济作用相当好地解决了这个问题。如果从经济学角度来看社会保险，可以预见，如何使这些计划更有资金保证的争论，很可能会居于公共议事日程的首位。

▦ 讨论题

1. 私人保险与社会保险的区别是什么？政府何时应提供社会保险？何时应让私人市场提供保险？

2. 完全积累制社会保险方案与现收现付制社会保险方案的经济效应有区别吗？请解释。

3. 评价这种说法："目前美国社会保障制度的结构导致了收入和财富的代际转移。"

4. 解释社会保障制度是如何对提前退休产生经济激励的？这是 OASDI 的一个正面效应还是负面影响？说明你的理由。

5. 从理论角度出发，解释为什么社会保障会对个人储蓄产生正面的或负面的影响？

6. 在当前拯救社会保障制度的建议当中，你认为哪个更可取？用经济推理来说明你的答案。

7. 解释健康保险（不论是公共的还是私人的）是如何导致对医疗卫生的过度需求的。

8. 医疗保险制度的费用分摊安排是为了限制参保者对医疗卫生需求的增长。解释它如何发挥作用。

9. 许多人认为，医疗卫生是一种权利，因此不应拒绝任何人享有。评价这种论点。

10. 解释管理型医疗卫生方案与一次一付医疗费方案有何区别。

11. 你怎样修改医疗保险计划以使其资金充实？请具体一些，并用经济推理来说明你的建议。

12. 鉴于社会保障和医疗保险计划都面临着可能的资金缺口，我们应当继续依靠社会保险来满足老年和弱势群体的需要吗？为什么？请解释你的答案。

13. 《医疗保险现代化法案》对许多美国老年人会产生何种影响？它对社会保障的资金偿付能力有何影响？

14. 医疗保险制度 D 部分的基本保险金是多少？私人保险公司在其覆盖面上起什么作用？同 A 部分和 B 部分相比，这种安排的效率是高是低？请解释。

15. 如果不开征某种新税，联邦政府就用一般税收收入来补贴医疗保险制度的 D 部分。这是一个稳健的经济政策吗？请解释你的答案。

16. 社会保障会影响你何时退休的决策吗？如何影响？请用经济推理解释你的答案。

17. 2008 年金融危机对美国老年人对社会保障的依赖将产生怎样的影响？讨论这次金融危机对美国社会保障制度的未来会产生怎样的影响。

18. 你多大时社会保障信托基金会破产？这对你的未来会产生怎样的影响？请解释。

课外读物

1. Beland, Daniel. *Social Security: History and Politics from the New Deal to the Privatization Debate*. Lawrence: University Press of Kansas, 2005.

作者从美国的政治、制度演变角度，回顾了社会保障和医疗保险制度的历史，也讨论了国民健康保险的争论。

2. Diamond, Peter A. "Proposals to Restructure Social Security." *Journal of Economic Perspectives* 10 (Summer 1996), pp. 67–88.

作者讨论了社会保障筹资最流行的改革建议而产生的经济问题。考察了智利社会保险计划私有化的实践经验。

3. Edelman, Peter, Dallas L. Salisbury, and Pamela J. Larson, eds. *The Future of Social Insurance: Incremental Action or Fundamental Reform?* Washington, DC: National Academy of Social Insurance, 2002.

本论文集探讨了退休收入、失业保险和医疗保险制度的未来等问题。

4. Goldsmith, Jeff Charles. *The Long Baby Boom: The Optimistic Vision for a Graying Generation*. Baltimore: Johns Hopkins University Press, 2008.

戈德史密斯认为，婴儿潮一代有助于为那些不幸的人和后代人维护社会保障和医疗保险制度。

5. Rettenmaier, Andrew J., and Thomas R. Saving. *The Economics of Medicare Reform*. Kalamazoo, MI：Upjohn Institute for Employment Research，2000.

作者简述了美国社会保障制度的历史，探讨了完善这一制度的若干方案，最后表示支持预付退休金健康保险这一制度。

6. Rosen, Harvey S., and Ted Gayer. *Public Finance*. 9th ed. Boston：McGraw-Hill Higher Education，2010.

罗森在这本教材中用两章详细探讨了社会保险的经济学及其对消费者和经济的影响。

7. Shultz, George P., and John B. Shoven. *Putting Our House in Order*：*A Guide to Social Security and Health Care Reform*. New York：W. W. Norton，2008.

作者提出社会保障和医疗卫生制度的改革原则和方案。

8. Stiglitz, Joseph E., Aaron S. Edlin, and J. Bradford De Long, eds. *The Economists' Voice*：*Top Economists Take on Today's Problems*. New York：Columbia University Press，2008.

讲到了许多经济问题，其中包括三章讨论社会保障的内容。

9. Tynes, Sheryl R. *Turning Points in Social Security*：*From "Cruel Hoax" to "Sacred Entitlement."* Stanford, CA：Stanford University Press，1996.

本书论述了美国社会保障制度的有趣历史。追溯了社会保障制度从其具有争议的开始到现在成为最普遍的联邦计划的发展历程。

在线资源

1. 医疗卫生研究与质量管理局（Agency for Healthcare Research and Quality，AHRQ）：

www. ahrq. gov

AHRQ 是美国卫生与人类服务部的一部分，负责改善医疗卫生质量的研究。网站提供了筹资机会、研究成果、质量评估、数据与调查和其他问题的链接。

2. 医疗保险制度和医疗补助制度服务中心（Centers for Medicare and Medicaid Services，CMS）：

www. cms. gov

隶属于美国卫生和人类服务部的一个联邦机构，负责管理医疗保险制度、医疗补助制度，以及国家儿童健康保险计划。该站点提供相关计划、新闻、管制、统计资料以及数据的链接。

3. 医疗保险制度信息源（Medicare Information Source）：

www. medicare. org

这是有关医疗保险计划信息的一站式网站。首页上的"医疗保险制度主要内容"栏目链接到医疗保险制度四部分的详细内容。

4. 公开议题：社会保障（Public Agenda：Social Security）：

www. publicagenda. org/citizen/issueguides/social-security

"公开议题"是一个无党派舆论研究和公民参与组织，帮助美国领导人了解当前问题的民意和帮助公民了解更多的政策问题。该组织提供了有关社会保障的问题指南，包括"理解问题"、"民意"以及"其他资源"等。

5. 社会保障署（Social Security Administration）：

www. ssa. gov

社会保障署管理社会保障和补充社会保障收入计划。提供养老金、在线直接服务、研究与数据、社会保障法和其他网站的链接。

6. 社会保障咨询委员会（Social Security Advisory Board）：

www. ssab. gov

社会保障咨询委员会是一个独立的、得到两党支持的委员会，它的建立是就有关社会保障和补充社会保障收入计划方面的事务向政治家们提出建议。提供委员会各成员、报告、其他网站和授权立法的链接。

7. 社会保障信息（Social Security Information）：

www. aarp. org/work/social-security

美国退休者协会（American Association of Retired Person，AARP）提供有关当前社会保障制度的信息和相关网站的链接。

8. 美国卫生和人类服务部（United States Department of Health and Human Services，HHS）：

www. hhs. gov

美国卫生和人类服务部掌管 300 多个计划，包括医疗保险制度和医疗补助制度。提供这两个管理机构、新闻和公共事务，以及其他信息的链接。

词汇表

A

税收的支付能力原则（ability-to-pay principle of taxation） 高收入纳税人应该比低收入纳税人缴纳更多的税。

可调利率抵押贷款（adjustable rate mortgages，ARM） 基于当前的市场条件利率可随时间变化的房地产贷款。

总需求（aggregate demand） 在其他条件不变的情况下，单位时间内经济体系在不同价格水平下产品和服务的需求总量。

总供给（aggregate supply） 在其他条件不变的情况下，单位时间内经济体系在不同价格水平下产品和服务的供给总量。

反垄断法（antitrust law） 通过禁止和规范企业的反竞争性活动来促进市场竞争的立法。

平均成本（average cost） 某种产品或服务的总成本除以产量单位的比值。亦称单位成本。

劳动力的平均产量（average product of labor） 劳动力的总产量除以生产中使用的劳动力总量。劳动力的平均产量是劳动生产率的一种衡量指标。

B

税收后转（backward tax shifting） 通常以压低资源的支付价格形式将税收负担转嫁给资源的所有者。

国际收支（balance of payments） 单位时间内一国对别国的货币负债总值与别国对该国货币负债总值的关系。

贸易差额（balance of trade） 单位时间内一国进口产品和服务总值与其出口产品和服务总值之间的关系。当进口多于出口时出现逆差，而进口少于出口时则出现顺差。

平衡预算（balanced budget） 当政府的总收入（主要是税收）等于其总支出时，政府预算就是平衡的。

进入障碍（barriers to entry） 新企业进入市场的各种障碍，通常分为私人障碍和政府障碍两类。

税收的受益原则（benefits-received principle of taxation） 纳税人应该根据其从政府得到的收益多少来纳税。

遗产效应（bequest effect） 希望留给后代资

产的人会增加储蓄，以弥补因社会保障税负担而给后代人带来的损失。

债券（bond） 代表一笔贷款不仅要偿还还要按时间付息的一种金融资产，是发行人的一种负债。

预算赤字（budget deficit） 政府的总收入（主要是税收）小于其总支出时的情况。

预算盈余（budget surplus） 政府的总收入（主要是税收）大于其总支出时的情况。

经济周期（business cycles） 围绕经济长期增长趋势所发生的随机性短期波动。每个经济周期都有四个明显的阶段：扩张、高峰、衰退和低谷。

C

资本项目交易（capital account transactions） 长期性的国际贸易交易，通常为投资类型的交易。

资本利得（capital gain） 按高出买价的价格出售金融资产而赚取的利润。

资本资源（capital resources） 生产中所有非人力的成分。资本资源可以进一步细分为自然资本资源和人造资本资源两类。

管制的俘虏理论（capture theory of regulation） 管制机构服务于其管制的企业而非公众利益的观点。

卡特尔（cartel） 正式达成协议并以最大化联合利润的方式协调其生产和定价决策的企业集团。

特许学校（charter schools） 由独立于现存当地学区的家长或其他组织创办、控制和管理的公立学校。这类学校是由公共资金支持但由私人负责运转的地方学校。

生产和收入的循环流（circular flow of production and income） 一个群体的支出是另一个群体的收入，而另一个群体的支出又成为其他群体的收入。

共同保险支付额（co-insurance payments） 在投保病人支付的扣除额之上的那部分费用额。

债务抵押证券（collateralized debt obligation, CDO） 是对抵押贷款或其他各种债务打包组合而成的一种证券。

商业银行（commercial bank） 是一种从储蓄者那里获得存款、向借款者贷款而追求利润的企业。

比较优势（comparative advantage） 一国比他国或地区在生产某种产品和服务时所牺牲的其他产品和服务要少。

比较劣势（comparative disadvantage） 一国比他国或地区在生产某种产品和服务时所牺牲的其他产品和服务要多。

集中比率（concentration ratio） 潜在垄断力量的一种衡量指标。即一个行业中最大的四家（或八家）企业所控制的全行业销售额（或资产或产出）的百分比。

消费可能性曲线（consumption possibilities curve） 表明一国的资源和技术既定情况下，该国可消费两种产品和服务最大数量的曲线。如果不存在国际贸易，消费可能性曲线就等同于生产可能性曲线。

公司（corporations） 与根据法律拥有有限责任的所有者（股东）相分离的法律实体组建的企业。

成本—收益分析（cost-benefit analysis） 确定经济活动最优水平的一种技术。一般来说，一种经济活动只要收益大于成本，就应该扩大。

生活费补贴（cost-of-living allowances, CO-LA） 保险福利或工资的年度自动增长率，等于上一年度的通货膨胀率（通常用消费价格指数衡量）。

成本推动型通货膨胀（cost-push inflation） 生产成本上升导致的平均价格水平上涨。

信用违约互换（credit default swaps, CDS） 是一种针对产生收入的金融资产违约的保险合同。

关税同盟（customs union） 实行共同对外关税的国家间的自由贸易联盟。

周期性失业（cyclical unemployment） 经济波动引起的失业，是总需求不足所致。

D

垄断导致的无谓福利损失（deadweight welfare loss due to monopoly） 由于垄断者把产出限

制在社会最优水平之下导致的社会满足程度或福利的减少。

扣除额（deductible） 看病的账单中由病人支付而不由保险公司支付的部分。

通货紧缩（deflation） 商品和服务的平均价格水平持续下降。

需求（demand） 在其他条件不变的情况下，单位时间内买主在各种价格下愿意购买的产品或服务的数量集。

需求变动（demand，changes in） "其他条件不变"中的一个或几个条件改变会导致一种产品或服务的整个需求表或需求曲线移动。这个概念不要和沿着某一既定的需求表或需求曲线的移动（需求量的变化）相混淆。

派生需求（demand，derived） 劳动力需求被认为是从产品的需求派生出来的，或者说取决于产品的需求。从这个意义上说，劳动力的需求是派生需求。

需求规律（demand，law of） 在其他条件不变的情况下，价格越低，单位时间内买主愿意购买的数量越多的普遍规律。也就是说，需求曲线向右下方倾斜。

需求拉动型通货膨胀（demand-pull inflation） 总需求增加导致的平均物价水平上涨。

收益递减规律（diminishing returns，law of） 在一种资源的数量固定的情况下，另一种数量可变资源不断增加投入时，产量增加越来越少的原理。

贴现率（discount rate） 当商业银行从美联储借款时，美联储收取的利率。

沮丧的劳动力（discouraged workers） 那些不再积极找工作的人，被认为不属于劳动力的一部分。因此，他们被列为沮丧的劳动力而不是失业者。

歧视（discrimination） 不平等或不公平对待。

规模不经济（diseconomies of scale） 当生产某种产品或服务的平均成本随着产量的增加而提高时出现的一种情况。

股息（dividends） 公司分给其股东的利润。

倾销（dumping） 当生产者以低于成本或低于国内价格的价格向国外销售时所发生的"不公平"的国际贸易行为。

E

经济增长（economic growth） 一定时期内各种经济事件综合导致的长期经济扩张过程。

规模经济（economies of scale） 当生产某种产品或服务的平均成本随着产量的增加而下降时出现的一种情况。

效率（efficiency） 从既定的资源投入中获得最大可能的产出价值。

通货膨胀的效率效应（efficiency effects of inflation） 通货膨胀对资源配置格局的影响。

需求的价格弹性（elasticity of demand，price） 产品的需求量对其价格变化的反应。用数量变化的百分比除以价格变化的百分比来计算。

供给的价格弹性（elasticity of supply，price） 产品的供给量对其价格变化的反应。用数量变化的百分比除以价格变化的百分比来计算。

禁运（embargo） 正式禁止一国与另一国或国家集团进行产品和服务贸易的政府规定，旨在消除有关国家间的国际贸易。

同等税收待遇原则（equal tax treatment doctrine） 经济条件相同的纳税人应该得到同等待遇。也就是说，经济状况相同的人应该支付数量相同的税。

交易方程式（equation of exchange） 货币供给量（M）乘以货币流通速度（V_1），等于最终出售的产品和服务数量（Q）乘以平均价格水平（P）。

均衡购买数量（equilibrium quantity purchased） 在均衡价格下现实交换的产品数量。

等边际原理（equimarginal principle） 用于任何一种投入的 1 美元支出和用于任何其他投入的 1 美元支出所产生的边际收益相等时在不同投入之间的支出分配方式。

通货膨胀的公平效应（equity effects of inflation） 通货膨胀对收入分配的影响。

欧元（euro） 13 个欧盟国家的跨国货币（截至 2007 年）。

超额税收负担（excess tax burden） 税收对相对价格和资源配置的扭曲效应。

汇率（exchange rates） 用本国货币单位表示的外国货币单位的成本。

显性成本（explicit costs） 生产单位购买或雇佣资源的生产成本。

出口（exports） 一国的经济单位出售给他国的产品和服务。

外部性（externalities） 产品和服务的生产或消费过程中发生的收益或成本，不属于该生产或消费单位，而属于社会中的其他人。

消费外部性（externality in consumption） 一种物品的直接消费者之外的人的满足变化，这种变化可能是正的，也可能是负的。

消费的正外部性（externality in consumption, positive） 一人对商品或服务的消费引起他人的满足增加。教育，特别是 K-12，就被认为产生这种外部性。

生产外部性（externality in production） 某种商品或服务的生产引起其他商品或服务生产的成本变化，这种变化可能是正的也可能是负的。

F

联邦基金利率（federal funds rate） 借入准备金的银行支付给另一家银行的利率。

一次一付医疗费制度（fee-for-service system） 按购买者所获服务的费用付费的医疗卫生计划。

金融中介（financial intermediaries） 把储蓄者和借贷者凑在一起的机构。

财政政策（fiscal policy） 政府通过其财政当局有计划地采取措施来影响经济活动总体水平。

税收前转（forward tax shifting） 以抬高产品价格的形式把税负转嫁给消费者。

特许经营（franchise） 在特定的区域内生产和销售特定商品和服务的独有权利。

搭便车者（free-riders） 得到某种产品或服务消费的正社会溢出效应却不用支付这种产品或服务的生产成本的人。

自由贸易区（free trade area） 在成员国之间没有贸易壁垒的国家联盟。

摩擦性失业（frictional unemployment） 人们在换工作或进入劳动力市场时所经历的短期失业。它与基本的总需求或总供给问题没有关系。

充分就业失业率（full-employment unemployment rate） 不存在周期性失业时的失业率。它与价格稳定一致。

完全积累制保险计划（fully funded insurance scheme） 提供的保险金来源于累积缴费的利息收入的一种保险计划。

G

低档品（goods, inferior） 其他条件相同的情况下，当收入增加导致需求下降时，这种产品就被称为低档品。

正常品（goods, normal） 其他条件相同的情况下，当收入增加导致需求上升时，这种产品就被称为正常品。

互补品（goods, complementary） 在两种产品或服务情况下，如果其他条件相同，当一种产品或服务的价格上升导致另一种产品或服务的需求下降时，这两种产品或服务就是互补品。

替代品（goods, substitute） 在两种产品或服务情况下，如果其他条件相同，当一种产品或服务的价格上升导致另一种产品或服务的需求上升时，这两种产品或服务就是替代品。

政府购买（government purchases） 政府购买当前生产出来的产品和服务的支出。

名义国内生产总值［gross domestic product (GDP), current］ 一年内一国生产的所有最终产品和服务的市场价值。GDP 不考虑用于生产的资源为国内拥有还是国外拥有这个问题。

人均国内生产总值（gross domestic product, per capita） 名义或实际国内生产总值除以该国的人口。

潜在国内生产总值（gross domestic product, potential） 一国在充分就业情况下能够生产出来的实际 GDP 水平。

实际国内生产总值（gross domestic product, real） 根据基年价格水平剔除了价格变动因素的国内生产总值。

H

横向公平（horizontal equity） 经济条件相

同的人应该得到相同的经济待遇。

人力资本（human capital） 教育和培训方面的投资所导致的生产性人力或劳动力资源部分。

恶性通货膨胀（hyperinflation） 严重的且持续时间较长的通货膨胀，使货币价值失去其作为可接受的交换媒介。

I

隐性成本（implicit costs） 自有自用资源的生产成本。

进口（imports） 一国从国外购买的产品和服务。

收入效应（income effect） 在其他条件不变的情况下，收入改变时工作小时数所发生的变化。

机会成本递增（increasing opportunity costs） 随着某种产品和服务的生产越来越多，用放弃的其他产品或服务表示的成本也会越来越高。

通货膨胀（inflation） 产品和服务的平均价格水平持续上升。

基础设施（infrastructure） 一国维持和促进正常经济活动所必需的全部基本设施，诸如道路、电厂、通信系统、学校、医院等。

注入（injections） 循环流中的新支出，包括新的投资、新的政府支出和新的出口。

保险公司（insurance companies） 卖保单的一种金融中介，万一发生了不太可能发生的事件时保证支付必需的最低金额。

保险费（insurance premium） 客户得到保险公司保单而要支付的款项。

投资（investment） 经济单位对土地、建筑、设备、机器等不动产和原料及半成品的购买。

投资银行（investment bank） 专卖现有公司新发行的股票和债券的银行。

L

劳动力（labor force） 包括 16 岁和 16 岁以上或者在工作，或者在积极寻找工作，或者暂时解雇后等待被召回的所有未被送进收容机构的人。

劳动力参与率（labor force participation rate） 潜在劳动力人数中真正属于劳动力的人数比例。

劳动力资源（labor resources） 构成生产过程要素的所有脑力和体力的人力资源。其范围包括从非熟练的普通劳动力到最高专业技能水平的劳动力。

工会（labor union） 代表其成员的利益就雇佣条款和条件与雇主进行谈判的正式组织。

漏出（leakages） 循环流中的支出减少，包括税收、储蓄和进口。

流动性（liquidity） 一种金融资产能转换为现金的程度。

生活水平（living standards） 全体居民的经济福利水平，通常以人均实际收入来衡量。

停工（lockout） 因管理引起的停止工作的行为。

亏损（losses） 企业的总收入小于总成本时，总成本与其总收入之间的差额，总成本中包括该企业投资者理应获得的其投资平均收益率的部分。

M

M1 流通中的纸币和硬币、非银行旅行支票、活期存款，以及其他可开支票账户，比如 NOW 账户。

M2 M1 加上储蓄、小额定期存款和货币市场共同基金。

管理型医疗卫生制度（managed care system） 按保险公司与医疗卫生提供者预先协商确定的固定费用清单向医疗卫生提供者付费的制度。

边际收益（marginal benefits） 经济活动量变化 1 个单位导致的该活动总收益的增加或减少。

边际劳动力成本（marginal cost of labor, MCL） 每单位时间增加雇佣 1 个工人导致的企业劳动力总成本的变化。

边际成本（marginal costs） 产品或服务的产量变化 1 个单位导致的总成本的变化。

边际私人收益（marginal private benefit, MPB） 消费增加 1 个单位导致的某种产品或服务的直接消费者获得的利益。它表现为该种产品或服务的需求曲线。

边际私人成本（marginal private cost, MPC） 产出增加 1 个单位导致的生产者总成本的增加。它表现为该种产品或服务的供给曲线。

词汇表

边际劳动力产量（marginal product of labor）多雇佣 1 个工人所导致的产量变化。

边际消费倾向（marginal propensity to consume，*MPC*）消费变动除以收入变动。

边际储蓄倾向（marginal propensity to save，*MPS*）储蓄变动除以收入变动。

边际收入（marginal revenue，*MR*）产品或服务的销售量变化 1 个单位导致的卖主总收入的变动。

边际劳动力产量收入（marginal revenue product of labor）多雇佣 1 个工人所导致的收入变化，是企业的劳动力需求曲线。

边际社会收益（marginal social benefit，*MSB*）产品或服务的产量增加 1 个单位导致的社会的真实收益。

边际社会成本（marginal social cost，*MSC*）产品或服务的产量增加 1 个单位，社会承担的真实成本或机会成本。

市场（market）买主和卖主相互进行产品或服务交易的场所。

竞争市场（market, competitive）一种产品或服务存在很多买主和卖主的市场。没有任何一个买主或卖主大到能够影响产品价格的地步。

不完全竞争市场（market, imperfectly competitive）介于竞争市场和垄断市场之间的市场。它具有这两种市场的要素。

垄断市场（market, monopolistic）某种产品、服务或资源只有一个卖主的市场。

产品市场（market, product）买卖双方从事最终产品或服务的交易。

完全竞争市场（market, purely competitive）存在着大量的、可以流动的、标准化产品的买主和卖主的市场。此外，标准化产品的价格可以自由浮动，企业进出市场也不存在障碍。

完全垄断市场（market, purely monopolistic）一种产品只有一个卖主的市场。垄断者对价格有很强的控制能力，而且经常能够阻止潜在的卖主进入这个市场。

资源市场（market, resource）买主和卖主从事生产要素的交易。

市场失灵（market failure）市场自行运行不能导致社会最优资源配置时所发生的情况。

货币的价值尺度功能（measure of value function of money）用货币衡量产品和服务的价值。

交换媒介（medium of exchange）用货币偿付商品、服务和债务。

最低工资（minimum wages）政府单位或工会为特定职业或工人群体设定的工资率下限。

混合体制（mixed systems）同时具有完全市场经济和完全集权经济基本要素的经济。

货币政策（monetary policy）美联储为促进价格稳定和就业最大化等经济目标的实现而计划采取的措施。货币政策工具包括法定准备金率、贴现率和公开市场业务。通过操纵这些工具，影响货币供给量，从而影响整个经济的利率和价格。

货币创造（money creation）银行和其他金融机构整体扩张贷款导致的活期存款扩张。

货币乘数（money multiplier）一个系数，等于法定准备金率的倒数。

货币供给（M1 和 M2）〔money supply（M1 and M2）〕公众持有的货币加上支票存款。

垄断力量（monopoly power）卖主控制供给及其销售价格的程度。

买方独家垄断利润（monopsonistic profit）工人为买方独家垄断企业所带来的收入与其薪金之间的差额。

买方独家垄断（monopsony）一种生产要素只有一个买主或雇主的市场。

买方独家垄断力量（monopsony power）买方控制需求及其购买价格的程度。

N

自然垄断（natural monopoly）只有一家企业生产一种产品使得生产这种产品的平均成本最小化时，这种行业就被称为自然垄断。

准货币（near-money）容易转换成现金的资产，因为它们具有很强的流动性，所以与货币相似。

负所得税（negative income tax）政府对于收入低于最低或保证水平的、符合条件的家庭支付的补贴或现金。

净出口（net exports）出口总额减去进口总额的差额。

网络经济（network economies） 其他人也选择消费同种产品时，如果这种产品对某一消费者的价值提高了，就存在网络经济。

非排他性（nonexclusion） 对于公共物品，这意味着排除人们消费这种物品是不可行的或不可取的。

非价格竞争（nonprice competition） 企业之间在产品价格之外的因素上展开的竞争。通常采取的形式有：(1) 广告；(2) 产品设计变化和质量。

消费的非竞争性（nonrival in consumption）对于公共物品，这意味着一个人消费某种物品一定数量，不会减少另一个人对这种物品的消费。

O

公开市场业务（open-market operations） 为了增加或减少商业银行的准备金，美联储购买和出售政府债券。

机会成本原理（opportunity cost principle）多生产一个单位产品或服务的真实成本是为得到它而必须放弃的其他产品或服务的价值。

通货膨胀的产出效应（output effects of inflation） 通货膨胀对生产水平的影响。

P

现收现付制保险计划（pay-as-you-go insurance scheme） 提供的保险金来源于当期缴费的一种保险计划。

钉住（pegging） 一国把其货币以另一国货币表示的汇率固定的情况。

需求的完全价格弹性（perfect price elasticity of demand） 价格提高导致需求量减至零。这种情况通常表现为处在当前价格位置上的水平需求曲线。

需求的完全无价格弹性（perfect price inelasticity of demand） 价格提高不导致需求量变化。这种情况通常表现为处在当前需求量位置上的垂直需求曲线。

菲利普斯曲线（Phillips curve） 以图形表示的一个经济体的失业率与通货膨胀率之间的短期关系。

污染权市场（pollution rights market） 准许企业买卖政府发放的、授予持证人产生一定污染量的许可证时，由此产生的市场被称为污染权市场。

消费的正外部性（positive externality in consumption） 一人对商品或服务的消费引起他人的满足增加。教育，特别是 K-12，可以产生这种外部性。

均衡价格（price, equilibrium） 单位时间内买主愿意购买的数量恰好等于卖主愿意出售的数量的价格。

最高限价（price ceiling） 通常由政府机构对一种产品设定的最高价格，不允许这种产品的卖主收取更高的价格。

价格歧视（price discrimination） 同一产品按不同的价格出售给不同的人或不同的群体。

需求的价格弹性（price elasticity of demand）产品的需求量对其价格变化的反应。

最低限价（price floor） 通常由政府机构对一种产品设定的最低价格，不允许这种产品的卖主以更低的价格出售。

价格指数（price index numbers） 表示价格水平相对于某个基年变化程度的一组数字。

一级金融市场（primary financial markets）首次出售新的金融资产（如股票和债券）的市场。

私人物品和服务（private goods and services）任何满足排他性和竞争性条件故而只满足于直接消费者的物品或服务。

私人保险（private insurance） 一种个人同意向某家公司缴费（通常称为保费）以在某种意想不到的事件发生时能保证获得保险金的合同。

生产（production） 使用技术把资源组合并转化成产品和服务的过程。

生产可能性曲线（production possibilities curve） 以图形表示的一国在其资源以尽可能最有效率的方式得到使用时可能生产的两种产品和（或）服务的最大数量。

生产率（productivity） 一组既定投入可以生产出来的平均产量。任何资源的生产率都可以计算为产出单位与投入单位的比率。

利润最大化产量（profit-maximizing output）单位时间内企业的总收入超过其总成本的最大可能数量的产出。正是在这个产量水平上，企业的边际成本等于其边际收入。

利润（profits） 企业的总收入超过总成本时，总收入与总成本之间的差额，总成本中包括企业投资者理应获得的其投资平均收益率的部分。

累进税率（progressive tax rates） 税额与所得的比率随着所得增加而提高的税率表。

比例税率（proportional tax rates） 税额与所得的比率随着所得的变化而保持不变的税率表。

预付制度（prospective payment system，PPS） 医疗卫生服务的价格预先由保险公司按某种治疗的既定费用额固定下来的医疗卫生计划。

精神成本（psychic costs） 一个人在努力做某件事时发生的、以其个人满足程度降低而不是损失金钱形式表现的成本。

精神收入（psychic income） 一个人在努力做某件事时发生的、以其个人满足程度提高而不是得到金钱形式所表现的收益。

消费的心理规律（psychological law of consumption） 收入改变时，消费也改变，但其变化低于收入变化的规律。

公共物品和服务（public goods and services） 不满足排他性和竞争性条件因而只要提供给一个人大家都受益的物品和服务。

公共投资（public investments） 用于公路、桥梁、大坝、学校和医院等资本品的政府支出。

完全集权经济（pure command economy） 资源由国家所有和控制以及中央集权化的资源使用决策。

完全市场经济（pure market economy） 以资源的私人所有和控制，即私人产权为基础，并通过市场来协调资源使用决策。

Q

量化宽松（quantitative easing） 中央银行为刺激经济而采取的非常规政策措施，即从银行和其他私人企业直接购买资金资产。

需求量的变动（quantity demanded，change in） 由产品的价格变动引起的、沿着一条需求曲线的移动。

供给量的变动（quantity supplied，change in） 由产品价格变化引起的、沿着一条供给曲线的移动。

货币数量论（quantity theory of money） 关于货币供给（M）的变化会导致总产出（Q）和价格水平（P）同方向变动的理论。

配额（quota） 在一段时间内依法限制可以进口的某种外国产品和服务数量的规定。

R

相对税收待遇原则（relative tax treatment doctrine） 经济条件不同的纳税人应该缴纳不同的税额。

法定准备金率（required reserve ratio） 商业银行依法必须保持的准备金与存款的比率。

资源（resources） 用于产品和服务的生产的要素。它包括劳动力资源和资本资源。

退休效应（retirement effect） 因社会保障可能会使退休后的生活时光延长，故工人的一生储蓄将增加。

S

二级金融市场（secondary financial markets） 现有金融资产（像股票和债券）在现有持有者之间买卖的市场。

半私人物品和服务（semiprivate goods and services） 任何不能完全满足排他性或竞争性条件而除了直接消费者获得直接消费好处外又影响他人满足程度的物品和服务。

短缺（shortage） 单位时间内产品的买主愿意购买的数量大于卖主愿意投放到市场上的数量的情况。这可能是因实施最高限价所致。

社会保险（social insurance） 由税收提供资金的政府计划，以保证公民在发生超出个人控制范围的事件时（比如年老、残疾、体弱多病和失业）获得资金上的救济。

社会间接资本（social overhead capital） 由整个经济而不是仅被某个企业使用的资本。比如交通和通信网络以及能源和电力系统。

支出乘数（spending multiplier） 1减去边际消费倾向的倒数。度量新增支出对经济总产出的总影响。

股票（stock） 持有发行公司股权的一种金

融资产。

股票期权（stock options）　由一家公司发给的、允许持有者按固定价格（一般称为约定价格）购买一定数量股份的保证书。股票期权常常作为管理层报酬的一种形式。

货币的价值贮藏功能（store of value function of money）　把货币作为资产持有。

罢工（strike）　由工人发起的停止工作的行为。

结构性失业（structural unemployment）　由于寻找工作的人的技能（或所在地）与可得工作的要求（或地点）不相匹配导致的失业。

次级抵押贷款（subprime mortgage）　一种对有不良信用记录的人的贷款，而这些人不符合传统的抵押贷款的要求。

替代效应（substitution effects）　一种产品或服务的价格变化对其购买量的影响。一种产品或服务的价格上升，会被价格相对低的产品所替代；一种产品或服务的价格下降，将替代相对价格较高的其他产品。

供给（supply）　在其他条件不变的情况下，单位时间内卖主在不同价格水平上愿意投放到市场上的产品或服务的数量集。

供给变化（supply, changes in）　由于"其他条件不变"中的一个或多个条件发生变化，导致一种产品或服务的整个供给表或曲线的移动。

供给规律（supply, law of）　在其他条件相同的情况下，产品的价格越高，供给量越大；产品的价格越低，则供给量越小。

剩余（surplus）　单位时间内产品的卖主提供的数量大于买主愿意购买的数量的现象。这可能因实施最低限价所致。

T

关税（tariff）　对国际贸易产品（通常是进口品）征收的税。

嗜好和偏好（tastes and preferences）　买主对产品和服务的心理欲望——这是任何一种产品需求的决定因素之一。消费者对一种产品嗜好和偏好的改变会使得该产品的需求曲线移动。

税收效率（tax efficiency）　税收对资源配置

的影响是中性的，且在征收管理方面经济合理，从而总体税收负担最小化。

税收归宿（tax incidence）　任何一种税的最后落脚点——谁真正纳税。

技术（technology）　把资源组合起来用于产品和服务生产的诀窍、手段和方法。

贸易条件（terms of trade）　相对于本国的产品和服务而言，从国外进口1单位产品或服务的成本。

贸易赤字（trade deficit）　一国的进口价值大于该国出口价值的差额。

贸易盈余（trade surplus）　一国的出口价值大于该国进口价值的差额。

转移性支出（transfer payments）　对目前没有为其所接受服务作贡献的个人或经济单位进行的支付。它没有导致新的产出而是仅仅将购买力从某些个人或经济单位转移到其他一些个人或经济单位。

转换曲线（transformation curve）　参见生产可能性曲线。

转型经济（transitional economy）　处在以基于市场原则的经济体制取代集权控制的经济体制这一过程的国家。

学费补贴（tuition subsidy）　政府给予家庭或学校的支出，以鼓励增加对教育的投资。当存在外部性时，实现最优招生水平的学费补贴的价值，应等于边际私人收益与边际社会收益之间的差额。

周转税（turnover tax）　在集权经济中，对产品和服务的超额需求经常会通过附加或增加销售税来"吸收"。

U

失业率（unemployment rate）　未就业的劳动力所占百分比。

V

纵向公平（vertical equity）　经济条件不同的人应该从经济体系中获得不同的报酬。

自愿限制协议（voluntary restraint agreement）　一国"自愿"限制其某种或某些产品出口到另一

国家的国际协定。

教育券计划（voucher programs） 向较差公立学校的学生提供转学机会并带走州因按照这些学生而给这类学校的拨款的计划。

W

工资歧视（wage discrimination） 对其边际产量价值相同的人支付不同的工资率。

需要（wants） 产生经济活动的人类无限的或永不满足的欲望。

认股证（warrant） 允许持有者以固定价格购买发行公司股份的一种金融权证。

财富替代效应（wealth substitution effect）因劳动者会用参加社会保障所积累的财富替代其他形式的私人财富，劳动者的一生储蓄减少。

经济科学译丛					

序号	书名	作者	Author	单价	出版年份	ISBN
1	社会问题经济学(第二十版)	安塞尔·M·夏普等	Ansel M. Sharp	49.00	2015	978 - 7 - 300 - 20279 - 2
2	博弈论:矛盾冲突分析	罗杰·B·迈尔森	Roger B. Myerson	58.00	2015	978 - 7 - 300 - 20212 - 9
3	时间序列分析	詹姆斯·D·汉密尔顿	James D. Hamilton	118.00	2015	978 - 7 - 300 - 20213 - 6
4	经济问题与政策(第五版)	杰奎琳·默里·布鲁克斯	Jacqueline Murray Brux	58.00	2014	978 - 7 - 300 - 17799 - 1
5	微观经济理论	安德鲁·马斯-克莱尔等	Andreu Mas-Collel	148.00	2014	978 - 7 - 300 - 19986 - 3
6	产业组织:理论与实践(第四版)	唐·E·瓦尔德曼等	Don E. Waldman	75.00	2014	978 - 7 - 300 - 19722 - 7
7	公司金融理论	让·梯若尔	Jean Tirole	128.00	2014	978 - 7 - 300 - 20178 - 8
8	经济学精要(第三版)	R·格伦·哈伯德等	R. Glenn Hubbard	85.00	2014	978 - 7 - 300 - 19362 - 5
9	公共部门经济学	理查德·W·特里西	Richard W. Tresch	49.00	2014	978 - 7 - 300 - 18442 - 5
10	计量经济学原理(第六版)	彼得·肯尼迪	Peter Kennedy	69.80	2014	978 - 7 - 300 - 19342 - 7
11	统计学:在经济中的应用	玛格丽特·刘易斯	Margaret Lewis	45.00	2014	978 - 7 - 300 - 19082 - 2
12	产业组织:现代理论与实践(第四版)	林恩·佩波夫等	Lynne Pepall	88.00	2014	978 - 7 - 300 - 19166 - 9
13	计量经济学导论(第三版)	詹姆斯·H·斯托克等	James H. Stock	69.00	2014	978 - 7 - 300 - 18467 - 8
14	发展经济学导论(第四版)	秋山裕	秋山裕	39.80	2014	978 - 7 - 300 - 19127 - 0
15	中级微观经济学(第六版)	杰弗里·M·佩罗夫	Jeffrey M. Perloff	89.00	2014	978 - 7 - 300 - 18441 - 8
16	平狄克《微观经济学》(第八版)学习指导	乔纳森·汉密尔顿等	Jonathan Hamilton	32.00	2014	978 - 7 - 300 - 18970 - 3
17	微观银行经济学(第二版)	哈维尔·弗雷克斯等	Xavier Freixas	48.00	2014	978 - 7 - 300 - 18940 - 6
18	施米托夫论出口贸易——国际贸易法律与实务(第11版)	克利夫·M·施米托夫等	Clive M. Schmitthoff	168.00	2014	978 - 7 - 300 - 18425 - 8
19	曼昆版《宏观经济学》习题集	南希·A·加纳科波罗斯等	Nancy A. Jianakoplos	32.00	2013	978 - 7 - 300 - 18245 - 2
20	微观经济学思维	玛莎·L·奥尔尼	Martha L. Olney	29.80	2013	978 - 7 - 300 - 17280 - 4
21	宏观经济学思维	玛莎·L·奥尔尼	Martha L. Olney	39.80	2013	978 - 7 - 300 - 17279 - 8
22	计量经济学原理与实践	达摩达尔·N·古扎拉蒂	Damodar N. Gujarati	49.80	2013	978 - 7 - 300 - 18169 - 1
23	现代战略分析案例集	罗伯特·M·格兰特	Robert M. Grant	48.00	2013	978 - 7 - 300 - 16038 - 2
24	高级国际贸易:理论与实证	罗伯特·C·芬斯特拉	Robert C. Feenstra	59.00	2013	978 - 7 - 300 - 17157 - 9
25	经济学简史——处理沉闷科学的巧妙方法(第二版)	E·雷·坎特伯里	E. Ray Canterbery	58.00	2013	978 - 7 - 300 - 17571 - 3
26	微观经济学(第八版)	罗伯特·S·平狄克等	Robert S. Pindyck	79.00	2013	978 - 7 - 300 - 17133 - 3
27	克鲁格曼《微观经济学(第二版)》学习手册	伊丽莎白·索耶·凯利	Elizabeth Sawyer Kelly	58.00	2013	978 - 7 - 300 - 17002 - 2
28	克鲁格曼《宏观经济学(第二版)》学习手册	伊丽莎白·索耶·凯利	Elizabeth Sawyer Kelly	36.00	2013	978 - 7 - 300 - 17024 - 4
29	管理经济学(第四版)	方博亮等	Ivan Png	80.00	2013	978 - 7 - 300 - 17000 - 8
30	微观经济学原理(第五版)	巴德、帕金	Bade,Parkin	65.00	2013	978 - 7 - 300 - 16930 - 9
31	宏观经济学原理(第五版)	巴德、帕金	Bade,Parkin	63.00	2013	978 - 7 - 300 - 16929 - 3
32	环境经济学	彼得·伯克等	Peter Berck	55.00	2013	978 - 7 - 300 - 16538 - 7
33	高级微观经济理论	杰弗里·杰里	Geoffrey A. Jehle	69.00	2012	978 - 7 - 300 - 16613 - 1
34	多恩布什《宏观经济学(第十版)》学习指导	鲁迪格·多恩布什等	Rudiger Dornbusch	29.00	2012	978 - 7 - 300 - 16030 - 6
35	高级宏观经济学导论:增长与经济周期(第二版)	彼得·伯奇·索伦森等	Peter Birch Sørensen	95.00	2012	978 - 7 - 300 - 15871 - 6
36	宏观经济学:政策与实践	弗雷德里克·S·米什金	Frederic S. Mishkin	69.00	2012	978 - 7 - 300 - 16443 - 4
37	宏观经济学(第二版)	保罗·克鲁格曼	Paul Krugman	45.00	2012	978 - 7 - 300 - 15029 - 1
38	微观经济学(第二版)	保罗·克鲁格曼	Paul Krugman	69.80	2012	978 - 7 - 300 - 14835 - 9
39	微观经济学(第十一版)	埃德温·曼斯费尔德	Edwin Mansfield	88.00	2012	978 - 7 - 300 - 15050 - 5
40	《计量经济学基础》(第五版)学习题解答手册	达摩达尔·N·古扎拉蒂等	Damodar N. Gujarati	23.00	2012	978 - 7 - 300 - 15091 - 8
41	国际宏观经济学	罗伯特·C·芬斯特拉等	Feenstra, Taylor	64.00	2011	978 - 7 - 300 - 14795 - 6
42	卫生经济学(第六版)	舍曼·富兰德等	Sherman Folland	79.00	2011	978 - 7 - 300 - 14645 - 4
43	宏观经济学(第七版)	安德鲁·B·亚伯等	Andrew B′Abel	78.00	2011	978 - 7 - 300 - 14223 - 4
44	现代劳动经济学:理论与公共政策(第十版)	罗纳德·G·伊兰伯格等	Ronald G. Ehrenberg	69.00	2011	978 - 7 - 300 - 14482 - 5
45	宏观经济学(第七版)	N·格里高利·曼昆	N. Gregory Mankiw	65.00	2011	978 - 7 - 300 - 14018 - 6

经济科学译丛

序号	书名	作者	Author	单价	出版年份	ISBN
46	环境与自然资源经济学(第八版)	汤姆·蒂坦伯格等	Tom Tietenberg	69.00	2011	978 - 7 - 300 - 14810 - 0
47	宏观经济学:理论与政策(第九版)	理查德·T·弗罗恩	Richard T. Froyen	55.00	2011	978 - 7 - 300 - 14108 - 4
48	经济学原理(第四版)	威廉·博伊斯等	William Boyes	59.00	2011	978 - 7 - 300 - 13518 - 2
49	计量经济学基础(第五版)(上下册)	达摩达尔·N·古扎拉蒂	Damodar N. Gujarati	99.00	2011	978 - 7 - 300 - 13693 - 6
50	计量经济分析(第六版)(上下册)	威廉·H·格林	William H. Greene	128.00	2011	978 - 7 - 300 - 12779 - 8
51	国际经济学:理论与政策(第八版)(上册国际贸易部分)	保罗·R·克鲁格曼等	Paul R. Krugman	36.00	2011	978 - 7 - 300 - 13102 - 3
52	国际经济学:理论与政策(第八版)(下册国际金融部分)	保罗·R·克鲁格曼等	Paul R. Krugman	49.00	2011	978 - 7 - 300 - 13101 - 6
53	国际贸易	罗伯特·C·芬斯特拉等	Robert C. Feenstra	49.00	2011	978 - 7 - 300 - 13704 - 9
54	经济增长(第二版)	戴维·N·韦尔	David N. Weil	63.00	2011	978 - 7 - 300 - 12778 - 1
55	投资科学	戴维·G·卢恩伯格	David G. Luenberger	58.00	2011	978 - 7 - 300 - 14747 - 5
56	宏观经济学(第十版)	鲁迪格·多恩布什等	Rudiger Dornbusch	60.00	2010	978 - 7 - 300 - 11528 - 3
57	宏观经济学(第三版)	斯蒂芬·D·威廉森	Stephen D. Williamson	65.00	2010	978 - 7 - 300 - 11133 - 9
58	计量经济学导论(第四版)	杰弗里·M·伍德里奇	Jeffrey M. Wooldridge	95.00	2010	978 - 7 - 300 - 12319 - 6
59	货币金融学(第九版)	弗雷德里克·S·米什金等	Frederic S. Mishkin	79.00	2010	978 - 7 - 300 - 12926 - 6
60	金融学(第二版)	兹维·博迪等	Zvi Bodie	59.00	2010	978 - 7 - 300 - 11134 - 6
61	国际经济学(第三版)	W·查尔斯·索耶等	W. Charles Sawyer	58.00	2010	978 - 7 - 300 - 12150 - 5
62	博弈论	朱·弗登博格等	Drew Fudenberg	68.00	2010	978 - 7 - 300 - 11785 - 0
63	投资学精要(第七版)(上下册)	兹维·博迪等	Zvi Bodie	99.00	2010	978 - 7 - 300 - 12417 - 9
64	财政学(第八版)	哈维·S·罗森等	Harvey S. Rosen	63.00	2009	978 - 7 - 300 - 11092 - 9

经济科学译库

序号	书名	作者	Author	单价	出版年份	ISBN
1	克鲁格曼经济学原理(第二版)	保罗·克鲁格曼等	Paul Krugman	65.00	2013	978 - 7 - 300 - 17409 - 9
2	国际经济学(第13版)	罗比特·J·凯伯等	Robert J. Carbaugh	68.00	2013	978 - 7 - 300 - 16931 - 6
3	货币政策:目标、机构、策略和工具	彼得·博芬格	Peter Bofinger	55.00	2013	978 - 7 - 300 - 17166 - 1
4	MBA微观经济学(第二版)	理查德·B·麦肯齐等	Richard B. McKenzie	55.00	2013	978 - 7 - 300 - 17003 - 9
5	激励理论:动机与信息经济学	唐纳德·E·坎贝尔	Donald E. Campbell	69.80	2013	978 - 7 - 300 - 17025 - 1
6	微观经济学:价格理论观点(第八版)	斯蒂文·E·兰德斯博格	Steven E. Landsburg	78.00	2013	978 - 7 - 300 - 15885 - 3
7	经济数学与金融数学	迈克尔·哈里森等	Michael Harrison	65.00	2012	978 - 7 - 300 - 16689 - 6
8	策略博弈(第三版)	阿维纳什·迪克西特等	Avinash Dixit	72.00	2012	978 - 7 - 300 - 16033 - 7
9	高级宏观经济学基础	本·J·海德拉等	Ben J. Heijdra	78.00	2012	978 - 7 - 300 - 14836 - 6
10	行为经济学	尼克·威尔金森	Nick Wilkinson	58.00	2012	978 - 7 - 300 - 16150 - 1
11	金融风险管理师考试手册(第六版)	菲利普·乔瑞	Philippe Jorion	168.00	2012	978 - 7 - 300 - 14837 - 3
12	服务经济学	简·欧文·詹森	Jan Owen Jansson	42.00	2012	978 - 7 - 300 - 15886 - 0
13	统计学:在经济和管理中的应用(第八版)	杰拉德·凯勒	Gerald Keller	98.00	2012	978 - 7 - 300 - 16609 - 4
14	面板数据分析(第二版)	萧政	Cheng Hsiao	45.00	2012	978 - 7 - 300 - 16708 - 4
15	中级微观经济学:理论与应用(第10版)	沃尔特·尼科尔森等	Walter Nicholson	85.00	2012	978 - 7 - 300 - 16400 - 7
16	经济学中的数学	卡尔·P·西蒙等	Carl P. Simon	65.00	2012	978 - 7 - 300 - 16449 - 6
17	社会网络分析:方法与应用	斯坦利·沃瑟曼等	Stanley Wasserman	78.00	2012	978 - 7 - 300 - 15030 - 7
18	用Stata学计量经济学	克里斯托弗·F·鲍姆	Christopher F. Baum	65.00	2012	978 - 7 - 300 - 16293 - 5
19	美国经济史(第10版)	加里·沃尔顿等	Gary M. Walton	78.00	2011	978 - 7 - 300 - 14529 - 7
20	增长经济学	菲利普·阿格因	Philippe Aghion	58.00	2011	978 - 7 - 300 - 14208 - 1
21	经济地理学:区域和国家一体化	皮埃尔-菲利普·库姆斯等	Pierre - Philippe Combes	42.00	2011	978 - 7 - 300 - 13702 - 5
22	社会与经济网络	马修·O·杰克逊	Matthew O. Jackson	58.00	2011	978 - 7 - 300 - 13707 - 0
23	环境经济学	查尔斯·D·科尔斯塔德	Charles D. Kolstad	53.00	2011	978 - 7 - 300 - 13173 - 3

经济科学译库

序号	书名	作者	Author	单价	出版年份	ISBN
24	空间经济学——城市、区域与国际贸易	保罗·克鲁格曼等	Paul Krugman	42.00	2011	978 - 7 - 300 - 13037 - 8
25	国际贸易理论:对偶和一般均衡方法	阿维纳什·迪克西特等	Avinash Dixit	45.00	2011	978 - 7 - 300 - 13098 - 9
26	契约经济学:理论和应用	埃里克·布鲁索等	Eric Brousseau	68.00	2011	978 - 7 - 300 - 13223 - 5
27	反垄断与管制经济学(第四版)	W·基普·维斯库斯等	W. Kip Viscusi	89.00	2010	978 - 7 - 300 - 12615 - 9
28	拍卖理论	维佳·克里斯纳等	Vijay Krishna	42.00	2010	978 - 7 - 300 - 12664 - 7
29	计量经济学指南(第五版)	皮特·肯尼迪	Peter Kennedy	65.00	2010	978 - 7 - 300 - 12333 - 2
30	管理者宏观经济学	迈克尔·K·伊万斯等	Michael K. Evans	68.00	2010	978 - 7 - 300 - 12262 - 5
31	利息与价格——货币政策理论基础	迈克尔·伍德福德	Michael Woodford	68.00	2010	978 - 7 - 300 - 11661 - 7
32	理解资本主义:竞争、统制与变革(第三版)	塞缪尔·鲍尔斯等	Samuel Bowles	66.00	2010	978 - 7 - 300 - 11596 - 2
33	递归宏观经济理论(第二版)	萨金特等	Thomas J. Sargent	79.00	2010	978 - 7 - 300 - 11595 - 5
34	剑桥美国经济史(第一卷):殖民地时期	斯坦利·L·恩格尔曼等	Stanley L. Engerman	48.00	2008	978 - 7 - 300 - 08254 - 7
35	剑桥美国经济史(第二卷):漫长的19世纪	斯坦利·L·恩格尔曼等	Stanley L. Engerman	88.00	2008	978 - 7 - 300 - 09394 - 9
36	剑桥美国经济史(第三卷):20世纪	斯坦利·L·恩格尔曼等	Stanley L. Engerman	98.00	2008	978 - 7 - 300 - 09395 - 6
37	横截面与面板数据的经济计量分析	J. M. 伍德里奇	Jeffrey M. Wooldridge	68.00	2007	978 - 7 - 300 - 08090 - 1

金融学译丛

序号	书名	作者	Author	单价	出版年份	ISBN
1	基于Excel的金融学原理(第二版)	西蒙·本尼卡	Simon Benninga	79.00	2014	978 - 7 - 300 - 18899 - 7
2	金融工程学原理(第二版)	萨利赫·N·内夫特奇	Salih N. Neftci	88.00	2014	978 - 7 - 300 - 19348 - 9
3	投资学导论(第十版)	赫伯特·B·梅奥	Herbert B. Mayo	69.00	2014	978 - 7 - 300 - 18971 - 0
4	国际金融市场导论(第六版)	斯蒂芬·瓦尔德斯等	Stephen Valdez	59.80	2014	978 - 7 - 300 - 18896 - 6
5	金融数学:金融工程引论(第二版)	马雷克·凯宾斯基等	Marek Capinski	42.00	2014	978 - 7 - 300 - 17650 - 5
6	财务管理(第二版)	雷蒙德·布鲁克斯	Raymond Brooks	69.00	2014	978 - 7 - 300 - 19085 - 3
7	期货与期权市场导论(第七版)	约翰·C·赫尔	John C. Hull	69.00	2014	978 - 7 - 300 - 18994 - 2
8	固定收益证券手册(第七版)	弗兰克·J·法博齐	Frank J. Fabozzi	188.00	2014	978 - 7 - 300 - 17001 - 5
9	国际金融:理论与实务	皮特·塞尔居	Piet Sercu	88.00	2014	978 - 7 - 300 - 18413 - 5
10	金融市场与金融机构(第7版)	弗雷德里克·S·米什金 斯坦利·G·埃金斯	Frederic S. Mishkin Stanley G. Eakins	79.00	2013	978 - 7 - 300 - 18129 - 5
11	货币、银行和金融体系	R·格伦·哈伯德等	R. Glenn Hubbard	75.00	2013	978 - 7 - 300 - 17856 - 1
12	并购创造价值(第二版)	萨德·苏达斯纳	Sudi Sudarsanam	89.00	2013	978 - 7 - 300 - 17473 - 0
13	个人理财——理财技能培养方法(第三版)	杰克·R·卡普尔等	Jack R. Kapoor	66.00	2013	978 - 7 - 300 - 16687 - 2
14	国际财务管理	吉尔特·贝克特	Geert Bekaert	95.00	2012	978 - 7 - 300 - 16031 - 3
15	金融理论与公司政策(第四版)	托马斯·科普兰等	Thomas Copeland	69.00	2012	978 - 7 - 300 - 15822 - 8
16	应用公司财务(第三版)	阿斯沃思·达摩达兰	Aswath Damodaran	88.00	2012	978 - 7 - 300 - 16034 - 4
17	资本市场:机构与工具(第四版)	弗兰克·J·法博齐	Frank J. Fabozzi	85.00	2011	978 - 7 - 300 - *13828 - 2
18	衍生品市场(第二版)	罗伯特·L·麦克唐纳	Robert L. McDonald	98.00	2011	978 - 7 - 300 - 13130 - 6
19	债券市场:分析与策略(第七版)	弗兰克·J·法博齐	Frank J. Fabozzi	89.00	2011	978 - 7 - 300 - 13081 - 1
20	跨国金融原理(第三版)	迈克尔·H·莫菲特等	Michael H. Moffett	78.00	2011	978 - 7 - 300 - 12781 - 1
21	风险管理与保险原理(第十版)	乔治·E·瑞达	George E. Rejda	95.00	2010	978 - 7 - 300 - 12739 - 2
22	兼并、收购和公司重组(第四版)	帕特里克·A·高根	Patrick A. Gaughan	69.00	2010	978 - 7 - 300 - 12465 - 0
23	个人理财(第四版)	阿瑟·J·基翁	Athur J. Keown	79.00	2010	978 - 7 - 300 - 11787 - 4
24	统计与金融	戴维·鲁珀特	David Ruppert	48.00	2010	978 - 7 - 300 - 11547 - 4
25	国际投资(第六版)	布鲁诺·索尔尼克等	Bruno Solnik	62.00	2010	978 - 7 - 300 - 11289 - 3
26	财务报表分析(第三版)	马丁·弗里德森	Martin Fridson	35.00	2010	978 - 7 - 300 - 11290 - 9

图书在版编目（CIP）数据

社会问题经济学：第 20 版/（ ）夏普，（ ）雷吉斯特，（ ）格兰姆斯著；郭庆旺译. —北京：中国人民大学出版社，2015.1
（经济科学译丛）
ISBN 978-7-300-20279-2

Ⅰ．社…　Ⅱ．①夏…　②雷…　③格…　④郭…　Ⅲ．经济社会学　Ⅳ．①F069.9

中国版本图书馆 CIP 数据核字（2014）第 259831 号

"十一五"国家重点图书出版规划项目

经济科学译丛

社会问题经济学（第二十版）

安塞尔·M·夏普

查尔斯·A·雷吉斯特　　著

保罗·W·格兰姆斯

郭庆旺　　译

Shehui Wenti Jingjixue

出版发行	中国人民大学出版社			
社　址	北京中关村大街 31 号		**邮政编码**	100080
电　话	010 - 62511242（总编室）		010 - 62511770（质管部）	
	010 - 82501766（邮购部）		010 - 62514148（门市部）	
	010 - 62515195（发行公司）		010 - 62515275（盗版举报）	
网　址	http://www.crup.com.cn			
	http://www.ttrnet.com（人大教研网）			
经　销	新华书店			
印　刷	三河市汇鑫印务有限公司			
规　格	185 mm×260 mm　16 开本		**版　次**	2015 年 1 月第 1 版
印　张	24　插页 2		**印　次**	2015 年 1 月第 1 次印刷
字　数	554 000		**定　价**	49.00 元

教师反馈表

  McGraw-Hill Education，麦格劳-希尔教育公司，美国著名教育图书出版与教育服务机构，以出版经典、高质量的理工科、经济管理、计算机、生命科学以及人文社科类高校教材享誉全球，更以网络化、数字化的丰富的教学辅助资源深受高校教师的欢迎。

  为了更好地服务中国教育界，提升教学质量，2003 年**麦格劳-希尔教师服务中心**在京成立。在您确认将本书作为指定教材后，请您填好以下表格并经系主任签字盖章后寄回，**麦格劳-希尔教师服务中心**将免费向您提供相应教学课件，或网络化课程管理资源。如果您需要订购或参阅本书的英文原版，我们也会竭诚为您服务。

书名：	
所需要的教学资料：	
您的姓名：	
系：	
院/校：	
您所讲授的课程名称：	
每学期学生人数：	_____人 _____年级 学时：
您目前采用的教材：	作者： 出版社： 书名：
您准备何时用此书授课：	
您的联系地址：	
邮政编码： 联系电话	
E-mail：（**必填**）	
您对本书的建议：	系主任签字 盖章

麦格劳-希尔教育出版公司教师服务中心

北京—清华科技园科技大厦 A 座 906 室

北京 100084

电话：010-62790299-108

传真：010-62790292

教师服务热线：800-810-1936

教师服务信箱：instructorchina@mcgraw-hill.com

网址：http://www.mcgraw-hill.com.cn